作者简介

孙杰，中国社会科学院大学特聘教授，中国社会科学院世界经济与政治研究所研究员，主要研究领域为国际金融、货币经济学、公司融资和美国经济。

夏广涛，经济学博士（清华大学－加州大学伯克利分校联合培养），现为中国社会科学院大学国际政治经济学院院长助理、中国社会科学院世界经济与政治研究所国际金融研究室副研究员，主要研究领域为国际金融与宏观经济。

修订版序

这部教材是一部修订版的教材，原版于 1997~1998 年完成，1999 年出版。

当时中国社会科学院研究生院的教材编写不仅要求体现学科系统的完整性、理论观点的稳妥性、引据资料的准确性、文字表达的规范性与可读性，更倡导保留编著者的学术个性。所以，这本国际金融教材并没有沿用惯例，直接使用国际金融的书名，而是体现出自己那时对国际金融核心概念的理解，即突出汇率决定与国际收支调节的核心。这次修订也沿用了初版的书名。当然，为了掌握国际金融的背景和发展，以便理解国际金融的核心内容和学科理念，也讲述了大量的历史发展内容，特别是国际货币史和国际金融市场发展，在实际授课中基础知识的内容更占据了主要课时。但是突出国际金融理论中汇率决定与国际收支调节的特点在 20 多年前，即使在近年出版的各类国际金融教材中也是比较少见的。

中国社会科学院研究生院改为中国社会科学院大学以后，本科生教学成了重点。中国社会科学院大学的本科生素质高，求知欲强，学习刻苦。专业课教学除了传授与时俱进的专业知识，更应该有助于培养他们科学严谨的思维方式，这些甚至可能影响到他们一生的职业选择。因此教学的重点开始从以往的基本概念和历史发展转变为概念和历史发展与理论模型的推理并重。本课程通过讲授汇率决定、国际收支调节和开放宏观经济学的主要模型，以培养同学们用简单的数理公式来表达经济学理论并借助数理逻辑来推导经济学结论的专业技能为目标。明确了模型推导的假设条件，也有助于同学们理解各种理论模型的特点和局限，培养其开放性思维。另外需要指出的是，随着国际金融理论与实践的发展，一些此前的硕士教学内容在这次修订中也下沉到本科生的教学中。当然，考虑到本科生的特点，教学要求则是以了解为主，以能够使用理论框架分析实际问题为目的，理论的技术论证本身不是重点。尽管如此，学生仍然普遍反映授课内容的难度较大，同时也认识到在前置课程中相关知识学习存在的欠缺，而这又何尝不是一种激发学习热情的动力？事实上，真正的知识学习恰恰需要经过严格的基础训练，更需要付出艰苦的努力才可能完成。在这个过程中，不仅能让同学们体会到学术的严谨，更能培养同学们的兴趣，激发学生进一步学习和探索的热情，而这也正是教学的真正意义。

教材的总体框架与初版差异不大，依然分为基本知识与基本概念、国际货币史与国际金融市场、汇率决定理论、国际收支调节理论和开放宏观经济学五个部分。但是相比 20 多年前初版写作时，国际金融的理论和实践已经有了巨大的发展。学科发展的前沿理论虽然不是本科生教学的内容，但是对于以后有志于国际金融研究和现实分析的同学来说，了解前沿进展，激发学习和思考，虽然不是课程的重点，却是必要的拓展。当然，本科生的教学重点依然是以掌握和运用基础知识为核心，所以有关前沿学科的进展就仅仅是点到为止，不会作为课程的考核内容。

时光荏苒，从初版到修订版，已经过去了四分之一个世纪，我也步入退休的年龄。在职期间，使用这本教材在各种场合讲授国际金融课程至少超过 50 次，讲授中虽然屡屡萌发修订的念头，但是由于各种原因却错过了好几次再版的机会，所幸这一次终于如愿。除了对一些内容做了更正，还增补了相关的一些前沿进展。对这些年学科研究进展较快的两章（第五章和第十六章）内容，我特意邀请所内国际金融研究室的副研究员夏广涛博士参加了修订版的编写，并执笔重写了上述两章。他常年跟踪国内外国际金融理论的发展并有较深入的理解和研究，读者也可以从这些章节的内容中获得更前沿的信息。

当然，本书中的任何错误，责任依然在我。

孙　杰

2023 年 3 月 28 日于北京百子湾

初版序

　　不管是由于自己以往积累不足还是过去努力不够，断断续续地经过将近一年的学习和编撰，在国内十数计的国际金融教科书丛中，又一本同类教材《汇率与国际收支：现代国际金融》终于完成了。暂且不论它的成败得失，我反正总算可以透一口气，回顾一下其中的痛苦和欢乐了。

　　在我完成了近7年的经济学学业，进行了6年多的货币金融研究，独立完成了我的第一本专著——《货币机制中的金融过程》，并且自以为建立了个性化的货币金融分析框架之后，便雄心勃勃地赴美进修，以期获得进一步的充实和发展。但是事实上，这却成了我回过头来补习货币金融学基础，并且致力于教学和编写国际金融基础教材的一个契机。

　　当我没有在国外选修相关的基础课，就在导师的建议下旁听博士生高级宏观和微观经济学课程之后，我立即不得不承认这样一个残酷的事实，即在涉足经济学领域十几年，并且经过一定的艰苦努力，自认为小有研究以后，我对现代西方主流经济学理论分析其实是一无所知的。与此同时，我不得不接受的另一个现实是，由于各种条件所限，通过出国留学，接受系统教育几乎已经不可能。它意味着我无法使用世界通行的主流经济学语言和思维范式进行国际学术交流，也难以真正理解别人的思路，难以让别人承认和接受自己经济学研究成果的学术价值。这种打击的严重程度是可想而知的。

　　我的次优选择就是接受事实，扬长避短。放弃在高级宏观和微观经济学方面的努力，集中力量攻读中级货币经济学和国际货币与金融。于是，在3年多以后，就有了这本国际金融教材。它实际上是我个人的一本学习笔记。

聪明的读者不难从书中的叙述看出我在运用和驾驭宏观和微观经济学基础方面的吃力程度。毋庸讳言，我个人在经济学基础上的这个缺陷也就自然成了这本教材的一个先天不足。

当然，我决定写这本学习笔记式的教材的一个社会动力是努力要使所有有志于现代西方主流经济学研究的年轻同学避免走我走过的弯路，至少当他们读完本教材以后到国外深造时，不至于对当代主流国际货币与金融的分析范式感到太多陌生，也不至于在面对东亚金融危机和欧洲统一货币等现实问题时无从在理论上展开分析。但是，几乎可以肯定的是，要做到这一点，以我个人的学术水平显然是心有余而力不足的。因此，正如学习马克思主义经济学必须读原著一样，了解现代西方主流经济学也必须读原著。在这个意义上，本书充其量也只是一本着重介绍现代西方主流国际金融理论的教学参考书。

因此，现在呈现在读者手中的这本《汇率与国际收支：现代国际金融》，作为一本世界经济专业硕士研究生辅助教材，也许算是一份帮助学生初步理解现代国际金融理论主要流派的教学辅助材料。国际金融是货币金融学和经济学（特别是宏观经济学）的分支学科。随着中国经济日益融入世界经济活动中，经济专业的学生如果不具备一些国际金融的背景知识，真正掌握有关理论并能自觉加以运用，既不能完全理解现代经济政策，也难以全面认识现代经济运行机制，甚至不能读懂有关国际金融的新闻报道，真正了解事件缘由、意义和影响，并达到从中预见国际金融的未来走势的目的。

本书在兼顾对基础概念和基本理论讲解的基础上，为了适应研究生阶段深入学习和研究的需要，努力反映现代国际金融较新的理论动态，以汇率决定、国际收支调节理论和开放经济条件下的宏观政策为主线，为读者提供了一套规范化、相对全面的系统知识，同时，也表现出作者在这些方面进行研究的学术倾向。

具体地讲，以汇率和国际收支作为本书的主线是本书独到之处。这样做，不仅能清晰地反映现代国际金融中的主要问题，而且更有助于学生以点带面，通盘深入理解国际金融课程的全部内容，做到融会贯通。因而，本书不仅具有相对系统性和完整性，也是一部具有鲜明理论侧重的研究特征和叙述风格的教学参考资料。

事实上，本教材将国际金融的内容主要分为国际货币制度和国际汇率制度，国际融资，汇率决定，国际收支调节和开放经济条件下的宏观经济模型五个部分。其中，国际货币制度和国际汇率制度既是学习国际金融的背景知识，又是理解国际金融过程的基础。汇率决定和国际收支调节是全书的重点。作为国际金融中级教科书，理论分析又是这两部分的重中之重。汇率理论主要介绍了目前较为流行的购买力平价模型、利率平价模型、货币分析模型、汇率动态模型、"新闻"模型和资产平衡模型。国际收支调节理论则有经常项目模型（弹性分析法、吸收分析法、收入分析法和 J 曲线效应）、资本项目模型。另外，本书还涉及开放经济条件下的宏观经济模型。当然，为了便于理解和学习，书中使用了大量案例加以说明。相比之下，国际融资部分由于实务性较强而显得相对独立。实际上，这一部分是国际金融实践的核心，也是金融学的国际业务部分，不仅涉及大量新型融资工具，而且包括国际融资中的自由化和监管问题。最后，还相对全面地介绍了蒙代尔－弗莱明模型及其扩展。因此，本教材努力做到理论与实践并重。

本书的写作主要以作者多次讲授国际金融研究生课程的教案为基础，有助于读者了解和掌握难点与重点。同时，大量借鉴了国外现有资料，尽量使用中国和现代国际金融活动中的主要案例。在必要时，为了方便读者阅读、理解和学习，每章之后也备有内容提要、复习题和参考文献。同时，对一些常用的术语也尽量做了前后一致的表述。例如，在大多数文章中，汇率下跌就是指货币贬值，但是在本书中，为了与汇率直接标价法的定义以及图形和数理分析的常规表述相一致，所有的汇率下降均表示货币升值，而汇率上升代表货币贬值。

最后，我还必须指出的是，在本书编写过程中，我得到了许多同事和朋友们的各种鼓励与帮助。没有他们的支持，本书的完成是非常困难的。我要特别指出的是，我的同事余永定教授虽然仅为我批阅了第十五章，但是，其认真严谨的治学作风、训练有素的逻辑思维实在令我肃然，凡我叙述不清、概念混乱之处，在他的批注之下屡屡见诸页端，实在令我汗颜。好在还有高海红女士在百忙之中认真而细致地为我完成了枯燥而繁重的全书审阅工作，冯晓明女士也为我校阅了部分章节。他们的工作都使本书在叙述上变得清晰、富有条理，更避免了许多技术上的错误。当然，本书的所有欠缺和谬误，责任依然在我，与他们无关。另外，我还要特别感谢王怀宁教授为本书出版所做的书面鉴定和系主任徐更生教授在写作中对我的鼓励。

今天是我的母校北京大学的百年校庆，此时完成本书的初稿也算是一个学子对母校的一份工作汇报吧。

孙 杰

1998 年 5 月 4 日于北京大北窑

目　录

第一篇　国际金融基础：概念与历史

第二篇　国际金融市场、资本流动与金融危机

第三篇　汇率决定理论

第四篇　国际收支调节理论

第五篇　开放经济中的宏观经济学

第一篇
国际金融基础：概念与历史

第一章 国际金融学引论：外汇、汇率与国际收支

国际金融学是金融学的一个分支。金融活动跨出国界，就产生了国际金融问题。仅就金融活动本身的内容而言，国际金融与国内金融没有本质的差别，都是融资活动。但是，由于各国货币各不相同，国际金融就必然涉及不同货币的兑换：必须将国际融资获得的外币换成本币，才能用于国内项目，而当项目完成时，又必须将本币形式的本息兑换成外币以偿还债务。所以，作为金融学的扩展，国际金融问题首先就要涉及外汇和汇率问题。外汇汇率作为外国货币与本币的比价，也就成了国际金融活动中的核心问题，成为国际金融学有别于金融学的独特内容。其次，从宏观经济分析的角度看，国际金融又涉及国民账户中的国际账户问题。

第一节 外汇和汇率

从历史上看，外汇和汇率问题的出现甚至早于狭义的国际融资活动。伴随着世界市场的扩张，国际贸易、国际投资等国际经济活动也随之繁荣，催生了国际结算与货币兑换问题，并最终使外汇、汇率与国际收支成为后来国际金融学的基础概念。

一 外汇

国际贸易、国际投资以及国际融资等国际经济交往活动中产生了大量的债权和债务关系。这些债权和债务的清算不管是采取现金结算还是银行划拨，都需要明确并使用一种国际清算手段。这种国际清算就需要使用外汇。外汇具有动态和静态两方面的含义：外汇的动态解释指国际汇兑，即将一国货币换成另一国货币，以便清偿国际债权债务的活动；外汇的静态解释则是指以外币表示的用于国际结算的支付手段。在通常情况下，外汇概念更多适用于静态解释。

一般来说，以外币，或者以外币表示的国际公认的信用工具充当的国际通用的支付手段，就是所谓的外汇。

国际货币基金组织对外汇概念做出的静态解释是：外汇是货币行政当局（中央银行、货币机构、外汇平准基金及财政部）以银行存款、财政部国库券、长短期政府证券等形式所保有的、在国际收支逆差时可以使用的债权。

《中华人民共和国外汇管理条例》也是从静态意义来界定外汇的含义。外汇是指下列以外币表示的可以用作国际清偿的支付手段和资产：外币现钞，包括纸币、铸币；外币支付凭证或者支付工具，包括票据、银行存款凭证、银行卡等；外币有价证券，包括债券、股票等；特别提款权；其他外汇资产。

在上述定义中，外汇又可以分为狭义外汇和广义外汇。从狭义的角度看，外汇可以理解成可以自由兑换并且具有普遍可接受性的外国货币，也就是国际硬通货。从广义的角度看，外汇还包括那些可以立即兑换或变现成国际硬通货的各类金融工具。因此，除了这些特定的外币现钞和外币存款外，外汇还包括用这些外币表示的各种债权，如外国的政府公债、国库券、股票和各种支付凭证，如银行汇票、商业汇票、银行支票等。此外，还可以包括外国资产和国际储备。从更广泛的意义上说，黄金在国际上依然具有最后清算手段的功能，因而也可以被看成是一种外汇。

总之，外汇的产生反映了国际债权与债务关系，是国际结算中可以用来平衡国际收支逆差的支付手段。一般来说，外汇常常具有非本币属性、可兑换属性和国际普遍接受的属性。

外汇作为国际支付手段，其价值的稳定有助于为国际贸易和国际投资创造一个良好便利的环境，有助于作为储备资产去平衡一个国家的国际收支，而一个国家外汇资产的多少也可以在一定程度上反映该国的经济实力。

就各国的外汇管理体制来说，大致存在三种类型：对经常项目和资本项目下的外汇往来都进行严格管制；仅对资本项目下的全部或部分外汇往来进行管制；完全实现外汇自由化。随着世界经济全球化的不断发展，逐渐放松外汇管制已经成为一种世界性的大趋势，但资本管制依然是一种政策选项，在应对危机的情况下尤其如此。

二　外汇汇率

在国际经济交往中，债权债务的执行常常需要经过外币与本币的兑换（即对外汇的动态解释）才能进行国际／国内的结算和支付或进行企业账目的会计登录。这样就产生了外汇汇率问题。

外汇汇率是指两种货币之间的比价或兑换比例，也就是用外国货币单位表示的本国货币单位的价格或相反。因此，外汇汇率水平在国际上有两种标价方式。

外汇直接标价法是以一定单位的外国货币为标准，折算成若干单位的本国货币的汇率标价法。例如，2022 年 12 月美元兑人民币的平均汇率水平大约为 1 美元兑换 6.98 元人民币，即 6.98 元人民币／美元。世界上绝大部分国家的货币都采取外汇的直接标价法。

直接标价法之所以叫直接标价法，可以用一个日常生活的例子加以说明：1 斤鸡蛋的价格是 5 元人民币；同理，1 美元的价格是 6.98 元人民币。这种符合日常用法的外汇标价法，即 1 个单位外币的本币价格，就是直接标价法。

外汇间接标价法与直接标价法相反，是以一定单位的本国货币为标准，折算成若干单位的外国货币的汇率标价法。

一般来说，历史上与英国关系比较密切的国家多采取间接标价法。除了英镑以外，间接标价法还涉及欧元、澳大利亚元、新西兰元等货币。采用间接标价的主要原因是英国货币单位在历史上的货币进制比较复杂，如采取十二进制，这样按照直接标价法计算既不方便，也不直观。虽然从 1971 年开始，英镑的进制改成了十进制，但是由于历史习惯以及为了避免对英镑汇率的历史数据重新进行换算，英镑的间接标价法就一直沿用了。

按照计算方法来划分，汇率又可以分为基本汇率、交叉汇率和汇率指数三种。

基本汇率是指一个国家对关键货币[①]的汇率。该汇率水平一经确定，就可以成为本国货币对其他国家货币的依据，对世界其他国家货币的汇率都可以通过这个基本汇率套算出来。

---

① 关键货币就是指那些在国际收支中使用最多、在各国外汇储备中占比最大、能自由兑换，并被世界各国所普遍接受的货币，如美元。

　　交叉汇率就是指两种货币以第三种货币（一般是关键货币）为中介，间接推算而得出的汇率。一般来说，在不存在管制的条件下，一个国家的货币与世界各种货币之间的汇率水平必须与交叉套算的汇率水平相近，且差额等于兑换费用，否则就会出现套汇。

　　从理论上说，受到国际金融市场变化的影响（如美元对日元升值），一个国家的货币在对一种外币升值的同时也可能对另一种外币贬值（如美元对人民币贬值），所以，为了测定一种货币相对于其他几种货币汇率变动的平均水平，就可以计算汇率指数。汇率指数是一种货币对其他几种货币汇率水平变动的加权平均值，其权数一般依据该国对这些国家的贸易份额来确定。汇率指数之所以要计算汇率变动的平均水平是因为一种货币对各种货币汇率的绝对水平差距比较大，只有采取标准化的百分比变动率才能准确反映平均的变动水平。这也是汇率指数被称为指数而不是平均汇率的原因。[①] 由于汇率指数反映的是一国货币对几种外国货币汇率变动的加权平均值，所以计算汇率指数一般设定一个计算基期。

　　从银行买卖外汇的角度来看，汇率还可以分为买入汇率、卖出汇率和中间汇率；按钞汇性质不同，可以分成现钞汇率和现汇汇率。

　　买入汇率是银行从客户手中买入外汇时给出的汇率报价。一般来说，卖出汇率等于买入汇率加上银行的手续费，中间汇率则是买入汇率和卖出汇率的平均价。

　　由于对国内银行来说，必须将外币现钞运到发行国才能获得收益，银行给出的现汇汇率报价必须在国际外汇市场汇率水平的基础上扣除现汇的运费和保险成本。相反，各种汇票存款只是一种债权凭证通知，所以现汇汇率就可以非常接近国际外汇市场的汇率水平，或者说现汇汇率加上运费和保险成本以后才等于现钞汇率。

　　由于银行汇付方式不同，汇率又可以分为电汇汇率、信汇汇率和票汇汇率。

　　电汇汇率是汇款人向汇出行交付本国货币，汇出行通知汇入行向收款人

---

① 当然，对于双边货币的汇率而言，可以直接计算一段时间内的汇率绝对水平的平均值，也可以计算一段时间内汇率变动的平均值，即所谓双边汇率指数。

解付外汇并向汇款人卖出外汇时的汇率。由于电汇速度快，银行没有时间利用这笔资金，所以电汇汇率意味着外汇可以兑换较少的本币，电汇汇率是外汇市场的基本汇率。

信汇汇率是汇款人委托所在国银行以邮政通信方式通知收款人所在地银行向收款人付款，向收款人解付外汇并向汇款人卖出外汇时的汇率。由于邮寄通知时间长于电汇，银行可以在此期间利用资金获取收益，所以使用信汇汇率比电汇汇率可以兑换较多的本币。

票汇汇率是汇出行应汇款人申请，开立以汇入行为付款人的汇票，然后汇款人自行携带或邮寄汇票给汇入行，兑付银行得到汇票以后可以直接通知开票行将外汇转入兑付行在海外的分行。因此，票汇汇率最接近国际外汇市场汇率水平。

按照外汇交易过程和交割期限，汇率还可以分为开盘汇率和收盘汇率，即期汇率和远期汇率。

一般来说，外汇交易是在交易后两天内完成交割，以便银行完成相应的转账清算。这种交易就是即期交易，相应的汇率就是即期汇率。远期交易是在达成交易合同后，在规定的日期内（如一个月、三个月、半年，甚至一年以上）交割外汇，与此相应的汇率就是远期汇率。在直接标价法下，如果远期汇率低于即期汇率，本币升值，我们就说远期外汇贴水；如果远期汇率高于即期汇率，我们就说远期外汇升水。

由于外汇管制，可将汇率分为市场汇率和官方汇率。而市场汇率又可以分为无干预的市场汇率和有干预的市场汇率，黑市市场汇率和平行市场汇率。

为了研究汇率变动对行业、企业、产品竞争力的具体影响，以及在全球价值链条件下汇率对一个国家竞争力的影响，近年又出现了产业层次的有效汇率、企业层次的有效汇率、产品层次的有效汇率，以及考虑到全球价值链影响的有效汇率等。[①]

由于通货膨胀也会对汇率产生影响，因此，汇率指数又可以分为名义汇率指数（名义有效汇率，NEER）和剔除通货膨胀影响的实际汇率指数（实际有效汇率，REER）。

---

① 具体内容可参见中国社会科学院世界经济与政治研究所网站的相关栏目。

三 套汇

套汇分为直接套汇和间接套汇。直接套汇就是利用两个外汇市场上某种货币的汇率差异，在汇率较低的外汇市场买进某种外币，同时在汇率较高的外汇市场上卖出这种外币以获得利润。间接套汇则是利用3个甚至3个以上外汇市场的汇率差异，同时在这些市场上高卖低买外汇以赚取汇率差价。

例如，如果美元在纽约外汇市场上的日元价格是120日元，而在东京外汇市场上的日元价格是121日元。如果不考虑货币兑换成本，套汇者就可以在纽约外汇市场用120万日元买入1万美元，然后在东京外汇市场将1万美元卖出得到121万日元。套汇的结果是在纽约市场上增加了对美元的需求，使美元对日元升值，而在东京市场上增加了美元的供给，使美元对日元贬值。这样，套汇将拉平两个市场的汇率，并且一直进行到两个市场的汇率相等为止。

涉及两种货币和两个金融中心的套汇行为就称为直接套汇。当套汇行为涉及3个外汇市场和3种货币的时候，就称为交叉套汇（也称为间接套汇或三点套汇）。例如，在伦敦外汇市场上1英镑可以兑换1.5美元，在纽约外汇市场上1美元可以兑换100日元，而在东京外汇市场上1英镑可以兑换125日元。此时，套汇者就可以在伦敦外汇市场以1英镑购买1.5美元，然后在纽约外汇市场将1.5美元换成150日元，再到东京外汇市场将150日元换成1.2英镑，从而最终获得0.2英镑的套汇利润。套利的结果也将拉平这三个市场之间英镑、美元和日元的交叉汇率。

毫无疑问，套汇是一种投机行为，但是通过对外汇市场供求的影响，套汇最终会使外汇市场上各种货币的交叉汇率相等，从而将各个金融市场的汇率统一起来。

第二节 国际账户 [①]

作为一类宏观经济账户，国际账户为分析一个经济体的国际经济关

---

① 本节的内容表述主要源于国际货币基金组织《国际收支和国际投资头寸手册》（第六版）的规范。

系，包括国际经济表现、汇率政策、储备管理和对外脆弱性，提供了综合框架。

国际账户之于国际金融学就像国民核算之于宏观经济学一样，构成了国际金融研究的基础。其中，国际收支的平衡及其调节是国际金融研究的一个基本问题，与国际金融研究中的另一个基本问题，即汇率决定问题也密切相关。

一　作为一个总体框架的国际账户

按照国际货币基金组织2009年发布的《国际收支和国际投资头寸手册》（第六版）中的定义，一个经济体的国际账户概括了该经济体居民与非居民之间的经济关系，包括如下几点。

（1）国际投资头寸表（IIP）是显示某一时点上对外债权和债务存量价值的报表，即包括该经济体居民对非居民的债权或作为储备资产持有的金融资产以及该经济体居民对于非居民的负债。

（2）国际收支平衡表（BOP）是特定时期内居民与非居民之间的经济交易汇总表。

（3）金融资产和负债等其他变化账户，该账户用以协调特定时期国际收支和国际投资头寸的其他流量（如资产的估值变化），即除居民与非居民之间交易以外的经济事件引起的金融资产和负债变化。

显然，国际投资头寸表和国际收支平衡表是国际账户最基本，也是最重要的两个表。

二　作为存量概念的国际投资头寸

作为显示某一时点上对外债权和债务存量价值的报表，国际投资头寸表中资产和负债之间的差额为净国际投资头寸，是一个经济体对世界上其他经济体的净债权或净负债。

国际投资头寸是国家资产负债表中资产和负债的子集。除了国际投资头寸外，国家资产负债表还包括非金融资产，以及居民之间的金融资产和负债头寸。

国际投资头寸与某个时点有关，而完整的国际投资头寸表反映了不同时点的状况，即有一个期初值和一个期末值，两者之间的差异反映了金融账户各种交易引起的流量变化以及金融资产和负债的其他变化（如重新定值等）。国际投资头寸期末值就是这些交易和金融资产与负债等其他变化的结果。

三　作为流量概念的国际收支

国际收支是在某个时期内居民与非居民之间的交易汇总统计表。国际收支内的不同账户根据提供和获得经济资源的性质加以划分，包括货物和服务账户、初次收入账户、二次收入账户、资本账户和金融账户等。

在复式记账会计制度下，国际收支每笔交易的记录均由两个金额相等但方向相反的分录组成，反映了每笔交易资金的流入和流出。也就是说，对于每笔交易，各方都记录一个与之相应的贷方分录和借方分录。由于每笔业务都有两个分录，因此，从概念上说，一国国际收支中的贷方分录合计额与借方分录合计额之差为零。也就是说，在概念上，整个账户是平衡的。

贷方记录货物和服务出口、应收收入、资产增加或负债减少；而借方则记录货物和服务进口、应付收入、资产减少或负债增加。

举例来说，向非居民出售100美元的货物，会同时涉及经常项目和金融项目的变化，即本国的国际收支分录为：经常项目记贷方（出口）100，金融项目记借方（银行存款增加）100，以反映向非居民提供物质资源，以及从非居民收到补偿性收入，并存入外国银行的交易。

如果向外国出售股权而收到货币，仅涉及金融项目的变化，则本国的国际收支分录为：金融项目贷方（股权减少）100，金融项目借方（货币金融资产增加）100，以反映向非居民提供股份，并收到外国货币。

如果从外国获得贷款而收到现金，则本国的国际收支分录为：金融项目贷方（贷款负债增加）100，金融项目借方（货币金融资产增加）100。

按照《国际收支与国际投资头寸手册》（第六版）的规范，在国际收支汇总数据中，经常账户和资本账户分录为合计数据，而金融账户分录是相关各项资产和负债下每个类别／工具的净值。

国际收支分录的性质可以两种方式来表示。一是通过标明贷方和借方或金融资产净获得和负债净产生来反映。这种方式便于用户理解。二是贷方分录显示为正，而借方分录显示为负。这种表式可用于计算差额，但制表时需要为读者做出解释，如资产增加显示为负值。

四　国际账户的会计原则

国际账户中的分录或是流量或是存量。存量称为头寸，是某个时点上的资产或负债水平。流量则指一个会计期间内的经济行为和事件造成的变化。

为进行全球或地区范围的汇总及方便国际比较，也有必要使用标准计账单位或国际计账单位，比如美元。

经济领土概念指由一个政府有效实施经济管理的地区，经济体则由作为特定经济领土居民的所有机构单位组成。

1. 国际账户中的流量

流量反映经济价值的创造、转换、交换、转移或消失，包括资产和负债的数量、组成或价值的变化。流量还可以分为如下几种类型。

（1）与交易有关的流量。交易是两个经济体之间通过共同协议或法律实施产生的、涉及价值交换或转移的相互行为。国际收支中记录的交易是居民与非居民之间的相互行为。交易根据所涉经济价值的性质进行分类，包括货物或服务、初次收入、二次收入、资本转移、非生产非金融资产、金融资产或负债等。

按照国际账户的性质，不记录一个经济体内的交易。即两个居民或机构或单位之间的对外资产交易为国内交易，但国内母公司和海外子公司之间的流量被列为居民与非居民之间的国际交易。

服务活动可能是由某单位为其他单位的交易作出安排，并向交易的一方收取费用作为回报。在这种情况下，交易只记录在交易双方的账户中，而不记录在促成交易的代理人账户中。因此，在有代理的情况下，交易应归属于真正发生交易的委托人所在的经济体——因为交易是为了委托人的利益，而不应归属于作为委托人代表的代理人所在的经济体，代理人账户显示的仅是其对委托人的服务收费。

对交易的每一方来说，每笔交易都涉及两个分录，一个为借方分录，另一个为贷方分录。即每笔交易都由两个流量组成，因为每一方都有两个会计分录。每笔交易或是涉及一项交换或是涉及一项转移。交换指提供某种具有经济价值的物品，以换取一个具有相应经济价值的项目，包括货物和服务的购买、资产购置、雇员报酬、股息等。交换有时也被称为"互惠"交易或有偿交易。

不属于交易的其他变化只需要每一方有一个分录，因为它们直接影响净值。涉及转移的交易系指一方提供（或收取）某种具有经济价值的东西，而没有收取（或提供）某种具有对应经济价值的项目，即单方面转移。转移分录旨在为无偿流量提供对应分录。转移的示例有：税、债务减免、捐赠、各类个人转移等。涉及转移的交易也被称为"非互惠"交易或无偿交易。

每笔交易或是货币交易，或是非货币交易。货币交易指一个机构单位以货币形式付款（收款），或产生负债（获得资产）。非货币交易是指交易各方最初没有以货币形式表示的交易。非货币交易包括易货交易、实物报酬和实物支付、实物补偿和实物转移。实物指资金以外的其他资源，如货物、服务和放弃的权益等。

（2）其他流量。其他流量指由居民与非居民之间交易以外因素引起的资产或负债的数量、价值变化。其他流量为真实的经济现象，反映了非交易因素引起的、资产和负债期初头寸与期末头寸之间的变化。事实上，其他流量涵盖了各类资产和负债变化，主要可以分为以下两类。

资产和负债数量的其他变化：用以反映新资产进入资产负债表的数量，以及既有资产和负债退出资产负债表的数量，这类变化不是由机构单位之间基于共同协议的相互行为（即交易）引起的。

一项资产或负债的重新定值（持有收益和损失）：由它们的价格和（或）汇率变化引起。在国际账户中，重新定值又进一步分为由汇率变化引起的重新定值和由其他价格变化引起的重新定值。

2. 国际账户中的存量（头寸）

头寸指某个时点的金融资产或负债水平。它们被记录在国际投资头寸表中，是反映对外金融资产和负债的资产负债表。一般而言，头寸显示在一个会计期间的期初和期末。两个期间之间的头寸与该期间的流量相联系，因为头寸变化是由交易和其他流量引起的。

金融资产是属于金融工具的经济资产，主要包括金融债权，按照惯例，还包括以金块形式持有的货币黄金（包括已分配黄金账户中持有的黄金）。金融债权是一个有对应负债的金融工具。金块不是债权，没有与之对应的负债，却因其特殊作用而被作为金融资产处理，它既可作为货币当局在国际支付中的金融交易手段，也可作为货币当局持有的储备资产。

国际投资头寸所涵盖的是国际性金融资产和负债。由于所有金融债权都涉及两方，如果债权是对非居民的，或者如果债务是对非居民的，就都具有国际性。

3. 会计分录的规则

作为一般原则，获得外汇的项目为正号项目，记贷方；而支出外汇的项目为负号项目，记借方。因此，在经常账户和资本账户中，贷方记录出口、应收初次收入、应收转移和非生产非金融资产处置。借方记录进口、应付支出、应付转移和非生产非金融资产的获得。

在金融资产和负债交易的项目下，常常采用"金融资产净获得"和"负债净产生"两个术语。尽管对于金融账户交易，不强调借记和贷记的表述方式，但其对于确保会计恒等关系至关重要。例如，从概念上说，一个贷项总是与对应的借项相匹配，后者不是涉及一项资产的增加，就是涉及一项负债的减少。

可以根据四种记录来确定记录时间：权责发生制（在经济价值被创造、转换、交换、转移或消失时记录流量）、到期支付制、承诺制和收付实现制。在权责发生制下，经济所有权变更是为货物、非生产非金融资产和金融资产交易确定记录时间的核心。

交易的市场价格指在双方自愿的前提下，买方为获取某物而向卖方支付的货币数额。无论税收和补贴如何，双方合同中的实际交换价值大多能代表市场价格。在无法观测交易的市场价格时，按等价物的市场价格计算，可以得到近似的市场价格。金融资产和负债头寸通常应按其在资产负债表报告日的市场交易价格进行计值。

第三节　国际收支平衡表与国际投资头寸表 [①]

国际收支平衡表是从流量入手，国际投资头寸表则是从存量入手。在特定时期内存量变化可能归结为各种交易（流量）以及反映汇率、物价等计价变化，或其他各项调整。相比之下，国际收支平衡表仅反映交易。

一　国际收支平衡表

国际收支平衡表一般都是各国按照国际货币基金组织对国际收支的定义制定的一种统计报表。它记录了一国全部的对外经济交往，其中不仅包括由纯粹经济交易而引起的货币收支，同时还包括由政治、文化和军事等因素引起的国际经济交往。也就是说，国际收支平衡表是对广义国际收支进行统计的会计报表。因此，它可以反映出一国在对外经济往来中的状况。据此，人们可以对一国的经济状况进行分析。

国际收支平衡表采用复式簿记形式。作为一般原则，凡是收入项目均列入贷方，或称为正号项目，凡是支出项目均列入借方，或称为负号项目。具体举例来说，出口商品或劳务赚取的外汇收入和资本流入都是收入项目。外汇收入表现为本国居民或本国政府向外国投资者销售本国的资产债权，如公司票据、债券或股票，以及类似的公共部门的负债。当银行接受国外存款人的本币存款时，也构成资本流入。与上述情况相对应的是，本国居民和投资者从国外购入的商品和劳务（即进口）或国外的资产债权（即资本流出），都属于支出项目。

如果收入项目大于支出项目，即贷方大于借方，国际收支就表现为顺差或盈余，并且在顺差数字之前加"+"号，一般也可以不加。如果支出项目大于收入项目，即借方大于贷方，国际收支出现逆差或赤字，就要在逆差数字之前加"-"号。一个国家一定时期内的国际收支是一国金融实力的标志。如果一个国家在较长的时期中反复出现顺差，不仅表明该国的金融实力雄厚，

[①]　本节的内容表述主要源于国际货币基金组织《国际收支和国际投资头寸手册》（第六版）的规范。

而且还可以说明该国的经济形势良好。反之，如果一个国家出现了持续性的国际收支逆差，连续几年都没有恢复平衡，就意味着该国的金融地位不稳，国内经济存在潜在的隐患，并且可能正在孕育危机。

在这里我们应该注意的是，盈余或赤字只能在国际收支分析的一定范围内使用，因为国际收支平衡表作为一种复式会计簿记，所有项目的借方总额和贷方总额总是相等的，换句话说，国际收支平衡表总是平衡的。

为了全面反映一国的对外经济往来，需要对各种经济活动进行分类汇总，使其分属不同的项目账户。而每一个项目的设置一般可粗可细，可根据这些经济往来对该国经济的重要性和分析需要加以调整。但是，按照国际货币基金组织的做法，各国一般将国际收支平衡表分为经常项目、资本项目、金融项目和误差与遗漏四大部分。

（一）国际收支平衡表的科目

一般而言，国际收支平衡表包括经常项目、资本项目、金融项目以及平衡项目（误差与遗漏）等一级科目。

1. 经常项目

顾名思义，经常项目就是本国与外国进行经济交易而经常发生的会计项目，因而也是国际收支平衡表中最基本的和最重要的项目。从宏观经济分析的角度看，经常账户差额也可以被视为可支配收入与支出之间的差额，反映了经济体的储蓄和投资行为。分析经济体的经常账户差额变化时，较为重要的是了解这些变化如何反映储蓄和投资的变动。

经常项目一般包括货物或服务、初次收入和二次收入3个二级科目。经常账户显示的是居民与非居民之间货物、服务、初次收入和二次收入的流量，侧重点是居民与非居民之间货物或服务的交换。

（1）货物或服务。货物或服务流量的对应分录可在金融账户、经常账户或资本账户中。如果项目的款项是在货物或服务提供时支付，对应分录在金融账户下，例如，货币和存款。

货物为有形的生产性项目，其经济所有权可以通过交易由一机构单位转移至另一机构单位。货物收支是因有形商品出口与进口而引起的外汇收入与支出的完整记录，是构成国际经济的实质性因素，反映了一国商品在国际市场上的综合竞争力，所以货物是经常项目中最重要的一个科目，也是影响一国国际收支平衡的基本因素。另外，也包括非货币性的黄金买卖，即为满足工业、艺术装饰等方面需要而进行的黄金买卖，以及部分旅行、建设和其他未涵盖的政府货物和服务。

在国际收支平衡表中，货物价格的计算方式在各国也不尽相同。按照国际货币基金组织的规定，进出口货物一律按照离岸价格计算。但是实际上，许多国家为了统计方便，对出口商品按离岸价格计算，而对进口商品则按到岸价格计算。结果，按照到岸价格计算的进口值中就包括本来仅应该在劳务收支中计算的运费和保险费，影响到国际收支平衡表的精确性。

服务是改变消费单位条件或促进产品或金融资产交换的生产活动成果。服务一般不可以单独建立所有权，通常也无法与其生产分离。服务收支记录了本国与外国因相互提供劳务和服务而发生的外汇收入与外汇支出。服务的提供在各会计期间应当按权责发生制记录，即在服务提供的时候记录。

服务也包括对他人拥有的实物投入的制造服务，包括由不拥有相关货物的企业承担的加工、装配、贴标签和包装等服务（统称"加工服务"）。该制造服务由不拥有货物的实体进行，且所有者需向该实体支付一定的费用。在这些情况下，货物的所有权未发生变更，所以，在加工者与所有者之间不记录一般商品交易。

这些服务大致可以分为两类：一类是服务性行业的收支，如运输业、金融业、保险业、旅游业和通信业等行业的外汇收支，其中，对于运输工具的修缮、码头使用费以及船舶注册费等相关费用也计入服务业的收支；另一类是其他收支，如商标、版权和专利权等知识产权的转让，以及租赁、专家报酬和使领馆费用等。

（2）初次收入。初次收入账户显示的是居民与非居民机构单位之间的初次收入流量，反映的是机构单位因其对生产过程所做的贡献或向其他机构单位提供金融资产和出租自然资源而获得的回报。初次收入账户可以分为两类。一类是与生产过程相关的收入。雇员报酬是向生产过程投入劳务的收入。对产品和生产的税收与补贴也是有关生产的收入。另一类是与金融资产和其他非生产资产所有权相关的收入。财产收入是提供金融资产和出租自然资源所得的回报。投资收益是提供金融资产所得的回报，包括股息、再投资收益和利息。对金融衍生产品和雇员认股权的所有权不产生投资收益。

初次收入一般包括雇员报酬、投资收益（股息、再投资收益、利息、保单持有人的投资收益）和其他初次收入（租金、出口税和进口税以及补贴等）。

初次收入应与二次收入进行区分。初次收入为提供劳务、金融资产和出租自然资源而获得的回报。二次收入则是通过政府或慈善组织等的经常转移对收入重新分配。

（3）二次收入。二次收入账户表示居民与非居民之间的经常转移（单方面转移）。转移是机构单位向另一个机构单位提供货物、服务、金融资产或其他非生产资产而无相应经济价值物品回报的分录。转移可以是资本性的，也可以是经常性的。

资本转移是资产（非现金或存货）所有权从一方向另一方的转移；或使一方或双方获得或处置资产的转移；或债权人减免负债的转移。因非现金资产（非存货）的处置或获得而产生的现金转移也是资本转移。资本转移使交易一方或双方的资产存量相应变化，而不影响任何一方的储蓄。

经常转移包括资本转移以外的所有其他类型转移。它与贸易和劳务收支的不同之处在于不产生任何支付关系，不需要偿还，是单方面的和不对等的。经常转移包括个人转移（侨汇）和其他经常转移，包括对所得、财富等征收的经常性税收，社保缴款，社会福利，非寿险净保费，非寿险索赔，经常性国际合作，其他经常转移。

2. 资本项目

资本账户显示的是居民与非居民之间非生产非金融资产和资本转移的贷方分录和借方分录，包括：①居民与非居民之间的应收和应付资本转移；②居民与非居民之间非生产非金融资产的取得和处置。资本账户差额表示资本转移和非生产非金融资产的贷方合计减去借方合计。

资本转移是资产（非现金或存货）的所有权从一方向另一方变化的转移；或者是使一方或双方获得或处置资产（非现金或存货）的转移；或者为债务人减免负债的转移，包括债务减免、非人寿保险索赔、投资捐赠、一次性担保和其他债务承担、税金和其他资本转移。

非生产非金融资产的取得和处置中非生产非金融资产包括：①自然资源；

17

②契约、租约和许可；③营销资产（和商誉）。

3. 金融项目

金融账户显示的是金融资产和负债的获得与处置净额，因而涉及金融资产和负债以及发生于居民与非居民之间的交易。金融账户中的会计分录可以为货物、服务、收入、资本账户或其他金融账户分录的对应分录。例如，货物出口的对应分录通常为金融资产的增加，如货币和存款或贸易信贷的增加。此外，交易可能包括两个金融账户分录。

金融项目一般包括直接投资、证券投资、金融衍生品（储备除外）和雇员认股权、其他投资和储备资产等几个主要科目。

金融账户的净额记录指特定资产或负债的所有借方分录与同类型资产或负债的所有贷方分录轧差后得到的汇总数据。金融账户的总差额称为净贷款／净借款。净贷款表示，就净值而言，考虑了金融资产的取得和处置以及负债的发生和偿还后，一个经济体向世界其他地方提供资金。净借款则表示相反含义。尽管使用以"借贷"为导向的术语，净贷款／净借款是考虑了股权、金融衍生产品、货币黄金和债务工具后的差额。此外，净贷款包括负债的减少，净借款包括资产的减少。净贷款／净借款既可以通过合计经常账户和资本账户差额获得，也可以通过金融账户差额获得。因此，在概念上，这两组值是相等的。当经常账户和资本账户中贷方大于借方时，金融账户会显示一个平衡性的金融资产净获得或负债的净减少。

经常账户差额与资本账户差额之和为经济体与世界其他地方之间的净贷款（顺差）和净借款（逆差）。从概念上说，它等于金融账户的净差额。换言之，金融账户体现的是居民对非居民的净贷款和净借款是如何形成的。金融账户加上其他变化账户说明了期初与期末之间国际投资头寸的变化。

4. 误差与遗漏净额

尽管国际收支账户总体上是平衡的，但在实践中，数据来源不理想，会导致国际收支账户不平衡问题。这种不平衡是国际收支数据的一个常见特点，被称为误差与遗漏净额。误差与遗漏净额是作为残差项推算的，可按从金融账户推算的净贷款／净借款，减去从经常和资本账户中推算的净贷款／净借款来推算。

应对误差与遗漏净额进行分析，其数值及变化趋势可以帮助发现数据问题。如覆盖范围或误报。误差与遗漏净额的变化规律可提供有关数据问题的有用信息。例如，符号连续不变说明一个或更多分项有偏倚。误差与遗漏净额如果一直为正值，说明贷方分录被低估或有遗漏，或者借方分录被高估。相反，净额的波动则表明记录时间可能有问题。但是，尽管误差与遗漏净额有助于发现某些问题，却不是一个理想的衡量指标，因为方向相反的误差与遗漏净额会相互抵消。不应认为误差与遗漏净额是编制者引发的错误。这种差异在绝大多数情况下是由其他因素引起的，例如：数据来源不完备，报告质量不佳等。

专栏：误差与遗漏净额

　　误差与遗漏净额主要是为了反映在繁杂而且时刻处于变化波动中的国际收支统计时由各种主观和客观的因素几乎不可避免地造成的重复计算和遗漏。显然，这是一种出于复式簿记要求而进行的人为维持报表平衡的手段，并无实际经济意义。

　　当然，在该项数值很大的情况下，就有可能掩盖实际国际收支状况，需要加以分析。

　　造成误差与遗漏净额的原因主要有：国际收支统计涉及一个经济体的全部涉外交易，各国编制国际收支平衡表一般会使用多渠道多部门的多种数据来源，这些不同渠道、不同部门的数据往往在统计时点、统计口径与国际收支统计原则上存在一定差异；各部门各自采集的数据不可避免地存在一定的统计误差；各数据源在货币折算等方面的差异在一定程度上也会造成误差与遗漏；一些人为的因素（如有些数据须保密，不宜公开）；走私贩运；等等。

　　一般而言，误差与遗漏净额的绝对值过大会影响国际收支统计的可信度。通常国际上认为，误差与遗漏净额占进出口贸易总值的5%以下是可以接受的。从各国近年来的统计情况看，一般绝大多数国家都低于这一比例。以2007年为例，部分国家的净误差与遗漏占其进出口贸易总值的比例如下：德国为2.0%，日本为1.3%，美国为 1.3%，俄罗斯为 2.1%，马来西亚为 1.5%，印度为 1.3%。同年，我国净误差与遗漏规模占进出口贸易总值的比例为 0.77%。

国际收支平衡表中的误差与遗漏净额一般应该呈现正负交替的随机分布状态，即净误差与遗漏既可能出现在贷方（为正值），也可能出现在借方（为负值）。以 1998 年至 2007 年十年的时间段为例：德国负值三年，正值七年；日本负值四年，正值六年；美国负值六年，正值四年；俄罗斯负值九年，正值一年；马来西亚负值八年，正值两年；中国负值六年，正值四年。

（二）对国际收支平衡表的一些说明

这里，简要回顾国际收支平衡手册的发展、国际收支平衡表的不同表式以及国际收支与国民核算之间的关系。

1. 国际收支统计的发展

国际货币基金组织 1948 年 1 月出版了《国际收支手册》（第一版）。这一版的主要目的是奠定向国际货币基金组织成员国定期提供具有国际标准的国际收支统计的基础。主要包括报告数据的表格以及完成这些表格的简要说明，但是没有对国际收支的概念或编制方法进行一般讨论。《国际收支手册》（第二版）于 1950 年公布，丰富了《国际收支手册》体系中用以说明概念的材料。《国际收支手册》（第三版）于 1961 年面世，提供了一整套可供各国满足自身需要的国际收支原则。《国际收支手册》（第四版）于 1977 年发布，对国际金融体系中的变化及国际交易方式的重要变化作出了反馈，更全面地阐述了有关居民地位和计值的基本原则以及其他会计原则，并为使用标准组成编制各种差额数据提供了灵活性，但没有提供任何首选表述形式。

《国际收支手册》（第五版）于 1993 年 9 月问世，该版本经过了长时间酝酿，特点是与同期编制的《1993 年国民账户体系》（1993 SNA）之间进行了协调，因为人们日益需要将不同宏观经济数据集联系起来，避免数据之间的不一致问题。这一版对定义、术语和账户结构作了很多修改，包括将经常账户中的资本转移和非生产资产转移到新指定的资本账户；将资本账户重新命名为金融账户；将服务从初次收入（以前称为要素服务）中剥离。此外，第五版为与《1993年国民账户体系》保持一致，引进作为微观基础的单位和部门，而不是将经济体作为一个单一的单位。除了国际收支统计外，还纳入有关国际投资头寸的内容。

具体来说，《国际收支手册》（第五版）的主要变化如下。①修改了经常项目的范围。新的经常项目仅包括涉及商品、劳务、收入和经常性转移支付的交易。资本转移被包括在扩展了的，并且经过重新定义的资本和金融项目之中。而在第四版的手册中，经常项目则包括各种资本转移。第五版资本转移有以下两种情况：当实务转移涉及固定资产所有权变更或有债权人单方面对债务进行减免时，实物转移即被视为资本转移；当现金转移牵涉交易的任何一方对固定资产的获取或处置时，现金转移（如投资捐赠）即被视为资本转移。②商品的范围有所扩大。商品除一般商品外，还被扩展为包括进出口加工品，商品修理的价值以及在港口由货运人采购的商品价值。而在以前，这些被包括在劳务中。③对一些收入和劳务转移作了重新分类。在收入中包括雇员的各种报酬。而非居民工人的支出和专利、版权及类似的无形资产使用费用进入服务项目。因此，现在收入包括投资收入加雇员补偿。而在此前，收入项目仅仅包括投资收入、劳动收入和财产收入。④资本项目扩展并重新被定义为资本和金融项目。其中，资本项目包括涉及资本转移的所有收入和支出，以及非生产性非金融性资产的获得和处置。金融项目大体上相当于以前的资本项目，包括与所有外国金融资产和负债所有权变动有关的交易，这些变化也包括世界上其他国家债权和流动性的创造。⑤在以前，直接投资基本上是指本国居民的海外投资和外国居民在本国的投资，只有银行间短期的金融资产流动被排除在外。而按照新的规定，与银行分支机构之间正常发生的存款和债权与债务的转移，以及与其他金融中介的分支机构之间债权与债务的转移有关的所有交易被排除在直接投资外，而归入国际证券投资和其他投资项目。⑥国际证券投资的范围得到扩展，以便反映近年来日益增长的新型金融工具。除了长期债务以及股权投资以外，货币市场上的债务工具以及可交易的衍生性金融工具都包含在投资组合之中。而在以前，这些金融工具都被归入其他资本之中。⑦不仅编制年度的流量国际收支平衡表，而且通过编制国际投资头寸表，重视存量数据的统计和分析。

《国际收支手册》（第六版）相对第五版的主要变化如下。①加工贸易统计的变化。第五版在货物贸易项下。第六版被定义为不涉及所有权转移的贸易，记入服务贸易项下。②第五版转口贸易归在服务贸易项下，而第六版由于货物所有权发生了转移，计入货物贸易中的一般贸易收入。总之，服务贸易统计的调整是将转口贸易去除，再加上加工贸易中的来料加工。按照这样的调整，我国的贸易格局一下子换成另一种形势，即服务贸易由调整前的逆差变成顺差。以前直接投资统计采用了方向原则（Directional Principle），现在采用资产负债原则（Asset-liability Principle），即对直接投资首先区分资产和负债，然后再针对直接投资者、直接投资企业以及关联企业进行细分。

更详尽的修改可以参见《国际收支手册》（第六版）的附录8。

2. 标准格式和分析格式

国际收支数据主要有两种表式：标准表式和分析性表式，以用来表示国际收支融资的不同方面及其对于经济体的影响。这些表式法包括对项目重新排列，以强调某些特殊方面。

（1）标准表式将经济流程和现象归组，符合《1993年国民账户体系》和其他宏观经济统计数据。其特点体现在两个差额上。

经常账户分录之后，有平衡项目"经常账户差额"。

金融账户分录与非金融账户分录之间，有平衡项目"净贷款/净借款"。

此外，还有一系列其他平衡项目。

（2）分析性表式重新排列国际收支统计的标准表式，以便于突出储备及其密切相关项目与其他交易之间的基本区别。分析性表式主要侧重于储备和相关项目的管理。

分析性表式表明如何用储备和特殊融资（例如，拖欠的累积、债务减免、政府间捐赠和债务重组）以及基金组织信贷和贷款的相关项目，为其他"自主型"国际交易融资。所以分析性表式对于使用干预手段的货币当局较为有用，包括各种浮动程度的管理汇率制度。

3. 在开放经济条件下，国际账户与国民账户的关系

《1993年国民账户体系》中的货物和服务账户说明了供给与需求之间的差额：

$$供给 = 产出 + M$$
$$= 需求 = C+G+I+X+IC \qquad （1.1）$$

其中，M= 货物和服务的进口，C= 家庭消费，G= 政府消费，I= 资本形成总额，X= 货物和服务的出口，IC= 中间消费。

因为国内生产总值等于总产出减去中间消费，因此方程（1.1）可以写成：

$$GDP = C + G + I + X - M \qquad （1.2）$$

方程（1.2）就是支出法的国内生产总值，其中 GDP= 国内生产总值。

国民可支配总收入（$GNDY$）指国内生产总值加上来自国外的初次收入和二次收入净额，因此有：

$$GNDY = C+G+I+X-M+BPI+BSI \qquad （1.3）$$

其中，BPI= 初次收入差额，BSI= 二次收入差额（经常转移净额）。

这样，经常账户差额就是：

$$CAB = X-M + BPI + BSI \qquad （1.4）$$

其中，CAB= 经常账户差额。

根据方程（1.3）和（1.4），经常账户差额也可以写成可支配收入与支出之间的差额，即

$$CAB = GNDY - C - G - I \qquad （1.5）$$

或

$$GNDY = C + G + I + CAB \qquad (1.6)$$

如支出法对储蓄的定义：

$$S = GNDY - C - G \qquad (1.7)$$

其中，S = 总储蓄。

将方程（1.5）代入方程（1.7）可得：

$$S = I + CAB \qquad (1.8)$$

方程（1.8）可转换为：

$$S - I = CAB \qquad (1.9)$$

即经常账户差额等于储蓄和投资的差额。

由于经常账户差额反映了一个经济体的储蓄和投资行为的变化，在分析经济体的经常账户差额变化时，较为重要的是了解这些变化是如何反映储蓄和投资变动的。例如，相对于储蓄减少或投资增加，至少在短期内会对经常账户产生类似影响（逆差）。方程（1.9）说明经济体经常账户顺差扩大或逆差减小，必定等同于储蓄增加或投资减少。这种关系强调了可能的政策选项。这些政策可以直接用于改变经常账户差额（例如关税、配额和汇率的变化），但也将影响到储蓄和投资行为。

方程（1.5）列示了国内交易与国际交易之间的关系。这种关系对于国际收支分析意味着经常账户的改善需要减少国内支出（后面还会讲到的国际收支调节的收入分析法和吸收分析法也是以此等式为基础的）。此外，也可以通过以下手段改善经常账户差额，即增加国民收入，但不相应增加消费和国内投资，而提升经济体效率的结构性措施是实现这一目标的一种常见方式。

应该指出的是，这些方程与其说是描述了一个经济体的行为，不如说是确定了变量之间的关系。当然，方程本身也无法全面分析决定经常账户变动的因素。例如，国内居民在货物和服务上的总支出（$C+G+I$）可能部分受到其收入（$GNDY$）的影响。因此，在运用方程（1.5）分析 $GNDY$ 的变化对于经常账户差额的影响时，就没有考虑支出变化在消费和资本形成上造成的影响。这也是国际收支调节的收入分析法所谓的直接效应和间接效应。进而言之，分析国际收支时，有必要研究一个经济体居民的支出倾向的变化。

通过区分私人部门与政府部门则可以更为详细地阐释经常账户差额与储蓄和投资的相互关系。私人储蓄和投资（Sp 和 Ip）与政府储蓄和投资（Sg 和 Ig）被表示为：

$$S - I = Sp + Sg - Ip - Ig \tag{1.10}$$

运用方程（1.9）中的经常账户储蓄－投资差额方程，则有：

$$CAB = （Sp - Ip） + （Sg - Ig） \tag{1.11}$$

该方程表明，如果政府部门的净投资无法通过私人部门的净储蓄来抵消，则经常账户将呈现逆差状态。因此，政府的预算差额（$Sg\text{-}Ig$）可能是影响经常账户差额的重要因素。而且持续的经常账户逆差可能反映了政府支出总是超出收入，所以要恢复经常项目平衡就需要紧缩财政。

还需要指出的是，方程（1.11）不能单独用来从私人和政府部门投资与储蓄角度分析国际收支变化，因为这些变量之间存在相互联系。例如，提高税收可以是增加政府储蓄和改善经常账户差额的政策，但是也需要考虑私人储蓄和投资对此的反应。除了政府部门对居民部门的挤出效应外，提高税收可能对私人投资产生正面或负面的影响，这部分取决于是对消费征税还是对投资回报征税。由于消费税导致可支配收入的减少，私人储蓄有可能下滑。同样，利率的上升往往会减少私人消费和投资，但也会给汇率带来上行压力，从而对进出口产生影响，并对本外币债务的偿债产生不同影响。因此，方程（1.11）仅仅是分析储蓄、投资决策和国际收支之间相互作用的起点。在确定政策措施对经常账户的影响时，需要分析这些政策对私人和政府部门行为的影响。

二 国际投资头寸表

国际投资头寸表是有关某个时点的存量统计报表，显示以下项目的价值和构成：①一个经济体居民对非居民的债权和作为储备资产持有的金融资产（含黄金）；②一个经济体居民对于非居民的负债。一个经济体对外金融资产与负债之间的差额就是该经济体的净国际投资头寸，可以为正值，也可以为负值。

国际投资头寸是国家资产负债表的子集。净国际投资头寸加非金融资产的价值等于这个经济体的净值，对国家资产负债表产生影响。

国际投资头寸也与时点相关，通常为期初（期初价值）或期末（期末价值）。

在国际账户编制和分析中，对国际投资头寸日趋重视。人们已经越来越认可国家资产负债表分析对于了解一个经济体经济运行可持续性和脆弱性的作用，包括币种不匹配、部门的含义和债务的利率组成，以及期限结构对于流动性的作用。

国际投资头寸数据也可以用于其他目的，诸如衡量回报率，分析经济结构，以及研究与国内融资来源的关系。因此，建议对国际投资头寸的币种结构和剩余期限进行分析，以提供补充信息。这些扩展的表格按部门列示了资产和负债的币种结构，同时按照主要外币进行了分类，包括美元、欧元、日元和其他货币，同时还可以按原始期限进行分类，甚至提供了有关长期负债剩余期限的信息，并按部门进行了细分。

国际投资头寸的内容可以用两种不同的方式列示，即按职能类别和广义金融工具对国际投资头寸的结构和构成进行表述。这种表述主要阐明一段时期内金融账户交易以及金融资产和负债的其他变动如何引起国际投资头寸的变化。一般来说，国际投资头寸表中的资产包括直接投资、证券投资（股权和债券）、金融衍生工具、其他投资（货币存款、贷款、保险和养老金、贸易信贷和其他应收款）和储备资产。负债科目则与之相对应，但没有储备资产，其他应收款则为其他应付款。

第四节　国际收支的平衡与失衡

从国际收支平衡表的会计编制原则中我们已经知道，如果国际收支统计精确而又完备的话，一国的国际收支必定是平衡的。即使由统计误差造成借贷方失衡，也要通过误差与遗漏项目加以平衡。但是，这种平衡只是会计平衡，而我们在进行国际收支分析并由此制定相应的宏观政策时，更多关注的则是实质经济意义上的平衡。例如，在经常项目出现逆差时，就应该使用资本项目的顺差进行平衡。如果资本项目也出现了逆差，就需要动用黄金或外汇储备来清偿国际收支。很显然，一国的外汇储备总是有限的，因此，长期逆差是难以持续的。而外汇储备的过度增长对一国经济的健康发展和宏观经济的稳定也会产生不利的影响。因此，各国政府必须进行国际收支的调节，纠正失衡状态，恢复国际收支的平衡。

一　国际收支平衡表的差额分析

差额是一种衍生指标，不是交易或其他流量，而是为经济分析构造的工具，通过将一个或更多总量从一个或更多其他总量中减去获得。它们对国际账户中单独记录的若干流量或存量值进行概括，是重要的分析工具。

衍生指标的推导离不开其他分录。作为衍生分录，它反映了一般会计原则在其据以推导的具体分录中的运用。有些衍生指标本质上属于平衡项，因为它们的推导要将某账户一边的各分录合计值与另一边的合计值相减，例如，净国际投资头寸等于总对外金融资产减去总对外负债。

作为国际账户差额的常用重要衍生指标包括：货物贸易差额，服务贸易差额，货物和服务贸易差额，货物、服务和初次收入差额，经常账户差额，净贷出／净借入，来自经常账户和资本账户差额，来自金融账户差额，源自其他流量（其他数量变化、汇率变化和其他价格变化的流量）的净国际投资头寸变化以及净国际投资头寸。该清单并非详尽无遗的；可根据分析需要推算其他差额。例如，可能需要金融账户中某些细目的差额，诸如净直接投资或净证券投资。

为了更加方便地进行国际收支分析，从中发现问题并制定相应的政策，通常在上述国际收支项目的基础上就国际收支状况进行 5 种差额分析，即贸易差额分析、经常项目差额分析、基本差额分析、官方结算差额分析和综合差额分析。

贸易差额主要是指货物进口与出口流量之间的差额。尽管货物贸易是国际经济活动的基础，但是在目前的世界贸易中服务贸易流量比重已经很大的情况下，进行贸易差额统计的主要原因只是在于货物贸易流量统计可以相对方便准确地从海关报表中获得，而且在国内外大众传媒中仍然大量使用贸易差额来直观说明国外企业占领国内市场的程度，具有社会关注度。

按照国际收支平衡表的规定，经常项目差额是指货物贸易差额与服务贸易差额、初次收入和二次收入差额之和。由于经常项目差额反映了实际经济资源国际转移的净额，所以，它是国际收支和国际经济分析的一个重要指标。如果一国的经常项目处于盈余状态，从国际收支平衡的角度就意味着该国存在对外净投资，反之就意味着该国在国内资本形成中利用了国外的储蓄资源。

基本差额是经常项目差额与长期资本流动差额之和，也就是排除了短期资本流动的经常项目差额与金融项目差额之和。这里，之所以将短期资本流动排除在外主要是因为短期资本流量的波动过大。这样，我们就可以使用基本差额反映一国国际收支中的长期趋势。基本差额赤字说明一国国际收支有长期恶化的趋势，应该使用相应的政策加以调节。但是，由于短期资本流动中可能包括为缓解经常项目差额而提供的展期信贷，长期资本流动中也可能实际包括不代表直接投资的财务投资，所以基本差额的使用还是具有一定的局限性。

官方结算差额是基本差额与短期资本流动差额之和，但是不包括官方借贷差额和储备的变化。因此，使用官方结算差额可以将居民事前的自主性交易和官方事后的补偿性交易区分开来。在固定汇率条件下，它可以用来衡量外汇市场上本国货币面临的压力。如果官方结算差额为正，本币即处于强势，反之则处于弱势。中央银行要根据官方结算差额的大小确定对外汇市场的干预程度。在浮动汇率的条件下，中央银行又可以根据官方结算差额的大小来预测本币汇率的浮动情况。

综合差额，又称清偿差额，它是官方结算差额与官方借贷差额之和。所以，它可以用来反映一国的外汇储备的变化，即用于测量一国中央银行所持有的清算国际债务的货币性黄金和外汇持有量所面临的潜在压力。由于国际收支最终总要平衡，如果基本差额不能被官方和民间的短期资本借贷所平衡，那么为了清偿国际债务，唯一的办法就是使用外汇储备。

上述 5 种差额之间的关系以及它们在国际收支平衡中的位置可以表述如下。

贸易差额 = 商品出口 − 商品进口

经常项目差额 = 货物贸易差额 + 服务贸易差额 + 初次收入和二次收入差额

基本差额 = 经常项目差额 + 长期资本流动差额

官方借贷差额 = −（基本差额 + 短期资本流动差额）

综合差额 = 官方结算差额 + 官方借贷差额 = 官方储备的变化

官方借贷差额记录了为平衡国际收支差额所进行的官方交易。这种交易不同于在经常项目和资本项目项下一国居民自发地、独立地根据自身经济活动的需要进行的自主交易，而是一种由于自主性交易收支不平衡而官方进行的被动交易。所以前者又称为事前交易，后者又称为事后交易和补偿性交易。官方储备包括一国中央银行为了维持对外支付而集中掌握的货币性黄金和外汇资产，以及在国际货币基金组织的储备头寸和分配到的特别提款权。这些资产是一国中央银行用以平衡国际收支或干预外汇市场汇率水平的最后手段。从各国的情况看，官方储备主要还是外汇储备。

外汇储备作为一种储备性闲置资产，并不会直接进入生产和流通过程。因此，对于持有储备的国家来说，就需要根据本国的汇率制度和外汇管制的具体情况确定一个合理的外汇储备标准。一般来说，实行自主浮动汇率制度的国家的外汇储备只需要能够满足偶然因素引起的国际收支逆差，消除短期汇率波动即可。而历史证明，实行固定汇率的国家在面临长期基本失衡的情况下，单纯依靠外汇储备常常也不足以能满足政府干预市场对外汇量的需求，只能在一般情况下起到稳定市场信心的作用。

二 国际收支平衡的原理

在会计分录的意义上，任何时点国际收支都是平衡的，即借方项目与贷方项目之和为零，或者说，在外汇市场上的超额需求或超额供给都为零，我们可以得到：

经常项目差额 + 金融项目差额 + 外汇储备变化 =0

如果商品出口大于商品进口，资本输入大于资本输出，那么自主性交易使外汇市场上存在对本币的超额需求，形成资金流入。在固定汇率条件下，中央银行就会出卖本币买入外币，以稳定外汇供求及本币汇率，外汇储备增加。而外汇储备的增加最终又会增加中央银行持有的外币资产，形成资金流出。因此，上述等式成立。反之亦然。

如果中央银行停止干预外汇市场，即外汇储备的变化为零，我们可以得出：

经常项目差额 + 金融项目差额 =0

这就意味着经常项目差额必须被金融项目差额所平衡，即记为正值的经常项目顺差（资金流入）必须等于记为负值的金融项目逆差（资金流出），或者记为负值的经常项目逆差必须等于记为正值的金融项目顺差。

当国际收支失衡时，就会出现汇率波动的压力。持续的失衡就会造成汇率变动，最终通过价格机制完成国际收支的调整。在没有政府干预的浮动汇率制度下，私人部门对外汇的供给和需求应该是时刻平衡的。

我们在进行国际收支分析并由此制定相应的宏观政策时，更多关注的则是实质经济意义上的线下（子项目）平衡，或者说前述的差额分析。在经常项目出现逆差时，就应该使用资本项目进行平衡。如果资本项目也出现了逆差，就需要动用官方的黄金或外汇储备来清偿国际收支。很显然，一国的外汇储备总是有限的。反之，外汇储备的过度增长对一国经济的健康发展和宏观经济的稳定也会产生不利的影响。因此，各国政府必须进行国际收支的调节，纠正失衡状态，恢复国际收支的平衡。

（一）国际收支的平衡与调节：金融项目为经常项目逆差融资 [①]

国际收支编制采用的复式记账法基本原则表明，所有的国际交易（包括

---

① 以下三个部分的分析主要来自《国际收支手册》（第六版）第十四章的相关内容。

经常性交易、资本性交易和金融交易）合计额原则上等于零，因此，金融账户反映经常账户和资本账户差额是如何获得资金的。例如，货物的进口可以由非居民供货商筹资，从而进口的增长可以与金融项目的流出相匹配。筹资期终止时，居民向非居民供货商支付的款项或者减少了国外资产（例如，国内银行持有的国外存款），或者将对非居民供货商的负债替换为对其他非居民的负债。许多金融账户交易之间也有密切联系。例如，在国外金融市场销售债券获得的资金（金融流入）可以临时投资于国外的短期资产（金融流出）。

这种金融分录和其他分录之间的差额可以表述为：

$$NLB = CAB + KAB = NFA \qquad (1.12)$$

其中，NLB = 净贷款 / 净借款，CAB = 经常账户差额，KAB = 资本账户差额，NFA = 金融账户分录净额。

所以，方程（1.12）表明，净贷款 / 净借款（来自经常账户差额和资本账户差额之和）在概念上等于来自金融账户的净贷款 / 净借款。另外，可以说，经常账户差额等于资本账户与金融账户差额之和（如果需要，金融账户需颠倒符号，取决于所使用的列示方法），其中，金融账户包括储备资产。

$$CAB = NKF + NRT \qquad (1.13)$$

其中，NKF = 不包括储备资产在内的资本和金融账户交易净额，NRT = 储备资产交易净额。

因此，经常账户和资本账户差额所表示的向国外提供的资源净额或来自国外的资源净额，在定义上必须与世界其他地方净债权的变化相匹配。例如，经常账户和资本账户顺差体现为净债权的增加，其形式可以是货币当局购买储备资产，或者是对非居民的其他官方或私人债权。此外，经常账户和资本账户逆差表明，从世界其他地方净获得资源必须通过变现国外资产或增加向非居民的负债进行支付。

是否存在自发的经常账户逆差融资，即储蓄和投资之间的差额是否由自主流动弥补，取决于很多因素。例如，由于直接投资、从国外银行获取贷款或在国际金融市场发行债券，金融流入可能会与资本形成的增长直接相关。国外融资可以用于购买投资项目所需的进口货物和服务，还可以用于购买国内物资。另外，可以通过银行贷款或发行股票和债券为额外的投资筹措资金。在这种情况下，增长的国内支出与国外融资之间不存在直接联系。但是，投资增长而使国内利率呈现的增长趋势（相比国外利率），将会促进资金流入。当然，资金是否流入更主要取决于投资者如何看待经济前景，特别是如果较高的利率不太可能被汇率的持续贬值所抵消，将刺激资金的自发流入。

与投资超出储蓄相关的金融流入会减少本国的国外资产净头寸。这里需分析的关键问题是本国能否应付国外投资净头寸的变化，而不对经济政策进行重大调整或使利率或汇率产生不利变动。如果投资能够对生产力有重大贡献，那么偿债能力就可能没有发生变化。此类贡献表现在两个方面：首先，进行投资的公司或政府企业必须利润充足，以支付投资回报；其次，额外的投资必须能提升偿债能力。在这种情况下，获得资金经济体的经常账户逆差就反映了资源的有效分配，从而促进经济增长。

另外，也需考虑投资不变，但是储蓄下降、消费增加的情况。在这种情况下，国内利率会上升。但是与前述情况不同，经常账户逆差未伴随生产率的增长。因此，如果投资者认为经常账户恶化将导致更大的问题，就可能导致资金流出。例如，储蓄的下降可能反映了与投资增长无关的公共部门赤字扩大，也可能是因为货币扩张政策导致私人部门支出的增加。在这种情况下，经常项目赤字就很难得到金融项目的融资。

在缺少自发金融流入的情况下，需结合使用下列方法：采取政策举措吸引私人资金，使用储备资产用于国际收支融资以及实施国际收支调整措施。但是根据方程（1.12），如果经常账户出现逆差，必须通过减少储备资产或者增加刺激吸引私人资金来进行融资。后者可以通过优化国内长期投资经济环境来实现。采取相关货币和财政政策，支持稳定的经济条件并鼓励直接投资和其他类型投资，也可以持续吸引金融流入。同时，也可以通过提高国内利率吸引国外资金流入以提供国际收支融资。如果经常账户逆差是由总需求压力所致，则此种政策可能较为适当，因为紧缩的货币政策对减少过度需求和提供短期融资具有一定的作用。但是这类融资从长期角度来讲可能不太稳定和可靠，例如，国外货币条件的改变可能会让国内的投资变得不再有吸引力。因此，需要找出经常账户逆差的根本原因，对症下药。

运用储备资产弥补国内支出和收入的缺口，而不是通过调整经济结构减少或消除这种缺口，这种做法是否恰当主要取决于这种缺口是不是临时性的或暂时性的。由于储备资产存量（以及其可以借来补充储备资产的资源）有限，使用储备资产弥补经常账户逆差必然会受到限制。例如，收成不好或其他临时性供应不畅等对国内产出的暂时冲击，未必需要国内货物和服务需求作出相应变化。动用储备资产弥补消费和投资暂时大于国民收入的问题，可以有效地稳定居民支出。同时储备资产还可以用来为国外收支的季节性变化提供资金帮助。虽然使用储备资产对临时冲击提供融资是恰当的，但如果经常账户恶化持续存在，则依赖储备资产就不具有可持续性，经济结构调整就是必要的。官方融资也可以起到一定的缓冲作用，但时间和力度依然比较有限。而从 IMF 获得贷款则更多的是为了显示国际金融机构的支持，稳定市场信心。

私人资金和官方资源能够弥补经常账户逆差的程度是有限的。私人部门投资经济体的意愿可能会直接受到储备资产持续变化的影响。如果现有的储备资产存量与经常账户逆差相比较低，且预期货币当局在投资者的投资期限内将耗尽储备资产，则汇率贬值或实施对投资者预期回报率产生不利影响的其他政策措施的可能性会显著增大。在这种情况下，任何来自国外的用于弥补全部或部分经常账户逆差的私人资金会很快从净流入转为净流出。如同方程（1.12）所示，除非实施调整措施扭转经常账户逆差和金融账户流出，否则就需要动用储备资产弥补国内投资超出储蓄的缺口以及应对非居民负债的净增长。这种情况可能会导致对货币信心的丧失，加剧金融外流，并迅速耗尽储备资产。这种情况就很容易引发货币金融危机。

更为普遍的是，在一个资金高度流动的环境中，外部和国内私人部门提供资金的意愿会受到复杂预期因素的影响，如对于接受资金流入经济体和世界其他地方未来经济、政治和其他发展状况的预期。这些预期的变化可能会引起资产负债表结构的快速再平衡，同时还会造成金融流量的剧烈波动，具有重要的经常账户和其他宏观经济意义。

金融账户与经常账户之间还有其他联系。金融流量会引起国外债权和负债的变化。几乎在所有情况下，这些金融存量都会带来回报（利息、股息或再投资收益），其在经常账户中作为投资收益处理。不同资产与负债以及不同投资类型的回报率各异。经常账户逆差必须通过增加向非居民的负债和减少对于非居民的债权弥补，从而降低国外净资产。因此，净投资收益将会减少（除非回报率进行相抵调整），并增加经常账户逆差。这种经常账户与金融账户之间的相互作用在特定的情况下会造成某种不稳定状况。

分析国际收支，尤其是分析任何具体经常账户状况的可持续性时，首先需考虑金融流量的决定性因素。这些因素主要与影响国内外资产回报率和风险的因素相关，包括利率、直接投资和其他投资的收益率、汇率的预期变化和税收因素。这些因素一般都体现在居民所持有的国外资产存量和非居民持有的债权存量的预期实际税后回报率中。

在资金流动性较低且主要为官方融资的情况下，侧重于国内条件是合理的；而在资金高度流动的环境下，世界利率的变化等外部条件则是影响金融流量的重要因素。

（二）针对逆差的国际收支调整

很多时候，可能无法依赖私人和官方资源持续弥补经常账户逆差。如果逆差是持续性的，就需进行相关调整，即通过改变市场参与者提供资金的意愿或消耗储备资产和其他金融资产，或者两者的结合。但是此类调整可能会比较痛苦，因此需要考虑制定缓和调整的政策措施。

对国际收支分析之后，最重要的就是引入调整措施，实现可持续的外部支付状况，即使货物、服务和收入逆差可以通过私人和官方转移、私人资本流入以及在一定程度上依靠储备和其他金融资产进行融资。当然最理想的就是恢复自主交易的平衡。这里我们粗略讨论一些可能的措施，并简要阐述汇率变动、财政措施和货币政策在国际收支调整中的作用。

将方程（1.9）重新写为：

$$S–I=CAB=BTG+BTS+BPI+BSI=NKF+RT \tag{1.14}$$

其中，BTG = 货物贸易差额，BTS = 服务贸易差额，BPI = 初次收入差额，

BSI= 二次收入差额。

必要的国际收支调整幅度在某种程度上取决于经常账户差额组成要素的性质。例如，某经济体可能一直有货物贸易逆差，部分通过向私人和官方来源借款获得融资。在这种情况下，该经济体的初次收入差额也可能是逆差，反映了债务的利息支付。货物、服务和初次收入的逆差可能部分被二次收入顺差抵消，后者可能同时反映官方和私人经常转移。如果这种流入的转移具有长期性（比如一些劳务输出国），并能安心地依靠该转移弥补经常账户其他组成部分的所有或部分逆差，那么就没有太大的必要调整国际收支。

但除了持续的单方面转移和偶尔使用外汇储备外，只要存在经常项目逆差就不能忘记的一个事实是必须归还外债。因此，经济体的分期偿债计划是判断国际收支可持续性的重要因素。如果有较大的债务即将到期，且预期金融流入不足以用于支付即将到期的款项，就需要预先采取调整措施，以避免在随后出现国际收支危机时采取诸如债务违约等更极端的处理措施。

在一个实行固定汇率或管理汇率的经济体中，面对不可持续的经常账户逆差可以考虑的一项调整措施是本币贬值，以抵消国内价格上升（相对于国外价格）。国内价格上升会限制出口和鼓励进口，使货物贸易差额状况恶化。只要这种贬值措施提高了进口货物和服务相对于本土货物和服务的价格，贬值就能促进国内产品对进口产品的替代，并刺激国外对国内产品的需求。但是，进口货物和服务成本的增加以及对出口和本国生产的进口替代品的需求增长使贬值通常会造成国内价格的上升，因此，汇率改变而带来的国际竞争力的增强会部分或全部被抵消。这样，就需要用紧缩性的货币政策和财政政策补充汇率调整，以实现贬值造成相对价格变化后的经济资源转移。总之，以贬值为代表的支出转换政策通常必须由支出消减政策支持。此外，还需要经济体存在过剩生产能力和供给弹性。

此类举措的效果从方程（1.9）中可见一斑：经常账户的任何改善都需与储蓄和投资差额的相应正向改变相匹配，贬值才可能带来所希望的变化。但是当货币政策不变时，贬值带来的需求增加将加大货币需求。此时如果货币供应量保持不变，货币需求越大，国内名义利率和实际利率就会提高，利息弹性和对利率变动敏感度高的支出将会受到影响，并会对储蓄产生正影响。因此，仅仅是储蓄和投资之间的缺口所带来的影响并不足以给经常账户带来所需的改善，特别是当一个经济体处在充分就业状态时。最重要的可能是需要在调整汇率的同时采取更加紧缩的货币和财政政策以降低国内支出水平，将资源投放于扩大出口型和进口替代型行业的产出中。

方程（1.11）还显示出财政赤字是外部不平衡的一个潜在原因。在贬值不足以缩小总储蓄和总投资之间差额的情况下，可能需要改变政府支出和税收，以减少储蓄 – 投资缺口。但更重要的是，需要制定财政政策措施实现预期目标，且不使调整问题恶化。例如，削减基础设施投资对国际收支可能有预期的短期作用，但是这种削减行为会对经济体的供给潜力和用于缓解瓶颈的能源生产和供给造成长期不利影响，尤其是削减交通或电力等领域的此类支出。

货币政策也在国际收支调整中起着重要作用。外部不平衡可能反映了过度扩张的货币政策导致国内投资超出储蓄（即国内支出超出收入），因此需要对货币政策进行调整，调整利率，给储蓄者提供激励，从而使国内经济条件足够稳定，以鼓励投资。从总供给和总需求的角度而言，方程（1.5）表明，货币政策应确保国内支出水平符合经济体的产出水平和生产能力。根据国际收支分析，货币政策和财政政策的目的是将国内支出限制在国内资源和国外融资能够提供的水平之内。

货币政策在国际收支调整中的一个重要方面是储备资产交易与国内货币状况之间的联系。储备资产下降可能与扩张性货币政策引起的经常账户逆差或金融净流出或这两者同时相关。储备资产下降会导致基础货币减少，造成货币政策态势趋紧。紧缩的货币政策往往通过提高利率抑制国内需求并使国内资产对于投资者更具吸引力，从而纠正支付不平衡。但是，如果货币当局通过增加基础货币的国内构成部分（例如，通过公开市场操作购买银行系统持有的证券）抵消储备资产损失对于基础货币的影响，则这种调整会导致资本流入、国际收支逆差持续。

（三）经常项目顺差的影响

上文主要讨论了一个经济体面临经常账户持续逆差的情景。顺差通常不会造成危机，但是对国际收支顺差状况的某些方面进行分析仍然是有一定益处的，因为顺差可能会带来一些重要问题，这些问题与国内的货币政策、经济脆弱性以及平衡对外账户的调整速度密切相关。

从方程（1.13）可以看出，经常账户顺差反映了私人部门或政府持有的对非居民净债权（NKF）的增加或官方储备资产（NRT）的增长，或两者的同时发生。国外资产净头寸的变化可能是由于对非居民债务的减少，而非由于债权总量的增加。如果过去积累的大量负债已经对国内造成了沉重的偿债负担，对外债务的减少可能就是一种有利的发展态势，经常账户顺差对于实现国际收支的可持续性是较为有利的。

如果一个经济体近期没有经常账户逆差，且其对外私人债权总量呈上升态势，则表明该经济体的总储蓄超过国内总投资。将部分储蓄投资于国外资产，可以认为是投资者发现国外资产的回报率比国内投资更为诱人。一般来说，只要净债权的建立是市场力量促成的，那么以对非居民净债权的形式向国外投资就有助于国内储蓄的有效分配。

在分析持续顺差经济体的国际收支时，一个要考虑的关键因素就是政府政策是否扭曲了储蓄和投资决策，从而使经济体呈经常账户顺差状态。这种扭曲具有多种形式。首先，有些措施通过刺激出口直接影响经常账户。例如，限制进口的关税和配额、向国外付款的限制、给予国内生产者优惠待遇的出口补贴和政府采购政策。其次，外汇市场干预政策可能会使币值被低估。最后，可能存在限制国外购买国内资产的措施，此类限制会造成金融账户净流出，从而使经常账户呈顺差状态。

事实上，这些措施可能不会导致更大的经常账户顺差。针对具体国际收支组成要素的政策措施，在储蓄和投资的基本决定性因素未改变的情况下，随着时间推移，将会导致国际收支其他组成要素的抵消性变动。在任何情况下，如果此类扭曲措施导致较大且持续的经常账户顺差，较为恰当的措施是减少并最终消除这些扭曲因素。如果在取消此类扭曲措施后持续性的顺差仍然存在，则对国外净债权的积累可能反映了国内储蓄和投资行为的特性。在这种情况下，如果顺差仍是个问题，则需确定是私人储蓄或政府储蓄过高，还是国内投资过少。

经常账户顺差虽然可能完全是对市场力量的反映，但也可能会给国内带来难题。例如，具有"资源诅咒"的经济体进行自然资源开发，或者该自然资源部门的贸易条件得到显著改善时，该部门的扩张或贸易条件的改善就能使经常账户状况得到改善并促使汇率升值。而这种状况往往导致国内其他部门的收缩并削弱国际竞争力。如果预计新近开发的资源会很快耗尽，且贸易条件的改善是短暂的，则比较恰当的做法是保护受到不利影响的部门。实现这一目标的一个方法是，进行汇率市场干预，防止或缓和汇率升值。储备资产或特别基金的积累能避免实际经济随短期干扰而波动。

经常账户顺差还会给国内经济带来其他难题。例如，与大量和快速货币扩张相关的货币管理和脆弱性增加等问题。当经常账户顺差导致储备资产增长时，经济体的货币总量和信贷扩张就可能发生。如果信贷扩张的速度太快且规模太大，则可能产生经济过热（导致通胀压力），或者金融部门可能出现脆弱性。在金融部门监管存在缺陷时，金融部门出现的脆弱性会更加明显。对储备积累进行对冲，即通过出售本国证券以抵消货币影响，将有助于减轻这种效应，但并非一直有作用，且通常成本高昂。成本剧增是因为国内证券利率高于货币当局在储备上获得的收益（通常较低），而且货币升值使货币当局遭遇资本净值的下降。

如果经常账户顺差不是因政府采取政策手段导致的，则可能难以确定经济体是否将其储蓄过多地投资于国外，从而难以确定当一国面对经常账户顺差时，是否需要采取不同的政策。但是，如果经常账户顺差体现在国外储备资产的积累而非私人部门持有的国外净资产的增长上，则说明政府采取了相关政策措施，对外汇市场进行了干预。干预行为包括出售本国货币换取外汇，以将本国货币的对外价值维持在低于应有水平上。因此，储备资产累积会限制货币升值，尤其是在伴随对冲操作时，阻碍货币升值这种能够减少经常账户顺差的自我调整机制运作。

所以对具有持续经常账户顺差的经济体进行国际收支分析时，其中一个重要的方面是对货币当局持有的储备资产水平进行评估。如果此类资产大幅超过需要用于弥补未来可能出现的短期逆差的资产数量，则表明储备资产累积过多。在这种情况下，一个经济体的资源如果用于国内消费或资本形成而非出口，那么资源的利用率将更高。如果私人部门和政府部门不太可能增加国内资产形成，停止储备资产累积将增加国内吸收或提高居民的国外净投资。

在任何一种情况下，经济体资源的分配也都会更有效，这是因为此类分配是依据市场力量进行的。

与经常账户逆差的经济体一样，在经常账户顺差状态下，货币政策、财政政策和汇率政策在经济体的调整中发挥举足轻重的作用。原则上，通过支出扩张政策（例如，财政政策和货币扩张政策）或使消费从国内产品转向国外产品的支出转移政策（例如，货币升值），顺差将会减少。然而，财政政策和货币扩张政策可能带来不必要的信贷繁荣，进而增加通胀压力，并可能提高与信贷相关的脆弱性。相反，货币升值可增强消费者对于国外产品的购买力（使需求趋向于消费国外产品），并限制新基础货币的创造（因为货币当局限制对外汇市场的干预最终会增加货币供给），从而缓和信贷扩张。鉴于货币升值也会降低本国产品在国外的吸引力，可能需逐步进行升值，以实现对外账户的平稳调整。

三 国际收支的调节

在进行国际收支分析时，会计平衡只是我们分析的起点，对于经济平衡也不应该局限在一时一刻。在现实经济生活中，平衡总是相对的，而且在绝大多数情况下，我们追求的平衡应该是基本差额的长期平衡。国际收支平衡关注的是一国经济在长期、中期、短期的健康发展与外部经济之间稳健的联系。巨额的、连续的国际收支逆差和顺差都不利于经济稳定和发展。因此，政府有必要采取措施降低不平衡的程度，进行国际收支调节。

前文实际上已经涉及国际收支平衡中的调节问题，或者说实现国际收支平衡可供选择的一些基本的调节方法，体现了国际金融问题与宏观经济学的天然联系。这里再次强调的是，国际收支的不平衡可能有不同的具体情况，对国际收支的调节也相应地有不同方法。进行国际收支分析首先要判断国际收支平衡（或失衡）的性质。一般来说，可以将国际收支平衡（或失衡）分为长期性平衡（或失衡）和短期性平衡（或失衡）两种。当然，也可以进行其他的分类，从而引申出各自相应的平衡策略。

国际收支平衡（或失衡）的长期性标志可以简单地概括为自主性交易达到平衡（或失衡），即国际收支基本差额的平衡（或失衡）。由于自主性交易在国际收支平衡中是一种最基本最重要的组成部分，它在本质上代表着一国对外收支规模和支付能力。无须利用事后补偿性交易的调节与维持，就可以实现自主性交易的平衡或基本相等，意味着该国的国际收支已经通过民间自发的经济活动自动达到实质性平衡。反之，如果国际收支必须通过事后补偿性交易才能实现平衡，那么这种平衡也只是一种缺乏稳定基础的暂时性平衡。而且当通过事后补偿性交易来实现国际收支平衡时，必然在外汇市场形成对本国货币的过度需求或供给不足，造成汇率波动的预期，进而影响国际贸易或投资。

国际收支逆差意味着对外汇过度需求、本币面临贬值压力。外国投资者与本国投资者持有本币的信心将被极大地削弱。随着外国投资者与本国投资者大量抛出本币或本币表示的资产，本币汇率会面临较大的下跌压力。如果该国货币当局不愿接受本币贬值的后果，就需要对外汇市场进行干预，即动用外汇储备抛出外币收回本币。但是在存在长期赤字的情况下，使用外汇储备进行干预的后果常常就是耗竭储备，引发危机。

一般来说，国际收支逆差可以分为三种情景：资本和金融项目顺差不足以弥补经常项目的逆差；经常项目顺差不足以弥补资本和金融项目逆差；经常项目与资本和金融项目双逆差。这三种情景的原因也是各不相同的。第一种情景说明国内需求旺盛，但本国企业的盈利前景与竞争力不足以吸引外部资金的流入。这将逐步导致国内经济走向通货紧缩，经济增长难以维持，失业率逐步增加，国内收入逐步下降，本国货币趋向贬值。第二种情景说明本国产品在国际市场上具有竞争力，但国内资本市场缺乏吸引力，国内资本外流严重。这将导致本国企业遭受通货紧缩、生产能力无法提升，影响经济长期增长，并导致失业率的增加与本国货币的贬值。第三种情景说明本国需求旺盛，但本国企业盈利前景与竞争力不足，国内资金将大规模出逃，非常可能引发金融危机。

国际收支顺差也可以分为三种情景：经常项目顺差弥补资本和金融项目的逆差而有余；资本和金融项目顺差弥补经常项目逆差而有余；经常项目与资本和金融项目双顺差。第一种情景表明了一国国内需求不足而外国需求旺盛，尽管本国出口具有竞争力，且当前产销两旺，但本国公司发展前景暗淡，本国经济长期增长乏力，对外资缺乏吸引力。由于国际收支顺差，本币面临升值压力，而本币的升值将导致经济走向衰退。第二种情景表明一国国内需求强劲，同时国内经济增长前景良好，资本流入。FDI 常常伴随着经常项目逆差，将导致通货膨胀与货币升值，最终威胁经济增长。这也是新兴市场经济发展常见的悖论。第三种情景表明一国产业竞争力很强，国内企业有很好的发展前景，国内经济呈现很好的发展态势，但是将导致通货膨胀、货币升值，引起国内经济泡沫的膨胀，这是新兴市场起飞阶段的常态。

因此，国际收支调节的最终目标是追求国际收支平衡，不论是顺差失衡还是逆差失衡都是不可持续的。内部平衡意味着无通货膨胀、充分就业和合理增长的状态，而外部平衡则是在内部平衡下的国际收支平衡。

国际收支调节的手段也可以分为两类：自动调节和政策调节。自动调节的机制可以分为影响国际竞争力的货币—价格机制、对外贸易的收入机制和资本流动的利率机制。政策调节则可以分为需求调节、供给调节、融资调节和组合调节四类。其中需求调节又可以分为支出转换型调节和改变总需求或总支出的宏观经济政策调节。

造成国际收支长期性失衡的因素主要是经济结构的问题。由于地理环境、自然资源、技术水平、劳动力供给等条件不同，各国应该依据贸易优势原则生产并输出本国具有优势的产品和劳务，建立最优的贸易结构，维持国际收支的平衡。随着世界产业结构的变化、国际市场需求结构的变化以及市场竞争的变化，各国也应该不断调整自己的经济结构，不断适应国际贸易中比较优势的变化，寻找最优的贸易结构和最佳的经济增长模式，否则就可能出现进口居高不下、出口不断下降、国际收支长期失衡的不利局面。因此，当国际分工格局或国际需求结构等国际经济结构发生变化时，一国如不能及时调整本国的产业结构，使之与国内、国际的供求变化相适应，则会导致一国产业结构与国际分工结构的失调，引起该国贸易和国际收支的失衡。另外，随着一国经济发展，收入的提高也会影响国际收支。一国经济经过一个比较长时期的快速增长以后，国民收入的持续增加，导致进口需求的膨胀，从而可能导致收入性失衡。但是收入因素对国际收支的影响又取决于收入弹性、汇率弹性和价格弹性。

一般来说，应对长期失衡，手段可以包括提升竞争力的产业政策、引进 FDI 提升生产率、汇率调整以及改善经营环境等。

　　另外，由于在现实的国际经济活动中，一国的自主性交易在短期内并不一定每时每刻都能达到平衡，因此就产生了国际收支的短期性不平衡问题。所谓国际收支的短期性平衡（或失衡）主要是考察一国的国际收支在短期内是否有赤字。换言之，就是考察一国的国际收支是否保持在合理的限度内，既没有过多的逆差，也没有过多的顺差。短期性的国际收支失衡可能是客观原因引起的，比如周期性和季节性波动、偶发的外生冲击等；也可能是主观原因引起的，例如有些经济学家认为，发展中国家为了引进外资，可以主动地保持一定的贸易逆差，通过超额进口，获得国外资源，促进本国经济的发展。这里，问题的关键在于要使这种经常存在的短期逆差不至于影响国际收支的长期平衡，即在合理的限度内。因为流入的资本最终总是要流出的，而且在正常状况下，考虑到资本增值，流出的资本量还会大于流入的资本量，到那时，该国的经常项目盈余应该能够抵补资本项目的赤字以维持国际收支的平衡。所以这种短期不平衡的限度应该体现在该国对外债务的还本付息的能力上，即合理的限度应该是一国对于自己由于经常项目逆差而形成的累积外债总额有能力还本付息。一般认为，债务国当年外债的还本付息额如果不超过当年出口创汇总额的 25%，即 3 个月的出口额，就不会影响国际收支的长期平衡。在资本项目逆差方面，其合理范围是要看资本的国际流动是否会引起国内金融市场资本流量的变化，同时也要考虑还本付息的能力。当然还受其他因素的影响，比如国际信誉与举债能力、货币政策与币值稳定等。从经验上看，一个经济体的国际收支逆差与 GDP 之比的安全线、警戒线和危机线分别是 3%、5%、8%。

　　造成一国国际收支出现短期失衡的因素很多，除了上面提到的主观原因和客观原因外，还有货币性失衡，如国内通货膨胀造成出口减少，进口增加和经常项目逆差；过量的外汇投机和资本冲击，如在经常项目已经出现顺差的情况下外国资本继续流入，使一国资本流入量超过该国经济所能承受的限度；各国经济周期差异造成某国进出口结构失衡，如主要以某一国为出口市场的国家，当前者出现经济衰退、出口下降时，本国经济正处于增长，对进口需求反而增加，就会导致国际收支失衡；世界经济中突发因素的冲击，如海湾战争造成石油价格上涨，各国石油进口支出上升对国际收支造成的失衡压力。

应对国际收支短期失衡的手段可以包括：动用外汇储备、国际借贷和各类管制等。

→ **专栏：外汇储备**

外汇储备的概念应该包含如下几个含义：①官方储备，为货币当局所持有，不包括民间持有的黄金、外汇等资产；②货币资产，不包括实物资产；③是世界各国普遍接受的货币资产；④主要是一个存量概念，截至某一时点的余额。一般包括黄金储备、外汇储备、在 IMF 的储备头寸和特别提款权（只有 IMF 成员才拥有）。

外汇储备的功能包括弥补国际收支逆差、稳定本币汇率、维持国际资信和投资环境。

外汇储备本质上是一种预防性资源占用，因此有一个合理规模问题。传统观点着重维持必要的进口；现代观点则关注国家举债能力。

决定外汇储备规模的传统因素包括：一般应能满足 3 个月的进口需求；还要考虑到对短期债务的偿付能力。而 IMF 对合理外汇储备的决定因素包括：净出口、开放度、货币政策，甚至管理能力等。

同样重要的问题还包括外汇储备资产的构成，而这取决于管理者的投资原则与现实制约。

总之，在现实经济生活中，平衡总是相对的，而且在绝大多数情况下，我们追求的平衡应该是基本差额的长期平衡。

按照前面的分析，一方面，尽管经济结构的调整是痛苦而艰巨的，根据国际产业结构的变化和国际市场供求的变化，不断调整产业结构、提高出口竞争力是维持长期国际收支平衡的根本途径。从传统制造业向现代信息产业的转变过程看，对于在世界经济发展中处于主导地位的发达国家来说，随着发展中国家产业升级的加速和经济的迅速成熟，进行产业结构调整、提高出口竞争力的主要途径就是加强研究与开发，取得能够影响未来世界经济发展的技术和资源优势；对于发展中国家来说，则主要是通过积极引进外国直接投资，同时提高自身的研究开发水平，抓住机会，在扩大其传统制造业在世界市场份额、提高经济水平的同时，努力为未来的产业升级做好准备。

另一方面，正如官方结算差额分析和清偿差额分析所揭示的那样，合理保持国际收支的短期平衡对于减小汇率波动的压力、为国际贸易提供一个良好的外部环境、稳定国际投资者对国内经济的信心也是十分重要的。一般来说，为了应付经济周期差异和世界经济突发性事件对国际收支造成的失衡压力，使用外汇储备是相对便捷而有效的办法，也不会引起国际社会和投资者的关注。使用外汇储备也可以应付一般性的外汇投机和国际资本的过度流动。但是对于较大的外汇投机和国际资本流动，由于国际外汇市场日均交易量巨大，加之期权和期货市场保证金制度对交易的放大作用，单凭一国有限的外汇储备往往是无法应付的，所以常常要借助国际合作和国际机构的支持。这种大规模的外汇投机和国际资本流动往往是以国内经济问题造成汇率波动压力为条件才形成的，也就反映了该国国际收支的长期不平衡和汇率错位，因此，国际合作特别是国际组织的援助经常带有进行经济政策调整和实现汇率浮动的先决条件。当然，由上述问题造成的国际收支短期性失衡通常是在固定汇率条件下出现的，而且我们所提出的调节手段也是以维持汇率稳定为目的的。如果上述措施对于恢复国际收支平衡作用不大，除了进行外汇管制之外，在短期内就只有进行汇率浮动这一种办法了。对于货币性失衡，只要没有在固定汇率条件下的外汇管制措施，汇率浮动也许就是恢复国际收支平衡的唯一有效的短期对策。

内容提要

外汇是一个国家的财政金融当局（中央银行、财政部以及其他指定的金融机构）以银行存款、财政部国库券等形式所保有的以及在国际收支发生逆差时可以使用的全部债权。

外汇汇率是指两种货币之间的比价或兑换比例，也就是用外国货币单位表示的本国货币单位的价格或汇价，有直接标价法和间接标价法两种。汇率主要可以分为基本汇率、交叉汇率和汇率指数，即期汇率和远期汇率。

国际账户为分析一个经济体的国际经济关系，包括其国际经济表现、汇率政策、储备管理和对外脆弱性，提供了一个综合框架，一个经济体的国际账户概括了该经济体居民与非居民之间的经济关系，包括：

①国际投资头寸表（IIP）是显示某一时点上对外债权和债务存量价值的报表，即包括该经济体居民对非居民的债权或作为储备资产持有的金融资产以及该经济体居民对于非居民的负债。

②国际收支平衡表（BOP）是特定时期内居民与非居民之间的经济交易汇总表。

③金融资产和负债等其他变化账户，该账户用以协调特定时期国际收支和国际投资头寸的其他流量（如资产的估值变化），即除居民与非居民之间交易以外的经济事件引起的金融资产和负债变化。

国际收支平衡表包括经常项目、资本项目、金融项目以及平衡项目（误差与遗漏）等一级科目。

国际收支调节的基本原则是：对于偶然的、周期性失衡可以动用外汇储备，而对于长期的、基本失衡应该采取货币贬值或调整经济结构等方法。

思考题

如何看待国际收支平衡？

如何理解实际有效汇率？

如何对某一个国家的国际收支进行分析，发现潜在的问题，并制定相应的对策？

参考文献

贺力平、蔡兴：《从国际经验看中国国际收支双顺差之"谜"》,《国际金融研究》2008 年第 9 期。

李江华、杨能良：《IMF 外汇储备管理指南对我国的启示》,《上海金融》2003 年第 8 期。

李扬、余维彬、曾刚：《经济全球化背景下的中国外汇储备管理体制改革》,《国际金融研究》2007 年第 4 期。

余永定、覃东海：《中国的双顺差：性质、根源和解决办法》,《世界经济》2006 年第 3 期。

IMF：《国际收支和国际投资头寸手册》（第六版）（BPM6）。

IMF：《国际收支和国际投资头寸手册第六版编制指南》（BPM6 配套文件）。

IMF：《汇率制度年度报告》。

IMF 工作论文 09211,"Revised System for the Classification of Exchange Rate Arrangement"。

IMF, Guidelines for Foreign Exchange Reserve Management.

第二章　国际货币制度及其历史演进

国际货币制度问题是国际金融研究的基本问题之一，也是整个国际金融研究的理论起点和历史起点，并可以由此演绎出国际金融的一系列主要问题，如汇率决定、国际收支调节以及国际融资和国际结算，还会涉及国际货币合作等。

国际金融问题最先是由国际贸易和国际投资等国际经济活动的发展而引起的。当贸易和投资跨出国界，最先产生了国际结算和国际兑换的需求，而双边贸易和投资逐渐发展到多边以后，就产生了作为通用国际结算手段的国际货币。

第一节　作为国际货币制度的国际金本位

从经济史的角度看，当商品生产和交换日益频繁，形成了相对规范的市场和交易制度以后，交易媒介的选择最终都落到黄金上。尽管在世界历史不同阶段的本位货币不尽相同，但一般都是把贵金属，特别是金本位的货币制度作为信用货币前的一个共性特征。

一　国际货币制度

国际货币制度问题的产生，主要由世界经济中的各国在政治上相互独立，而在经济上又相互依赖这种矛盾的处境造成的。在这种情况下，就需要有一种国际货币制度来协调各国之间的货币结算和货币兑换，以保证国际贸易和国际投资的顺利进行。事实上，随着世界经济的发展，国际贸易交往、债务清算和资本转移等活动都涉及各国货币之间的兑换、汇率决定、国际收支调节和储备资产的选择。

各国政府按照某些共同的标准或依据某种国际协定而在上述几个方面作出的统一规定，就构成了国际货币制度。因此，国际货币制度就是决定各国之间货币关系的隐含的惯例或明确的规则。或者说，各国政府按照某些共同的标准或依据某种国际协定而在上述几个方面作出的统一规定，就构成了国际货币制度。

除了提供清算手段、价值尺度和储备货币等一般货币的基本功能之外，国际货币制度应该至少包括以下四个方面的内容：①国际货币本位的确定；②汇率的决定与变动；③国际收支的平衡与调节；④国际货币合作的形式与机构。

从最基本的含义来说，国际货币制度首先应该解决的是国际货币本位的选择问题，而从功能上看，一种理想的国际货币制度，应该能够保证币值的稳定和汇率的稳定，使生产成本易于计算，国际收支余额也不会因为币值的变动而变动；从持续性的角度看，还应该具有国际收支平衡的调节机制以及各国经济政策的协调机制，使各国政府在政策决策时考虑到维持外部平衡的需要；从组织形态上看，还需要通过彼此合作，共同稳定国际金融秩序。

国际货币的出现使各国有了国际结算手段，因而也就突破易货贸易在需求和价值上需要双重耦合的要求，出现了国际账户盈余和赤字的可能性，这意味着可以彼此累积金融债权和债务。但是，国际账户的短期盈余和赤字并不意味着可以长期持续地存在失衡而不造成负面影响，所以国际货币制度还必须具有恢复国际收支平衡的内在机制。

一个主权国家的货币要成为国际货币，也必须满足上述条件。但是，这也常常造成主权政府在货币政策决策时面临的矛盾，即不论有没有关于国际货币制度安排的明确的国际协议，发行国际货币的主权政府常常是将国内货币政策目标作为优先考虑，从而可能对其国际货币功能造成损害。

二　国际金本位

从历史上看，由于各国政府的权限和法律强制力不能超越国界的范围，商品货币就取代了信用货币（包括纸币和金属铸币代用币）成为最理想的国际货币本位。正如马克思所说，货币一旦跨出国境，就必须脱掉民族的外衣，还原为商品货币的形式。而黄金由于自身的独特性质，就顺理成章地成了一种最理想的国际货币本位商品。

金本位制是以一定成色及重量的黄金作为本位货币的一种货币制度，黄金是这种货币体系的价值标准，所以金本位的英文就是 Gold Standard。在国际金本位制度下，黄金能方便地充当国际价值尺度、流通手段、支付手段和储藏手段，充分发挥世界货币的职能，作为社会财富的代表，由一个国家转移到另一个国家。

金本位制的理想状态是金铸币本位制（Gold Specie Standard）。金铸币本位制的主要特点是：①用黄金来规定货币所代表的价值，每一种货币都有法定的含金量，并以基本货币单位（即标准金币或本位货币）的含金量作为基准[①]；②各国货币按含金量而确定一定的比价，即决定汇率关系，且只要货币的含金量不变，则汇率关系保持不变，因而金本位一般是事实上的固定汇率；③金币可以自由铸造，这意味着任何人都可以按货币的含金量将金块交给国家铸币厂铸成金币，从而可以保证金价与金币的价格相等；④金币是无限法偿货币，任何人不能拒绝接受金币，因而具有最后支付手段的地位；⑤各国的货币储备是黄金，也就是说，一个国家的货币供给量是由这个国家黄金存量的价值决定的；⑥国际结算使用黄金，且黄金可以自由输出或输入，因而黄金的输出价格等于输入价格，即黄金平衡点。

这样，在金本位制下，一国政府在货币政策上只能做三件事：按固定的含金量铸造货币；按固定价格买卖黄金；根据货币的含金量买卖外汇。这就意味着金本位制是一种完全自由的、自发调节的货币制度。

因此，理想的金本位制具有三个特点：自由铸造、自由兑换和自由输出/输入。由于金币可以自由铸造，金币的数量可以在一定条件下自发地满足货币流通的需要；由于金币可以自由兑换成黄金，金币的面值就可以与其所含黄金的价值保持一致，从而在一定条件下保证币值的稳定；由于黄金可以在国际自由转移，这就保证了货币之间的黄金平价和汇率的稳定。所以说，金本位制是一种相对稳定，因而有利于世界贸易和各国经济平稳发展的，以固定汇率为特征的国际货币制度。

---

① 典型的金铸币本位是以单位货币的含金量，一般就是标准金币的含金量，作为金本位的基准和兑换依据。直观地说，如果一个英镑的金币，其成色、直径和厚度与一个法郎相同，则英镑与法郎的汇率就是 1 : 1。

第二节　国际金本位制的历史演变

马克思的货币理论指出，货币应该具有价值尺度、流通手段、储藏手段、支付手段和世界货币这五大职能。不论是从交换的本质还是从货币的起源看，货币都必须是作为一般等价物的商品。只是由于黄金独特的物理性质，它天然成为充当货币的完美商品。正所谓黄金天然不是货币，但货币天然是黄金。纸币只是代表金银铸币的符号，是靠国家法律强制地在国内流通的价值符号，而商品货币的特征在国际货币流通中表现得最为充分。

回顾历史上金本位制的形成及其崩溃过程，可以让我们更深刻地理解国际货币制度的演变。

一　国际金本位制的形成

由于历史上很多国家都曾经实行金银复本位，所以国际金本位制的形成是以当时世界经济中的主要国家相继完成从金银复本位向金本位的过渡为前提的。

与世界上的许多国家一样，英国在历史上也一度实行金银复本位制，且金银具有固定的比价①。在15~17世纪欧洲人发现美洲以后，由于白银大量流入，银价暴跌，格雷欣定律发挥作用并导致价格革命，使英国被迫过渡到金本位制。

在拿破仑战争中，政府为了筹措军费，没有采纳金块论者恢复纸币和黄金兑换的建议，信贷量迅速增加，造成了货币制度和经济状况的混乱。因此，战争一结束，英国于1819年通过了《恢复兑换条例》，从1821年5月1日起，按1717年的黄金平价恢复货币兑换金块，1823年恢复银行券兑换黄金，并取消了对金币熔化和黄金进出口的限制，在法律上完成了向金本位制的过渡。此后，英国又经过通货论战，颁布了《1844年银行法》，进一步完善了金本位制度下银行券的发行问题。

---

① 1717年英国立法规定1个基尼金币等同于21个先令银币，即金银间价格比为15.2∶1。1792年，美国颁布铸币法案，采用双本位制，1美元折合371.25格令（24.057克）纯银或24.75格令（1.6038克）纯金，即金银间价格比为15∶1（国际平价形成）。

→ 金块论战和通货论战

发生在 19 世纪中叶英国议会中的这两次论战的主题是关于银行券发行制度的改革。

金块论战以桑顿（《大不列颠纸币信用的性质和后果的研究》，信用创造理论）和李嘉图（金块主义：汇率和货币是否贬值都是由含金量决定的）为代表，结果以 1819 年颁布的《恢复兑换条例》宣示金块论战取胜而告终。但其后又遭 1825 年及 1836～1839 年两次经济危机的冲击，致使兑现屡濒危险。

为了谋求最终解决措施，英国议会于 1840 年设置"众议院发行银行委员会"讨论银行券发行制度改革问题，从而形成了"通货主义"与"银行主义"两派。"通货主义"学派与以前的金块论者主张相同；"银行主义"学派与以前的反金块论者主张相同。英国首相皮尔依据通货主义的理论，拟成《英格兰银行条例》，史称"皮尔条例"，确立了英国的金本位。

通货论战所涉及的范围比金块论战更广泛，就货币、信用、银行、利率、物价、汇率、商业周期以及货币信用政策等整个金融领域均加以广泛讨论，有些论点成为以后包括现代各种金融理论的先河，对英国当时及后世各国的货币金融政策和制度有着极大的影响，也促进了货币金融理论的发展。现代货币金融理论和政策上的许多观点，其思想根源都可以追溯到这次论争，因此在货币金融学说史上占有特殊重要的地位。

1874 年，美国内华达州发现大银矿，使不少自中世纪以来一直实行金银复本位制的国家面临银价持续下跌的状况。这种情况与 15～17 世纪的英国十分相似。荷兰、挪威和瑞典，继而是波兰、法国和拉丁货币同盟国家相继限制银币的铸造和兑换。在美国，银价下跌更酿成了 1893 年的金融危机，

同时美国废止了《白银收购法》，导致白银集团和黄金集团的争斗，最终在1900 年通过了金本位条例。俄国和日本也开始实行黄金兑换。在奥匈帝国和意大利，虽然在法律上一直没有确立货币的黄金兑换，但在世纪之交，其货币也是钉住①黄金。南非、澳大利亚、印度和埃及等国也通过这种方式过渡到金本位或使其货币钉住英镑。

整个 19 世纪，英国作为世界上最大的工业国、最大的工业品输出国和最大的海外投资国，伦敦又是作为世界上最重要的国际金融中心与世界上其他国家发生联系，使得英镑成为世界贸易结算中广泛使用的国际支付手段，英国也因此获得对国际金融控制权，英国的货币政策也必然会对其他国家的货币金融关系产生影响。这样，19 世纪末，继英国实行金本位制度以后，当时世界经济中的主要国家以及世界各大洲的主要国家也与主导货币国家的这种趋势相呼应，先后事实上过渡到金本位，一个以英国为中心的国际金本位制度终于建立起来了。

二　金本位制的运行及其局限

评价金本位制的实际运行情况应该从币值（金价）稳定和汇率（各国货币含金量和各国金价相等）稳定的角度展开，而这又可以归结为金本位制对货币数量控制②和调节的自动机制。

1. 黄金供给的波动

在金本位制的条件下，由于黄金就是货币，因此对于整个经济系统来说，黄金就应该不再是一个简单的外生变量，而应该是对商品流通、货币需求和生产率变动的因变量。在一定意义上，随着黄金勘探、开采和提炼技术的成熟，黄金供给可以成为人们有意识活动（或者更明确地说受到金价波动刺激）的结果，从而在一定的历史阶段，黄金货币的供给就可能与货币需求相适应。

---

① 钉住汇率源于英文中的 Peg，本意为用钉子固定，因此，其中文翻译应沿用钉住而非盯住（仅仅用眼睛盯着）。从中国知网检索的情况看，使用盯住的文献数量要明显多于钉住，最近十年尤甚。尽管如此，我们在此还是坚持使用钉住的原意以体现钉住汇率作为一种固定汇率的特点。

② 金本位条件下的货币数量控制可以从两个方面来理解：①金币代用币发行数量的控制（100% 的黄金准备）；②黄金产量的稳定。

英国在 19 世纪 20 年代进入金本位制以后，伴随第二次工业革命带来的生产率提升，货币需求随之上升，从而导致金价上涨、通货紧缩和经济衰退，金价的上升导致"探金热"。19 世纪 50 年代美国加利福尼亚州和澳大利亚大型金矿的开采，同时氰化技术也得到广泛应用，使黄金产量大增，金价下降，商品价格回升，工业再度呈现景气。到了 19 世纪 70 年代，随着国际金本位的逐渐形成，全球对货币黄金的需求急剧增加，原有的黄金存量又日渐不足，商品价格又开始下降，工业再度走向萧条。结果在价格机制的作用下，全球又出现了一个新的"探金热"。最后，在南非和加拿大又发现新的金矿，从而助推经济高涨。

在这个意义上，我们可以说，19 世纪全球进入金本位以后的经济史就是一部价格革命史。商品生产—通货紧缩—黄金生产—价格革命在逻辑上密切相关、交替出现。而物价之所以下降，导致工业萧条并刺激黄金生产，再到出现价格革命和工业景气的最终原因就在于在金本位制的条件下，经济发展增加了对货币的需求，而此时黄金货币供给的变化又不能及时地与之适应。等到黄金生产受到刺激、产量上升，经济周期已经产生了。换言之，金本位制自身调节货币黄金供给的弹性反应（即货币供给弹性）是通过通货紧缩—商品价格—黄金价格—黄金生产或黄金储藏这一系列过程实现的，具有较长的时滞，因此不足以保证经济发展中货币金融环境的稳定。

诚然，金本位制的自由铸币机制，或如马克思所说的货币蓄水池功能[①]可以调节货币黄金的供求，至少会起到缓解价格波动影响的作用。但是在大多数情况下，只适用于黄金供给突然增加和对黄金的货币需求突然小幅增加的场合，即增加量不大于蓄水池中的黄金容量或存量。由于人们可以使用黄金在其货币用途和非货币用途之间进行套利，如果出现通货紧缩，就会诱使套利者将同样重量，但价格较低的金块交给中央银行铸币以换取更高的购买力，使货币黄金的供给增加，并最终结束通货紧缩。

当然，世界价格水平的下降会降低黄金的开采成本，从而提高黄金产

[①]　当货币黄金供给不足，物价就会下降，金币的实际购买力就会上升，超过金块的价格。此时原来以金块形式存在的贵金属，比如装饰性黄金或金首饰，就可能被用来铸币，从而增加货币黄金的供给。反之亦然。

量，最终也会增加货币黄金的存量，从而使得黄金供给在一定程度上与货币需求相适应。但是在国际金本位盛行的数十年中，真正严峻的挑战是黄金产量的增长长期赶不上工业革命时代商品流通对货币需求的迅猛增长，货币蓄水池又经常处于干枯状态，从而无法发挥作用。

因此，正是在产业革命不断推进、商品关系剧烈扩张、信用事业迅猛发展的时代，人们却把交换手段束缚在有限的贵金属上。贵金属的生产可以偶然一次、两次甚至三次地与经济总量的增长和经济关系的发展作同步运动，但是绝难长久地保证这种同步性。到那时，金本位制就会因为找不到适于本身正常运行的物质基础而衰落。诚然，金本位制是自由竞争时代唯一可靠、能够得到社会普遍信任和承认的货币形式，但是这只能说明自由竞争的商品经济与货币本质在历史发展中体现的矛盾，而绝不能用于说明其存在的合理性和必然性。

2. 金本位制的自动调节机制

在金本位制的模型中，一个国家的货币基础（两国模型中的 MB 和 MB_F）取决于以本国货币和外国货币表示的黄金价格（g 和 g_F）、每个银行系统持有的黄金货币的实物量（G 和 G_F）以及表现为黄金货币对货币基础比例的黄金准备率 r，即：

$$MB=gG/r \text{ 和 } MB_F=g_F G_F/r$$

在严格的金本位制条件下，黄金准备率是100%。由于黄金自由输出/输入，如果不考虑黄金的运输成本，黄金套利就会保证 $g=g_F$[①]。各国的货币供给就取决于它们持有的黄金存量 G 和 G_F。

在理想的金本位制度中，各国政府都应该遵守金本位制的"游戏规则"。如果黄金产量增长有限，货币黄金与非货币黄金的配置也达到均衡后，我们就可以假定一国的黄金存量只有一个来源，即国际收支盈余。

这样，金本位制的自动调节机制可以发挥作用的主要途径包括：①各国的货币供给变化取决于国际收支的状况；②国际收支顺差/逆差意味着黄金

---

① 如果考虑到在两国黄金运输过程中存在的交易成本，则两国之间的金价就会在黄金输入点（$g+c>g_F$）和黄金输出点（$g<g_F+c$）之间波动。

流入 / 流出；③黄金流入会增加顺差国的货币供给，黄金流出则会减少逆差国的货币供给；④货币数量的变化造成两个国家之间相对价格的变动；⑤相对价格的变动会纠正国际收支的失衡状态，并最终使黄金流动停止。这就是英国经济学家休谟在 1752 年最先提出的"物价—金币流动机制"。表 2.1 就是对这一机制的简要描述。

表 2.1 物价—金币流动机制

项目	国际收支逆差国	国际收支顺差国
黄金价格	下跌到黄金输出点	上涨到黄金输入点
黄金存量	流出（货币供给减少）	流入（货币供给增加）
物价	下跌	上涨
国际收支	出口增加，进口减少而顺差	出口减少，进口增加而逆差

要使物价—金币流动机制发挥作用，还应该明确几个必要的假定。①没有大量的国际资本流动。也就是说，经常项目的赤字不能靠资本项目的盈余进行融资。平衡国际收支的唯一办法就是货币黄金的支付和流出。②银行体系一般不持有超额黄金储备，因此，黄金的流出就意味着货币供给下降和物价下跌。③价格机制充分发挥作用，具有完全弹性，所以国内价格变化才会通过影响贸易品在国际市场上的竞争力，进而影响国际收支状况。④各国政府都遵守金本位制的游戏规则，即各国以固定的含金量表示货币的价值、允许黄金在国际自由流动、维持本国货币固定的黄金准备率，从而使国内货币供给与黄金存量联系在一起。

这样，从保证国际金本位制顺利运行的角度看，我们不难发现金本位制的如下三个特点。①统一性。各国货币与黄金的关系应该遵守明确的、统一的规定。各国对黄金在国家间的支付原则、结算制度及运送保险等，也有大致相同的做法和惯例。②松散性。尽管实行金本位制的国家需要有一套相近的规范和惯例，但是，由于没有国际机构的监督和领导，没有一定应该遵守的规章和协议，所以，各国的相机抉择只有义务性而无强制性。金本位制的运行实际上是相当松散的。这种松散性在非常时期表现尤为明显。③自发性。金本位制中国际收支的调节、汇率的稳定、国际储备的分配基本上是随黄金的国际流动自发形成的，基本上不应该是政策作用的结果。

毫无疑问，金本位制自动调节机制要发挥作用所依赖的假定条件在现实中会受到各种挑战。如果国际收支顺差国违反了自由黄金政策，将贸易盈余冻结在国内，同时调整国内的黄金准备率，稳定国内价格水平，维持本国产品的出口竞争力，就会将调节国际收支的负担全部落到逆差国身上，从而加剧这些国家的经济困难和国际收支调节的难度。

三　金本位制的崩溃

特里芬认为，现代国际货币和国际收支问题在很大程度上是由在法律上相互独立、拥有主权，而实际上又相互依赖的各国采取的政策不同、目标优先次序不同引起的不协调和分歧造成的[①]。

由于世界经济中各国经济发展水平的差异，到第一次世界大战前后，当时欧洲的几个大国持有的黄金总量占全球总量的绝大部分。如果说世界黄金存量的这种分布能够符合各国经济规模和对货币的需求，那么这种黄金存量的分布也是金本位制自动调节的结果。但是问题在于：第一，那时世界黄金存量与世界商品流通的需求相比已经显得捉襟见肘了，银行券自由兑换黄金的制度已经得不到物质保证，流通纸币的黄金准备率一降再降，货币基础受到威胁，金本位已经岌岌可危；第二，在 1913 年，欧洲各国政府为了准备战争，政府支出急剧增加，同时为了进口必要的战争物资，也需要掌握黄金货币这种国际通行的支付手段；第三，第一次世界大战以后，世界各国又经历了程度不同的通货膨胀。在黄金存量不足且分布不均的情况下，维持原有的固定汇率就出现困难。为了稳定自己国内的货币金融形势，各国政府实行只进不出的封闭黄金政策就成了一种自然的选择。结果，世界主要国家利用自己的经济实力和在国际贸易中的优势地位，占有世界黄金存量的绝大部分也就不足为奇了。在世界货币黄金供给不足的情况下，这种黄金分布不仅极大地削弱了其他国家的货币基础，也大大影响了它们的进口能力。所以，从国际金本位制在 19 世纪末建立后不久，维持金本位制正常运行的基本条件就在诸多内外因素的影响下不断遭到破坏，国际货币体系的稳定性也就失去了保证，无法发挥促进世界经济和贸易发展的作用。

---

① 参见罗伯特·特里芬《美元与黄金危机——自由兑换的未来》，陈尚霖、雷达译，商务印书馆，1997，第 137 页。

在第一次世界大战期间，各国都停止了纸币与黄金的兑换，并严格禁止黄金出口，实行自由浮动的汇率制度，汇价波动剧烈，国际货币制度事实上已经不复存在。大战结束以后，世界货币体系的重建问题又受到各国的普遍重视。但是，由于世界黄金供给不足和分配不均的原因，传统的国际金本位制度已经很难恢复。1922年世界29个国家在意大利热那亚召开世界货币会议，专门讨论国际货币制度的重建问题。针对当时的实际情况，会议建议各国采取国际金汇兑本位制（Gold Exchange Standard）作为解决黄金危机的办法。

国际金汇兑本位制的主要内容包括：①各国货币单位仍然规定有含金量；②国内不再流通金币，以政府发行的银行券作为本位货币流通；③银行券在国内不能兑换黄金，但是可以兑换外汇，这些外汇可以在国外兑换黄金；④本国货币与另一个实行金本位制的国家货币保持固定的比价，即由各自的含金量确定，因而依然需要持有大量的外汇储备和黄金储备作为平准基金，用于稳定外汇市场。实际上，这是一种货币和黄金间接联系的货币制度。德国于1924年首先采取了金汇兑本位制，之后奥地利、意大利、丹麦、挪威等主要欧洲国家也先后实行了金汇兑本位制。与此同时，美国依据其雄厚的经济实力依然实行金币本位制，英国和法国则采取了金块本位制（Gold Bullion Standard）。

在金块本位制下，国内流通的也只有政府发行的银行券，但与金汇兑本位制不同的是，在金块本位制下，银行券可以在一定条件下兑换成黄金，只是纸币兑换黄金要受到一定的限制。如1925年英国规定兑换黄金的最低数量为400盎司（约合1700英镑），法国1928年则规定至少要用21500法郎才能兑换黄金。毫无疑问，采取金块本位制可以节省国内流通的黄金，也可以降低黄金准备率并避免出现挤兑。同时，由于增加了银行券兑换黄金的难度，在国内黄金存量不足的情况下适当降低纸币的黄金准备率也不会过多地削弱货币基础，引发挤兑，造成货币危机，影响国内货币金融的稳定。

尽管金块本位制与传统金本位更加接近，但是由于实行金汇兑本位制的国家较多，而且它们的货币对黄金的联系又要明显弱于实行金块本位制国家的货币对黄金的联系，所以，许多国家不得不在它们的货币基础中让某些与黄金有密切联系的世界主导货币，如美元、英镑和法郎（美国实行的是传统金币本位制，英国和法国实行的是金块本位制）等占有一定的比例。在发生国际收支逆差时，这些国家就先动用这些外汇储备，只有在外汇储备用尽以后，才使用黄金作为最后清偿手段。这一方面降低了对货币黄金的需求，另一方面则在事实上加重了主导货币国家维持国际货币体系稳定的责任。

这样，以美元、英镑和法郎为主导货币的一种事实上的新型国际货币体系开始建立。在这种国际货币体系中，采取金汇兑本位制的国家在对外贸易和货币金融方面就要受到主导货币国家政策的影响，本国货币就会在一定意义上依附于主导货币。一旦主导货币发生危机，依附国的货币也将发生动摇。但是，在世界黄金生产不足的条件下，这种变化也有其必然性。只有使用国力强大、黄金储备充足的主导国家货币作为黄金的补充和世界货币的象征，才能促进世界贸易和世界经济的发展。当然，与金币本位制相比，由于国际的黄金套利受到限制，国际合作在保证金汇兑本位制和金块本位制正常运行中的作用也更加重要了。由于金汇兑本位制和金块本位制都削弱了货币对黄金基础的依赖，又没有国际协调机构的保障，因此，这种新型的国际货币体系可能更加不稳定。事实上，由于金汇兑本位制和金块本位制的上述特点以及它与金本位制不可分割的关系，它最终也必然像国际金币本位制一样经受不起黄金危机和缺乏国际合作的双重打击而难免于崩溃的命运。

1929 年美国证券市场危机拉开了世界经济危机的序幕。经济衰退中的价格下降首先使当时以出口初级产品为主的外围国家国际收支迅速恶化、黄金大量外流。由于这些外围国家本来就缺乏足够的黄金储备，因此它们不得不最先放弃了金本位制。到了 1931 年初，奥地利由经济危机引发的金融危机又很快波及德国，造成了大批银行破产。在这种情况下，德国政府也不得不禁止黄金自由输出，同时实行外汇管制，从而在事实上放弃了金汇兑本位。

我们已经知道，在国际金本位的条件下，黄金危机和黄金封锁往往在国际上会形成连锁反应。这种情况对于货币的黄金准备已经受到很大削弱的金汇兑本位来说尤其如此，因为在那时已经没有一个国家的黄金储备能够足额支持它的货币体系。1931 年 7 月，欧洲的金融危机波及英国这个主导货币国家，影响到包括金汇兑本位在内的整个国际货币体系的正常运行。由于英国在当时世界经济和世界贸易中的地位，英镑已经在很大程度上代替了黄金而充当世界货币。然而从 20 世纪初开始，英国在国际贸易和国际金融方面受到美国、法国和德国的挑战，其主导地位已经开始削弱。第一次世界大战以后，英国逐渐由债权国沦为债务国，黄金储备不断下降，事实上是靠极少量的黄金储备来维持自身的金块本位和英镑的信誉。1929年世界性经济危机爆发以后，英国的海外投资收益和航运收入急剧下降，国际收支出现恶化。当欧洲国家接连发生金融危机，国际金本位摇摇欲坠，国际金融秩序出现混乱以后，各国纷纷以手中持有的英镑向英国兑换黄金，掀起了挤兑黄金的浪潮，英国的银行系统受到很大的压力。由于黄金大量持续外流，英国政府被迫于1931年9月停止了金本位制。结果，与英镑有比较密切联系的一些国家也随之相继放弃了金本位制。

此后，世界上就只有美国依然实行金本位制，而且是较为纯粹的金币本位制。在英国脱离金本位制以后，美国就成为世界黄金挤兑的唯一目标。只是由于美元那时还没有在世界经济中获得像英镑那样的主导地位，美国国力又强于英国，加之美国政府为了避免类似于英国银行系统遭到的黄金挤兑的命运，不顾国内银行大量倒闭而紧缩银根，试图以加剧衰退和通货紧缩的沉重代价来继续维持金本位。但是到1933年3月4日，有增无减的挤兑风潮，终于导致全美银行系统和联邦储备系统停业四天的严重后果。此时，金本位危机的原因和解决问题的办法已经昭然若揭。然而，只是在整个金融系统几乎全面崩溃的边缘上，美国才下决心脱离金本位。3月7日，国会仅用38分钟就拟好法案，改用银行资产为储备发行美元，货币供给不再受到黄金的约束，并停止银行券兑换，以美元纸币进行流通。这就意味着美国最终也脱离了金本位[①]。

导致国际金汇兑本位制和金块本位制崩溃的原因有很多，如第一次世界大战赔款对国际金融的影响、国际政治局势的动荡造成对黄金储备的过度需求、世界经济的多元化，特别是主导货币多元化造成金汇兑本位中黄金储备的多元化、短期资本流动和世界性经济危机的冲击以及世界黄金储备不足等。但是最重要的原因还是金本位制"游戏规则"遭到破坏。与金币本位制一样，在国际金汇兑本位制和金块本位制下，根据"物价—金币流动机制"，国际

---

① 后来的美联储主席伯南克在他的博士学位论文中研究了这个历史过程，他认为银行挤兑是导致危机变得如此严重和持久的一个决定性因素。正是基于这种信念，在面临2008年全球金融危机的冲击时，他才采取了前所未有的量化宽松措施来应对危机。相关内容参见《伯南克论大萧条》和《行动的勇气》等中文译本。

收支不平衡的状态会引起顺差国的通货膨胀和逆差国的通货紧缩，通过贸易条件的变化恢复均衡状态。这种自动调节机制虽然有助于国际收支的均衡，但不利于国内经济增长。随着世界经济中各国经济发展水平差异的加剧，内部平衡与外部平衡究竟应该以谁为先的两难抉择也变得越来越明显。当各国政府为了维持国内经济增长而放弃外部平衡时，金本位制也就失去了其自动调节功能。由于黄金供给不足、游戏规则遭到破坏，加之一系列的外部冲击，国际金本位就难以为继了。由于正常的国际货币秩序也遭到破坏，国际贸易的发展受到严重阻碍，世界贸易大幅下降，关税战、汇率战和贸易保护主义盛行，给世界经济带来了极大的冲击。在这个过程中，试图恢复金本位、避免汇率战和关税战的种种努力，但随着第二次世界大战阴云的到来，都很快被各国备战的行动冲垮了。

第三节　布雷顿森林体系

在自由竞争的资本主义时代，尽管人们已经认识到金本位制存在的许多问题和不足，并且就是否维持金本位制进行了多次学术论战和政治斗争。但是在那时，除了金本位制之外，各国政府的确也难以找出更好的办法来组织和调节货币金融过程。让各国的金融活动自发地服从金本位制的纪律，是自由竞争原则在国际金融领域的贯彻。然而，随着垄断资本主义时代的到来，金本位制松散而自发的纪律约束对各国政府来说就显得越来越软弱无力。所谓金本位制的自动调节机制也需要国际管理和国际合作。如果单纯地放任自流，加之黄金总量供给不足和分配不均，金本位制的运行就会问题丛生，难免于崩溃。

一　布雷顿森林体系的由来

自从第一次世界大战以来，包括金块本位制和金汇兑本位制在内的传统金本位制已经失信于人，并且在国内表现为通货紧缩、失业、经济衰退，在国际上表现为外汇管制和黄金管制。可是，放弃金本位制又使国际货币制度和国际金融陷入一片混乱。第二次世界大战以后，怎样建立一个新的国际货币体系成了一个令人瞩目的问题，也对那些想领导战后世界经济的国家形成了挑战。面对只能实行国际合作这一唯一出路，在战前经验的鼓励下，各国又重新走到一起。

作为当时世界经济中的两大力量，美英两国早在 1943 年第二次世界大战初见分晓的时候，就从本国的利益出发，分别提出了新的国际货币体系设计方案，即美国的"怀特方案"和英国的"凯恩斯方案"。

"怀特方案"是由美国的财政部部长助理亨利·德克斯特·怀特在 1940 年制定的管理未来国际金融的方案，其中包括建立国际稳定基金和世界银行的问题，后者可以被看作前者的一个有关全球经济长期发展的实质性补充，前者则是保证国际货币体系稳定的一个金融性措施。国际稳定基金的方案采取存款原则，由各会员国用黄金、本国货币和政府债券缴纳，认购份额取决于各国的外汇和黄金储备、国民收入和国际收支差额的变化等因素，各国缴纳的份额决定各国在基金组织中的投票权。联合国的所有成员国都可以参加，但是要保证取消对外汇交易的管制（经基金组织批准者除外），并制定固定汇率。基金组织由执行董事会管理，发行一种名为"尤尼塔"（Unita）的国际货币。尤尼塔可以兑换为黄金，也可以在会员国之间相互交换，同时各国也要规定各自货币与尤尼塔的法定平价。各国的货币平价一经确定，非经基金组织的同意不得任意变动。在这种国际货币本位的条件下，基金组织的主要任务就是维持国际货币秩序，特别是汇率的稳定，并通过提供短期信贷的方式，帮助会员国解决国际收支的不平衡问题。会员国为了应付临时性的国际收支不平衡，可以用本国货币向基金组织申请购买所需要的外币，但是其数额最多不能超过它向基金组织缴纳的份额。

"凯恩斯方案"是英国财政部顾问约翰·梅纳德·凯恩斯在 1941 年制定的。这个方案主张采用透支原则，建立一个世界性中央银行，称为"国际货币（或清算）联盟"，该机构发行以一定量黄金表示的国际货币"班科尔"（Bancor）作为国际清算单位。班科尔虽然以黄金定值，但是国际货币联盟可以调整其价值。班科尔等同于黄金，各国可以用黄金换取班科尔，但是不得以班科尔换取黄金。各国货币的汇率以班科尔标价，非经理事会批准不得变动。各国在国际货币联盟中所承担的份额以战前 3 年的进出口贸易平均值计算，但是会员国并不需要缴纳黄金或外汇，而只是在联盟中开设往来账户，通过班科尔存款账户的转账来清算各国官方的债权和债务。当一国国际收支出现顺差时，就将盈余存入账户，发生逆差时，则按照规定的份额向国际货币联盟申请透支。实际上，这种国际货币安排将两国之间的国际支付扩大为国际多边清算，而且在清算以后，在一国的借贷余额超过份额的一定比例时，无论是顺差国还是逆差国都要对国际收支的不平衡状态进行调节。

显然，在金本位制的弊端已经被各国政府充分认识以后，英美两国分别提出的国际货币体系在对待各国货币之间的汇率稳定机制和国际货币合作，特别是在建立一种专门的国际货币协调机构方面都具有极大的相似性，而且它们的方案中，都将考虑的重点放在经常项目的分析上。但是两者的区别也是十分明显的。怀特方案立足于第二次世界大战以后美国在世界经济和国际贸易中的绝对优势，努力避免美国作为主导货币国家对外负担太重的情况。由于战后各国重建对资金需求很大，因此，怀特方案坚持存款原则，并利用美国在世界黄金储备中占有的绝对优势，主张国际货币体系要以黄金为基础，以免产生无法控制的膨胀性后果。而凯恩斯方案显然是从战后英国黄金储备缺乏、国际收支恶化的情况出发，强调透支原则，反对以黄金作为主要储备资产，并且要由顺差国和逆差国共同负担稳定汇率、平衡国际收支的责任，国际货币合作在其中也就具有更重要的作用。

不可否认的是，第二次世界大战加速了英国衰落和美国强盛的过程。战后，美国已经成为当时世界经济中最大的债权国和经济实力雄厚的国家，这就为在战后建立以美元为主导货币的国际货币体系创造了必要条件。凯恩斯方案和怀特方案数易其稿，于 1942 年公布，次年在同盟国经济学家中进行公开讨论。由于美国在经济和政治上的实力已经大大地超过英国，英国政府被迫放弃了凯恩斯方案，美国也对英国作了一些让步，1944 年发表了《关于建立一个国际货币基金组织的专家联合声明》。同年 7 月，在美国的新罕布什尔州的布雷顿森林召开由 44 个国家参加的会议，正式通过了以"怀特方案"为基础的《国际货币基金协定》（又称"布雷顿森林协定"，以下简称《协定》）和《国际复兴开发银行协定》，从而建立了布雷顿森林体系，国际货币制度开始步入一个新时代。

二 布雷顿森林体系的主要内容

1944 年的布雷顿森林会议成功地通过了国际货币基金组织基本协定和世

界银行协定，但是作为一种崭新的国际货币体系，即在国际货币协调机构辅佐下运行的国际金汇兑本位制，同时美元作为唯一的主导货币，布雷顿森林体系的实施具有探索和实验的性质。不过，国际货币基金组织的创建本身就体现了参与国在努力探索建立新型国际货币体系方面的诚意。

鉴于历史经验，人们的共同希望是不要再把布雷顿森林体系建成一种刻板的体系，而是想使这一体系比金本位制能给予各国更多的自由，以便使其实行各自的宏观政策（主要是货币政策和财政政策），顺利实现其国内目标，特别是实现其国内充分就业的目标。为了协调内部平衡和外部平衡之间的矛盾，参与国还确定了应付国际收支不平衡的几种办法，即在出现"根本不平衡"的情况下，可以调整汇率。也就是说，如果一个国家的国际收支逆差确实很严重并且持续已久，那么，经过国际货币基金组织和其他有关机构同意，该国货币可以贬值；在出现暂时不平衡的情况下，以及为了便于执行调整国际收支政策，避免国际收支的调整对内部平衡产生不利的影响，成员国可以申请国际货币基金组织在资金上予以支持；在出现资金外流的时候，成员国可以对资本流动进行管制，必要时甚至可以使用诸如外汇限制和进口壁垒等管理手段，但是必须征得国际货币基金组织的同意。

其实，在布雷顿森林体系中真正具有历史意义的是各国货币的汇率要在基金组织的指导和与其他国家协商的基础上制定。国际合作和协商将取代单方面的行动。因此，从这个意义上说，布雷顿森林体系在国际货币体系发展中的重大进展是参与国牺牲了它们的一些主权，特别是在汇率决定方面的主权，以换取作为国际货币基金组织成员在稳定汇率、促进国际贸易方面的合作。也就是说，布雷顿森林体系制度下的汇兑平价关系是一种融入国际货币合作的固定汇率制度安排。布雷顿森林体系的主要目标是：在国内，充分利用包括人力资源在内的各种资源，政府在必要时应该使用各种宏观经济政策达到充分就业的目的；在国际上，则要求所有参与国都可以平等进入世界市场。而为了达到这个目标，就要实行自由贸易、多边支付和稳定汇率的政策。

因此，《协定》规定了国际货币基金组织的六项宗旨：为国际货币问题的磋商与协作提供一个永久性的机构和场所，以促进国际货币合作；以促进国际贸易的扩大与平衡发展、实现高水平的就业和增长作为经济政策的首要目标；维持汇率稳定，对成员国之间的外汇工作作出有秩序的安排，避免国家之间竞争性的外汇贬值；协助建立成员国之间经常性交易的多边支付制度，并消除妨碍世界贸易发展的外汇管制；在充分保障下，以国际货币基金组织的资金暂时供给成员国，使其有信心利用这种机会纠正国际收支的失调现象，同时又不致采取有害于本国或国际繁荣的措施；根据以上宗旨，缩短成员国国际收支不平衡的时间，并减轻其不平衡程度。

这六项宗旨的意图是使参加国际货币基金组织的国家在国际金融事务中必须遵守一定的行为准则，以实现汇率稳定、有秩序的外汇工作安排和避免竞争性外汇贬值以及国际汇兑自由制度，即货币自由兑换和取消外汇限制。其中，汇率稳定、取消外汇限制、货币自由兑换等具体目标，又是为了达到充分就业和最大限度地开发生产资源的目标。更明确地说，基金组织的宗旨意味着固定汇率，取消外汇限制，采用多边贸易和多边支付等是进行国际金融合作，以及促进世界贸易和投资的基础。反过来，扩大世界贸易和投资，对于所有成员国实现充分就业和经济发展又是十分重要的。

从历史的经验看，要达到预定的目标，就需要一个永久性的国际机构，用国际合作来取代各国政府过去只根据国家利益作出决策的绝对权威，解决将会发生的冲突并作出必要的决定就必须要求成员国不断地进行磋商和协作。

国际货币基金组织作为布雷顿森林体系中的一个中心机构具有两种职能，一是制定规章制度的职能，包括确定和实施国际金融和货币事务中的行为准则；二是金融职能，包括向成员国提供克服国际收支困难的资金。世界银行则是为了补充国际货币基金组织的职能，帮助各国获得从根本上改善国际收支、发展经济的长期投资资金。

在布雷顿森林体系中，黄金是整个国际货币制度的最终基础，同时以美元为主要的国际储备货币，实行黄金—美元本位制。具体地说，就是美元与黄金挂钩，各国根据协议确认 35 美元折合 1 盎司黄金的官价。各国政府和中央银行随时可以用美元向美国政府按官价兑换黄金。其他国家的货币与美元直接挂钩，以美元的含金量作为各国规定货币平价的标准。各国货币不规定含金量，只规定与美元的比价，从而间接与黄金挂钩。通过这样的国际货币安排，即其他国家的货币钉住美元，美元与黄金挂钩，使美元确立了它在国际金融中的中心地位。

从理论上说，一个国家要在国际货币体系中充当主导货币国家的角色，必须与世界其他国家保持大量而密切的贸易关系；拥有一个巨大而开放的资本市场；经济稳定，通货膨胀率较低；对外依存度小，能够把国外经济震荡与国内经济形势分割开来；同时，该国又应该是一个庞大的债务国，能够扩大主导货币的世界使用范围；该国的中央银行必须实力雄厚，可以随时根据需要为世界提供国际清偿手段。在战后的世界经济条件下，也只有美国具有充当主导货币国家的条件。

鉴于 20 世纪 30 年代自由浮动汇率使国际贸易和国际投资受到的严重损害，以及金本位固定汇率对于稳定国际贸易关系、方便企业核算方面的优势，国际货币基金组织依然将汇率稳定放在行为准则的首位。《协定》第 4 条对固定汇率做了规定，成员国通过国际货币基金组织确定其本国货币的汇率，非经国际货币基金组织同意不得改变。与此有关的义务还涉及共同维护世界黄金价格的稳定。

但是，在布雷顿森林体系中，这种主要依靠国际货币合作的金汇兑本位中的固定汇率也与纯粹金本位制的固定汇率不尽相同。后者的固定汇率是基于各国货币固定的含金量，而在前者，各国货币的汇率不是一成不变的，在必要时可以在征得国际货币基金组织同意的情况下进行调整，以纠正成员国国际收支的根本性不平衡。《协定》明确指出，成员国只能在一定的时间内对汇率作出不经常性的调整。同时，根本性的不平衡应与仅仅是暂时性的国际收支不平衡，如季节性的、投机性的，或与更短暂的周期性失调有关的国际收支不平衡区别开来。如果成员国不顾国际货币基金组织的反对即自行调整汇率，则基金组织有权宣布该成员国丧失使用基金组织资金的资格，甚至有权要求该成员国退出基金组织。这样做的主要意图是使国际货币基金组织能够防止汇率的过分波动和过分贬值。国际货币基金组织的一个明确宗旨就是宣布竞争性外汇贬值，即超过消除根本不平衡所需要的贬值是非法的。

为了维持汇率稳定，国际货币基金组织对成员国的资金援助采取兑换外币的形式。《协定》第 3 条规定，成员国向国际货币基金组织缴纳份额的 25%是以黄金或其他可以兑换成黄金的货币缴纳，其余的 75% 则用本国货币缴纳。这样，当成员国需要外汇资金来维持汇率稳定时，就可以用本国货币向国际货币基金组织按规定程序购买（即借贷）一定数量的外汇，并需要在规定的期限内以回购本国货币的形式偿还所借用的款项。因此，国际货币基金组织援助的理念是成员国自己的储备是用于解决暂时性国际收支逆差的第一道防线，国际货币基金组织的贷款则是第二道防线。使用国际货币基金组织的资金是使成员国在自己没有足够储备的情况下，不必通过汇率贬值等有害于贸易和投资的解决办法来对付国际收支的不平衡问题。但是，向国际货币基金组织申请援助贷款，必须同时接受国际货币基金组织针对该国经济调整提出的一揽子调整方案，并且依此方案使用贷款。这就是所谓的国际货币基金组织的贷款条件性。

行为准则的另一项主要内容与国际收支中的取消外汇管制的政策有关。具体地讲，它要求成员国建立和保持多边支付制度，要求成员国在或长或短的过渡期后，履行《协定》的第 8 条款，即未经基金组织同意，任何成员国都不得对经常性国际交易的支付或转账加以限制，也不能实行歧视性的货币措施或采取多种汇率安排。第 8 条款同时还规定了货币自由兑换，即设法保证一个成员国从另一个成员国的进口可以用本国货币及时付款。这样，一个成员国就可以自由地用其与另一个成员国的顺差来支付其与另一个成员国的逆差。由于确信外汇限制对世界贸易的增长是有害的，并可能导致国内经济的畸形发展，阻碍经济高速增长和生活水平的提高，行为准则的这项内容实质上就是最大限度地减少并取消外汇限制。但是《协定》中也规定了三种例外情况：①在实现经常项目下的货币自由兑换以后，允许对资本项目下的交易进行管制；②成员国在过渡时期条件不具备的情况下，可以推迟履行货币兑换性的义务，这类国家被称为"第 14 条款国家"，而履行货币兑换性义务的则被称为"第 8 条款国家"；③成员国有权对"稀缺货币"采取临时性兑换限制。当一个国家国际收支有大量持续的盈余，其货币在基金组织的库存下降到该成员国份额的 75% 以下时，基金组织就可以将其货币宣布为"稀缺货币"。于是，基金组织就可以按逆差国的需要进行限额分配，其他国家也有权对"稀缺货币"采取临时性的兑换限制。这种安排实际上反映了顺差国和逆差国共同调节的责任。

总之，在布雷顿森林体系中，只有美元具有可以兑换黄金并充当主导货币的这种特殊地位，其他国家的货币以美元定值并实行固定汇率。基金组织则是这种货币制度正常运转的中心机构，具有管理、信贷和协调三重职能。

它的建立标志着国际协商和国际货币合作在国际货币体系中的进一步发展。

毫无疑问，从布雷顿森林体系运行 27 年的历史看，它在促进国际货币合作、建立多边支付体系和稳定汇率方面起到了一定的作用，有力地促进了国际贸易的发展和国际资本的流动，特别是基金组织对成员国提供各种类型的短期和中期贷款，暂时缓解了成员国国际收支逆差所造成的问题，有助于世界经济的稳定和增长。

三 布雷顿森林体系的特点及崩溃

在布雷顿森林体系的制度安排下，黄金依然是国际货币的基础，仍然能发挥世界货币的作用。美元作为主导货币，对于其他国家的货币而言，又等同于黄金。在战后黄金生产增长缓慢、世界经济发展迅速的年代，美元的发行弥补了国际清偿能力不足的问题，使国际储备可以随着国际贸易的增长而不断增长。然而，问题也就由此产生。

从布雷顿森林体系的内容看，作为世界金本位制的直接演变，它是金本位制（准确地说是金汇兑本位制）和管理本位的孪生儿：一方面，各国货币都要规定一个兑换平价，且非经基金组织同意不得变动；汇率的自发浮动不得超过 1%；对经常项目在原则上不能实行外汇管制或采用复式汇率；等等。这些都带有金本位制在黄金平价、外汇储备、黄金输送点范围内的汇率浮动、自由贸易和自由兑换等方面的特征。而另一方面，美元作为基金组织规定的唯一法定的主导货币，具有与黄金同等的地位。只有外国政府在一定条件下可以用美元向美国兑换黄金，而不允许外国居民直接以美元向美国兑换黄金。各国在黄金和货币政策上相互支持、合作，共同稳定美元作为主导货币的地位。基金组织是布雷顿森林体系的永久性国际协调机构。所有这些特点又都带有明显的管理本位特征。因此，借助于国际货币合作，美元发行不必再有十足的黄金准备，甚至黄金准备率比正常值还可以更低一些。所以，布雷顿森林体系是一个具有过渡性质的、具有金本位制和纸币管理本位制双重机制的国际货币体系。国际协作在其中具有举足轻重的地位。

如前所述，金本位制由于自身的紧缩倾向而走向崩溃。布雷顿森林体系作为金汇兑本位制的一种形式，其紧缩倾向则是以间接的方式——特里芬两难——表现出来的。金汇兑本位制给主导货币国家"过度的特权"，使之能够以自己发行的纸币清偿其国际逆差，即可以在全球范围内征收铸币税。但是这又会变成一种"有害的特权"，因为它会使主导货币国家发行的纸币大大超过其黄金准备而时刻受到挤兑的威胁[①]。战前，英国因此脱离了金汇兑本位制。战后，这种不合理的制度又被布雷顿森林体系所采纳，只是以更强大的美元代替了英镑。所以，特里芬很早就开始怀疑这种国际货币制度的生命力，并认为它会重蹈英镑覆辙。

所谓"特里芬两难"就是指主导货币国家的顺差固然有利于巩固主导货币的信誉和地位，但是不利于扩大其作为国际清偿手段的作用和影响；反之，逆差有利于扩大主导货币的境外流通量，增强它在国际货币体系中的作用和影响，但是同时必然又会有损于其信誉和地位。在布雷顿森林体系的实践中，这个矛盾实际上是靠美国的经济实力和国际合作来缓和与协调的。然而，问题在于前者与整个世界经济的规模相比毕竟有限，而后者鉴于国家利益优先原则，不仅是有限的，而且也难持久。

诚然，战后美元具有相对充足的黄金准备，处于与黄金同等的地位，能够弥补国际清偿力的不足，固定汇率又为国际贸易、信贷和投资的发展提供了有利的条件，因此美元作为国际货币得到广泛接受。由于美元与黄金处于同等的地位，是公认的国际清算手段，美元存款与黄金储备相比又有利息，盈余国也愿意持有美元，因此，在50年代世界各国对美元的需求很大，甚至世界一度存在美元荒。所以美国乘战后各国经济尚未恢复之机，利用各种援助和信贷计划，如执行马歇尔计划，帮助西欧国家重建经济等，使美元逐渐流入世界其他国家。但是随着其他工业化国家经济实力的增长，美国经济自身的问题也越来越多，通货膨胀逐渐上升，美元贬值的压力造成了美国黄金外流，黄金的市场价格上升，国际金融市场频繁出现混乱的局面。

在固定汇率制度下，国际收支的严重不平衡要求顺差国实行扩张政策，以增加进口，同时，逆差国要实行紧缩政策，以减少进口。但是实际上，德国一直把控制通货膨胀作为国内经济政策的首要目标，日本也因为担心财政

[①] 关于美国利用美元的国际货币地位享有"过度的特权"，而同时也是"有害的特权"的说法，最初是源自法国前总统戴高乐的著名评论，但也有一说是法国前财政部部长瓦莱里·吉斯卡尔·德斯坦最早提出这一概念，参见 Gour-inchas 等（2017）的工作论文 "Exorbitant Privilege and Exorbitant Duty"。

赤字和通货膨胀而不愿意实行扩张性财政政策。相比之下，美国战后一直把避免大规模失业作为一项重要的政策目标，也不愿意采取紧缩政策导致经济衰退。结果，美元由于持续存在贬值预期而在国际市场上被大量抛售。美国与欧洲国家的中央银行建立货币合作关系，共同干预外汇市场，阻止国际资本流动造成的汇率压力。尽管针对汇率稳定有国际货币基金组织这种国际组织一系列的制度安排，但是一旦出现"特里芬两难"，单纯依靠各国政府和中央银行之间的口头协议和美国毕竟有限的国力就难以应付了。

20 世纪 60 年代中期以后，由于越南战争升级，政府支出扩大，美国出现了通货膨胀加剧的趋势，造成黄金储备进一步下降，美元危机越发严重。由于国外持有的美元数量巨大，事实上美元已经不可能兑换黄金了。到了 70 年代，美国商品在世界市场上的竞争力大大下降，美国发生了贸易逆差。美国政府再度放松银根，加速了美元危机，黄金储备对短期债务的比例进一步下降。1971 年 8 月，尼克松政府终于停止了以美元兑换黄金的规定，并要求各国调整汇率。1971 年 12 月，十国集团代表在华盛顿举行会议，同意黄金的美元价格由每盎司 35 美元提高到 38 美元，即美元贬值 9%；同时联邦德国马克和日元均对美元升值，会议对其他一些货币的汇率也作了调整；尼克松也许诺美元不再贬值。

然而，言犹在耳，1972 年美国的国际收支又出现巨额赤字，投机风潮迫使美元在 1973 年 2 月再度贬值 10%，即每盎司黄金的价格上升到 42.22 美元。3 月，美元危机再次突起，西方主要工业国的货币便都实行了汇率浮动，美国也宣布不再维持 35 美元一盎司黄金的官价，布雷顿森林体系事实上便瓦解了。1978 年 4 月 1 日《国际货币基金协定第二次修正案》生效，浮动汇率合法化，于是布雷顿森林体系在法律意义上也彻底崩溃了。

内容提要

除了提供足够的国际清算手段、提供稳定的价格标准等一般货币的基本功能之外，一种国际货币应该至少还包括以下四个方面的内容：①国际货币本位的确定；②汇率的决定与变动；③国际收支的平衡与调节；④国际货币合作的形式与机构。

金本位制度的理想状态是金铸币本位制（Gold Specie Standard）。金铸币本位的主要特点是：①用黄金来规定货币所代表的价值，每一种货币都有法定的含金量，并以基本货币单位（即标准金币或本位货币）的含金量作为基准；②各国货币按所含黄金重量而确定一定的比价，即决定汇率关系，且只要货币的含金量不变，则汇率关系保持不变，即事实上的固定汇率；③金币可以自由铸造，这意味着任何人都可以按货币的含金量将金块交给国家铸币厂铸成金币，因而金价就是金币的价值；④金币是无限法偿货币，任何人不能拒绝接受金币，因而具有最后支付手段的地位；⑤各国的货币储备是黄金，也就是说，一个国家货币供给量是由这个国家黄金存量的价值决定的；⑥国际结算使用黄金，且黄金可以自由输出或输入，因而黄金的输出价格等于输入价格，即黄金平衡点。

金本位制的自动调节机制主要包括如下几点。①汇率按各国货币的含金量确定；②国际收支逆差引起汇率的变动，当汇率变动超过黄金输出点时，就会引起黄金在国际的流动；③黄金流动增加了黄金输入国货币的黄金准备，同时减少黄金输出国货币的黄金准备；④银行准备金的变动将引起货币数量的变化，从而造成这两个国家物价和收入的变动，进而纠正国际收支的失衡状态，并最终使黄金流动停止。

从保证国际金本位制顺利运行的角度看，我们不难发现金本位制的如下三个特点。①统一性。各国货币与黄金的关系应该遵守明确的、统一的规定。对黄金在国际的支付原则、结算制度及运送保险等，也有大致相同的做法和惯例。②松散性。尽管实行金本位制的国家需要有一套相近的规范和惯例，但是，由于没有国际机构的监督和领导，没有一定应该遵守的规章和协议，所以各国的相机抉择只有义务性而无强制性。金本位的运行实际上是相当松散的。这种松散性在非常时期表现尤为明显。③自发性。金本位制中国际收支的调节、汇率的稳定、国际储备的分配基本上是随黄金的国际流动自发地形成的，基本不应该是政策作用的结果。

从布雷顿森林体系的内容看，作为世界金本位制的直接演变，它是金本位制（准确地说是金汇兑本位制）和管理本位的孪生儿：各国货币都要规定一个兑换平价，且非经基金组织同意不得变动，汇率的自发浮动不得超过

1%，对经常项目在原则上不能实行外汇管制或采用复式汇率，这些都带有金本位制在黄金平价、外汇储备、黄金输送点范围内的汇率浮动、自由贸易和自由兑换等方面的特征；同时，美元作为基金组织规定的唯一法定的主导货币，具有与黄金同等的地位，只有外国政府在一定条件下可以用美元向美国兑换黄金，而不允许外国居民直接以美元向美国兑换黄金；各国在黄金和货币政策上相互支持、合作，共同稳定美元作为主导货币的地位；基金组织作为布雷顿森林体系的永久性国际协调机构等方面，又都带有明显的管理本位特征。借助于国际货币合作，美元发行不必再有十足的黄金准备，甚至黄金准备率比正常值还可以更低一些。因此，布雷顿森林体系是一个具有过渡性质的、具有金本位制和纸币管理本位制双重机制的国际货币体系。国际协作在其中具有举足轻重的地位。

金本位制由于自身的紧缩倾向而走向崩溃。布雷顿森林体系作为金汇兑本位制的一种形式，其紧缩倾向则是以间接的方式——"特里芬两难"——表现出来的。

所谓"特里芬两难"就是指主导货币国家的顺差固然有利于巩固主导货币的信誉和地位，但是不利于扩大其作为国际清偿手段的作用和影响；反之，逆差有利于扩大主导货币的境外流通量，增强它在国际货币体系中的作用和影响，但是同时必然又会有损于其信誉和地位。在布雷顿森林体系的实践中，这个矛盾实际上是靠美国的经济实力和国际合作来缓和与协调的。然而，问题在于前者与整个世界经济的规模相比毕竟有限，而后者鉴于危机中的国家利益优先原则又实难持久。

思考题

金本位制能够复活吗？

国际货币制度改革的方向应该是什么？

布雷顿森林体系的进步和局限是什么？

试述国际货币基金组织的宗旨和作用。

参考文献

玛格丽特·加里森·德弗里斯:《变动世界中的基金组织（1945—1985）》，中国人民银行外事局译，中国金融出版社、国际货币基金组织，1986。

Barry Eichengreen and Marc Flandreau, Edited, The Gold Standard in Theory and History, Routledge, New York. 1985.

Canzoneri, Matthew B., Robert E. Cumby, Behzad T. Diba, "The Need for International Policy Coordination: What's Old, What's New, What's Yet to Come?" *Journal of International Economics*, 2005, Vol.66, pp.363-384.

Corsetti, Giancarlo, Paolo Pesenti, "International Dimensions of Optimal Monetary Policy," *Journal of* Monetary Economics, 2005, Vol.52, pp.281-305.

Eichengreen, Barry, "Currency War or International Policy Coordination?" *Journal of Policy Modeling*, 2013, Vol. 35, pp.425-433.

Hamada, Koichi, "A Strategic Analysis of Monetary Interdependence," *Journal of Political Economy*, 1976, Vol.84, No.4, Part1, pp.677-700.

McKibben, W.J. and J.D. Sachs, Global Linkages, Macroeconomic Interdependence and Cooperation in the World Economy, Washington, Dc: Brookings Institute.1991.

Michael D. Bordo and Anna J. Schwartz, Edited, *A Retrospective on the Classical Gold Standard, 1821-1931*, University of Chicago Press,1984.

Minford, P., Agenor, R. and Nowell, E., "A New Classical Econometric Model of the World Economy," *Economic Moddelling*, 1986,3, pp.154-174.

Obstfeld, Maurice and Kenneth Rogoff. "Global Implications of Self-Oriented National Monetary Rules," *The Quarterly Journal of Economics*, 2002, Vol.117, No.2(May), pp.503-535.

第三章　从国际货币制度到汇率制度

国际货币制度首先需要确定的是国际本位货币的问题，但是国际本位货币只解决了标价、结算和储备问题，一切国际交易的结果都必须体现为本币才有意义。因此，在解决国际货币本位问题后更重要的是要确定国际货币与各国货币的兑换关系，即汇率决定问题。此前，由于在金本位时代和布雷顿森林体系中的固定汇率安排，这个问题并不突出，而在后布雷顿森林体系的浮动汇率时代，这个问题就无法回避了。

从金币本位制、金汇兑本位制，再到布雷顿森林体系的历史发展中，我们可以清楚地感受到货币发行基础逐渐与黄金脱钩，国际货币制度走向管理本位和加强国际协调的明显趋势。事实上，包括布雷顿森林体系在内的各种国际金本位制的崩溃已经说明了纸币管理本位的必然性，国际协调机制的建立和完善则是为了适应纸币管理本位的正常运行。在这个过程中，汇率波动越来越频繁，也越来越明显。在当前的国际货币体系中，货币本位已经完全过渡到纸币管理本位，国际货币合作已经成为国际货币制度的重要内容，也更集中地反映在对汇率的管理上。

第一节　后布雷顿森林体系与国际货币制度改革

与布雷顿森林体系时代相比，当前的国际货币制度安排特征可以归结为：美元的国际货币地位相对有所下降，欧元、英镑和日元的地位有所上升，人民币异军突起；但美元依然在国际货币体系中占有绝对的支配地位，以浮动汇率为主、多种汇率形式并存，各国之间的政策协调加强，汇率不稳定性加剧，区域货币安排重新受到重视。

一　后布雷顿森林体系与美元本位

美元的国际货币地位始于 1944 年各国签署的《布雷顿森林协定》。布雷顿森林体系崩溃以后，不少人认为汇率浮动将使美元作用大幅度下降，国际货币将进入没有体系、没有中心的时代。但是此后的发展却是美元的国际货币地位得到事实上的延续。毕竟国际贸易和投资不能停止，对国际结算手段和国际货币的需求更是刚性的。虽然曾经有人预测马克、日元和欧元可能取代美元作为国际货币的核心地位，但马克和日元的国际化努力以失败而告终，欧元也没有影响到美元作为主要国际货币的地位。所以，尽管后布雷顿森林体系是一种没有制度保障的体系，是一种更加松散和脆弱的国际货币制度，全靠市场自发运行的特征正是当前国际货币体系无奈的一种表现，但当前的国际货币体系可以说仍然是以美元本位为主的，美元依然处于国际货币体系的中心地位。发现金本位和布雷顿森林体系的问题不难，甚至由此设计一种理想的国际货币制度也不难，难的是如何建立一种可行的国际货币制度安排。

在后布雷顿森林体系中，美元作为主要国际货币的地位表现为如下几个方面。第一，尽管越来越多的国家采用了不同形式的汇率浮动，因而持有美元作为主要外汇储备干预外汇市场的动机开始下降，但是在全球官方持有的外汇储备中，美元份额却一直保持相对稳定并占据绝对优势的地位。第二，不论是在国际贸易、国际投资还是在组合投资中，美元在国际交易中标价货币和结算货币的地位也更加显著，美元市场在国际外汇市场的交易份额中具有绝对的支配地位，因而美元汇率依然是各国货币的基础汇率。第三，不仅美元汇率成为各国货币的基础汇率，美元也在事实上成为很多国家货币的锚定货币，或者说不少国家以各种形式将货币钉住美元。除了国际贸易和国际投资发展对国际货币的需求，国际大宗商品市场的美元定价机制和东亚外向型生产网络的发展以及由此累积的巨额美元储备，也强化了事实上的美元本位。

作为布雷顿森林体系的自然延续，后布雷顿森林体系不仅没能避免原来的缺陷和不足，甚至进一步失去了原有的约束。首先，"特里芬两难"愈加尖锐，美元的信誉无法得到保证。国际贸易和投资的发展要求作为国际货币的美元供应相应增加，而美元供给的实质性增加[①]只有通过美国的持续贸易逆差才能实现，美国持续贸易逆差导致外债增加，导致对美元信心的丧失。其

---

① 从逻辑上说，海外美元的增加也可以通过金融项目的借贷来实现，但是那依然是一种需要偿还本息的融资，不是实质性增加。

次，在失去国际货币条约约束的情况下，美元作为唯一的事实上的国际储备货币更加无法避免法偿主权货币充当储备货币的内在悖论，而缺乏可靠有效的最终贷款人机制，间接推动了新兴市场对于储备的巨额积累。也就是说，国际货币的供给以及内在的通货膨胀倾向可能更加严重。特别是当国内经济形势低迷、需要扩张性货币政策进行刺激时，往往会损害国际货币的币值稳定。最后，传统的国际收支调节机制受到抑制。对于美国而言，经常项目逆差由于资本流入而长期维持；而对于世界其他国家来说，为预防资本自由流动造成的冲击，必须保持大量外储，随时干预外汇市场，这意味着官方资本流入美国，购买美国政府债券。结果美国可以用美元支付逆差，因而可以无须担心逆差，这造成了全球经济失衡的局面，最终威胁世界经济的可持续增长。①

总之，在以美元为核心的后布雷顿森林体系中，美国通过经常项目逆差为全球提供流动性，而世界其他国家则需要用经常项目顺差来兑换美元，同时承受美元汇率大幅波动的风险。美国累积债务、享受逆差，而其他国家累积债券和美元纸币。美国印钞支付逆差，其他国家生产货物换取美元作为储备货币并反过来用美元购买美国的国库券。这就成了法国经济学家雅克·胡耶夫（Jacques Rueff）的裁缝与顾客的寓言：裁缝为顾客做衣服，卖给顾客后，再把顾客所付的钱借给这个顾客，然后顾客再用这笔钱来向裁缝买新衣服。问题是如此循环往复能否以至无穷？

因此，美元本位的核心问题有三个：不稳定、不公平以及通货膨胀压力。由此引出的三个问题是：要割断主权货币国家经常项目赤字和国际货币流动性供给之间的联系、重建国际收支的再平衡机制（谁能够充当更有责任心的债权人？）以及提供价值更稳定的国际储备货币。而在理论上可供备选的解决方案包括：主导货币多元化（真的可能吗？会解决问题吗？会造成新的问题吗？）；创设类似欧元的区域货币；更有实力的国家货币的国际化；由国际金融机构创设一种全新的国际货币。

---

① 美国利用美元的国际货币地位，通过印钞就可以获得国外的资源，但是由此造成的逆差最终又会影响美元的币值，从而威胁美元作为国际货币的地位。尽管从目前来看，由于缺乏潜在替代货币，美元币值的波动还没有影响到美元的国际地位，但是这显然不是长期肆无忌惮的理由。

二　从最优货币区理论到欧元的兴起

尽管最优货币区理论被视为区域货币一体化的理论基础，而区域货币一体化又被普遍认为是对国际货币体系的冲击，但是它产生的直接原因却是固定汇率和浮动汇率孰优孰劣的争论。后来被称为欧元之父的罗伯特·蒙代尔在 1961 年最初提出了最优货币区的概念，以后不少学者又从不同的角度进行了修正和补充。

所谓最优货币区是指成员国把它们货币之间的汇率关系固定下来，同时对世界其他国家的货币实行联合浮动。换言之，最优货币区就是一种货币同盟，区内国家之间的汇率彼此固定，然后对区外国家的货币实行联合浮动。这种货币和汇率同盟可以使区内国家之间消除汇率浮动对相互贸易和投资产生的不确定影响，从而可以促进它们的经济联系、合作与经济增长。当然，区内成员国货币之间的汇率固定也需要成员国之间经济结构的互补以及经济周期的联动。

为了说明最优货币区的理论逻辑，蒙代尔假定美国和加拿大按经济类型都可以分为东西两个部分，东部生产汽车，西部生产木材。当对汽车的需求转移到木材上以后，就会引起东部失业和西部通货膨胀。这时，对于美国和加拿大来说，通过货币扩张和贬值可以缓和东部的失业，但同时会加剧西部的通货膨胀。反之，以货币紧缩和升值可以抑制西部的通货膨胀，却会恶化东部的失业。因此，浮动汇率不能解决一个国家内部不同地区之间的需求转移问题。解决这种两难困境的办法就是放弃各国的货币，转而采用区域货币，即分别成立东部中央银行和西部中央银行，发行东部元和西部元分别代替美元和加元，而且它们之间依然实行浮动汇率。这样在需求发生转移时，西部元升值就可以抑制东部对西部木材的过度需求，同时东部元贬值也会增加西部对汽车的需求，缓解东部的失业问题。这样既可以实现这两个区域之间的贸易平衡，又可以在两个区域同时实现物价稳定和充分就业。在此，蒙代尔所说的"区"实际上已经超越国家的概念，就是按照具有相同或类似经济结构和经济周期的经济区来组成的所谓"最优货币区"。

最优货币区理论提出以后，有学者又提出以经济开放程度作为组成最适度货币区的标准。对于一些相互间贸易往来关系比较密切的开放经济国家而言，组成一个相对封闭的共同货币区对稳定它们之间的贸易就比较有利，而对于贸易往来相对不多的区外国家来说，则以实行浮动汇率为宜。也就是说，对于一些经贸关系密切的开放经济国家来说，应该组成一个共同的货币区，并在区内实行固定汇率，而对于那些与其经贸关系不多的国家，区内国家货币应该对其货币实行联合浮动。

还有学者提出以国际金融高度一体化为出发点的最优货币区的标准。在金融市场高度一体化的情况下，利率的微小波动就会引起资本国际流动，给经济带来较大冲击，所以固定汇率就比较好。而对于与区外资本流动不多的国家来说，区内国家的货币以联合浮动为好。更有学者提出以产品多样化程度作为建立最适度货币区的标准。因为生产专业化程度较高、多样性程度较低的国家抵御外部冲击的能力较弱，所以经济合作密切的国家之间就应该实行固定汇率制，而对区外实行浮动汇率。也有学者提出应该把建立最适度货币区的标准从微观需求变动转移到宏观经济方面，即具有相同通货膨胀率的国家，可以组成最适度货币区。

上述分析和主张实际上是从不同侧面修正、补充和进一步阐述了蒙代尔最初提出的最优货币区的概念。综合上述观点，最优货币区应该是由一些彼此间的商品、劳动力、资本等生产要素流动比较自由，经济发展水平和通货膨胀率比较接近，经济政策比较协调的国家所组成的独立货币区。在这样的货币区内，即使依然存在国别货币，各成员国之间的货币采用固定汇率并保证区内货币的充分可兑换性也可以达到同样的效果。所谓"最优"就表现在区内国家通过协调各自的货币政策和财政政策实现对区外货币的汇率联合浮动，达到区内国家充分就业、物价稳定和对区外国际收支平衡的目标。当然，欧元区则超越最优货币区，直接进入区域统一货币的阶段，并直接对国际货币体系产生了影响。

三 对国际货币制度改革的探索

从理论上说，国际货币的币值首先应该是稳定的，并且有明确的发行规则以保证有序供给；其次，国际货币的供给还应该可以及时、灵活地根据需求的变化进行调节；最后，这种调节必须以币值稳定为最高原则，也就是说，如果国际货币本身就是某个国家的主权货币，那么为了国际货币制度的正常运行，这种货币的发行应该将发行国自身宏观经济调节的需要置于第二位。显然这些条件不论是在技术上还是在政策理念上都很难得到落实，而当前以美元主权信用货币作为主要国际储备货币恰恰就是这种情况。

一方面，由于储备货币发行国国内货币政策目标与各国对国际货币需求的变化经常存在矛盾，国际货币发行国的货币当局就不能忽视本国货币的国际职能而单纯考虑国内目标，至少应该同时兼顾国内外的不同目标。而在现实中，既可能因为抑制本国通胀的需要而无法满足全球经济发展对国际货币不断增长的需求，又可能因为刺激国内需求而导致全球流动性泛滥。所以在理论上"特里芬两难"仍然存在，即国际货币发行国无法在为世界提供流动性的同时确保币值的稳定。而另一方面，当一个国家的主权货币成为国际市场上的定价货币、结算货币和储备货币以后，自然就会享受过度的特权，同时也是有害的特权。与此同时，全球经济也既受益于这种国际货币，同时也为这种货币制度所害。因此，创造一种与主权国家脱钩并能保持币值长期稳定的国际储备货币，从而避免主权信用货币作为储备货币的内在缺陷就成了国际货币体系改革的目标。

如果说浮动汇率制度是借助国际收支自动调节机制来回避建立新型国际货币制度时面临的货币本位问题，最适度货币区理论的提出也只是为了探索一种最优的汇率制度，那么以国际货币基金组织为代表的机构在创立特别提款权方面的努力，则代表了国际货币改革中力图解决未来国际货币制度中货币本位问题的一种尝试。

特别提款权与传统的普通提款权在设立和使用上有所不同。普通提款权是各国根据自己的经济规模向基金组织交纳本币后在需要时向基金组织借出外汇的权利，因此，普通提款权账户属于真实账户。而基金组织在创立特别提款权账户时并没有设立相应的共同基金，没有要求成员国交纳基金份额，所以，特别提款权是一种虚拟账户。这也就是为什么特别提款权能够解决国际清偿能力问题。由国际货币基金组织集中管理成员国的部分储备，不仅有利于增强国际社会应对危机、维护国际货币金融体系稳定的能力，更是加强特别提款权作用的有力手段。

早在20世纪60年代中期，国际货币基金组织已经注意到布雷顿森林体系中国际清偿能力及其调节与市场对国际货币信心之间的关系。由于国际贸易量和金融交易量的增长，清偿能力和国际货币问题日渐明显。越来越多的国家使用美元作为国际清偿手段和国际储备的现实已经使美国不得不连年处于国际收支赤字的境地。如果一些国家的货币当局对美元失去信心，并决定将各自的美元换成黄金，那么布雷顿森林体系就会面临崩溃的危险。于是，国际货币基金组织就开始创立一个新的储备单位作为黄金充当货币本位，以便解决美元面临的"特里芬两难"。

在建立特别提款权时面临的主要问题还包括：如何筹措新资产？对新资产的使用采取什么样的规则？特别提款权是应该成为自由使用并且不受偿还支配的储备资产，还是应该类似于信贷，受到使用规则和偿还责任的支配？从特别提款权后来的分配原则看，特别提款权实际上变成一种储备资产和信贷的混合物，但似乎更接近于储备资产。因此，在1971年8月中旬，当美国停止黄金和其他储备资产的官方兑换时，国际货币基金组织就开始考虑让特别提款权在国际货币体系中发挥更大的作用。

特别提款权的定值最初是与美元挂钩的，一个单位的特别提款权等于一美元。从1974年7月1日起，特别提款权采用一个货币篮子定值，以保证特别提款权价值的稳定。在经过多次调整以后，从2022年8月开始，货币篮子中美元、欧元、人民币、日元和英镑五种货币的权重分别为43.38%、29.31%、12.28%、7.59%和7.44%。

特别提款权的创造是人类走向国际储备货币由国际机构在国际货币合作的基础上进行自觉控制的第一步。它的出现克服了布雷顿森林体系中靠美国国际收支逆差来向世界供给美元储备的缺点，也克服了在金本位条件下黄金供给不足以及黄金供给受市场投机和开采提炼技术等外生因素影响的问题。实际上，作为一种簿记形式的特别提款权在国际货币基金组织中的创造过程，既可以避免金本位制下黄金生产国享有的铸币税（黄金官价与生产成本的差额），又可以弥补在布雷顿森林体系制度下由美国在世界范围内独占铸币税的缺陷，是将铸币税直接分配给基金组织的成员国，由大家共享。

当然，如何真正拓宽特别提款权的使用范围，从而满足各国对国际储备货币的要求，还需要解决一系列现实问题。这需要建立起特别提款权与其他货币之间的清算关系，积极推动各国在国际贸易、大宗商品定价、投资和企业记账中使用特别提款权计价，积极推动国际货币基金组织创立特别提款权计值的资产，增强特别提款权吸引力以及进一步完善特别提款权的定值和发行方式，等等。

目前特别提款权还没有充分发挥应有的作用，主要原因在于如下几个。第一，特别提款权的分配规模太小，并且随着世界经济和贸易发展，相对规模不断下降。在第一次分配后，特别提款权占全球非黄金储备资产的比例曾一度超过8%，此后快速下降；在第二次分配后，在1982年最高比例曾达到6.5%，但2008年下降到仅4.0%；2009年的分配再度使特别提款权占比为3.7%，而2020年又下降至2.2%。第二，特别提款权只能由各国政府以及IMF指定的参加者持有和使用，私人实体和个人不能持有特别提款权。这使特别提款权的使用主要集中在官方领域，在私人领域，特别提款权曾用来进行发展中国家的债务标价，但其规模和影响十分有限。

2008年金融危机以后，国际货币制度改革成了一个热点话题，诺贝尔经济学奖得主斯蒂格利茨专门成立了国际货币制度改革委员会，他们认为国际货币体系改革应该解决三个问题：储备资产的积累应与储备货币国经常项目逆差分离，对经常项目顺差国也必须有所约束，应该提供一个比美元更为稳定的国际价值贮存载体。而他们提出的短期方案就是增发特别提款权并扩大特别提款权的作用，按反周期原则发行，以满足全球经济对储备货币积累的需求为目标，同时与任何国家的经常项目逆差无关。长期方案则是建立"全球储备基金"（GRF），成员国按规定每年向GRF提供给定数量的可以自由兑换的本国货币，GRF向各成员国发放等值的全球货币作为各成员国的储备货币。

显然，这又在很大程度上回到了布雷顿森林体系之初的世界中央银行方案。这不仅暴露了经济学家对现实的不甘和无力，更揭示出理论与现实之间难以弥合的巨大鸿沟。

第二节 汇率制度：当前国际货币制度的核心

布雷顿森林体系的崩溃，《牙买加协定》[①]的签署，使当前的国际货币体

---

① 1976年1月，国际货币基金组织在牙买加首都金斯敦举行会议，达成所谓《牙买加协定》。该协定的主要内容包括浮动汇率合法化、"黄金非货币化"、建立特别提款权、扩大对发展中国家的资金融通等。

系义无反顾地走上了浮动汇率的道路。由于允许国际货币基金组织的成员国对汇率安排有广泛的选择，国际货币关系具有很大的弹性。这在弱化了国际货币体系应有的约束性的同时，也威胁到国际货币和经贸关系的稳定。在浮动汇率的条件下，汇率的决定和调节主要由国际金融市场来完成，因而，国际金融市场已经无可争议地在维持国际货币体系中成为举足轻重的运行机制。由于当前的国际货币制度是以浮动汇率为主，浮动汇率的运行又是以国际金融市场为基础，我们甚至可以说，国际金融市场就是当前国际货币制度的主体。

一 浮动汇率与固定汇率之争

汇率的决定与浮动，以及与此相关的国际收支的调节问题是未来国际货币体系中的关键环节。这也可以说是国际货币体系以及国际金融学科的未来发展方向。换言之，讨论国际货币制度的未来发展问题，在绝大多数的情况下，已经变成建立什么样的汇率制度的问题。

随着布雷顿森林体系的崩溃，伴随金本位制出现的固定汇率机制也成为历史遗迹，但是，人们对固定汇率与浮动汇率孰优孰劣的争论却并没有由此结束。

固定汇率制度是根据本位货币本身或者纸币法定的含金量，或者按照一个国家长期的国际收支趋势来确定一个稳定的汇率水平，一般会对波动幅度设定一个限度。它可以分为金本位下的固定汇率和纸币本位下的固定汇率两种。汇率的稳定或者由黄金的流动来调节，或者由政府在外汇市场上的干预来维持。在固定汇率制下，尽管常常需要通过干预外汇市场来实现汇率稳定，从而为国际交易的定价提供确定性。但干预总是有成本的，因而也是有限度的，所以采取固定汇率制度的经济体往往拥有健康的财政状况和较低的通胀水平，同时由于汇率和利率与锚定国的货币绑定，所以，中央银行往往无法拥有独立的货币政策。

浮动汇率制度是指汇率不受上下波动幅度的限制，完全由外汇市场上的供求状况自行决定，政府也不承担维持汇率稳定的义务。因而，实行浮动汇率制度的经济体可以享有独立的货币政策，但前提是一般需要外汇市场和金融市场具有较大的规模，能够吸收各种冲击而不会引起汇率的大幅波动。

人们就固定汇率制度和浮动汇率制度孰优孰劣进行争论的情况之所以存在，主要还是因为与浮动汇率相比，固定汇率的优势还是十分明显的。反之，固定汇率的这些优势恰恰构成了浮动汇率的劣势。固定汇率的优势包括如下几个方面。

（1）固定汇率可以减少经济生活中的不确定性，降低风险，方便进出口商和国际投资者进行核算，以此进行决策，并最终获得预期收益。在这方面，浮动汇率显然是无法与之相比的。因此，人们常说固定汇率可以促进国际贸易和国际投资。

（2）在固定汇率条件下，如果市场对政府干预外汇市场的能力有足够的信心，那么当本币贬值时，投机者就会相信货币当局有能力进行干预，稳定汇率，因而就会趁机用外币买入本币，市场投机的力量本身就会造成本币升值，将汇率压回到固定汇率的原有水平。同理，当本币升值时，投机者又会抛售本币买入外汇，从而使市场汇率趋向之前的水平。因此，只要政府具有稳定汇率的信誉，投机者的行为本身会起到熨平汇率波动的作用。相反，在浮动汇率条件下，由于缺乏货币当局的干预，就有可能出现造成市场波动愈演愈烈的投机。即当汇率上升时，投机者可能预期汇率还会上升而买进外汇。反之，当汇率下降时，投机者也可能预期汇率还会下跌而卖出外汇，从而加剧市场汇率的波动。

（3）固定汇率虽然有造成通货膨胀国际传递和需要政府付出一定的代价去维护汇率稳定的弊端，但是受制于固定汇率的约束，为了维持本国产品在国内市场对进口产品的竞争力和本国出口产品在海外市场的竞争力，在国内实行通货膨胀的约束程度较高。

当然，浮动汇率也远非一无是处。它是市场原则在国际金融领域的贯彻，因此也一直不乏拥趸。而且浮动汇率的优势也常常正是固定汇率的不足。一般来说，浮动汇率的优点大致包括如下几个方面。

（1）由于浮动汇率以市场供给和需求力量决定汇率水平，具有对市场条件变化敏感、随时实现连续自动调节的特征，因此市场运行相对平稳，也可以避免国际收支长期失衡可能对实际经济活动带来的扭曲、冲击和不利影响。而在固定汇率条件下，恢复国际收支的均衡或者必须改变一些实际经济变量造成国内经济动荡；或者当失衡累积已久、无法维持的时候，往往会对外汇市场产生很大的冲击，甚至导致危机。

（2）在浮动汇率条件下，各国有实行货币政策的较大独立性，内部平衡和外部平衡一般不会发生冲突。例如，在固定汇率条件下，国内较低的利率水平会导致资本外流，为避免出现这种情况就需要提高国内利率水平，从而使政府刺激国内经济增长的努力付诸东流。而在浮动利率条件下，国内较低的利率水平虽然也会使国内资本外流，但是资本外流同时也会使本国货币贬值，进而刺激出口并抑制进口，也会促成国内经济扩张。另外，浮动汇率也可以自动抑制短期资本流动的冲击，协调内部平衡和外部平衡，还可以防止通货膨胀的国际传递。

（3）由于浮动汇率不需要政府干预外汇市场，各国政府也就无须持有大量的国际储备来支持其汇率的稳定，因而可以在调节成本最小的情况下实现资源有效配置和外部平衡。

当然，浮动汇率也远不是完美无缺的，需要一些前提条件才可能发挥预期的作用。

（1）从基本面因素看，浮动汇率的稳定性取决于进出口产品的供给和需求弹性。如果国际贸易缺乏弹性，那么就必须有较大的汇率变动才会引起国际贸易流量的足够变动，才能纠正国际收支的赤字。按照弹性悲观论者的观点，由于国际贸易的价格弹性非常小，以至于贬值或升值对国际收支的调节作用极其有限。所以，在浮动汇率制度下，汇率浮动频繁而剧烈。这种情况又对企业收益和投资计划造成相当大的影响，使人们普遍产生不安全感，不愿意缔结长期的贸易契约，影响国际贸易、国际投资和国际资本流动。

（2）浮动汇率需要各国宏观经济政策相互协调。由于国内储蓄和投资缺口的变化是国际收支和汇率变动的基本面原因，政府政策又是决定国内储蓄和投资水平变动的主要因素，而在浮动汇率制度下由于各国政府具有货币政策的独立性，国内平衡与国际平衡发生冲突，难免会造成国际竞争性的货币贬值，使国际经济和货币秩序出现动荡与混乱。

（3）浮动汇率由于缺乏固定汇率制度下的货币纪律，加之货币政策具有独立性，因而，实行浮动汇率的国家可能具有内在的通货膨胀倾向，可以使该国政府长期推行通货膨胀政策，而不必担心国际收支问题。一国的通货膨胀率较高，就会造成货币贬值、进口价格上涨，还会引起通货膨胀恶性循环。

二　汇率制度的选择

正如国际金融是为国际贸易和投资服务一样，一国汇率制度的确定也是为了服务于该国的国际贸易和国际结算。从理论上说，固定汇率、浮动汇率、最适度货币区以及特别提款权本位各有优劣，适用于不同的情况。因此，各国一般也是根据自己国际贸易和国际金融的具体情况选用不同的汇率制度。

一般而言，汇率制度的选择应该考虑一个国家自身的经济结构特征，还要考虑对政策有效性的需求、抵御外部冲击的能力、定价能力以及政府信誉的影响。

具体来说，一个国家是采用固定汇率还是浮动汇率，长期因素主要取决于国家规模、开放程度和出口弹性（人均 GDP），中期因素包括贸易集中度、产品多样化程度、国际金融一体化程度和外债的货币错配程度，短期因素则包括通货膨胀和外汇储备。此外，还要考虑到外部冲击的特点，包括经济波动的来源、对贸易和产出的影响以及波动是否来自货币冲击等因素。

从长期因素看，如果经济规模小，金融市场不发达；经济开放程度高且国内政策与国际形势相似度高；人均 GDP 低，进出口的价格弹性低，则选择固定汇率更好。从中期因素看，如果贸易集中度高，生产要素流动性高；贸易品的多样化程度低，金融市场一体化程度低，资本流动受到限制；外债的货币错配程度高，而本币的国际借贷能力低，选择固定汇率也是合理的。从短期因素看，如果通货膨胀率较低且国际储备充足，也有实施固定汇率的条件。最后，如果经济波动主要来自国内，对贸易条件的变化影响小但对产出的影响大，且货币冲击是造成经济波动的主要原因，则采取固定汇率就更有利。

20 世纪 70 年代末的一些研究文献就已经发现[1]，小型开放经济采取固定汇率比较有利。当时的发展中国家大多也的确采用了各种钉住汇率制度[2]。但是在现实中，在 90 年代出现的几次货币危机中，不论是英国、墨西哥还是东

---

[1]　参见 H. R. 海勒《汇率制度的决定因素》，《货币、信贷和银行杂志》1978 年第 3 期；L. 李普斯奇茨《小型发展中国家的汇率政策及选择指标》，国际货币基金组织工作人员论文，1979 年第 3 期。

[2]　但是，从 20 世纪 80 年代以来，采取各种浮动汇率似乎成了一种世界性的趋势。此时，金融国际化的发展也许是一个不可忽视的因素。

亚国家，固定汇率都无一例外的是导致危机的主要原因。实行浮动汇率固然可以避免货币危机，但是一般而言，正如我们在上文讨论的那样，对于小型开放经济来说，浮动汇率未必是一种有助于宏观经济稳定的汇率安排。

三　汇率制度的分类与汇率制度的两极化假说

汇率制度是一国货币当局就确定、维持和管理本国汇率变动的基本方式作出的制度安排或规定，包括确定对各国货币比价的原则、比价变动的界限与调整手段以及维持货币比价所采取的措施等。汇率制度决定了名义汇率的变化程度、范围以及变化方式，也就决定了一国经济与国外经济联系的方式，因此是开放宏观经济决策中重要的组成部分。

根据各国汇率制度实践的发展，国际货币基金组织根据各国所申报的汇率制度，对汇率制度的分类也在不断变化。从 20 世纪 70 年代的两大类（钉住与非钉住）到 80 年代的三大类 7 小类，到 90 年代进一步扩展到三大类 8 小类，包括钉住（钉住美元、英镑、法郎、其他货币和货币篮子）、中间汇率安排（有限弹性）、更加灵活的汇率安排（其他管理浮动和独立浮动）。1999 年国际货币基金组织在引进事实汇率制度安排的同时，对法定汇率制度分类也做了改动，细分为三大类 8 小类，即钉住类型（无法定货币、货币局制度、传统钉住）；有限弹性类型（水平带钉住、爬行钉住、爬行带钉住）；更加灵活的类型（没有预先路径的管理浮动、独立浮动）。

按照国际货币基金组织最新《2021 年汇率安排和汇率限制年报》的分类，汇率制度又划分为四大类 10 个小类，其分类的标准大致是依据政府干预程度的高低以及干预的方式。其中，硬钉住（占比 13%）包括无独立法定货币的硬钉住（14 个经济体）和货币局制度（11 个经济体）；软钉住（占比 47.7%）意味着本国货币可以与一种外国货币或一篮子货币挂钩的同时有限浮动。根据钉住的类型、可浮动空间以及调整区间的频次，又可细分为传统钉住（40 个经济体）、稳定安排（24 个经济体）、爬行钉住（3 个经济体）、类爬行钉住（24 个经济体）、水平区间内钉住（1 个经济体）等类型；浮动汇率（占比 33.2%）安排意味着汇率大致由市场决定，人为干预程度较低。根据是否有明确的汇率路径和目标，可分为浮动（32 个经济体）和自由浮动（32 个经济体）；其他有管理的汇率安排（占比 6.2%）则涵盖了所有不能划分在上述三类的制度。

20 世纪 80 年代以来的大量经验研究表明，在不同的名义汇率制度下，实际汇率的表现存在显著的和系统的差异。很多国家实际所采用的汇率制度（de facto）与其官方宣称的汇率制度（de jure）之间往往存在较大差异。例如，很多宣称采用浮动汇率的经济体往往频繁地采用各种手段来影响汇率水平，对汇率的控制结果与那些采用固定汇率制度的国家高度雷同，表现为害怕浮动（Fear of Floating）。也有一些经济体由于国内货币的控制能力较差，较易出现通胀的波动，所以尽管官方宣布采用钉住等固定汇率制度，但却常常修改其汇率钉住目标的水平，以至于实际汇率制度更接近于弹性汇率制度。因此，经济学家开始探讨依据各国汇率政策实际表现确定的事实汇率制度分类方法。由于研究的切入点与关注目标的区别，越来越多的研究者给出了自己的事实汇率制度分类且彼此具有很大的差异性。国际货币基金组织也在每年发布的《汇率安排和汇率限制年报》中公布它的研究结果。

在汇率制度演变和发展过程中，由于中间汇率制度既可以维持汇率的灵活性，又能够避免汇率过度的波动性、降低汇率超调的可能性并使宏观经济政策具有相机抉择的能力，因此，在后布雷顿森林体系中，许多经济体选择了各种形式的中间汇率制度。然而，1997 年爆发的亚洲金融危机使经济学界逐渐认识到在资本自由流动条件下，采用中间汇率制度是不明智的，无法长期维持并容易导致经济危机。因此，新兴市场应选择"角点解"，即采用浮动汇率或固定汇率制度，或者称为"汇率制度两极化"。但是也有研究认为，中间汇率制度并不必然导致危机，在一定条件下能够长期存在并维持较高经济绩效。当然，中间汇率制度内在不稳定性的根源在于政策制定者与公众目标存在差异。由于经济结构变化和外部冲击的影响，这种差异的性质与强度会不断发生变化，就可能造成中间汇率制度的内在不稳定性不断增强，才会导致汇率制度极化现象。但是汇率制度演进并不必然遵循由固定到中间再到浮动的路径。

第三节　货币国际化、储备货币多元化与国际货币制度

尽管一些中等经济规模或小国货币的国际化可能主要是为了规避第三方

货币的汇率风险而对国际货币体系影响不大，但是从根本上说，其动因还是对现行国际货币制度的不满。至于具有系统重要性国家货币的国际化，尽管它们也很可能是出于同样的目的，但是由于这些货币的国际化对国际货币制度具有潜在的冲击，因而往往更受关注。马克、欧元和日元如此，人民币也一样。

一　货币国际化问题

国际货币是指一种货币的使用和持有超越货币发行国的边界，不仅被发行国的居民用于交易，而且更重要的是也被用于非居民之间的交易。从这个角度看，货币国际化的核心标志是进入第三方之间的贸易结算，这也是国际货币本来应该具备的功能。也就是说，国际货币是用来在国际交易（不论是购买商品、劳务还是金融资产）中代替直接交易双方各自的本币。货币国际化的过程中一般应该具备四个前提条件：第一，政府必须取消对自由买卖该国货币的限制；第二，国内外企业必须能够在国际贸易中使用这种货币报价；第三，外国人能够持有以这种货币标价的金融资产；第四，外国人、本国人以及国际金融机构能够在国际市场上发行以这种货币标价的金融工具。

在这个意义上，货币国际化主要是指一国货币在国际贸易和金融交易中充当标价货币和结算货币，也就是我们常说的价值尺度和交易媒介的功能。当然，能够充当交易媒介的前提肯定是交易方愿意持有这种货币，也就是说，这种货币必须具有价值储藏的功能。但是在货币国际化本身的意义上，储备货币职能并不是重点。

从国际经验看，一些中等规模国家甚至小国也推行过本币国际化。除了众所周知的德国马克和日元的国际化，韩元、新元、澳元，甚至印度尼西亚卢比、印度卢比和南非兰特也都尝试过国际化。不少国家都追求货币国际化，但是它们所追求的货币国际化主要意味着在国际贸易中发挥计价货币和结算货币的功能。由于这些国家经济规模有限，其货币不太可能承担国际价值储藏的功能，因而其货币国际化也不会对国际货币格局产生影响，更不会引起广泛的关注。

联邦德国马克的国际化主要是由于在20世纪六七十年代美元的贬值与马

克币值的稳定形成鲜明对照而自然出现的市场选择。但是由于德国制造业的国内政治影响力要大于金融业，对马克国际化会引起货币升值进而影响出口的担心使联邦德国对马克国际化政策一直持消极态度。

随着日本经济和贸易比重在 20 世纪七八十年代的上升以及经常项目的自由化，外国投资者也可以持有一些日元资产。但是与德国的情况相似，由于担心日元升值会影响出口，日本国内的政治势力也是反对日元国际化。只是到了 80 年代以后，日本出于对日美贸易摩擦的担心开始允许日元升值，而美国在广场协议中也推动日元国际化后，日本才开始变为积极地推动日元国际化。但是那时日本的经济增长已经开始减速，泡沫经济的崩溃又重创了日本的实体经济，因而日元国际化就开始出现障碍。虽然到 2003 年以后，金融自由化对日本经济的影响逐渐显现，与发达国家的金融一体化过程不断加速，日本经济变成一个高度金融化的开放经济，跨境资产和负债超过 GDP，但此时基本面因素对日元国际化的支持力度已经开始下降了。

对于韩元来说，其国际化冲动一是不满足于韩元的国际结算比例远远低于其在全球产出、贸易和金融中所占份额；二是受制于美元短缺。但是作为小型开放经济，韩元国际化给韩国国内金融市场和货币政策带来的负面影响不容忽视。这主要是由于小国货币国际化的困难在于国家规模太小，导致外汇市场的波动给宏观经济造成了较大的冲击。同样作为小型开放经济，新元在这个问题上则是一个典型的例外。由于新加坡金融管理局一直使用汇率作为货币政策的工具，因此它并不积极推动新元的国际化。与此同时，新加坡一直在推进金融自由化，但是对境外金融机构的新元贷款一直不积极。印度尼西亚在亚洲金融危机以后加速了金融开放，实现了资本项目和经常项目的自由兑换，不过印度尼西亚卢比在国际结算中的比重依然很低。本来想通过本币国际化来防止外部冲击，但是与韩国类似，由于印度尼西亚卢比的市场太小而造成汇率的过度波动，不得不通过限制投机者进入外汇市场交易、限制对非居民贷款和衍生产品交易的方法来维持在金融自由化条件下的汇率稳定。相比之下，澳元的国际化经验总体是成功的，极大地提升了对宏观经济的管理，促进了金融市场的活跃，推动了商品市场和劳动力市场的改革，因而也提高了澳大利亚的居民福利和生活水平。而对比澳元和印度卢比的国际化可以发现，澳元国际化的经验证明了货币国际化是一个需求推动的渐进过程，而印度的经验则从反面证明了货币国际化不是在一天内作出决定的政策；货币国际化不能仅以国际化本身为目标，其会涉及很多国内的改革。在当时，澳大利亚也面临与今天新兴市场类似的外汇压力、外部冲击、经济波动和通货膨胀以及金融压制，但是它首先完成了国内改革，从而保证了澳元国际化的成功。更重要的启示在于，浮动汇率和资本项目开放并不必然导致经济波动，但是在危机中，货币国际化可能会放大波动和金融脆弱性。对于澳大利亚来说，浮动汇率会减轻外部冲击和产出波动，货币国际化则会平滑贸易冲击，维持内部平衡。而对于印度来说，由于不具备相关的条件，货币国际化反而增加了其国内货币政策的难度。

总之，这些国家货币国际化的经验表明，成功的货币国际化肯定滞后于实体经济的发展；货币国际化需要国内政策先行的次序配合，而且主要应该是一个市场需求推动的过程，政策的核心在于营造一个环境而不是直接推动。更重要的是，一个国家货币的国际化可能仅仅意味着其作为国际标价货币和结算货币，不一定涉及价值储藏功能而直接影响到国际货币制度。

二 主权货币国际化的条件与挑战

实现货币国际化的三个重要条件是经济（贸易）规模、货币信心（通货膨胀）和金融市场深度。按照这个思路，尽管美国经济总量在 1872 年就超过英国，但是此后一直阻碍美元取代英镑的主要原因在于美国的金融市场和货币制度。1913 年美联储的成立才为稳定美元（货币信心）和金融市场发展提供了前提。需要注意的是，成立美联储的原因并不是美国试图使美元国际化而是为了防止银行恐慌，因此美元的国际化主要不是政策推动的而是市场推动的。直到第二次世界大战以后，美国成了世界上最大的债权国，在《布雷顿森林协定》的加持下，美元才真正取代英镑。因此，美元的国际化落后于美国的经济基本面达 80 年之久。

按照一般的定义，国际货币体系可以被归纳为国际本位货币的决定、汇率决定、国际收支调节以及国际合作等四个方面的内容。这四方面的相互作用使各国的国际收支能够应对时常出现的顺差和逆差状态，能够相互累积债权和债务，但是最重要的则是能够提供一种自动的均衡机制使各国之间的国际收支趋于平衡。从国际关系的角度看，国际货币制度是有关储备货币、汇

89

率和国际收支调节的惯例与规则，是一系列正式的和非正式的制度安排与国际机制。在这个问题上，经济学要解决"应该是什么"的理性问题，而政治学要解决在既定权力结构下"最终什么是"的选择问题。但是无论如何，一个有效且稳定的国际货币体系必须提供清偿能力、信心维持与合理调整的功能。如果说前两个是技术问题，那么后者就是一个政治经济学问题。如果说货币国际标价和结算功能可以建立在双边关系上，那么国际货币制度则是一种典型的多边国际关系。

金本位作为最初的国际货币体系是自由竞争时代唯一可靠、能够得到社会普遍信任和承认的货币形式。但是正如凯恩斯所言，金本位是一种人类不能控制自身货币供给的野蛮制度，而且将交易手段固定在有限的贵金属上显然不能适应经济发展对货币供给的要求。布雷顿森林体系的崩溃说明，即使是变形的金汇兑本位也无法适应现代经济的发展，因此过渡到管理本位是不可逆转的。但是"特里芬两难"会给主导货币国家带来挑战。布雷顿森林体系的崩溃也说明了依靠美国一国的国力来克服"特里芬两难"的局限性，更进一步地讲，"特里芬两难"在后布雷顿森林体系中也并没有得到根本的解决，当前美元本位依然是一种无可奈何的选择。而且由于惯例取代了规则，外部约束下降，在面对衰退冲击的时候，美国可以基于国内经济需要实施宽松的货币政策，而这就损害美元作为国际货币的信誉，从而可能带来国际货币制度的危机。

在全球金融危机的冲击下，美国经济的起起伏伏正在开始动摇维持既有国际货币制度的经济基本面，而问题的核心则在于美国国内政策目标与美元国际责任之间的冲突。

在金融危机以后，美国超常规量化宽松货币政策在对内提供流动性的同时也意味着提供了国际流动性，美元的贬值也就威胁到了美元作为国际货币的价值稳定功能，从而影响对国际货币制度的信心。即使美元的国际货币地位在近期内不会因此被取代，但是美元国债超低的收益率水平也会影响其储备货币的地位。这是因为尽管外汇储备管理的首要原则不是收益率，但是如果实际收益率始终为负，也必然动摇美元作为国际储备货币的地位。至少在此时，以一些币值稳定的大国货币标价的资产就可能成为外汇储备的投资对象，从而在事实上分享美元作为国际储备货币的地位。

三　储备货币的多元化

从 2008 年金融危机以后，国际货币制度改革再次成为一个热点问题，美元的国际货币地位开始受到挑战。欧元超过美元成为国际储备货币的可能性主要取决于两个因素：第一，欧元能够被整个欧盟所接受，从而使其经济规模接近或超过美国的水平；第二，美国的宏观政策威胁了对美元稳定的信心，从而给欧元的崛起提供机会。从金融危机和欧债危机以后的情况看，美元的稳定受到了质疑，但欧元本身也面临挑战。

尽管人民币还没有实现完全可兑换，但是国际货币体系已经开始向人民币和欧元很可能与美元分享国际货币地位的方向转变，而且应该有一个多元化的国际货币制度与多极化的世界经济相适应。一个多元化的国际货币体系固然会分担原本由一个主导货币国家承担的所有矛盾和压力，但是由于"特里芬两难"依然存在，所以在多元化的国际货币制度中可能会出现寡头竞争式的共谋，也可能会出现主导货币国家之间的货币战，最终带来新的问题。

显然，尽管大家都看到了改革现行国际货币制度的必要性，但是多种国际主导货币并存的国际货币制度依然存在问题，更不能解决原有的问题。因此，多个国家的货币国际化和国际货币的多元化不一定能够避免当前国际货币制度的既有问题。

历史经验已经证明，国际货币的更替和国际货币制度的改革不是在短期内就可以完成的。而且尽管当前的美元本位出现了问题，但是从最基本的经济规模因素来看，支持当前国际货币制度的基本面因素还没有发生根本性逆转。美国的衰落还是一个过程，不一定已经到了临界点，学术界也存在有关美国在未来是否持续衰落的不同看法。此外，国际货币制度的变革还涉及权力博弈等国际政治因素。从 IMF 份额改革的进程与全球 GDP 格局的差异中就不难发现，单纯 GDP 指标甚至国际贸易都不是支持国际货币转换的决定性因素。

Swift 数据显示，2022 年 11 月，在主要货币的支付金额排名中，美元、欧元、英镑、日元和人民币分别以 41.38%、36.12%、7.09%、2.54% 和 2.37% 的占比位居前五。也就是说，从实际外汇支付的活跃程度，也就是作为国际结算货币功能来看，欧元已经接近美元。但是从各国外汇储备中实际持有的币种，也就是从作为国际储备货币的功能来看，美元相对欧元还有着相当明显的优势。因此，在未来相当长一段时间内，美元还很可能继续维持其国际货币的地位。

内容提要

包括布雷顿森林体系在内的各种国际金本位制的崩溃已经说明了纸币管理本位的必然性，国际协调机制的建立和完善则是为了适应纸币管理本位的正常运行。在这个过程中，汇率波动越来越频繁，也越来越明显。在当前的国际货币体系中，货币本位已经完全过渡到纸币管理本位，国际货币合作已经成为国际货币制度的重要内容，也更集中地反映在对汇率管理上。作为布雷顿森林体系的自然延续，后布雷顿森林体系不仅没能避免原来的缺陷和不足，甚至进一步失去了原有的约束。尽管最优货币区理论被视为区域货币一体化的理论基础，而区域货币一体化虽然被普遍认为是对国际货币体系的冲击，但是它产生的直接原因却是固定汇率和浮动汇率孰优孰劣的争论。现行国际货币制度的问题昭然若揭，但在现实中却难以解决，不仅暴露了经济学家对现实的不甘和无力，更揭示出理论与现实之间难以弥合的巨大鸿沟。

布雷顿森林体系的崩溃和《牙买加协定》的签署，使当前的国际货币体系义无反顾地走上了浮动汇率的道路。由于允许成员国对汇率安排有广泛的选择，国际货币关系具有很大的弹性。这在弱化了国际货币体系应有的约束性的同时，也威胁到国际货币经贸关系的稳定。在浮动汇率条件下，汇率的决定和调节主要由国际金融市场来完成，国际金融市场已经无可争议地在维持国际货币体系中成为举足轻重的运行机制。由于当前的国际货币制度是以浮动汇率为主，浮动汇率的运行又是以国际金融市场为基础，甚至我们可以说国际金融市场就是当前国际货币制度的主体。

尽管一些中等经济规模或小国货币的国际化可能主要是出于抵御第三方货币汇率风险的考虑，对国际货币体系影响不大，但是其动因从根本上说还是出于对现行国际货币制度的不满。至于具有系统重要性国家货币的国际化，尽管它们也很可能是出于同样的目的，但是由于这些货币的国际化对国际货币制度具有潜在的冲击可能，因而往往更受关注。在未来相当长一段时间内，美元还很可能继续维持其国际货币的地位。

思考题

固定汇率有什么利弊？

浮动汇率有什么利弊？

简述选择汇率制度时应该考虑的有关因素。

简述建立最优货币区的条件。

为什么会出现汇率制度的角点解？

如何看待人民币国际化？

参考文献

约瑟夫·E. 斯蒂格利茨、联合国金融专家委员会成员：《斯蒂格利茨报告：后危机时代的国际货币与金融体系改革》，江舒译，新华出版社，2011。

周小川：《关于改革国际货币体系的思考》，中国人民银行网站，2009 年 3 月 23 日下载。

Alesina, Alberto, Robert J. Barro and Silvana Tenreyro, "Optimal Currency Areas," NBER Working Paper 9072. 2002.

Calvo, G. and Reinhart C., "Fear of Floating," *Quarterly Journal of Economics*, 2002, Vol.117, pp.379-408.

Carmen M. Reinhart and Christoph Trebesch, "The International Monetary Fund: 70 Years of Reinvention," *The Journal of Economic Perspectives*, Winter 2016, Vol. 30, No. 1, pp. 3-28.

Edward, Sebastian and Miguel A. Savastano, "Exchange Rate in Emerging Economies: What Do We Know? What Do We Need to Know?" NBER Working Paper 7228.1999.

Fasih Uddin, "Reforming the International Monetary System," *Policy Perspectives*, July-December 2011, Vol. 8, No. 2, pp. 19-32.

Frankel J. and Rose A., "The Endogeneity of the Optimum Currency Area Criteria," *The Economic Journal*, 1998, Vol.108, pp.1009-1025.

Husain, Aasim, Aska Mody and Kenneth S. Rogoff, "Exchange Rate Regime Durability and Performance in Developing Versus Advanced Economies," NBER Working Paper 10673.2004.

Krugman, P., "Target Zones and Exchange Rate Dynamics," *Quarterly Journal of Economics*, 1991, Vol.106, pp.669-682.

Levy-Yeyati, E. and Sturzenegger, F., "Classifying Exchange Rate Regimes: Deeds vs. Words," *European Economic Review*, 2005, Vol.49, pp.1603-1635.

第二篇
国际金融市场、资本流动与金融危机

第四章　国际金融市场、工具和机构

国际金融是一门古老而又年轻的学科。这一方面是因为国际金融问题与国际贸易和国际投资活动相伴而生，历史久远；另一方面也是因为在布雷顿森林体系后的浮动汇率时代，国际资本流动的迅速发展又给国际金融理论提出了新的挑战。近30年来，对冲基金在国际金融领域呼风唤雨，使资本流动已经成了影响国际金融活动的重要因素，也使以经常项目分析为重点的传统汇率决定和国际收支调节理论逐渐被以资本项目分析为重点的现代汇率决定理论和国际收支调节理论所取代。

本章就是要对国际金融市场的现状及其形成和发展作一个简要的说明。它既是我们理解现代国际金融特征的基础，又是我们理解现代汇率决定和国际收支调节理论的前提。

第一节　国际金融活动的发展

国际金融的发展固然受到国际贸易和国际投资发展的推动，更要具备适当的国内和国际宏观经济环境，包括宽松的货币环境和储蓄的增长、金融自由化和金融工具创新的推动，以及国际金融市场的发展等。

一　战后宏观经济环境的变化

在布雷顿森林体系中，各国的货币发行只有在事实上受到约束，才能保证对美元的固定汇率，而美元发行也因为要维持黄金平价，在理论上也受到约束。但是在实际运行中，只要美元的黄金平价能够保持稳定，不出现黄金挤兑，美元的发行也可以在一定程度上突破黄金的约束。应该说，只要美元的发行能够满足国际经济活动对国际货币的需求，布雷顿森林体系就可以正常运行，而这也正是它相对于古典金本位的优势。当然这也为美元通货膨胀提供了可能性。

在布雷顿森林体系面临解体的时候，美国当时的财政部部长康纳利曾经傲慢地说："美元是我们的货币，但却是你们的问题。"这实际上说明了美元作为主权货币充当国际货币的困境，即美元作为国际货币应该保持币值的稳定。但是在现实中，美元的发行是以美国经济和货币政策的需要作为最终的决定因素。在 20 世纪 50 年代，美国经济仍然可以在世界经济中保持领先的地位，世界各国政府仍然对于持有美元储备具有信心的时候，国际金融秩序就依然能够得以维持。但是到 60 年代，伴随世界主要工业国经济的恢复，加之越南战争造成政府支出迅速上升，美国通货膨胀造成的美元贬值终于给国际货币和国际金融带来了现实的挑战。

石油美元问题的出现，对全球经济和国际金融市场也产生了前所未有的冲击。大量石油美元的涌入，使国际金融市场的可贷资金迅速增加，国际资本流动也随之频繁。由于石油美元大部分是短期资金，金融资产多而生产资本少、借贷期限短而流动性大，使外汇市场、信贷市场和黄金市场波动剧烈，加剧了国际金融市场的动荡。到了 70 年代末，美国的货币主义实践虽然以不惜带来严重经济衰退为代价，有效地抑制了通货膨胀，但是造成了利率的剧烈波动。这不仅引发了全球范围内的债务危机，而且在资本项目自由化的条件下，造成了巨额资本的国际流动，又为国际金融增添了新的研究课题。

面对金融市场的巨大风险，各种避险手段随之出现。从市场运作的角度来看，这些避险手段也不可避免地为投机者提供了新的投机工具，并伴随世界各国的经济形势变动，最终在 90 年代演化出一次次的国际金融动荡。

二　金融创新、互换交易与证券化

通货膨胀在金融领域的直接后果之一就是造成金融市场上利率上扬。在 20 世纪六七十年代，由于 Q 条例[①]限制了银行活期存款的利率上限，投资者发现直接购买国库券和企业债券会有比银行存款更高的收益，这不仅造成银行资金大量流失，而且直接影响到货币创造过程，削弱了中央银行控制货币发行的效力，形成了所谓"脱媒危机"。

"脱媒危机"的直接后果就是加剧了金融机构之间为争夺资金来源、扩

---

①　根据 30 年代大危机的经验，为了稳定金融秩序，加强银行系统的稳健性，防止银行通过利率竞争导致危机，美国开始规定银行利率最高限。这条规定在 1933 年银行法中是第 Q 项，故通称 Q 条例。

大业务范围和改进经营手段而展开的竞争，形成了规避管制的金融创新。这些创新的共同特点是为了规避管制而巧立名目，打破以往储蓄、存款、保险、证券和信托投资之间的专业分工，以便规避 Q 条例的限制。在金融工具创新的冲击下，各国政府先后放松了对金融机构和金融过程的各种管制，这其中主要包括对金融机构分业管理的限制和对金融机构从事国际银行业务的限制，使金融自由化成为各国金融发展的主旋律。因此，通货膨胀以及由此产生的金融创新和金融自由化，对金融市场结构和运行产生了极大的影响，并且与《牙买加协定》以后的浮动汇率制度一起对国际金融产生了深远的影响。

在宏观经济环境变化以后，金融管制的因素使金融机构不能及时地相应调整经营业务，迫使它们进行金融工具创新，以便绕开管制，在新的环境中寻求发展。但是与此同时，随着技术的进步，为了在新的形势下进一步提高经营效率，金融机构也不断地进行技术创新和经营创新。金融过程的电子计算机化、互换交易和资产证券化作为由外部技术进步推动和金融机构在经营方面的自身改进，都促成了金融创新[①]。

20 世纪 70 年代以后，计算机在金融市场的应用迅速普及，特别是 90 年代以后有了网络技术的助力，一方面使金融市场的效率得到极大提高；另一方面，程序化交易的应用也加剧了市场波动。在美国股票市场上，从 1987 年的股灾到 2020 年的四次熔断，这些问题始终存在，加剧了金融市场的风险。

金融中介资产证券化则是证券发行不是以企业自身直接的预期赢利为支撑，而是靠发行人持有特定资产（如银行贷款或企业资产）的未来现金收入流为支撑。作为一种金融创新，资产证券化能够使发行人加速资金周转，提高资金使用效率，但是各种增信技术和资金池组合也模糊了基础资产与盈利和资信的对应关系，从而增加了潜在的投资风险。

所谓互换交易是指当事人双方同意在预定的时间内交换一连串的金融活动。这种交易在 80 年代以前通常是非公开进行的，但是当 1981 年 8 月世界银行和 IBM 公司签订美元固定利率债务和瑞士法郎、联邦德国马克固定利率债务的互换合同时，国际金融界为之震惊。由于开了互换交易的先河，互换交易即以惊人的速度迅速扩展。

---

①　至此，我们可以从规避管制角度和技术进步角度来定义两类不同的金融创新。

互换交易可以分为很多种，但是大体上可以分为 5 种主要类型，即同种货币固定利率与浮动利率之间的互换，同种货币浮动利率与浮动利率之间的互换，交叉货币固定利率与固定利率之间的互换，交叉货币固定利率与浮动利率之间的互换以及交叉货币浮动利率与浮动利率之间的互换。互换交易的目的是避免中长期外汇风险，或转换为外汇风险较小的货币，或者将浮动汇率转换为固定利率，还可以争取比传统融资方式更低的费用，也能克服资本市场上的一些融资障碍，如发行债券的排队制度，对举债规模和次数的限制，许可标准等；还能利用原有债务免除新发债券的财务报告，注册、申报、登记等手续。

毫无疑问，互换交易促进了国际融资的发展，规避了利率和汇率风险，减轻了公司和企业的融资成本。互换交易，使过去有些因为融资困难的项目能够得到资金支持。当然，互换交易也存在当事方违约的信用风险、政府进行外汇管制的国家风险、敞开的头寸市场风险以及交易双方收支不对称的风险等。事实上，互换交易在一定程度上蒙蔽了投资者对投资项目的了解，从而加剧了投资风险。很多互换交易是私下进行的，又使金融过程的透明度进一步下降、风险进一步增加。

➡ 互换交易

案例 1：同种货币固定利率与浮动利率之间的互换

甲公司的资信等级高于乙公司，并且在融资方面具有绝对成本优势，但是甲公司在固定利率市场上具有更大的优势。换言之，甲公司在固定利率方面具有比较优势，直接筹措固定利率资金成本和浮动利率资金成本分别为 11.5% 和 LIBOR+0.25%，而乙公司在浮动利率市场上具有比较优势，直接筹措固定利率资金成本和浮动利率资金成本分别为 13% 和 LIBOR+0.5%。现在我们假定甲公司需要一笔浮动利率贷款，乙公司需要一笔固定利率贷款。为了降低资金成本，甲乙两公司分别利用自己在融资方面的相对成本优势进行互换交易。即先由甲公司为乙公司筹措固定利率资金，成本为 11.5%，同时乙公司为甲公司筹措浮动利率资金，成本为 LIBOR+0.5%，然后双方进行互换。显然，为了使互换交易对双方都有意义，甲公司为获得浮动利率资金愿意支付的成本应该在 LIBOR+0.25% 以下，乙公司为获得固定利率资金愿意支付的成本应该在 13% 以下。如果经过谈判，甲公司以 12% 的利率向乙公司交换筹措固定利率资金，同时，乙公司以 LIBOR 的利率向甲公司交换筹措浮动利率资金。这样，在经过互换交易以后，甲公司实际的融资成本就等于 11.5%+LIBOR-12%=LIBOR-0.5%，乙公司最后的实际融资成本就等于 LIBOR+0.5%+12%-LIBOR=12.5%。与甲乙两公司各自直接筹措资金相比，都节约了 0.5% 的利率支出。不难看出，这种互换交易的原理与相对贸易优势的国际贸易理论有些相似。

案例 2：交叉货币固定利率与固定利率之间的互换

甲公司在 A 国的债务信用等级为 A 级，而在 B 国的债务信用等级为 AAA 级，乙公司在 A 国的债务信用等级为 AAA 级，而在 B 国的债务信用等级为 A 级。现在，甲公司需要在 A 国融资，而乙公司需要在 B 国融资。为了顺利完成融资，并降低融资成本，甲乙两公司就可以利用交叉货币互换。具体做法是先由甲乙两公司分别利用自己的融资优势在 B 国和 A 国为对方募集固定利率债券，然后进行互换交易，即甲公司支付乙公司 A 国货币利息并在到期日归还 A 国债券本金，乙公司支付甲公司 B 国货币利息并在到期日归还 B 国债券本金。

国际金融活动是建立在各国金融活动基础上的，这就使国际金融活动与各国国内金融活动之间存在密切的关系。在国际金融自由化、全球化、一体化和国际化的环境中，国内金融与国际金融的联系在每一次的金融动荡中都会得到充分的体现。

三　离岸金融市场的发展

国际金融市场是居民与非居民之间，或者非居民与非居民之间进行国际性金融业务活动的机制。具体地说，居民与非居民之间的国际金融交易属于外部金融市场；非居民与非居民之间的国际金融交易属于离岸金融市场。或者说，外部金融市场实际上就是向外国投资者开放的国内市场，而离岸金融市场基本不受东道国法律的约束，而且绝大部分只允许非居民与非居民之间进行金融交易。"岸"在此并非实际的国界范围，而是仅指东道国的法律适用界限。

离岸金融市场的建立实际上在很大程度上将国内金融市场和国际金融市场分割开。这在实行较严格金融管制的经济体中表现得最明显，而在金融开放程度较大的经济体中，外部市场和离岸市场又可能合二为一，即本国居民也可以参加离岸业务，同时还不受本国法律的约束。在各国普遍放松了原有的金融管制的条件下，国内金融市场的不断开放，外部金融市场范围的不断扩大，不仅使国内和国际金融市场上原有的专业分工更加模糊，金融市场同质化趋势愈加明显，各国国内的经济和金融的发展与变化也会很快反映到国际金融市场上来。

在战后初期刚刚进入布雷顿森林体系，美元开始充当国际货币时，全球范围内广泛存在"美元荒"。到了 50 年代中期，随着欧洲经济逐渐恢复，经常项目自由兑换，国际金融市场也随之得到繁荣和发展。美元作为全球主导货币使美国的金融市场变成国际市场，而欧洲的国际金融市场也就变成以欧洲美元为主的离岸金融市场。

所谓欧洲美元是指被存放在欧洲银行的美元存款和信贷，此后则泛指在美国境外银行（包括美国银行在国外的分支机构）的美元存款或美元贷款。只是由于这种境外存放和借贷美元的业务始于欧洲，所以习惯上称为欧洲美元，相应的金融市场也被称为欧洲货币市场。欧洲货币市场最初只经营欧洲美元，后来出现了欧洲英镑、欧洲马克、欧洲法郎甚至欧洲日元等。从地理分布上看，欧洲货币市场又扩展到美国、加拿大、东京、新加坡、中国香港和马尼拉等地[①]，但一度依然沿用了欧洲货币和欧洲货币市场的概念，因此已经超越地理概念，而成为离岸货币和离岸金融市场的同义语。

与各国银行在国内面临的管制环境相比，作为一种国际性金融市场，离岸市场的优势主要表现在交易不受各国政府的监督和干预，银行经营的离岸业务一般不受所在国中央银行的监管、没有储备要求、不用缴纳存款保险从

---

① 在这个意义上，欧洲货币市场也包括后来出现的亚洲货币市场。所谓亚洲货币市场就是指亚太地区的银行用境外货币进行金融活动而形成的市场。与亚洲货币市场可以被称为欧洲货币市场一样，在亚洲货币市场上经营的亚洲美元实际上也可以被称为欧洲美元。

而可以降低经营成本、没有利率限制、没有诸如对金融机构地理分布和业务范围等影响竞争能力的限制。这些优势使离岸金融市场具有更强的竞争力，所以一经产生就迅速发展起来了。

 离岸金融的起源

　　欧洲美元的产生最早可以追溯到 20 世纪 50 年代初期。当时，由于美国政府在朝鲜战争期间冻结了中国存放在美国银行的资金，苏联和东欧国家为了避免在美国的资产也被冻结，就将出口原材料换取的美元存款从美国转存到苏联在巴黎开设的北欧商业银行、在伦敦开设的莫斯科国民银行以及在伦敦和其他欧洲国家的商业银行。苏联和东欧国家将美元存款存入其他欧洲国家商业银行的另一个原因则是希望能从这些银行获得无法从美国直接得到的美元贷款。这样，最初的欧洲美元也就产生了。

　　不久以后发生的一系列事件又进一步促成了欧洲美元市场的发展。

　　（1）由于 1956 年的苏伊士运河危机使英镑疲软，英国政府在 1957 年对在第三国的贸易中使用的英镑实行限制。为了维持当时英国在世界贸易融资中的地位，在英格兰银行的鼓励下，英国银行对国际贸易贷款开始倾向于使用美元。

　　（2）1958 年底，许多欧洲国家开始放松了对外汇的管制，恢复了货币可兑换性。这样，欧洲银行就可以持有美元存款，不再需要先通过中央银行把美元兑换成本国货币，使投资者可以自由地转移资金，并为借款者和贷款者提供了更多的选择余地，从而促进了境外美元业务，在当时主要是欧洲美元存放业务的发展。

　　（3）1958 年以后，美国国际收支经常项目逆差急剧增加，为此，美国实施了一系列的管制措施来限制资本外流：1964 年 7 月签署，追溯到 1963 年 7 月实行的利息平衡税，规定美国人购买外国证券要缴纳 0.79%~11.25% 的税收，这就使外国借款人在美国发行证券筹资的渠道受到限制，只得转向欧洲货币市场和刚刚出现的欧洲证券市场进行融资；1965 年，美国又实行对外直接投资自愿限制计划，并于 1968 年改为强制限制计划，迫使美国跨国公司在海外为其子公司融资；美联储实行的对外贷款限制计划也使包括美国海外子公司在内的外国借款者难以从美国借到中期资金，只好也转向欧洲货币市场。

（4）在美国 20 世纪 60 年代通货膨胀加剧的情况下，Q 条例成了美国银行与资本市场竞争的主要障碍。这时，欧洲美元市场就成了美国银行逃避管制的一条途径。由于 Q 条例不适用于外国人，如果议价，美国银行先把美元存放在其海外分行，然后再将存款转存国内，就可以避开 Q 条例的限制。

作为一种金融创新，离岸金融无疑大大推动了国际金融的发展，但是也大大增加了货币发行国政府进行宏观经济调控的难度。本币在境外市场上的使用，使对本币的需求更难把握和预测，国际金融市场风险与国内金融市场风险叠加在一起，实体经济因素和金融因素叠加在一起，货币需求和供给、价格、汇率、通货膨胀和国际收支问题等内部经济平衡和外部经济变量混合在一起，使国际金融领域的监管出现了一系列全新挑战。

四　国际金融发展的特征

布雷顿森林体系崩溃以后，尽管国际金融发展也有波折和反复，但是从长期来看，还是得到充分的发展，有效促进了世界经济增长和繁荣，也体现出一些明显的趋势。

1. 金融自由化

以金融工具创新和解除金融管制为代表的金融自由化大大增加了相关国家金融机构的国际竞争力，迫使其他国家也随之接受挑战，纷纷引进新的金融工具，以便适应新的国际环境。事实上，没有国内金融工具创新的出现及其在国际金融市场的使用，没有各国政府解除国内和国际金融活动的各种管制措施，现代国际金融的发展是无法想象的。在 2008 年国际金融危机以后，加强金融监管也成为共识，但是总体而言，解除管制依然是现代国际金融发展的基础。

2. 金融国际化

离岸金融市场的发展是战后金融国际化的典型特点，使国际融资活动转移到不受政府管制的国际市场上。因此，金融国际化本身也是金融自由化的表现形式。各国纷纷解除了对国际银行业务和资本国际流动的限制，方便了各国之间的跨境金融活动，也可以说，金融自由化推动了金融国际化的发展。

3. 金融全球化

金融自由化引发的金融国际化的发展，在现代计算机网络技术发展的推动下，使金融全球化又成了一种必然发展结果。现代通信、计算机交易和互联网的应用，几乎可以使全球每一个角落的投资者都可以在任何时点上方便地接入国际金融市场，信息传递作为金融全球化的主要障碍已经被消除，全球的金融市场也相互连接。例如，在国际黄金市场上，纽约市场的交易时间结束以后，东京市场的交易时间又随之开始，而在东京市场的交易结束后，欧洲市场又开始交易。结果国际资本可以一天24小时在全球流动，任何时间上出现的突发事件都可以迅速在市场价格中得到反映，从而避免市场的波动，提高市场的定价效率。

4. 国际金融一体化

金融国际化是国际金融自由化的一个具体表现，也是金融全球化的一个结果。如果我们脱离了自由化来谈国际化，就不可能理解国际化的真正含义。从文字上说，国际金融国际化似乎是一种没有任何意义的语义重复，但是金融国际化已经远远不是融资活动超越国界的范围和国内金融过程融入国际金融的含义。金融自由化和金融国际化结合在一起，其结果就不可避免地酝酿了国际金融的一体化。国际金融一体化不仅是金融自由化和国际化的结果，更是金融国际化的具体表现。

国际金融一体化意味着全球金融资源在对各国投资的风险进行调整以后，资金可以在全球范围内流向有效收益最高的地方。因此，作为国际金融一体化的标志，资本套利将使同种金融产品在不同国家和不同地区的有效收益完全相同。这在股票市场估值方面表现得最典型，而且对股票风险溢价的评估也成为衡量全球股票市场一体化程度的测度。

5. 金融证券化

金融证券化是指借款人与贷款人之间日益通过直接融资来完成金融活

动，而不是通过银行中介实现资金的转移和借贷。对于企业来讲，由于政府对银行体系的严格管制，通过资本市场发行债券、股票和商业票据进行直接融资，往往能够以较为优惠和自由的条件获得资金。信息技术的发展和监管要求的变化也使投资者更容易获得企业的经营和资信信息，各种专业投资基金的出现更是推动了直接融资的发展，国际证券市场运作效率的提高使国际融资活动中的证券化趋势日益明显。

金融证券化提高了资本流动性，进一步推动了金融国际化和国际金融一体化。在这个意义上，金融证券化是在金融自由化条件下形成现代国际金融运行所有特征和趋势的一个关键因素。金融自由化是现代国际金融发展的前提，金融国际化是金融自由化的一个具体表现，而金融证券化为现代国际金融的发展提供了一种与上述趋势相适应，并能充分满足国际金融市场自由发展和流动性需求的金融工具，从而最终使国际金融走向全球化和一体化。

第二节　国际金融市场和金融工具

在《牙买加协定》以后的浮动汇率体制下，国际金融环境发生了巨大变化，国际资本流动迅速增长。对国际货币体系和汇率变动的研究不得不因此更多地考虑到国际金融市场和国际资本流动的影响。

国际金融市场可以是一种有形市场，也可以是一种无形市场。从地理分布上看，国际金融市场主要存在于伦敦、纽约、东京、法兰克福、巴黎、苏黎世、卢森堡、香港和新加坡等。2022年，全球五大外汇交易中心分别为伦敦、纽约、新加坡、香港、东京，外汇交易份额分别为 38.1%、19.4%、9.4%、7.1% 和 4.4%。这五大中心占据了全球近 80% 的外汇交易，且这一占比呈现持续上涨的趋势。

毫无疑问，国际金融市场的发展离不开国内金融市场发展的支持，因此，世界上国际金融市场的形成大多是自然演进型的，也就是以东道国经济和贸易发展为依托，由国内金融市场逐渐演化而来的。当然，一个国家要成为国际金融市场所在地，还必须具有稳定的政治和经济环境来保证投资者的利益；经济规模较大，金融体系发达，能够抵御外来冲击；金融管制较少，实行自由外汇制度，以及拥有现代化的交通、通信、人才和地理优势。

顾名思义，国际金融市场就是国际融资市场。狭义的国际金融市场仅指国际长短期资金的借贷市场，广义的国际金融市场则指在国际进行资金融通、证券买卖以及有关金融业务的交易，包括货币市场、外汇市场、证券市场、黄金市场、金融期货和期权市场等。

国际货币市场也称为短期资金市场，主要是指融资期限在1年以内的资金交易，其中既包括有形市场，也包括无形市场。货币市场一般具有如下特点：借贷期限短，流动性强，短不过半天，长不过1年；交易的目的主要是解决短期资金周转的需要。因此，货币市场上使用的金融工具一般具有较强的货币性。货币市场可以细分为银行同业拆放市场、银行短期借贷市场、票据市场、短期债券市场和大额可转让存单市场等。货币市场的主要金融工具包括国库券、商业票据、银行承兑汇票和大额可转让存单。

国际外汇市场一般是指本国货币与外国货币相互兑换的交易场所，也包括任何两种或两种以上货币的相互兑换，如外国货币与另外一种外国货币的兑换。外汇市场大多是无形市场，既没有一定的固定场所，也没有开盘和收盘时间，而是通过各种金融终端形成网络市场。按照BIS的分类，全球外汇交易可以分成五大类：掉期、即期、远期、货币互换、外汇期权及其他。从外汇的功能来看，最基础的是即期交易。掉期的市场份额近年来呈不断增加趋势，既反映了交易者对掉期交易的偏好，也反映了市场不稳定性在加深。在2022年的外汇市场交易中，掉期交易的占比最大，达到51%；其次是即期交易，占比28%；然后是远期交易，占比15%，另外两项合计占比6%。

国际证券市场是长期资本市场，主要包括股票市场和债券市场两种。与其他国际金融市场不同，它一般从属于国内证券市场。它可以是有形的市场，如证券交易所，也可能是无形的市场，如柜台交易市场（又称场外交易市场）。国际证券市场的交易主体包括政府、金融机构、券商、公司、企业以及居民个人等。与外汇市场一样，除了投资者以外，投机者的参与也是国际证券市场中的一个组成部分。

国际黄金市场是指集中进行国际黄金交易的场所。在国际货币体系已经彻底脱离金本位制以后，黄金仍然占有极其重要的地位，不仅可以充当最后支付手段和价值储藏手段，同时还是工业生产和珍贵艺术品的重要原料。因此，国际黄金交易也具有两重性：作为商品来交易的国际贸易性质和作为一种国际货币交易的国际金融性质。正是从后一种角度来看，国际黄金市场是国际金融市场的一个重要组成部分。

国际金融市场是包括金融期货和金融期权在内的衍生品金融工具的交易市场，一般可以分为外汇期货和外汇期权、利率期货和利率期权、股指期货和股指期权等。期权交易作为一种规避国际金融风险的手段是从期货交易中衍生出来的，对国际金融市场的运行产生了重大影响，甚至成为新的风险点并成为金融监管的重点。

金融期货交易是一种依据法律合约进行的交易，是一种根据买卖双方认可的价格，买进或卖出一定标准数量的某种金融工具或货币，在未来某一特定日期交割的、可转让的、具有法律约束的、统一的标准化协议。金融期货合约主要是用于避险交易，但是其合约的标准化性质也更方便投机交易。所以，绝大多数期货合约在到期前就通过对冲，即先买后卖或先卖后买的方式来了结履行合约的义务，真正进行交割的合约仅占总成交额的极小部分。因此，金融期货在极大程度上已经成为一种投机工具。

如果我们仅就外汇期货交易和远期外汇交易做一个比较，也不难看出二者的明显差别。

从交易合约看，外汇期货是一种标准化的合约，每一单合约交易的是标准数量的外汇，而远期外汇交易合约则没有固定格式，合约细则由交易双方共同商定，也不一定是标准数量；从市场形式看，外汇期货是在有形的期货交易所中通过公开喊价的方式进行，而远期外汇市场则是在银行同业之间、银行与经纪人之间和银行与客户之间通过电讯手段进行交易的无形市场；从交易规则看，期货交易采用保证金制度，每天交易以后都要进行清算，盈余可以随时提走，亏损必须马上补足，而远期交易只在到期交割时进行清算；从交易机构看，期货交易一般在交易所设有清算机构，银行、金融机构、公司、政府和个人都可以通过在期货交易所中有会员身份的经纪行买卖合约，所以不必考虑交易双方的信用是否可靠，而在远期外汇市场上，由于没有中介机构保障，风险较高，必须考虑交易方的信用，所以，参加者大多数是专业化的经纪人，与银行有密切关系，还有信用良好的企业和经营外汇业务的银行。由此，我们也不难理解为什么远期外汇交易是一种为实际交易提供避险的手段，而期货虽然也可以用于避险，但主要变成一种国际金融中的投机工具。

国际金融期货市场上常见的金融期货主要有3种。①外汇期货。通过在期货交易所公开喊价买卖期货合约，承诺在未来某一特定日期以协议价格交割某种有标准数量的外汇。其本意应该是避免汇率风险。②利率期货。也是在期货交易所中通过公开喊价买卖期货合约，承诺在未来某一特定日期以协议价格交割标准数量的特定金融工具，如国库券、欧洲美元、大额可转让存单和中长期债券等的活动。其本意也应该是为了避免金融活动中的利率风险。③股票价格指数期货。也是在期货交易所中通过公开喊价的方式买卖期货合约，承诺在未来某一特定日期以协议价格买入或出售某种股票指数期货合约。合约价格的涨落幅度以股票价格指数为准，而且实际交割的并不是股票而是现金。由于股票本身是一种可以用于领取公司红利的所有权凭证，还属于一种金融和投资工具，股票价格指数仅仅反映的是股票市场价格的波动，与实际投资和金融行为关系很小，所以股票价格指数期货作为一种衍生性金融工具，实际上就是一种投机性很强，或者说是一种纯粹的投机工具，与实际公司融资过程或企业经营中的避险无关。从理论上说，黄金期货交易也应该属于一种金融期货。但是由于黄金交易具有商品和金融两重性，在黄金非货币化趋势日益明显的情况下，人们一般将黄金期货归入商品期货的范围。

仅就期货市场的避险功能来说，不论是何种金融期货交易，都有一个共同特点，就是对于以避险为目的的期货合约持有者来说，合约期满常常需要全额交割才是有意义的。而对于投机者来说，博取的就是差价，常常不需要全额交割，只交割差价即可，所以才出现了杠杆交易。

如果期货交易者看到进行实际交割已经不利，能否创造另一种办法使他避免损失呢？于是，期权交易应运而生。金融期权作为期货交易的一种发展，其本意也是为了方便企业避险的需要，但是期权交易由于自身的特点，从其诞生之日起，就被市场投机者所利用，主要成为一种投机工具。

期权交易又称选择权交易，是期货交易发展的一种产物，实际上是一种在到期日执行或不执行合约买卖权利的交易行为。因此，对于期权合约的持有者来说，金融期权只是一种权利，即在一定时间内以一定价格购买或出售一定数量金融产品的权利，而不是一种义务。期权合约的持有者可以实施、转让或放弃这种权利。当然，为了获得这种权利，期权购买者要向期权出售者支付一定的期权费。对于期权的卖方来说，也就承担了到期或到期前服从买方选择的权利。

期权交易可以分为看涨期权和看跌期权，还有一种双向期权，即期权购买者在同一时间内既购买了看涨期权，又购买了看跌期权。期权交易还可以分为现货期权和期货期权。前者是指期权的买方有权在期权满期日或在此之前，以协议价格购买或卖出一定数量的金融商品。期货期权是指期权的买方有权在满期日或在此之前，以协议价格购买或卖出一定数量的金融期货合约。期货期权的基础是金融期货合约，因此，期货期权合约实施时要求交易的不是期货合约所代表的金融商品，而是期货合约本身。与期权交易一样，期货期权行使权利时也很少交割期货合约，一般都是进行清算而已。期权交易大致有外汇期权、外汇期货期权、利率期权、利率期货期权、股票期权、股票价格指数期货期权和股票价格指数期权几种。此外，期权还可以分为美国式期权和欧洲式期权。前者是指在满期日以前的任何时候都可以行使权利的期权，后者则将行使权利的日期限定在满期日。与期货合约相比，由于期权是单方面的合约，买方只有权利而没有义务，卖方却只有义务而没有权利，期权费就是亏损极限，所以期权买方无须缴纳保证金，而期货由于风险是敞口的，买方必须在交易所开设保证金账户并每日结算，盈余可取、亏损必补。

总之，在国际金融形势日趋复杂多变的情况下，作为一种衍生性金融工具，借助交易制度规范化和法律化的保证、完善的保证金制度以及有效的清算制度，期货和期权交易得到了快速发展。小比例保证金制度虽然可以满足期货和期权交易的要求，减少了企业在避险方面的资金占用，但也使这种具有极大投机性的衍生性金融工具获得超常的发展，大大增加了国际金融活动中的泡沫因素，提高了国际金融活动的风险，危及国际金融秩序和国际货币秩序的稳定。从 90 年代以来的一系列国际金融危机，特别是从 2008 年的国际金融危机中都可以看到期货和期权交易在推波助澜。在这个意义上说，金融期货和期权交易已经走向了它的反面。

第三节　国际金融机构与监管

从现代国际金融发展的趋势以及金融工具的演变过程中不难看出，创新的同时蕴含的巨大风险，而且更严重的是监管却在自由化浪潮的冲击下长期缺位，市场的投机性不断强化。国际金融中汇率和利率的不稳定性，不仅增加了套利、避险和投机的必要性与可能性，也带动了衍生性金融工具的繁荣交易，而衍生品市场的优势决定了外汇衍生交易量远大于外汇现货交易量。总之，国际资本流动趋于短期化并充满易变性，已经成为威胁世界各国宏观经济稳定和国际金融秩序稳定的主要因素。

应该承认，没有投机者的适度参与，金融市场交易量就会下降，就可能弱化价格的发现功能、降低定价效率。但问题是在金融自由化不断强化和国际游资不断增加的条件下，衍生性金融市场中的绝大部分交易都是投机性的，且呈现越来越明显的过度投机状态。2022 年全球贸易额大约为 32 万亿美元，而同年全球外汇市场的日均成交额就达到 7.5 万亿美元，也就是说，4 天的外汇交易额就接近全年的贸易额。由于外汇交易已经远远超过真实交易的需求，因此套利交易和由此引起的避险交易成为外汇交易的主体。过度投机使国际金融市场的交易大大超越为市场运行的需要而危及全球金融稳定。从 1992 年的英镑危机、1994 年的墨西哥金融危机，到 1997 年的东南亚金融危机，再到 2008年的国际金融危机，投机已经给国际金融市场造成了多次危机。

由于金融机构特别是银行体系的稳定对于金融稳定具有重大意义，所以最早的国际金融监管也是从银行开始的。1974 年联邦德国的赫斯塔特银行和美国的富兰克林银行相继倒闭引起了国际货币市场、信贷市场的剧烈动荡。为了增强银行体系稳定性、消除国际银行之间的不公平竞争以及加强银行监管的国际合作，最初由美国、英国、法国、联邦德国、意大利、日本、荷兰、比利时、加拿大、瑞典、瑞士及卢森堡等 12 个国家的中央银行代表在国际清算银行的推动下，成立了巴塞尔委员会，随后发布了一系列政策规则和监管标准。

当时，在国际银行的发展中有两个问题越来越引起人们的重视。①以扩大资产规模为重点的国际银行发展战略增加了资金运营的风险；②各国银行的经营思想和经营策略不同以及经营环境的差异，造成它们在安全性和流动性方面的认知与经营标准差距较大，银行之间的不公平竞争日趋严重。1988年，巴塞尔委员会发布了《统一资本计量和资本标准的国际协议》（即后来所称的《巴塞尔协议 I》），确立了基于风险加权资产与最低资本比率的资本监管标准，并成为加强国际金融统一监督和管理的一个划时代文件，对各国银行业务的发展具有深远的影响。

《巴塞尔协议Ⅰ》的目的在于通过制订银行资本与资产的比例，确定统一的计算方法和标准，促使银行增加安全系数，以达到强化国际银行体系的健康和稳固的目标，同时规定统一的国际监督标准，也有助于消除各国银行之间在国际金融市场上的不平等竞争。首先，银行资本是银行实力的标志，但资金规模大常常也会造成经营风险大，一旦出现问题给市场带来的冲击也大。如果资本分类和定义不严格，随意划定资本范围就会孕育金融风险。因此，《巴塞尔协议Ⅰ》中对银行资本作出统一明确的分类和定义是实现有效监管的前提和基础，也是十分重要的基础性工作。其次，对银行资产的监管更是至关重要的，直接关系到银行自身的经营风险。为了评估银行资本是不是合理，巴塞尔委员会将银行资本与各种不同的资产（包括资产负债表上表内及表外有关项目）挂钩，并按相关风险种类来加权，作为估算银行资本充足比率的基础。为此，巴塞尔委员会对各种银行资产规定了详尽而极其严格甚至颇为苛刻的资产风险加权计算方法和风险系数，以利于各国银行能够按统一的国际标准谨慎地评估自身经营风险。

《巴塞尔协议Ⅰ》实际上回答了下列3个问题：银行面临的风险是什么？应该如何看待和区分风险资本？应该在风险资本和标准资本之间建立一个什么样的比例？为此，《巴塞尔协议Ⅰ》首先阐明了银行资本的统一定义，然后给出了一个关于资本充足率的最低标准，即银行合格资本对其业务活动中潜在的风险资产的最低可接受的比例。

《巴塞尔协议Ⅰ》首先将银行资本分为两类。一类是核心资本（也称一级资本），它的价值相对稳定，包括普通股、非积累性优先股和公开储备，是银行资本的重要组成部分。另一类是附属资本（也称二级资本），包括未公开储备（主要是部分税后保留利润）[1]、重估储备（指不动产和证券的市场溢价）、普通准备金和普通呆账准备金、可转换的债券或优先股等资本工具和长期次级债务（最初固定期限大于5年的无抵押借入资本和有限制的购回优先股等）。

在核定银行资本时，还要扣除商誉，以及对不合并列账的银行和财务附属公司的投资以及对其他银行和金融机构的投资。在计算银行资本充足率时，

---

① 1991年初，巴塞尔委员会经过重新审议，把附属资本中的"未公开储备"归入核心资本。

实际上还需要使用风险加权方法，计算资本／加权风险资产比率，可以更准确地反映表外资产的风险。这样，资本充足率 CAR 就等于：

$$CAR=\frac{TC}{RWA_{BS}+RWA_{OBS}}$$

其中：总资本 $TC=CC+SC$，即核心资本与附属资本之和。表内风险资产加权总和 $RWA_{BS}=\sum(A\times RW)$，$A$ 是表内资产账面价值，RW 是与之相对应的风险系数[①]。表外风险资产加权总和 $RWA_{OBS}=\sum(OBS\times CCF\times RW)$，$OBS$ 为表外合约或本金额，CCF 是与之相对应的信用换算系数。

《巴塞尔协议Ⅰ》将资本对风险加权资产的最低目标标准比率定为 8%，其中，核心资本要占总资本的 50% 以上。

《巴塞尔协议Ⅰ》可以被称为一项真正的国际银行公约。虽然巴塞尔委员会颁布的有关协议不具有国际法的性质，但是它通过市场力量来保证实施的途径在现实中证明是相当有效的。如果一家银行没有达到资本充足率的标准，那么由于信用程度和安全性的原因，就很有可能受到竞争对手甚至合作者的歧视性待遇，从而使它难以获得客户的信任而拓展业务。各国中央银行对国内商业银行加强监管也采纳了《巴塞尔协议Ⅰ》的资本充足率标准，使《巴塞尔协议Ⅰ》的影响大大扩大了，并且随着金融创新的不断发展，得到了持续的补充和完善。

1995 年巴塞尔委员会规定了银行和证券公司有关衍生性金融工具交易信息披露的有关要求以及对金融集团监管的要求；1996 年提出了资本协议市场风险的修订案和资本协议与远期外汇交易多边交割的修订案以及对国际银行业务监管的 29 条建议；1997 年又提出设立 12 条评价银行管理风险有效性的原则和 25 条银行业有效监管的核心原则。

在金融创新步伐加快、金融产品日趋复杂的背景下，简单化的风险权重

---

① 在《巴塞尔协议Ⅰ》中，银行资产的风险权重设定为五个档次，依次为 0%、10%、20%、50% 和 100%。风险权重设定依据资产性质、类别，例如，对于低信用风险的资产，如现金，对中央政府、中央银行以本国货币计价的债权等适用 0% 的风险权重；对于有完全资产抵押担保的住宅贷款适用 50% 的风险权重；对私人部门的债权、非 OECD 国家银行的长期债权、非 OECD 国家的中央政府债权、固定资产和不动产投资等的风险权重规定为 100%。

计量框架很难适应新的市场环境，而东南亚金融危机以及安然财务丑闻等风险事件更促使巴塞尔委员会加紧设计新的资本监管框架。

2004 年巴塞尔委员会颁布《统一资本计量和资本标准的国际协议：修订框架》，即《巴塞尔协议Ⅱ》。该协议确立了三大支柱。第一支柱是规定最低资本要求：沿用《巴塞尔协议Ⅰ》关于资本充足率达 8% 的要求，规定二级资本不超过一级资本的 100%；由于《巴塞尔协议Ⅱ》为风险的计量提供了灵活多样的方案，因此也要求银行根据所面临的风险配置相应的资本金，以提高资本对于风险的敏感程度，维护银行的稳健经营，这也是对于全面风险管理理念的落实。第二支柱是监管督查：监管督查的目的不仅在于保证银行持有充分的资本以应对其业务中可能产生的各类风险，也在于激励银行自身开发和应用更好的风险管理技术以监控和管理各类风险，强化监管机构职责，强化银行自身在内部资本评估、确定资本目标时所应承担的责任，从而对第一支柱形成有效补充。第三支柱则是市场纪律：通过强化相关信息的披露，使市场参与者可以对银行机构的风险暴露、内部风险控制、资本状况以及资本充足程度进行评估，从而形成对银行机构的有效约束。

与《巴塞尔协议Ⅰ》相比，《巴塞尔协议Ⅱ》的重大改进主要体现在以下几点。第一，将操作风险纳入最低资本要求的考核中，并对如何计量操作风险提供了三种方法：基础指标法、标准法和高级测算法（AMA）。第二，对于信用风险的计量，在标准法的基础上增加了内部评级法，包括基础法（F-IRB）和高级法（A-IRB）两种。在标准法下计量信用风险时，《巴塞尔协议Ⅱ》也允许银行利用外部信用评级机构的信用评级数据。第三，允许银行利用自己的内部模型法对市场风险进行评估，例如，可以应用在险价值模型（Value at-Risk Models, VAR）根据每日市场价值数据的变化，计量市场风险，以确定相应的资本要求。

2008 年国际金融危机爆发，国际银行业监管体系诸多漏洞暴露无遗，《巴塞尔协议Ⅲ》也逐渐成形。主要变化如下。第一，提出了更严格的资本金要求，将核心一级资本（普通股和利润留存）充足率由 2% 提高到 4.5%；核心资本充足率由 4% 提高到 6%；包含附属资本在内的资本充足率维持在 8%。第二，引入 2.5% 的资本留存缓冲，由扣除递延税项及其他项目后的普通股权益组成，以防止一些银行在资本头寸恶化时也肆意发放奖金和高红利。第三，提出了逆周期监管的缓冲资本要求，以根据对经济周期的判断以及对单个银行运行状况的评估，要求商业银行增持缓冲资本，规模为风险资本的0%~2.5%，全部需要以核心一级资本形式持有。第四，加强流动性监管，设立了流动性覆盖率（LCR）来衡量优质流动性资产能否充分满足短期流动性需要，设立了净稳定资金比率（NSFR）度量银行较长期限内可使用的稳定资金来源对其表内外资产业务发展的支持能力。第五，规定了最低3%的权益资产比指标，以控制银行的杠杆融资规模。另外，还修订了信用风险标准法、内部评级法和信用估值调整框架，简化了操作风险计量框架，等等。

《巴塞尔协议Ⅰ》到《巴塞尔协议Ⅲ》不断完善了核心监管指标，辅以多样化监管约束，注重从微观审慎监管转向微观与宏观审慎监管相结合，坚持国际监管底线要求，也预留了自由裁量空间。当然，在未来，金融创新与金融监管的博弈还会不断演变。

第四节　汇率风险和管理

汇率风险是国际经济活动中不可避免的一种风险，不论是对企业经营决策还是对于宏观经济稳定都具有显著的影响，因而也才有固定汇率制度和浮动汇率制度之争。我们在这里主要是从微观经济的角度探讨汇率风险和管理问题。

汇率风险是指在经济活动中，资产或负债因汇率变动而遭受价值损失的可能性。外汇风险包括交易风险、转换风险和经济风险三种。汇率相对微小的波动程度都足以从根本上改变贸易活动中企业必须经过艰苦努力而达到的竞争优势。

交易风险又称营业风险，是指签订交易合同后进行实际收付时因汇率变动而造成价值损失的风险。这种风险通常产生于两种情况。第一种情况是以外币标价并结算造成的汇率风险。例如，A国出口商出口到B国价值100万A币的商品，双方签订合同，B国进口商按照签订合同时A币对B币1∶1的汇率，在到货时支付100万B币。如果3个月以后交货付款时A币升值，汇率下降到1∶1.25，A国出口商就会蒙受20万A币的损失。反之，如果3个月以后A币贬值，汇率上升到1.25∶1，则A国出口商就可以得到25万A

币的超额收益。第二种情况是外币借款或贷款以及其他各种形式的外币资产和负债面临的汇率风险。例如，A 国公司在 B 国发行 100 万 B 币的一年期债券，利率为 10%，按照当时 A 币对 B 币 1：1 的汇率，该公司可以获得 100 万 A 币的资金，一年后连本带息支付等值 110 万 B 币的 110 万 A 币即可。如果一年后 A 币对 B 币升值，汇率下降到 1：1.25，则该公司只要拿出 88 万 A 币就可以清偿价值 100 万 B 币债券的本息，从而获得 12 万的额外赢利。反之，如果一年后 A 币贬值，汇率上升到 1.25：1，则该公司就要比原计划多支付 27.5 万 A 币才能清偿 100 万 B 币债券的本息。

转换风险又称折算风险或会计风险，是指把公司资产负债表上以外币计价的项目折算成本币时在账面产生的损益变化。例如，A 国某公司由于业务需要在 B 国银行存有 100 万 B 币。存款时 A 币对 B 币的汇率为 1：1，所以在资产负债表上表现为 100 万 A 币的海外资产。一年后再编制资产负债表时，如果 A 币升值 25%，100 万 B 币的海外资产只能在资产负债表上表现为 80 万 A 币，资产出现账面减值。同理，如果 A 币贬值 25%，则 100 万 B 币的海外资产在资产负债表上就变成 125 万 A 币，公司资产出现账面增值。

经济风险又称竞争风险，是指由汇率变动而引起公司竞争力变动造成经济损益的可能性。经济风险与前面讲到的交易风险和转换风险不同，不仅从事国际经济活动的企业要面对这种风险，而且几乎所有企业都会受到这种汇率风险的影响。对于从事国际经济业务的企业来说，经济风险是直接的，因为汇率的变化会直接关系到它们外汇的本币折算数量，从而影响它们的利润。而对于国内企业来说，汇率的经济风险则是间接的。因为汇率变动会影响到它在国内市场上的国际竞争对手的产品竞争力，从而间接地影响到国内企业的经营。在这个意义上，只要实行开放经济，所有企业都不可避免地面临着汇率风险。

汇率风险既然在经济活动中会给参与者带来意外的损益，使经济活动具有更大的不确定性，汇率风险管理就要尽可能地排除由汇率变动而造成的意外损益。一般来说，汇率风险管理主要有如下几种。

（1）预测法：通过各种预测手段，如专家意见、相关分析和经验数据研究等方法来预测汇率变化的趋势以规避风险。但是由于影响汇率变化的因素相当复杂，汇率变动还可能受到不可预见事件的冲击，预测失准常常在所难免。

（2）划拨清算法：在一定时期内，交易双方的经济往来频繁，每一笔交易的数额只在账面上划拨，最后在期末进行差额结算。由于大部分交易额都可以相互冲销，不需要进行实际支付，所以能降低汇率风险造成的绝对损失水平。

（3）易货贸易法：交易双方直接进行等值贸易交换，无须支付外汇，自然就可以有效地规避汇率风险。但是这种方法不仅要求双方对贸易额的需求相等，而且也要求交易货物品种的匹配，因此比较困难。

（4）保值条款法：交易双方为了避免汇率风险而在合同中订立适当的保值条款。这些保值条款可以分为三类。

一是黄金保值：利用黄金价格相对稳定的特点，避免支付货币时由汇率变化给双方带来的风险。具体做法是在订立合同时，按当时市场上的黄金价格将交易货款折合成一定数量的黄金，在实际支付日则按支付日黄金的市价支付同等数量黄金的交易货款。

二是第三国货币保值：为了防止进口国货币贬值，可以采用货值相对稳定的第三国货币保值。例如，双方使用进口国货币交割，那么在订立合同时进口方先将可能贬值的本币按当时的汇率折算成另一种币值相对稳定的第三国货币，交割时出口方得到第三国货币后再兑换成出口国的本币，从而避免进口国货币贬值给出口方带来损失。

三是"一揽子货币"保值：与第三国货币保值相似，只是以"一揽子货币"代替第三国货币。所谓"一揽子货币"就是选定若干币种，然后确定各种货币在货币篮子中的比重，并计算出篮子货币的汇率。

（5）出口卖方信贷：出口卖方信贷是由出口方银行向出口商垫付外币货款，这样出口方就同时拥有一笔进口方所欠外币债权和自己欠开户银行的外币债务。因此，不论汇率如何变化，出口方都不会受到损失，实际中使用也比较广泛。

（6）福费廷（Forfaiting）交易：出口商把进口商承兑的，期限在半年到五年的远期汇票无追索权地出售给出口商所在地银行，借以提前取得货款的一种资金融通方式，实际上是一种未清偿债权的买卖。

（7）早收迟付和早付迟收法又称推后清算和提前清算法，是指在国际收付中，根据对支付货币汇率变动的预测，提前或推后收付有关交易货款，以消除汇率风险的一种办法。如果预计某国货币将贬值，就应该推迟支付使用该国货币的进口货款，或提前接收使用该国货币的出口货款。如果预计该国货币将升值，就应该提前支付使用该国货币的进口货款，推迟接收使用该国货币的出口货款。这种办法能够得到双方认可的前提是它们对汇率变动的预测相反，而且可能需要承担先付款或后收款的风险。

（8）远期外汇保值：就是利用远期外汇市场锁定汇率风险。由于买卖双方在签约以后并不立即进行交割，而是约定在将来某个日期进行交割外汇买卖，因此支付方就可以在远期外汇市场获得远期汇率的报价并签订合同，所以实际上是锁定交割期的汇率（即成交时的远期汇率），从而达到规避外汇风险的目的。

（9）掉期交易：指从事国际业务的企业在拥有一笔未来预期的外汇收付时，有意创造一笔数量和期限相同，但是方向相反的外汇交易，从而达到对冲风险的目的。例如，A 国一家公司将在 3 个月以后获得 120 万 B 币的出口收入，A 币对 B 币的即期汇率为 1：100，因此 120 万 B 币折合 1.2 万 A 币。如此折算，该公司可以赢利 1000A 币（即 10 万 B 币）。如果 3 个月以后该公司实际得到 120 万 B 币时，A 币对 B 币的即期汇率变为 1：120，仅能折合 1 万 A 币，比预计收入减少 2000A 币，那么，该公司就不仅没有赢利反而亏损。因此，为了避免汇率风险，该公司在 3 个月前就可以从银行申请得到 120 万 B 币的贷款，按照 1：100 的即期汇率在外汇市场上立即换成 1.2 万 A 币。这样在 3 个月以后，当该公司拿到 120 万 B 币准备换成 A 币时，如果汇率变为 1：120，则 A 币收入减少了 2000。但是，它将持有的 1.2 万 A 币按 1：120 的即期汇率换成 B 币时就可以得到 144 万 B 币。使用其中 120 万 B 币归还银行贷款的本金，余下的 24 万 B 币再换成 2000A 币，正好抵补即期 A 币收入的损失。反之，如果汇率变为 1：80，则即期收入兑换成本币以后的盈余又正好抵补归还银行贷款的损失[①]。总之，利用掉期交易，既不会因为汇率变化而获得额外赢利，也不会因为汇率变化而遭受损失。当然，我们在这里忽略

---

① 即 A 国公司在与 B 国公司签订 120 万 B 币的出口合同后，即向银行申请 120 万 B 币的贷款，随即按照 1：100 的即期汇率换成 1.2 万 A 币。三个月以后，当 A 国公司获得 120 万 B 币以后，按照 1：80 的汇率就可以兑换成 1.5 万 A 币，比预期获得 1.2 万 A 币多得 3000，而与此同时，为了偿还银行 120 万 B 币的贷款，按照新的 1：80 汇率，就要拿出 1.5 万 A 币，比它此前获得贷款后兑换的 1.2 万 A 币多 3000，正好可以用从出口收入中多换出的 3000A 币来抵补。

了银行的贷款利息，它应该是掉期交易的必要成本。

通常来说，除了作为金融投机交易工具外，外汇掉期的最主要功能是调整外币流动性、融资和套保避险。调整流动性主要是银行等金融机构基于不同币种的流动性松紧情况，合理调节持有不同货币，是补充外币流动性的重要渠道；从融资角度看，外汇掉期相当于跨币种的抵押贷款，是一种重要的担保融资工具；从避险角度看，通过将即期和掉期交易相结合，可以灵活调整本外币敞口，规避汇率波动给资产总值带来的风险。由于形式较为灵活，同时兼具规避风险的作用，外汇掉期一直是全球外汇市场最大的交易种类，交易份额到 2022 年已经超过 50%。

内容提要

二战以后，国际金融迅速繁荣的宏观经济环境包括政府宏观经济政策的发展、金融自由化、金融国际化、金融全球化、国际金融一体化、金融证券化等多方面的因素，金融创新和金融工具的发展也起到了相当重要的作用。

国际金融市场就是国际融资市场。狭义的国际金融市场仅指国际长短期资金的借贷市场。广义的国际金融市场是指在国际进行资金融通、证券买卖以及有关金融业务的交易，包括货币市场、外汇市场、证券市场、黄金市场、金融期货和期权市场等。

汇率风险，又称外汇风险，是指在经济活动中，以外币计价的资产或负债因汇率变动而遭受损失的可能性。从理论上说，外汇风险包括交易风险、转换风险和经济风险三种。

汇率风险管理就是要尽可能地排除由汇率变动而造成的意外损益。一般包括预测法、划拨清算法、易货贸易法、保值条款法、出口卖方信贷、福费廷交易、早收迟付和早付迟收法、远期外汇保值和掉期交易等。

思考题

如何看待金融创新？

如何看待黄金市场的走势？

外汇风险管理的本质是什么？

从《巴塞尔协议》的演变如何理解《巴塞尔协议》？

从离岸金融和互换交易如何理解金融创新？

远期交易、期货和期权的异同。

参考文献

阿纳斯塔西娅·内斯维索娃、罗内·帕兰：《金融创新的真相》，中信出版集团，2021。

巴塞尔银行监管委员会：《第三版巴塞尔协议改革最终方案》，中国银行保险监督管理委员会译，中国金融出版社，2020。

巴曙松、刘晓依、朱元倩：《巴塞尔Ⅲ：金融监管的十年重构》，中国金融出版社，2019。

史燕平、王倩主编《国际金融市场》（第三版），中国人民大学出版社，2020。

斯蒂芬·瓦尔德斯、菲利普·莫利纽克斯：《国际金融市场导论》（第六版），郎金焕译，中国人民大学出版社，2014。

吴丽华编著《外汇业务操作与风险管理》，厦门大学出版社，2010。

张卫国、谷任编《中国进出口制造业企业外汇风险测定与管理》，经济管理出版社，2016。

朱国华、毛小云：《金融互换交易》，上海财经大学出版社，2006。

第五章　国际资本流动与金融危机

伴随经济全球化的发展，资本、劳动力、技术各种要素在不同国家或地区之间的自由流动愈发便利。资本在全球范围内的自由流动不仅有助于提高金融资源的全球配置效率、分散风险、平滑消费和金融投资，而且能够反映在全球范围内资本市场和外汇市场上买卖双方的需求，有助于基准利率和均衡汇率的决定。此外，资本流动能够促进技术和管理技能的转让，推动经济增长。然而国际资本流动在发挥其积极作用的同时也会带来一定的风险，大规模和不稳定的资本流动可能对宏观经济和金融稳定造成冲击，各国金融基础设施的差距还会放大这种风险。资本流入的激增往往带来过度借贷和货币错配，助长资产价格泡沫，导致经济过热并产生金融稳定风险。一旦资本流入发生逆转，一国经济将有可能陷入金融危机和深度衰退的泥潭。

本章重点介绍国际资本流动和金融危机的相关知识。第一节从概念、主要形式、基本事实和宏观效应等几个方面阐述国际资本流动的概况。在对资本流动开展充分的利弊分析之后，第二节详细介绍金融危机的定义、分类、测度、典型案例、经典理论和研究进展。针对如何预防资本流动风险并降低金融危机发生概率，第三节重点介绍资本流动管理的现状、措施和效果。

第一节　国际资本流动

国际资本流动是指资本从一个国家或地区转移到另一个国家或地区。

从国际资本的流动方向看，国际资本流动可分为资本流出和资本流入。资本流出是指本国资本流至国外，即对国外的资本输出；资本流入则是指外国资本流入本国，即对本国的资本输入。一国的资本流出（入）总额以及流出（入）净额等相关指标，是通过国际收支平衡表中的资本与金融项目反映出来的。资本与金融项目差额等于资本账户净额和金融账户净额之和，差额为正称作资本与金融项目顺差，差额为负称作资本与金融项目逆差。资本与金融项目差额反映了一个国家资本市场的开放程度和金融市场的发达程度，影响到各国货币和汇率政策的决策。通过国际收支平衡表中的资本与金融项目，我们可以观测到一国在特定时期内国际资本流动的基本状况，比如流动的规模、方式、类型和性质等。在簿记的处理上，资本流出记作收支平衡表的借方，为负值，表示一国资本的减少；资本流入记作收支平衡表的贷方，为正值，表示一国资本的增加。因此，一国对国际资本流动的控制，可以通过调节资本与金融项目顺差和逆差从而起到平衡国际收支的目的。

一 国际资本流动的主要形式

国际资本流动可以从不同角度作多种分类，比较常用的分类方法是按照资本的使用期限，将国际资本流动分为长期资本流动和短期资本流动两大类。

长期资本流动是指使用期限较长或未规定使用期限，以获得长期投资收益为目的的资本流动。根据其投资的方式不同，又可更加具体地分为直接投资、证券投资和国际借贷三种。直接投资是指投资者把资金投入另一国的工商企业，或新建生产经营实体的行为。证券投资也被称为间接投资，是指投资者在国际证券市场上，以购买外国政府和企业发行的中长期债券或购买外国企业发行的仅参加分红的股票方式所进行的投资。与直接投资不同，证券投资的投资者购买债券和股票只是为了获得利息、股息和买卖价差产生的利润，而不是为了获得企业的经营管理权；而且证券投资的流动性和投机性更强，投资者可以随时买卖或转让。国际借贷是指一年以上的政府、国际金融机构和国际银行的贷款，不涉及在国外建立生产经营实体和股权，不涉及各种国际证券的发行和交易，其收益仅为利息和相关费用。

短期资本流动是指使用期限较短、流动性较强、多以获得投机收益为目的的资本流动。短期资本流动内容复杂、种类繁多，大多借助各种票据等信用工具和先进的现代通信手段。投机性资本流动是指利用国际金融市场利率、汇率、金价、证券和金融产品价格的变动与差异，进行各种投机活动而引起的国际资本转移。这种资本利用国际金融市场上各种情况的变动来快速赚取投机利润，往往呈现规模大、隐蔽性强、停留时间极短、反应灵敏等特征。短期资本以多种多样的短期信用工具为载体，参与短期融资与投资等金融活动。短期信用工具包括现金、银行活期存款、可转让银行定期存单、商业票据、承兑汇票和短期债券等。由于短期信用工具大多属于货币供给的一部分，因此短期资本流动的数量和变化会直接改变一国的货币供给量，从而影响一国的货币和财政政策。

二 国际资本流动的基本事实

随着全球金融一体化程度的加深，自 20 世纪 90 年代起，各国跨境资本流动规模明显扩大，无论是发达国家还是新兴市场，资本的跨境流动都变得越来越频繁，不仅规模持续扩大，波动幅度也随之增大。

关于资本流动的流向，学界存在两个著名的悖论。第一个是卢卡斯悖论（Lucas Paradox）或卢卡斯之谜（Lucas Puzzle），即现实中的国际资本流动与理论预期存在明显背离的情况。根据新古典理论，资本的边际报酬是递减的，发达国家的资本远多于发展中国家，因此，发达国家资本的收益率比发展中国家的要低，在资本可以自由流动的情况下，资本应该从发达国家流向发展中国家。然而，卢卡斯（Robert Lucas）发现"资本的确存在由发达国家向发展中国家的流动，但这种流动的规模与理论所预测的规模远远不相符"。根据传统的柯布－道格拉斯（Cobb-Douglas）生产函数，卢卡斯计算出印度的投资回报率是美国的 58 倍。如果这一投资回报率上的差异是事实存在的，那么经济上合理的结果是几乎全部美国的资本都将流向印度，然而事实上并未出现如此的现象。

对于实际数据与新古典理论不相符的情况，卢卡斯提出了三种可能的解释。第一，人力资本上的差异。新古典理论假定劳动的投入是同质的，并没有对每个工人的素质或其拥有的人力资本加以区分。当考虑富国和穷国在人力资本上的差异后，美国投资回报率是印度投资回报率的倍数由 58 倍减小到 5 倍。第二，人力资本的正外部性。当将人力资本在一国内的溢出效应考虑进去，投资回报率上的差异进一步缩小为 1.04，几乎可以认为是相同的。第三，国际资本市场的分割。各国投资回报率上的差异可能是事实存在的，然而由于国际资本市场的分割，资本无法实现由发达国家向发展中国家的自由流动。

卢卡斯悖论揭示了 20 世纪 80 年代以来资本从发展中国家向发达国家净流入的现象，卢卡斯提出这一问题之后，其他学者尝试从多个角度作出相应解释：其一，全要素生产率的差异；其二，人力资本的外部性；其三，全球风险因素的影响；其四，制度因素的差异；其五，国际资本市场的不完善。

第二个悖论是资本流动的配置之谜（Allocation Puzzle），指的是资本并未流向生产率增长更快且投资需求更多的发展中国家。在其他条件相同的情况下，生产率增长更快的国家应该投资更多，并吸引更多的外资。但是，发展中国家的净资本流动模式与这一预测不符，现实情况是，资本更多地流向投资和增长较少的国家，例如，马达加斯加 TFP 每年下降 1.5%，投资率仅为 3%，但每年资本流入量占其 GDP 的 7%。

此外，国际资本流动在资产结构和币种结构方面存在明显的结构化特征。自第二次世界大战后美元成为主导国际货币以来，美国外部资产和外部负债的结构发生了变化。在资产端，美国的对外投资（资本流出）从以长期贷款为主过渡到以外商直接投资为主，再过渡到以外商直接投资和股权类投资为主，逐渐向高风险、高收益的投资模式转变，美国从"世界银行家"逐步发展为"世界风险投资家"。此外，美国大部分对外资产（70%左右）以外币计价。在负债端，外国对美国的投资（资本流入）以低息政府债券为主，并且这些债券几乎全部以美元计价。整体上看，美国的国际资本流动表现为"安全负债、风险资产"的资产结构特征和"负债以美元计价、资产以外币计价"的币种结构特征，而新兴市场和发展中国家的资本流动则表现为相反的资产结构和币种结构。美国作为主导性国际货币的发行国，其高收益的总资产与低成本的总负债产生了相当大的且不断增加的超额收益，相比于世界其他国家，美国享受着"过度特权"（Exorbitant Privilege）。

三　资本流动的宏观效应

资本的自由流动对全球宏观经济具有非常重要的影响。一方面，资本流动有助于分散风险、平滑消费和投资、提高资本的全球配置效率，为基准利率和均衡汇率的确定奠定了市场基础，能够促进技术和管理技能的跨境转移，刺激全球经济增长。另一方面，资本流动也会带来一定的风险，可能对宏观经济和金融稳定造成冲击，资本流入的激增往往带来过度借贷和货币错配，一旦资本流入突然停止或资本流出加剧，一国将有可能面临巨大的金融风险，甚至有可能陷入金融危机和经济衰退的泥潭。

（一）资本流动之利

资本流动为资本流出和资本流入经济体带来了许多直接好处。资本流动允许资本从生产率较低的地方转移到生产率较高的地方，从而实现更有效的全球资源配置，这对资本流出国和资本流入国都有利。资本流动可以降低融资成本、激励技术升级、改善企业之间的资源配置、提高生产效率，从而提高总生产率。此外，外国直接投资还通过技术转让、技术创新和充分竞争提高了生产效率，同时有助于提高企业在危机期间的韧性。资本流动还允许国家之间进行更广泛的风险分担，允许各国通过国际借贷来平滑消费。

股票市场国际化和更多的投资组合流入有助于推动制造业部门实际工资更快的增长以及更大的投资和一国 GDP 增长，外国金融机构的存在可以缓解金融约束，提供外汇流动性，有助于国内企业利用国外较宽松的信贷条件来增加本地信贷供应，提高企业的平均生产率，促进经济增长。

资本流动也能为经济体带来间接的好处。资本流动有助于增加证券市场的深度和流动性，促进国内资本市场的全面发展；更多的外国机构持股往往能够显著增加创新，提高新兴市场股市的信息效率，改善股票流动性；外部资本的进入还可以增强公司治理，提高企业的国际竞争力和吸引力；外国银行分支机构可以使国内银行面临更激烈的竞争，从而提高该国的金融服务质量，而金融机构国际化可以减少母国面临的个体和系统性风险。

一国的经济制度和金融市场发育水平决定了一个国家从资本流动中获益的程度。拥有稳健经济体制和国内政策框架的国家能够吸引更多更安全的资本流动（外国直接投资、股权流动、当地货币和长期债务）从而获得更大的好处。金融市场欠发达和信贷约束更为严格的国家，在应对外部不确定性冲击时，私人投资和消费的波动性更大。

（二）资本流动之弊

伴随着经济全球化、金融深化以及金融自由化趋势的发展，国际资本流动在发挥其积极作用的同时也会带来一定的风险。现有文献表明：资本流动的类型是有好坏之分的，外国直接投资被认为是一种"好的"流动，因为它促进了资本流入国的经济增长；虽然证券投资有利于活跃本国金融市场，但经常被视为一种"坏的"流动，因为它的不稳定性更强，可能导致商业周期过度波动。外国直接投资作为一种长期、稳定的资本流动形式，其股权流动不太可能与资本的极端流动联系在一起，但进入金融中介部门的外国直接投资被证明具有更大的不稳定影响。

金融市场高度开放的经济体更容易受到外部冲击和外国投资者情绪变化的影响，国际资本的自由流动可能对一国宏观经济和金融稳定造成冲击，各国金融基础设施完备程度的差距还会放大这种风险。在国际金融市场存在摩擦、国内金融监管体系存在薄弱环节的情况下，资本流动会造成系统脆弱性的积累，主要表现为高杠杆率、资产价格通胀、债务期限及币种错配以及短期流动性风险。

随着资本账户开放和金融市场一体化程度的加深，基于国际资本流动的外部融资规模不断扩大。资本流入的激增往往带来过度借贷和货币错配，助长资产价格泡沫，导致经济过热并产生金融稳定风险，一旦资本流入发生逆转，一国将有可能陷入金融危机的泥潭。当一国资本生产率不能满足国外投资者预期收益而导致投资减少或撤回时，很可能会引发流动性危机，即国际资本流动突然中断导致的一国金融系统流动性不足，主要表现为国外投资者投资意愿显著下降，资本流入突然大量地减少或资本流出突然大量地增加。从微观主体视角看，流动性危机表现为国外投资者对国内银行的挤兑；从宏观经济视角看，流动性危机表现为国际资本流动突然中断导致国内生产和私人支出进一步萎缩，国际偿债能力不足，信贷规模大幅收缩影响汇率稳定。

从 20 世纪以来的几次较大的金融危机来看，金融危机的爆发总是与大规模的国际资本流动有关。资本大规模无序流动轻则影响一国宏观经济，重则导致一国爆发金融危机，影响一个地区的经济稳定。举例来看，墨西哥、泰国、巴西和阿根廷在 20 世纪末期或者 21 世纪初期都曾经出现过金融危机，其跨境资本净流动和总流动的波动情况比发达国家更为剧烈。墨西哥在 1994~1995 年金融危机前出现跨境资本总流入先激增后急停的情况；泰国始于 1997 年的金融危机与跨境资本流动的关系更为明显，1997 年之前流入泰国的外资剧增，1997 年资本流入骤降；巴西在 1999 年金融危机前也曾经出现过跨境资本流入激增然后急停的情况；阿根廷曾在 2001~2002 年出现过跨境资本总流入剧增的阶段，之后在金融危机期间及之后的一段时间，资本总流入剧减。新兴市场比发达经济体更容易遭遇到严重的跨境资本流动风险，长期过度依赖跨境资本流入的国家，若遭遇流入急停或者流出剧增，必然会形成巨大的资金缺口，一旦该国的金融体系无法支撑这种局面，那么该国的实体经济必然遭受严重打击。上述四国对外资的依赖程度很高并且危机前都遭遇到跨境资本的急停，这些国家金融危机的发生都与跨境资本极端流动存在密不可分的关系。

第二节　金融危机

金融危机一直是经济学家们非常热衷的研究话题，长期以来不断重复出现的历史趋势使社会各界人士都不得不关注金融危机的危害性——不仅打击富裕国家，也会打击新兴市场和发展中国家，其对经济、社会和政治造成深刻持久性损害。面对金融危机这样一种独特的、重要的、灾难性的事件，我们可能首先要问：如何定义、区分并测度不同类型的金融危机？

一　金融危机的定义、分类和测度

从广义上来讲，金融危机是指一个国家或几个国家与地区的全部或大部分金融指标（如货币、证券、房地产、土地、短期利率、商业破产数和金融机构倒闭数）的急剧、短暂和超周期的恶化。其关键特征是人们对于未来经济具有悲观的预期，货币币值出现幅度较大的贬值，企业大量倒闭，失业率提高，经济增长受到严重打击，经济总量出现大幅下滑，甚至有些时候社会秩序发生混乱。

从狭义上来看，金融危机一般可以具体分为银行危机（Banking Crisis）、货币危机（Currency Crisis）、主权债务危机（Default Crisis）。

（一）银行危机

银行危机有两种定义方法：一是采用叙事法来定义，这是由于缺乏较长的时间序列数据，从而无法进行准确量化定义；二是用银行资产负债表的变动来定义，主要表现为企业破产或不良贷款的大幅增加。

根据危机的严重程度和波及范围，叙事法定义的银行危机又可以细分为严重的系统性银行危机和温和的银行危机。严重的系统性银行危机是指在出现银行挤兑的情况下，一家或多家金融机构倒闭、合并或者被公共部门接管。温和的银行危机是指在没有出现系统性银行挤兑的情况下，一家重要的金融机构或金融集团倒闭、合并、被接管或向政府申请大规模救助，并标志着其他金融机构一系列类似事件的开端。这种定义银行危机的方法也存在缺陷：其一，它所定义的危机时间可能远比实际情况要晚，因为通常在银行最终倒闭或被兼并之前，导致银行危机的各种问题早已出现；其二，定义的危机时间也可能比实际情况要早，因为在被定义的时间之后危机可能会进一步恶化。

（二）货币危机

根据国际货币基金组织的定义，货币危机是指投机冲击导致一国货币贬值，或者迫使该国政府为保卫其货币而抛出大量外汇储备或者大幅提高国内利率水平的一种现象。

货币危机又称汇率危机，Reinhart 和 Rogoff（2009）将货币危机区分为广义和狭义两种，广义的货币危机是指一国货币对相关基准货币（如美元）的年贬值超过15%。狭义的货币危机是指市场参与者通过外汇市场的操作，致使一国或地区固定汇率制的崩溃和外汇市场持续动荡的事件。狭义的货币危机通常表现为固定汇率制度的崩溃或被迫调整（如法定贬值、汇率浮动区间扩大等）、国际储备的急剧减少（国际收支危机）以及本币利率的大幅上升等。

（三）主权债务危机

主权债务危机，是指主权国家在到期日（或给定的宽期限内）未能向国外债权人支付本金或利息。

目前国际上用于衡量外债违约风险的关键指标主要包括五种：一是偿债率，是指一国应偿还外债本息之和与该国当年产品和服务出口收入的比率，一般认为偿债率的最高警戒线为25%；二是债务率，是指一国外债余额与当年产品和服务出口收入的比率，债务率的最高警戒线为100%，即假定当年末的外债余额全部到期，该国也能用当年产品与服务的出口收入偿还；三是负债率，是指一国的外债余额与当年国内生产总值的比率，衡量一国经济增长对外债的依赖程度或外债对一国经济增长贡献度，负债率的高低反映该国国内生产总值对外债负担的能力，负债率的最高警戒线为10%；四是外汇储备与短期外债之比，该比值衡量的是一国偿还短期外债的能力，是国际清偿力的重要标志，该指标的最低安全线为100%；五是外汇储备与外债余额之比，该比值反映一国偿付全部外债的能力，是一国国际清偿力和国际信誉的重要保证，根据国际惯例，该指标的合理水平应该保持在30%~50%。

二　金融危机的典型案例

按照上述金融危机的定义和测度指标，各国发生金融危机的频率非常高。历史上令人印象深刻的金融危机有很多，此处重点介绍亚洲金融危机和美国次贷危机这两个典型案例，通过梳理两次金融危机的历史背景、演进过程和深刻影响，尝试描绘一个关于金融危机的整体图谱。

（一）亚洲金融危机

亚洲金融危机爆发之前，亚洲国家（尤其是东亚国家）基本都采取劳动密集型、出口导向型的经济发展战略，对于外部资金、技术和市场具有很强的依赖性，区内国家经济和贸易结构高度同质化，廉价要素成本的优势无国际竞争力，国际收支严重失衡，这些都为金融危机滋生提供了温床。

索罗斯等国际投机者的金融攻击是亚洲金融危机的导火索。1997年5月，以量子基金为首的国际游资开始对泰铢发动攻击，引发亚洲地区货币危机的多米诺骨牌效应，泰国泰铢、印度尼西亚卢比、菲律宾比索等亚洲货币兑美元汇率不断下跌，新加坡、韩国、中国台湾及中国香港也经历了前所未有的冲击。1997年7月，泰国宣布放弃固定汇率制，实行浮动汇率制，亚洲金融危机的大幕由此拉开。1997年8月，马来西亚也宣布不再捍卫固定汇率制。1997年10月，国际游资开始猛烈进攻中国香港的联系汇率制，港币和港股的压力骤增，但中国香港特别行政区政府在党中央和国务院的坚强支持下重申不会改变现行汇率制度；1997年11月，韩国爆发金融风暴，日本的一系列银行和证券公司也相继破产，东南亚金融风暴演变为亚洲金融危机。1998年初，印度尼西亚金融风暴卷土重来，面对严重的经济衰退，国际货币基金组织为印度尼西亚量身打造的应对政策未能取得预期效果，印度尼西亚卢比兑美元汇率一度跌破万分之一，印度尼西亚陷入经济危机；与此同时，新加坡元、泰铢、菲律宾比索乃至日元均大幅贬值，亚洲金融危机继续深化。在美国股市动荡、日元汇率持续下跌的形势下，国际投机资本对中国香港发动新一轮进攻，香港恒生指数一度跌穿 6600 点，但香港金融管理局动用外汇基金进入股市和期货市场，成功捍卫了联系汇率制度，将港币汇率稳定在 7.75 港币兑换 1 美元的水平上，国际游资在香港损失惨重的同时，也遭到俄罗斯强力政策的重创，直到 1999 年，亚洲金融危机才基本结束。

亚洲金融危机对亚洲地区的社会经济秩序产生了严重的影响，大量银行倒闭，亚洲多个国家的金融系统崩溃，使得部分国家经济陷入瘫痪，经济衰退激化了亚洲部分国家内部的矛盾，导致部分国家的社会秩序陷入混乱。亚洲金融危机反映出国际金融体系和各国金融制度存在严重缺陷，引发了国际社会尤其是新兴市场经济体的深刻反思：第一，要警惕出口导向型经济发展战略的两面性；第二，金融系统的发展应与经济发展水平、监管能力与风险防范制度相适应；第三，资本账户开放应遵循渐进、有序和自主的方式稳步推进；第四，国际货币金融合作、全球及区域金融安全网、必要的资本流动管理措施对防范金融危机至关重要。

（二）美国次贷危机

美国次贷危机的爆发有其深刻的历史逻辑，进入 21 世纪后，美国经历了两次较为严重的金融危机，一是 2001 年互联网泡沫破裂引发的股市危机，二是 2007 年次贷危机引发的全球金融动荡，美国对 2001 年危机的应对政策在很大程度上为次贷危机埋下了伏笔。互联网泡沫破裂后，美联储通过 13 次降息，将联邦基金利率从 2000 年 5 月的 6.5% 压低到 2003 年 6 月的 1%，力图通过扩张性的货币政策刺激经济复苏。美联储注入市场的大量流动性，迫切地搜寻着它们的归宿和投资标的，或进入股市，或通过贷款进入生产项目，而房地产市场在当时是非常具有潜力的流动性吸纳池。面对较低的利率水平和空前泛滥的流动性，金融机构的风险偏好也大大提升，银行对于高风险项目的审批标准也变得宽松，金融机构给低收入或低信用的家庭发放了大量次级抵押贷款[①]。房贷机构（房利美、房地美等）、投资银行（贝尔斯登、雷曼兄弟等）和评级机构过度美化了美国的次级贷款市场，很多机构投资者（如

---

① 美国低收入水平的群体在购置房产时因信用等级达不到标准，往往被定义为次级信用贷款者（简称次级贷款者）。次级抵押贷款是一个高风险、高收益的金融产品，一些金融机构通过向信用等级较差和收入低的借款人提供贷款来获得高额的贷款利率收益。

养老保险公司、主权基金）购入大量以次级抵押贷款为基础资产的资产证券化产品，推升了次级贷款市场的过度繁荣，为房地产市场的泡沫破裂埋下了巨大的隐患。从 2004 年 6 月 30 日开始，美联储进入长达两年的加息周期，将利率水平从 1.25% 抬升到 5.25%，强势的加息进程，注定了次贷市场支持的房地产价格不可能持续上涨。伴随利率的上扬，住房按揭贷款的还贷成本不断抬高，货币政策的收紧也抑制了新增购房需求对房价的支撑。住房按揭贷款的大量违约和房产的恐慌性抛售，将上一轮经济刺激政策的恶果暴露无遗，次贷危机在 2007 年底爆发。美国复杂而开放的金融制度将次贷危机迅速传染给全球金融市场，次贷危机很快就由局部风险演变为全球金融海啸。

次贷危机的发展过程大体可以分为三个阶段：第一阶段，美元流动性短缺问题出现，货币市场利率急剧上升；第二阶段，信贷紧缩问题出现，资产价格下降和市场风险提高，使银行主动大幅度缩减资产负债表，企业获取信贷的难度不断加大，经济体系的信贷开始萎缩；第三阶段，实体经济下行，金融机构的信用紧缩造成实体经济的萎缩，导致房产和次贷相关资产的价格进一步下降，加剧了从金融危机到经济衰退的恶性循环。

次贷危机引发了全球主要经济体货币当局的警惕与反思：第一，货币当局应保持稳健的货币政策；第二，宏观经济管理部门应限制负债消费的额度并控制各部门杠杆率；第三，应当防止金融市场的无序扩张，控制衍生金融工具的滥用，加强金融监管和规制的有效性。

美联储在应对次贷危机引发的经济衰退局面时，首先采用迅速降息的政策，美国短期利率在很短的时间内便降至其零利率下限。在挖掘完常规利率政策的潜能后，美联储在美国财政部的配合下祭出"非常规货币政策"这把"双刃剑"，史无前例的量化宽松政策为美国和全球金融体系再一次注入超大规模的美元流动性。美联储的资产负债表规模急速扩张，由危机前（2007 年 8 月 8 日）的 8690 亿美元扩大到危机后（2014 年 12 月 24 日）的 45090 亿美元，整个金融体系的货币供给量快速增长，货币供给总量占 GDP 的比重开始逼近 1925 年以来的历史高位。

美联储的量化宽松政策，确实缓解了金融体系面临的压力：通过大量买进市场上的不良资产，托底资产价格，缓解了家庭部门和金融机构的债务负担，降低了金融市场的杠杆率。但是，宽松货币政策所催生的大量流动性不会凭空消失，"漫天洪水"必定会寻找新归宿。美联储 2001~2004 年宽松货币政策所带来的流动性，引发了房地产市场的泡沫化，最终导致了次贷危机。次贷危机发生后，量化宽松所释放的部分流动性从不同渠道大量涌入美国的国债市场，美国国债占 GDP 的比重在 2008 年以后不断攀升。

在全球避险情绪的作用下，美国国债市场在次贷危机后也成为全球其他地区美元流动性的良好归宿，美国国债的境外持有总额逐年上升，然而，美联储新一轮的加息周期，必然抬升利率中枢，增加了美国国债市场的融资成本，未来政府债务的利息负担将会加重，存量债务的延展难度增大。此外，美国贸易保护主义政策及新冠疫情的疤痕效应加大了全球经济的下行压力，拖累美国的经济增长趋势，侵蚀美国政府的财政收入，破坏美国国债的基本面支撑，导致美国国债市场的违约概率提高，腐蚀美元体系的信用基础，美国潜在的国债违约问题，已经成为全球金融体系的重大隐患。

三　金融危机的经典理论

金融危机的经典理论主要包括三代金融危机模型，是学术界在研究不同类型金融危机的形成机制和演变过程时所达成的理论共识。

第一代金融危机模型由 Krugman (1979)、Connolly 和 McDermott (1986) 等经济学家提出，主要关注固定汇率制度下的金融危机，模型产生背景是 20 世纪 70 年代和 80 年代发展中国家所经历的一系列金融危机。第一代金融危机模型的核心观点是政府的财政赤字和货币政策不当导致金融危机。由货币增发和大规模财政赤字导致通货膨胀和固定汇率制下国内货币的实际贬值，进而引发资本流出和外汇储备的减少，最终中央银行将无法维持固定汇率，导致金融危机爆发。

第二代金融危机模型由 Calvo 和 Mendoza(1996) 等经济学家提出，主要关注多重均衡下公众预期自我实现的金融危机。与第一代金融危机模型不同，第二代金融危机模型强调政府政策的信誉和投资者预期在金融危机中的关键作用，认为投资者密切关注政府政策的可持续性以及政府对金融稳定的承诺，如果投资者对政府政策的可持续性失去信心，资本将开始流出，外汇市场压力增加，进而导致金融危机。

第三代金融危机模型由 Bernanke 等 (1999) 以及 Chang 和 Velasco (2001)

等经济学家提出，模型产生背景是 20 世纪 90 年代末和 21 世纪初亚洲金融危机等一系列金融危机事件。第三代金融危机模型强调金融市场结构和金融机构行为对金融危机的影响，关注金融部门的脆弱性、信息不对称和道德风险问题，认为金融市场的过度杠杆和不透明性是导致金融危机的关键因素，信息不对称和道德风险问题会导致金融机构过度冒险、加剧金融市场的脆弱性。

三代金融危机模型关注的危机类型不同，所强调的影响因素也有明显区别，为理解金融危机的发生机制提供了多元化视角。第一代金融危机模型关注固定汇率制度下的金融危机，强调政府财政赤字和货币政策不当导致金融危机。第二代金融危机模型关注多重均衡下公众预期自我实现的金融危机，强调政府政策的信誉和投资者预期在金融危机中的关键作用。第三代金融危机模型关注金融市场的脆弱性、信息不对称和道德风险问题，强调金融市场结构和金融机构行为对金融危机的影响。

四　金融危机的研究进展

金融危机与其他关键宏观经济变量的因果关系一直是国际金融领域的研究重点。21 世纪以来，金融危机研究领域的一个重要进展便是金融危机与极端资本流动之间的关系。不少研究认为资本流动的"突然中止"是新兴市场爆发金融危机的关键原因。"突然中止"描述的是过度依赖资本流入的新兴市场遭遇跨境资本流入突然剧减甚至逆转的情况。Dornbusch 等（1995）最早用"突然中止"这一概念来描述跨境资本净流入剧减；Calvo（1998）将新兴市场遭遇的"突然中止"引入分析金融危机模型，将突然中止事件定义为一国出现的跨境资本净流入不可预料地出现大规模减少的现象，发现亚洲金融危机之前部分危机发生国（如泰国）出现了跨境资本流入剧增后突然中止的情况。此后，"突然中止"的定义被广泛应用，Mendoza（2010）都是在此基础上使用跨境资本净流入的减少来界定"突然中止"。同一时期，研究跨境资本流入突然增加的成果也不在少数，Reinhart 和 Rogoff（2009）将跨境资本净流入的快速增加定义为"暴涨"；Forbes 和 Warnock（2012）将总资本流入剧增的现象称为"激增"（surges）。

最近十年，关于极端资本流动与金融危机关系的研究从关注净资本的极端流动转为关注总资本在流入和流出两个方向上的极端流动。由于净资本流动的剧减（激增），既可能是跨境资本总流入剧减（激增）导致的，也可能是总流出激增（剧减）导致的，因此，许多学者开始重视总资本在流入和流出两个方向上的极端流动。Obstfeld（2012）认为总资本流动提供了金融危机在各个国家传播和扩大的关键渠道，即使有稳定的净资本流动，总资本流动的逆转仍可能影响金融稳定，这一思路超越了对净资本流动的分析，拓宽了金融危机传染路径的研究范围；Bruno 和 Shin（2012）强调即使在资本净流入可能保持稳定的情况下，总资本流入突然逆转的潜在破坏性也会对经济造成巨大的影响；Broner 等（2012）追踪了跨境资本流入、流出以及在各个激增或者突然中止时期的宏观经济变量的情况；Borio 和 Disyatat（2011）认为金融一体化可能使全球银行业增加某些特定类型的资本流动，而这些流动只不过是在国际收支的财务账户中洗钱，属于总资本流动但并不影响净资本流动，只研究净资本流动会忽略这一问题；Rothenberg 和 Warnock（2011）认为净流入的减少可能是国外投资减少，也可能是国内对外投资增加，造成净流入突然中止的原因是不同的，并由此将其区分为"本国投资突然外逃造成的急停"和"真实的资本流入急停"；Forbes 和 Warnock（2012）将极端的总资本流动定义为四类，总资本流入突然大规模增加称为"激增"，总资本流入突然剧减称为"突然中止"，总资本流出迅速减少称为"缩减"（retrenchments），总资本流出突然大规模增加称为"资本外逃"（flights）。

此外，金融危机领域的另一个重要研究是"过度借贷"（overborrowing）与"借贷不足"（underborrowing）的争论。2008 年国际金融危机之后，很多学者开始强调"过度借贷"的问题：一个国家借入过多的外债，但由于其经济状况变化、本币贬值等因素，最终无法偿还债务，从而引发债务危机，并进一步引发一系列的金融危机。但 Schmitt-Grohé 和 Uribe（2016）则提出了与过度借贷完全相反的借贷不足理论：由于抵押品约束等金融摩擦的存在，居民会进行过度的预防性储蓄来增强自我保险的能力，这使很多国家无法借到充足的资金，其融资规模达不到最优水平，最终也可能引发经济危机。

第三节　资本流动管理

资本流动剧烈波动、极端资本流动风险和频繁发生的金融危机，促使经济学家们提倡在新兴市场经济体将资本流动管理（Capital Flow Management）作为货币政策的补充。20世纪90年代亚洲和俄罗斯金融危机等都是在国际资本跨境流动的背景下发生的，当时的主要问题是当局应对资本流动冲击的宏观政策存在缺陷。在金融摩擦存在的情况下，完全开放资本市场的传统福利理由可能并不适用，资本管制可能是次优的政策选择。小型新兴经济体在面临外部冲击时，传统的货币政策往往无法有效应对风险，货币当局应将宏观审慎及资本管制等措施纳入政策工具箱，综合运用资本流动性管理政策、宏观审慎政策和外汇干预等政策工具，提升本国资本流动管理能力，有效防范国际资本流动带来的外部冲击。

一 资本流动管理的现状

资本自由流动通常采用资本账户开放度进行衡量。与汇率制度安排的分类标准类似，资本账户开放度一般分为法定（de jure）和事实（de facto），用于区分不同衡量口径下一国实际的资本账户开放程度。其中，法定资本账户开放度衡量的是各国政府对资本账户管制规定和程度，而事实资本账户开放度衡量的是一国资本的实际流动状况。

法定资本账户开放的权威信息来源之一是国际货币基金组织每年出版的《汇兑安排与汇兑限制年报》（AREAER），该报告对各国资本项目下的交易法律法规和管制措施进行了详细记录，数据来源一致、国家覆盖面最广。但是国际货币基金组织对资本账户开放的测度存在一个问题，即资本账户开放下的指标众多且都是二元变量（0、1变量），没有一个总的综合指标。为了方便对各国的资本账户开放整体状况进行衡量，许多学者在国际货币基金组织的基础上给出了自己的资本账户开放指标，如Chinn和Ito（2008）提出的KAOPEN资本账户开放指数。由于资本能否自由流动主要受监管当局对资本账户实际管制程度的影响，因此，大多数文献都采用法定资本账户开放度来衡量各国的资本自由流动状况。Chinn－Ito指数（KAOPEN资本账户开放指数）的数据显示，大多数发达经济体基本上取消了资本账户限制，新兴经济体的资本管制程度仍然较高但整体趋势呈不断开放状态。从2008年前后全球资本账户管制状况来看，尽管新兴经济体在全球金融危机后的资本管制程度有所加强，但各国的资本账户整体依然呈不断开放状态。

根据国际货币基金组织2021年度《汇兑安排与汇兑限制年报》（AREAER）的信息，2021年流入新兴市场和发展中国家以及低收入发展中国家的证券投资有所增加，但证券投资流入的复苏并不平衡，一些国家仍然存在大量的资本外流。在这种背景下，国际资本流动受到更严格的限制，针对资本流入和资本流出的紧缩措施明显多于前几年，受疫情影响严重的新兴市场和发展中经济体以及低收入发展中国家主要实施了针对资本外流的管制措施，这反映了经济增长和资本流入放缓以及新冠疫情对这些国家所造成的政策压力。

二　资本流动管理的措施

近年来，经济学家和政策制定者更加支持运用资本流动管理措施应对大规模和波动性资本流动的负面影响。2012年，国际货币基金组织首次发布《关于资本流动自由化和资本流动管理的机构观点》，在肯定资本流动自由化益处的同时，明确指出资本项目过快开放的风险，建议各国可在必要时采取资本流动管理措施以应对相关风险，并系统提出了资本流动管理的框架。根据国际货币基金组织2022年《关于资本流动自由化和管理制度的观点评论》，资本流动管理措施（CFMs）是旨在限制资本流动的措施，包括基于居住地的资本流动管理措施和其他资本流动管理措施。基于居住地的资本流动管理措施一般包括影响跨境金融活动的各种措施（包括税收和法规），根据资本流动主体的居住地进行区别对待，通常也被称为资本管制。其他资本流动管理措施，不基于居住地进行歧视，通常根据货币来区分管理措施（如审慎措施）。

国际货币基金组织关于资本流动的核心观点主要包括四个方面：一是资本流动自由化总体上利大于弊，对促进经济发展有诸多益处；二是在"危机即将爆发"的情况下，可以临时性限制资本外流；三是在"资本流入激增"的情况下，也可采用部分CFM，限制资本流入；四是"过早开放资本项目"的国家可重新临时启用部分CFM。

《汇兑安排与汇兑限制年报》中的资本管制概念是基于居住地的，它包括管理交易和转让的达成或执行以及非居民在国内和国外持有资产的各种措施。国际货币基金组织在2021年《汇兑安排与汇兑限制年报》中，针对资本交易（Capital Transactions）的类别将资本管制主要分为以下几类：遣返要求

（Repatriation requirements）；资本和货币市场管制（Controls on capital and money market instruments）；衍生品及其他金融工具管制（Controls on derivatives and other instruments）；信贷业务管制（Controls on credit operations）；直接投资管制（Controls on direct investment）；直接投资清算管制（Controls on liquidation of direct investment）；房地产交易管制（Controls on real estate transactions）；个人资本交易管制（Controls on personal capital transactions）。

Forbes 等（2015）认为资本流动管理措施指的是两种类型的措施：一是资本管制，基于居住地对跨境金融活动的任何类型的限制；二是宏观审慎措施，不基于居住地进行歧视，但涉及跨境外币风险敞口和贷款。

最近几年，国际货币基金组织提示新兴经济体应特别关注资本流入激增导致的宏观经济失衡、金融脆弱性累积和资本流动逆转风险，呼吁积极运用资本流动管理政策减小资本流入激增的潜在风险。现有文献通常使用趋势或阈值分析的定量方法来识别资本流入激增，常用的识别方法共有五种：其一，样本中前 30 百分位内的资本流动；其二，HP 滤波；其三，Hamilton 滤波；其四，滚动窗口法，即年资本流入量高出 5 年滚动平均值一个以上的标准差；其五，聚类分析法。这些方法既适用于净资本流动和总资本流动，也适用于某些特定部门或资产类别的资本流入激增（例如，投资组合债务和股票的资本流入）。

国际货币基金组织更新版的《机构观点》又作了两方面重要修订：其一，即使未出现"资本流入激增"，在某些情形下，一国可针对资本流入预防性地采取资本流动管理或宏观审慎措施；其二，基金组织明确将不对基于国家安全、国际公认宏观审慎框架、反洗钱反恐怖融资国际标准和国际反避税逃税政策所采取的 CFM 进行适当性评估。

三 资本流动管理的效果

针对资本流动带来的风险问题并没有普遍适用的应对方法，也并非所有政策都同等有效。政策效果往往取决于冲击的性质和一国的国情。例如，金融市场欠发达、外币债务高企的国家，其适当的应对政策可能不同于那些资产负债表上没有外币错配的国家，也不同于那些金融市场相对健全的国家。一般来说，在汇率灵活、市场发达、具有持续融资渠道的国家，仅依靠汇率政策应对冲击的做法可能是适当的；但对一些存在某些脆弱性（市场不健全、高度美元化、通胀预期不稳定等）的国家而言，灵活的汇率虽然能带来显著的好处，但其他工具也能发挥有益的作用，例如，宏观审慎措施、外汇干预和资本流动管理措施可以加强货币政策自主性，使货币政策能够充分侧重于控制通胀和促进经济稳定增长。

关于资本管制的政策有效性，目前已有大量的文献进行研究，但仍然没有达成共识。对资本管制影响的理论探索和实证检验有两类截然不同的发现。一方面，Reinhart 和 Montiel（2001）观察到巴西和菲律宾在 1999 年金融危机和 1997~1998 年亚洲金融危机期间的资本管制并没有成功地限制资本流动的波动；Eichengreen 和 Rose（2014）认为资本管制政策在应对产出、贸易条件或金融市场的短期波动时无法有效发挥作用。另一方面，Forbes 等（2015）发现资本流动管理形式的宏观审慎措施有助于在短期（6 个月）内减少来自银行杠杆、通胀预期、银行信贷增长和投资组合负债敞口的金融脆弱性，但对大多数其他宏观经济变量和金融市场短期和中期波动的影响有限；Nugent（2019）发现通过资本管制政策可以成功缓解金融危机后短期资本流动所导致的金融风险。

内容提要

资本在全球范围内的自由流动不仅有助于提高金融资源的全球配置效率、分散风险、平滑消费和金融投资，而且能够反映全球范围内资本市场和外汇市场上买卖双方的需求，有助于基准利率和均衡汇率的决定。此外，资本流动能够促进技术和管理技能的转让，促进经济增长。然而国际资本流动在发挥其积极作用的同时也会带来一定的风险，大规模和不稳定的资本流动可能对宏观经济和金融稳定造成冲击，各国金融基础建设水平的差距还会放大这种风险，资本流入的激增往往带来过度借贷和货币错配，助长资产价格泡沫，导致经济过热并产生金融稳定风险，一旦资本流入发生逆转，一国经济将有可能陷入金融危机和深度衰退的泥潭。

从广义上来讲，金融危机是指一个国家或几个国家与地区的全部或大部分金融指标（如货币、证券、房地产、土地、短期利率、商业破产数和金融机构倒闭数）的急剧、短暂和超周期的恶化。从狭义上来看，金融危机一般可以具体分为银行危机、货币危机、主权债务危机。

资本流动的高波动性、极端资本流动风险和频繁发生的金融危机，促使经济学家们提倡在新兴市场经济体将资本流动管理作为货币政策的补充。在金融摩擦存在的情况下，小型新兴经济体在面临外部冲击时，传统的货币政策往往无法有效应对风险，货币当局应将宏观审慎及资本管制等措施纳入政策工具箱，综合运用资本流动性管理政策、宏观审慎政策和外汇干预等政策工具，提升各国资本流动管理能力，有效防范国际资本流动带来的外部冲击。

思考题

资本流动的主要形式有哪些？

如何理解资本流动的卢卡斯之谜和配置之谜？

亚洲金融危机和美国次贷危机的形成机制有何异同？

过度借贷和借贷不足哪种机制更符合直觉？

参考文献

保罗·R.克鲁格曼、茅瑞斯·奥伯斯法尔德、马克·丁·梅里兹:《国际经济学:理论与政策》(第十版)，丁凯等译，中国人民大学出版社，2016。

刘威、黄晓琪、郭小波:《金融异质性、金融调整渠道与中国外部失衡短期波动——基于 G20 国家数据的门限效应分析》，《金融研究》2017 年第 7 期。

杨荣海、李亚波:《资本账户开放对人民币国际化"货币锚"地位的影响分析》，《经济研究》2017 年第 1 期。

张明:《次贷危机对当前国际货币体系的冲击》，《世界经济与政治》2009 年第 6 期。

Bernanke, B., Gertler, M., & Gilchrist, S. ,The Financial Accelerator in a

Quantitative Business Cycle Framework. *Handbook of Macroeconomics,*1999, Volume 1C, pp.1341-1393.

Bianchi, J., "Overborrowing and Systemic Externalities in the Business Cycle," *American Economic Review*, 2011, 101(7), pp.3400-3426.

Borio, C., & Disyatat, P., "Global Imbalances and the Financial Crisis: Link or No Link?" *BIS Working Paper*, 2011,No. 346.

Broner, F., et al., "Gross Capital Flows: Dynamics and Crises," *Journal of Monetary Economics*, 2012, 60(1), pp.113-133.

Bruno, V., & Shin, H., "Capital Flows, Cross-Border Banking and Global Liquidity," *NBER Working Paper*, 2012, No. 19038.

Calvo, G. A., & Mendoza, E. G., "Mexico's Balance-of-Payments Crisis: A Chronicle of Death Foretold," *Journal of International Economics,*1996, 41(3-4), pp.235-264.

Chang, R., & Velasco, A., "A Model of Financial Crises in Emerging Markets," *Quarterly Journal of Economics*, 2001,116(2), pp.489-517.

Chinn, M. D., & Ito, H., "A new Measure of Financial Openness," *Journal of Comparative Policy Analysis*, 2008, 10(3), pp.309-322.

Connolly, M., & McDermott, J., "The Monetary Approach to Exchange Rates: Some Empirical Evidence," *International Monetary Fund Staff Papers*, 1986, 33(1), pp.151-178.

Dornbusch, R., Goldfajn, I., & Ocampo, J. A., "Currency Crises and Collapses," *Brookings Papers on Economic Activity*, 1995(2), pp.219-293.

Eichengreen, B., & Rose, A., "Capital Controls in the 21st Century," *Journal of International Money and Finance*, 2014, 48, pp.1-16.

Forbes, K. J., & Warnock, F. E., "Capital Flow Waves: Surges, Stops, Flight, and Retrenchment," *Journal of International Economics*, 2012, 88(2), pp.235-251.

Forbes, K., Fratzscher, M., & Straub, R., "Capital-Flow Management Measures: What are They Good for?" *Journal of International Economics*, 2015, 96, S76-S97.

Gourinchas, P. O., & Jeanne, O., "Capital Flows to Developing Countries: The Allocation Puzzle," *Review of Economic Studies,*2013, 80(4), pp.1484-1515.

Krugman, P., "A Model of Balance-of-Payments Crises," *Journal of Money, Credit, and Banking*, 1979,11(3), pp.311-325.

Lucas, R., "Why doesn't Capital Flow from Rich to Poor Countries?" *American Economic Review*,1990, 80(2), pp.92–96.

Mendoza, E. G., "Sudden Stops, Financial Crises, and Leverage," *American Economic Review*, 2010, 100(5), pp.1941-1966.

Obstfeld, M., "Financial Flows, Financial Crises, and Global Imbalances," *Journal of International Money and Finance*, 2012, 31(3), pp.469-480.

Reinhart, C. M., & Rogoff, K. S., *This Time is Different: Eight Centuries of Financial Folly*, Princeton, NJ: Princeton University Press.2009.

Reinhart, C., & Montiel, P., "The Dynamics of Capital Movements to Emerging Economies During the 1990s," *MPRA Paper,* 2001, No. 7577.

Rothenberg, A. D., & Warnock, F. E., "Sudden Flight and True Sudden Stops," *Review of International Economics*, 2011, 19(3), pp.509-524.

Schmitt-Grohé, S., & Uribe, M., Multiple Equilibria in Open Economy Models with Collateral Constraints: Overborrowing Revisited, *National Bureau of Economic Research.*2016.

第三篇
汇率决定理论

第六章 开放经济中的一价定律：购买力平价

在所有的汇率决定理论中，购买力平价理论是最简单、最直观，也最容易理解的一种。尽管从经验的角度来看，购买力平价还很难说是分析汇率变动的有效工具，但是它至少可以使我们认识汇率决定的含义、原理和过程，也是我们掌握其他汇率决定理论的基础。这就使购买力平价理论在今天的汇率决定理论中仍然占有非常重要的地位。

有关购买力平价的思想可以追溯到 16 世纪的西班牙。不过人们普遍认为，购买力平价概念是瑞典经济学家古斯塔夫·卡塞尔（Gustav Cassel）在 1918 年发表的《外汇反常的离差现象》一文中，针对第一次世界大战后各国先后脱离金币本位制，汇率变动一反常态的现实最先提出的原理。随后，他在 1920 年和 1922 年两次向当时的国际联盟提出在纸币不能兑换黄金的情况下，汇率变动应该按各国的单位货币在本国的购买力和在外国的购买力的比率而定的备忘录。1922 年，卡塞尔出版了《1914 年以后的货币和外汇》一书，奠定了购买力平价理论的基础。

卡塞尔的理论大体上是对 19 世纪经济学家论著的一种综合。简单地讲，购买力平价理论是说如果我们使用同样数量的货币，在任何国家都应该买到同样的商品组合。换言之，在各国商品价格既定的条件下，各国货币之间的兑换比例就应该保证使同样数量的货币在任何国家都买到同样的商品组合。只有在这样的汇率下，各国商品之间的价格才没有差距，即维持平价。反过来说，维持这种商品平价的汇率决定模型就是汇率决定的货币购买力平价理论。

第一节 绝对购买力平价

购买力平价的基础是一价定律，即如果采用同种货币标价，则同种商品在不同国家的绝对价格水平应该相等。由于各国商品都是用本国货币标价，所以购买力平价就要求将本币兑换成外币时，应该保证使用外币在外国和使用本币在本国买到的同样品种和同等数量的商品。而能够维持这种等价关系的汇率就是由绝对购买力平价关系决定的汇率。

一 购买力平价关系中的一价定律

购买力平价就是指对不同国家的货币来说，考虑到汇率及货币兑换因素以后，各国货币的购买力应该相等。换言之，在经过汇率折算以后，各国商品以相同货币标价的价格应该相等。而这种同种商品价格相等的现象，就是经济学中的一价定律。

一价定律可以简单地叙述为：如果两种商品完全相同，在不同地区，同种商品的价格也应该完全相等。

作为一个公理，一价定律是几乎所有经济分析的起点和基础。在充分竞争的市场环境中，价格是资源配置的杠杆，是实现经济均衡的动力。如果存在同种商品在不同地区价格不等的非均衡状态，商人们就会进行商品套利，以获取更高的利润。这样，商品就会在地区间流动，改变不同地区的商品供求关系，直到同种商品在不同地区的价格趋同，建立起新的均衡为止[1]。所以，在市场上对一价定律产生任何超常偏离的非均衡状态都会引致相应的套利行为而使经济系统恢复均衡。

开放经济中的商品套利行为就是汇率决定的购买力平价机制。

二 购买力平价是一种市场均衡

购买力平价的基础是一价定律，并且一价定律的成立是建立在市场均衡基础上的。只要市场上价格是自由浮动的，信息是充分的，进出口没有管制，购买力平价就一定能够成立。任何对购买力平价的偏离最终都会消失。

1. 固定汇率条件下的购买力平价

购买力平价是市场价格均衡的结果，与货币制度无关。但是对于这个均衡过程，我们可以分固定汇率和浮动汇率两种情景进行说明。

---

[1]　严格地说，一价定律的等价是剔除了包括运输成本等地域差别因素之后的等价。对于购买力平价来说，还应该是提出了关税之后的等价。

对于固定汇率情景的说明，我们以金本位时代为背景展开分析。

首先分析一个两国模型，这个模型中只有 A、B 两个国家。与所有理论一样，为了简化分析，购买力平价也有一系列假定，我们下面的例子也不例外。假定：两国只生产大米一种可贸易的同质产品；两国对大米的需求弹性较小；都实行自由贸易；没有贸易成本和运输成本；没有大米储备；不存在资本流动；经济在充分就业水平上运行；价格自由浮动等。

我们分析的初始状态是每公斤大米在 A 国的价格为 1 个 A 元，在 B 国是每公斤大米 100 个 B 元。在金本位条件下，1 个 A 元的含金量是 1 克黄金，1 个 B 元的含金量是 0.01 克黄金。按照黄金平价决定的两国货币的兑换比率就是 1∶100。在初始状态下，购买力平价决定的汇率与黄金平价相等，两国市场处于均衡状态。

假定在 B 国出现自然灾害并导致农业减产。由于大米供给减少，每公斤大米价格从 100 个 B 元上升到 200 个 B 元的水平，原有的均衡状态被打破。此时，在黄金平价决定的汇率水平维持不变的条件下，商人从 A 国以每公斤 1 个 A 元的价格购入大米贩运到 B 国，再以每公斤 200 个 B 元的价格出售。只要两国货币的黄金平价或含金量不变，也就是维持固定汇率，在 B 国出售 1 公斤大米就可以获得 200 个 B 元，可以换得 2 克黄金，高于在 A 国购买 1 公斤大米付出的 1 克黄金（即 1 个 A 元），就可以获得 100% 的超额利润。

使用大米进行商品套利的结果是：如果 A 国大米的供给弹性为无穷大，那么套利将进行到 B 国大米价格恢复到每公斤 100 个 B 元的水平上为止，新的均衡价格与初始价格相同。在两国大米供给既定的情况下，商品套利增加了 B 国市场上大米的供给，同时减少了 A 国市场上大米的供给，其结果就是使 B 国大米价格降低而 A 国的大米价格提高。最终大米在 B 国的价格降低为每公斤 150 个 B 元，在 A 国的价格则提高到每公斤 1.5 个 A 元。此时，在黄金平价决定的汇率水平不变的情况下，购买力平价再次成立，两国市场也重新恢复均衡。就短期分析来说，供给弹性为零的假定更接近现实情况。

至此，我们可以从这个案例中发现：在维持固定汇率的前提下，购买力平价关系具有一种自动平衡机制。商品套利会纠正对购买力平价产生的各种偏离，恢复购买力平价。但是从这个例子中也不难看出通过商品套利机制恢复购买力平价关系的代价实际上就是一种在固定汇率条件下通货膨胀的国际传递过程。当然，在固定汇率条件下，如果发生对购买力平价的偏离，恢复均衡的办法就只有一种途径，即通过商品套利改变商品在两国的比价，从而保持在原有汇率水平上各国货币之间的购买力平价关系。结果通货膨胀的国际传递过程也就不可避免了。

2. 浮动汇率条件下的购买力平价

如果黄金平价不再存在，汇率决定就只取决于货币之间的购买力平价关系，此时汇率与价格之间的关系也就变得更简单了。

一价定律应该表现为货币实际购买力的相等。更准确地说，具有相同实际购买力的不同货币在购买使用不同货币标价的商品时，名义价格一般是不相等的，但是换算成相同的货币标价，名义数量就应该是相等的。而能够保证将用不同货币标价的商品在换算为相同货币标价后价格相等的汇率，就是购买力平价汇率决定的本来含义。如果换算后的价格不相等，就要通过汇率的变化使它们相等。换言之，购买力平价实际上就意味着使一种货币量兑换为不同货币量之后依然具有相同的实际购买力。能够保证这种等价关系的兑换比例就是购买力平价关系决定的汇率水平。

也就是说，由购买力平价关系决定的汇率就是能够将名义数量不等的不同货币折算成具有相同实际购买力后，这些货币之间名义数量的比例关系。

在我们这个案例中，用简单的等式关系来表示购买力平价和一价定律关系，就是：

1 个 A 元 =1 公斤大米 =100 个 B 元

因此，由购买力平价关系决定的两国货币的汇率关系就是：

1 个 A 元 =100 个 B 元

由于以黄金平价决定的固定汇率不再存在，当购买力平价关系出现失衡时，恢复均衡的途径也不再只有通过价格变化才能恢复到原有汇率水平一种。由于根据黄金平价决定的固定汇率不再存在，商人们在进行商品套利时就必须考虑到汇率变化的风险。

与前例初始条件和冲击一样，我们假定 B 国出现自然灾害，大米供给下降，价格上升到每公斤 200 个 B 元的水平。如果预期汇率不变，商人们依然可以安全地进行商品套利。但是此时 1 个 A 元 =1 克黄金 =100 个 B 元的黄金平价不复存在，两国之间 1 个 A 元 =100 个 B 元的固定汇率关系的黄金平价基础也不复存在，汇率仅仅由货币的商品购买力平价关系决定，而此时的购买力平价关系就可以简化为：

1 个 A 元 =1 公斤大米 =200 个 B 元

而不需要同时满足 1 个 A 元 =1 克黄金 = 200 个 B 元等式不变的条件。因此，由购买力平价关系决定的 A、B 两国货币的汇率关系也相应变为：

1 个 A 元 =200 个 B 元

这样，当 B 国出现自然灾害，大米供给下降，价格上升以后，A 国就有了一个选择的自由：是维持原有汇率水平不变，听任商人进行商品套利并导致两国价格水平发生变化而最终恢复购买力平价，还是为了防止商品套利和 A 国大米价格上涨而听任 A 国货币升值。其实，A 国货币升值就是改变了由初始的购买力平价关系决定的汇率水平，因 B 国大米减产和价格上升，打破了初始的购买力平价关系以后，通过汇率变动来恢复一价定律，抑制商品套利，从而建立起新的购买力平价关系。在此，我们应该指出的是，汇率改变以后，购买力平价依然成立，因为 A 国的货币升值幅度与 B 国大米价格的提高幅度是相同的。或者我们也可以反过来看，B 国货币贬值（实际购买力下降）也同时反映为 A 国的货币升值。也就是说，只有更多的 B 币才能与原来相同数量的 A 币具有相同的实际购买力。在这种情况下，购买力平价在新的货币比价关系上依然成立，价格的变动也就不会造成商品套利，A 国也就隔离了 B 国通货膨胀的国际传递。

因此，与固定汇率相比，汇率浮动就使两国多了一种恢复经济均衡的手段。

三 对绝对购买力平价的一般表达

所谓绝对购买力平价可以表达为能够保证两个国家的绝对物价水平以同一种货币标价时价格相等的汇率水平。

从上述分析中我们已经知道，由购买力平价关系决定的汇率实际上就是指建立在一价定律基础上各国商品绝对价格与汇率的关系。币值，或者说货币的实际购买力是物价水平的倒数。因此，国内外货币的购买力平价关系其实要求的也就是各国物价水平以相同货币标价时应该是相同的，即一价定律。购买力平价说的就是货币的购买力相等。

在我们前面的例子中，只有大米一种商品。因此，大米的国内外价格就是货币购买力的唯一表现。购买力平价要求的也就是以本国货币表示的大米的国内价格应该与以本国货币表示的大米的国外价格相等。如果大米以本国货币计算的国内价格为 P，以外国货币计算的国外价格为 P^F，则只有在 $P=EP^F$ 时，也就是将以国外货币标价的国外价格折算成以本国货币标价的价格应该与在本国以本国货币标价的价格相等，此时购买力平价关系才能成立。按照直接标价法，汇率（E）等于以单位外国货币来表示的可以兑换本国货币的数量。此时，EP^F 实际上就是以本国货币表示的大米的国外价格。因此，

$$P=EP^F \tag{6.1}$$

就代表一价定律，也就是货币的购买力平价。我们只要把方程（6.1）作一个简单变换，就可以得到由购买力平价关系决定的汇率决定的表达式：

$$E=\frac{P}{P^F} \tag{6.2}$$

由于 P 和 P^F 分别代表大米在国内和国外以本国货币和外国货币标价的绝对价格水平，因此方程（6.2）又成为绝对购买力平价的汇率决定的表达式。

至此，我们不难将分析案例作一个合理的扩展：模型中不再只有一种商

品，而是包括 n 种商品，而且这些商品全部是可以进行商品套利的可贸易品。这样，原来的 P 和 P^F 就应该相应变为 n 种商品国内价格和国外价格的加权平均值。这样，我们得到：

$$E = \frac{\sum_{i=1}^{n} a^i P^i}{\sum_{i=1}^{n} a^{Fi} P^{Fi}} \tag{6.3}$$

其中，a^i 代表第 i 种商品在全部商品中所占的权重。此时，由绝对购买力平价关系所决定的汇率实际上就是国内价格指数（以本币标价）和国外价格指数（以外币标价）的比例。即

$$E = \frac{P}{P^F} \tag{6.4}$$

其中，P 和 P^F 就被赋予了不同的含义，不是单一商品的绝对价格水平，而是分别代表国内价格指数和国外价格指数。

一国的物价水平是一个国家产品生产成本的反映，任何两个国家之间物价水平的比率也就显示了两国产品竞争力的差距。所以，从购买力平价的角度看，两国货币之间的兑换比例，或者说一个国家的货币相对于另一个国家货币的价值也就反映了两国经济竞争力的对比。而在浮动汇率的条件下，汇率通过购买力平价关系又可以反过来成为影响一国产品国际竞争力的一个至关重要的因素。之所以至关重要，原因十分简单：通过技术进步来降低 10% 的生产成本，提高 10% 的国际竞争力绝非一朝一夕的易事，而通过汇率浮动 10%，就可以方便地达到相同的目的。当然，汇率的浮动也将影响国家经济生活方方面面的决策，这也是我们将在国际收支弹性分析模型和收入分析模型中研究的内容。

由于我们仅从绝对购买力平价就可以推导出国际金融学所涉及的许多问题，所以它在对国际金融许多问题的分析中都是一个基本的和重要的起点。

第二节　相对购买力平价

购买力平价就是用同质商品在各国以同种货币标价的价格应该相同的关系来说明价格与汇率之间的联系。我们在上一节讨论的是绝对购买力平价，所涉及的是包括两国 n 种贸易品绝对价格水平相等时的汇率决定。

按照这种逻辑，在相对价格稳定时期，汇率就不会发生大的变化。但是，在各国的相对价格发生很大变化时，汇率应该相应变化多少才能维持购买力平价，从而维持一价定律呢？为此，我们就要研究相对购买力平价关系。

所谓相对购买力平价关系指的就是建立在一价定律基础上各国商品的相对价格与汇率之间的关系。

假定我们的分析起点是均衡状态，从绝对购买力平价关系我们可以知道，只要各国商品比价发生变化，那么在一价定律的作用下，各国货币间的汇率就应该发生相应变化，以便使各国使用相同货币标价的同质商品价格保持相等。

由此，我们可以凭感觉得到一个直觉的推论：为了维持购买力平价关系，一个国家通货膨胀率高于（低于）另一个国家通货膨胀率的幅度应该与其汇率的上升（下降）幅度是相等的。换言之，汇率的变化在这个意义上就是要抵消各国通货膨胀的差异。

当然，经济学原理不能建立在直觉推理的基础上，我们必须给出数学证明。

首先，我们假定价格指数中各种商品所占的权重和其他有关因素不变，相对价格指数就能反映相对价格水平的变化。这样，如果我们以自然对数形式表达方程（6.1），并用相应的小写字母代表各自的对数值，即 $\ln P = p$, $\ln E = e$, $\ln P^F = p^F$，就可以得到：

$$p = e + p^F \tag{6.5}$$

然后，我们再对方程（6.5）两边对时间求导，以便得到 p, e 和 p^F 的变化率，于是，我们又得到：

$$\hat{p} = \hat{e} + \hat{p}^F \qquad\qquad （6.6）$$

为了更清楚地显示相对购买力平价的经济学意义，我们再对方程（6.6）进行简单的等价变换：

$$\hat{e} = \hat{p} - \hat{p}^F \qquad\qquad （6.7）$$

$\hat{p}$ 和 $\hat{p}^F$ 分别代表国内价格指数和国外价格指数的变化率，即通货膨胀率。$\hat{e}$ 代表汇率的变动率。这样，方程（6.7）实际上就向我们展示了这样一种关系：汇率的变化率等于国内价格指数变化率与国外价格指数变化率之差。在两国模型中，如果一个国家的通货膨胀率高于外国的通货膨胀率，该国的汇率就一定上升，本币贬值。本国的价格水平相对于国外的价格水平上升越快，本币对外币的汇率上升就会越快，本币贬值也就越快。

这个结论证明了在购买力平价关系中价格上升后汇率变化的直觉推论。

第三节　名义汇率和实际汇率

作为一种国际金融理论，购买力平价理论为了揭示底层逻辑并得出确切的结论，必须对复杂的现实进行抽象。购买力平价机制的核心是一价定律。但是，为了使一价定律成立，我们已经为模型假设了一系列的前提，如产品的同质性，不存在关税壁垒和交易成本等国际贸易障碍，不存在资本流动，价格机制充分作用，经济处于充分就业状态，等等。很显然，这些严格的假定在现实中几乎无法成立。这样，现实中对购买力平价的偏离就成了我们不可回避的一个研究课题。

从数学表达看，对购买力平价关系 $E=\dfrac{P}{P^F}$ 的偏离可以方便地用一个系数 Q 来实现。这样，我们就有：

$$E=Q\frac{P}{P^F} \qquad\qquad （6.8）$$

其中，Q 是实际汇率系数（也常常被称为实际汇率），E 就成了名义汇率。

在我们以前的讨论中，实际上一直假定汇率与购买力平价之间的关系没有出现偏离，也就是说，理论上的实际汇率与现实中的名义汇率是相等的，本国货币与外国货币的兑换比例也就等于本国价格指数与外国价格指数之间的比例。此时，我们可以把 Q 视为等于 1。但是，如果购买力平价关系决定的实际汇率与现实中的名义汇率并不完全吻合，那么 Q 就将不再等于 1。

此时，我们有：

$$Q = E \frac{P^F}{P} \tag{6.9}$$

即实际汇率取决于名义汇率和国际相对价格两个方面的因素。

对方程（6.9）取对数，然后对时间求导，我们就可以得到：

$$\hat{Q} = \hat{E} + \hat{P}^F - \hat{P} \tag{6.10}$$

方程（6.10）与方程（6.9）是等价的。但是，在判断并计算一个国家的汇率水平是高估还是低估的时候，应用起来更加方便，经济关系也更加清晰。

在购买力平价关系成立的情况下，如果名义汇率 E 不变，即在固定汇率的情况下，那么当国外价格指数上升时，本国的实际汇率 Q 就应该上升，从而使 $Q>1$。换言之，按照购买力平价关系，此时本币应该升值，但是名义汇率却没有升值，因此 $Q>1$ 就意味着本币被低估。反之，当 $Q<1$ 时，本币就被高估。当然，在浮动汇率条件下，当国外价格指数上升时，$Q=1$ 持续成立，本币的名义汇率 E 就要下降，即本币升值。如果本币不升值，E 不变，或者下降幅度不足，那么实际汇率 Q 就无法维持在 1 的水平上，则必然有 $Q>1$，本币应该实际升值，被低估。

为了进一步说明问题，我们分析两种外生冲击的效应。

①假定本国需求从国内产品转向国外贸易品，造成本国产品价格下降和外国产品价格上升，本币面临升值压力。在浮动汇率条件下，本币升值反映

了本国产品价格下降和外国产品价格上升引起货币实际购买力变化后以维持购买力平价；在固定汇率条件下，由于名义汇率 E 不变，国外商品价格上升和国内商品价格下降就会造成 $Q>1$，即本币被低估。

②假定外国生产率水平上升，外国价格水平下降。在浮动汇率条件下，本币就会出现贬值，即 E 上升，以维持实际汇率 Q 不变。在固定汇率条件下，由于名义汇率 E 不变，国外价格下降就会导致 $Q<1$，本币被高估。

从上述两种情况中我们不难发现，由于影响实际汇率的因素发生变化，如需求结构变化或国际生产率增长速度出现差异，名义汇率就应该发生变化。而如果名义汇率不发生变化，则实际汇率就要发生变化。

如果我们观察在一段时间内的 E、P 和 P^F，就可能发现对任何一组国家而言，绝对购买力平价关系并不能很好地成立。如果随着时间的推移，P^F 的上升速度快于 P 的上升速度，那么，外币应该贬值，本币应该升值。但是如果本币名义汇率的下降速度低于 P^F 对 P 的上升速度，造成 $Q>1$，本币的名义汇率就会高于本币的实际汇率，我们就可以说本币被低估而外币被高估。

对购买力平价的经验研究尽管结论不尽一致，但是在许多重要的结论上还是非常相似的。这些结论可以概括如下。①在短期内，对购买力平价关系的偏离经常出现，而且其偏离程度之大无法以统计误差来解释。②在长期内，购买力平价关系成立的情况也很少。再如，20 世纪 70 年代全球汇率水平的主要特征是长期高于购买力平价关系，而 80 年代的汇率水平却又是长期低于购买力平价关系，即汇率水平的变动是由一种不平衡演变为另一种不平衡。但是在更长的时期中，汇率的变动依然是围绕购买力平价关系的。也就是说，购买力平价关系的成立只是一种长期的趋势。③由于汇率波动剧烈，汇率波动远比价格变动大。因此，有些经济学家认为，在短期内，实际汇率的变化也许要从外汇市场上的投机活动来解释。

第四节 对购买力平价偏离的分析

汇率不仅可能在短期内偏离购买力平价关系，而且也可能在长期内持续偏离购买力平价关系。造成对购买力平价关系偏离的因素可以大致分为如下几类：

影响价格决定的因素和商品套利的因素、价格指数的局限性、价格调整与汇率调整之间的时间差距和巴拉萨—萨缪尔森命题。下面我们就分别加以说明。

一 影响价格决定的因素

首先是产品的差异性。在严格意义上，也许只有经过提纯精炼的产品，如黄金才是同质的，才具备国际套利的条件。这也就是为什么只有黄金才曾经被当作国际本位货币。其他的天然产品和绝大部分制成品，都不可避免地具有程度不等的差异性，这其中也包括诸如商品品牌的因素。例如，即使以相同材料制成的皮鞋，由于式样、品牌（这暗含着制造工艺的差距）等因素，在价格上也会表现出极大的差异。同种商品的不可比性无疑削弱了按照购买力平价决定汇率水平的可行性。

其次是信息成本和贸易成本问题。不论是为了评估汇率水平，还是为了进行商品套利，数据的获取不仅存在时间滞后，而且也要付出成本。关税、运输成本和保险金本身也会使一价定律失效。不过，对于这些成本，我们可以合理地假定它们与交易的商品价格具有一定的比例关系。这样，我们就可以对方程（6.4）表述的绝对购买力平价进行如下修改：

$$E = K\frac{P^*}{P^{*F}} \qquad\qquad (6.11)$$

这里，K 是一个常数，且 K > 1。

如果我们对方程（6.8）取对数并求导，则以 K 为代表的成本项将消失。我们又可以得到：

$$\hat{e} = \hat{p} - \hat{p}^F \qquad\qquad (6.12)$$

因此，我们可以看出，如果实际汇率 Q 不等于 1，而是等于一个常数，信息成本和贸易成本可能使实际汇率对绝对购买力平价产生偏离。但是，只要这些成本对交易的商品价格保持一定的比例，就不会对相对购买力平价关系产生偏离。

最后是非关税贸易壁垒或贸易管制等政府政策。这些政策一般不是通过增加贸易成本的方式来限制商品套利，而是直接抑制了国际的商品套利本身。由于商品套利无法进行，一价定律就可能在长期内不再成立，实际汇率也就可以在偏离购买力平价关系的水平上长期存在下去，使一价定律长期无法成立，造成实际汇率对购买力平价关系的持续偏离。

二　价格指数的局限性

关于价格指数，应该引起我们注意的问题是，在价格指数没有发生变化时，相对价格也可能发生变化。这是因为价格的变化可以在消费品之间引起替代效应，改变了不同消费品的权重，从而抵消了价格变化对价格指数的影响。但是每种商品国内外比价的变化却会引起汇率的变化。

假定日本和法国两个国家都消费米酒和葡萄酒，但是日本只生产米酒，法国只生产葡萄酒。假定此时满足我们前述购买力平价模型的一切前提条件，即不存在阻止一价定律成立的障碍，日本和法国两国政府的货币发行量也保持不变。

在初始状态下，日、法两国的消费总量分别是 10 日元和 10 法郎。在 T_0 期内，每升米酒和葡萄酒在日、法两国的价格都等于 1 个日元和 1 个法郎。但是日、法两国的消费结构完全不同：日本居民对米酒和葡萄酒的消费偏好是 9：1，而法国居民对米酒和葡萄酒的消费偏好是 1：9。

因此，按照价格指数计算的购买力平价决定的日元对法郎的汇率为：

$$E = \frac{\sum a^i P_A^i}{\sum a^i P_B^i} = \frac{9 \times 1 + 1 \times 1}{1 \times 1 + 9 \times 1} = 1$$

现在假定在 T_1 期内，日本遭受自然灾害并导致大米减产，米酒对葡萄酒的相对价格由原来的 1：1 上升到 1.5：1。在这种情况下，日本居民被迫调整消费结构，以葡萄酒代替部分米酒的消费。这样，在消费总量不变的条件下，对葡萄酒的需求由 1 升上升到 1.5 升，而对米酒的需求则由 9 升下降到 8 升。同理，法国居民也被迫调整消费结构，对葡萄酒的需求由 9 升上升到 9.5 升，而对米酒的需求也由 1 升下降到 1/3 升。

据此，我们不难分别推算米酒和葡萄酒在日本和法国的价格。已知：

日本的总消费结构：$8P_{米酒}+1.5P_{葡萄酒}=10$ 日元　　　　　　　（6.13）

相对价格关系：$P_{米酒}=1.5P_{葡萄酒}$　　　　　　　　　　　　　（6.14）

方程（6.13）和方程（6.14）联立，即可求出在 T_1 期日本米酒和葡萄酒的价格：

$P_{米酒}=1.11$ 日元，$P_{葡萄酒}=0.74$ 日元

同理，法国的总消费结构：$1/3P_{米酒}+9.5P_{葡萄酒}=10$ 法郎　　（6.15）

方程（6.15）和方程（6.14）联立，即可求出在 T_1 期法国米酒和葡萄酒的价格：

$P_{米酒}=1.5$ 法郎，$P_{葡萄酒}=1$ 法郎

此时，如果按照价格指数计算的购买力平价关系，则日元对法郎的汇率依然不变。

$$E=\frac{\sum a^i P_A^i}{\sum a^i P_B^i}=\frac{8\times1.11+1.5\times0.74}{9.5\times1+0.33\times1.5}=1$$

但是，不论是以每升米酒的日、法两国比价计算的购买力平价关系（$\frac{1.11}{1.5}=0.74$），还是以每升葡萄酒的日、法两国比价计算的购买力平价关系（$\frac{0.74}{1}=0.74$），日元对法郎的汇率水平都由 1：1 变为 0.74：1，即日元升值。

毫无疑问，不论以米酒还是以葡萄酒计算，相对价格的购买力平价更直接地体现了购买力平价关系的实质，而且分别以这两种商品计算的购买力平价相等的事实，也从更全面的角度反映了在商品相对价格发生变化时，日元对法郎实际的购买力平价关系的变化。相反，按照价格指数计算的购买力平价关系，尽管看起来更全面地反映了价格变化，但是在我们这个特定的案例

中，由于相对价格的变化被消费权重的变化所抵消，最终并没有影响价格指数，结果以价格指数对比的购买力平价就无法反映价格变化对实际购买力平价关系的影响。

因此，在使用价格指数测算购买力平价的情况下，相对价格的变化就可能引起对购买力平价关系的偏离。

三　价格调整与汇率调整之间的时间差距因素

就购买力平价的经济分析框架来说，价格和汇率都属于内生因素。在受到经济系统外生因素的外部冲击时，价格和汇率将同时发生相应的变化。但是，由于价格和汇率对外部冲击的反应速度不尽相同，价格与汇率的变化之间也会出现时间差距，因而，对购买力平价关系也会出现暂时的偏离。对于价格调整与汇率调整之间的时间差距以及有关的问题，我们将在汇率超调模型和汇率的价格传导时再进行详细论述。在此我们只要看到，由于价格调整落后于汇率调整，就会产生对购买力平价关系的偏离。当然，由此产生的偏离只是一种短暂的偏离。在长期内，购买力平价关系应该是依然成立的。

四　巴拉萨－萨缪尔森命题

由于维持购买力平价是建立在一价定律基础上的国际商品套利，所以，购买力平价模型使用的价格指数是指贸易品的价格指数。但是，如果同时考虑到非贸易品，那么购买力平价模型中的价格指数就应该是广义的一般价格指数，类似于国内生产总值平减指数。这是因为从原理上说，如果非贸易品价格指数发生变化，货币实际购买力（即一般价格指数的倒数）也会发生变化，由购买力平价决定的汇率就应该发生变化。只是由于国家间非贸易品的价格差距无法引起商品套利，因而汇率对购买力平价的偏离也就可以维持下去[①]。

为了展开说明贸易品和非贸易品与购买力平价之间的关系，我们将从这

---

① 不过有经济学家认为，贸易品和非贸易品的划分对汇率决定并不重要，因为它们之间的价格可能通过各种机制最后联系在一起，如某些贸易品的生产实际上使用了一些非贸易品的投入，或者相反。因此，贸易品和非贸易品可能具有直接或间接的替代性，只是两者之间的联系和影响要经过更长的时滞。

样一个情景展开分析和说明。①由于发达国家的汇率（E）取决于贸易品的相对价格（发达国家的贸易品价格为 P^T，发展中国家的贸易品价格为 P^T*），即 $E = \dfrac{P^T}{P^T*}$。②发达国家和发展中国家都生产贸易品和非贸易品。③由于劳动在各国国内部门间流动，各国部门间的工资是均等化的，即在发达国家存在 $W^T = W^{NT}$，在发展中国家存在 $W^T* = W^{NT}*$。④如果我们接受巴拉萨在1964年提出的发达国家间在贸易品部门的生产率大体相似的判断，那么我们不难作出如下判断：以同种货币计价，发展中国家的非贸易品价格（$P^{NT}*$）会低于发达国家的非贸易品价格（P^{NT}），即 $P^{NT} > P^{NT}*$。另外，由于贸易自由化，发展中国家和发达国家的贸易品价格却会彼此相等，即 $P^T = P^T*$。

这样，在工资水平较低的发展中国家，加权平均的贸易品和非贸易品的价格指数会比发达国家更低，即 $P > P*$。如果名义汇率仅仅由贸易品的国际相对价格决定，即 $E = \dfrac{P^T}{P^T*}$，那么，名义汇率与实际汇率之间就会出现持久差异。

具体地说，在发达国家，名义汇率会低于实际汇率，即 $\dfrac{P^T}{P^T*} < \dfrac{P^T + P^{NT}}{P^T* + P^{NT}*}$，本币被高估。也就是说，发达国家货币对发展中国家全部商品的加权平均购买力实际上要高于对发展中国家贸易品的加权平均购买力。在现实生活中的感受就是发达国家的货币到了发展中国家变得更值钱。

当然，仅仅有推论一般还是不够的，给出数学推导和证明的过程也可以帮助我们加深对问题的理解和认识。

为了证明这种推论，我们首先需要假定：

$$P^T = \frac{W^T}{X^T} \text{ 和 } P^T* = \frac{W^T*}{X^T*} \tag{6.16}$$

$$P^{NT} = \frac{W^{NT}}{X^{NT}} \text{ 和 } P^{NT}* = \frac{W^{NT}*}{X^{NT}*} \tag{6.17}$$

$$W^T = W^{NT} \text{ 和 } W^T* = W^{NT}* \tag{6.18}$$

其中，* 代表发展中国家的参数。

我们可以把方程（6.16）和方程（6.17）看作是微观经济学中价格决定的一种表达式，即价格取决于生产成本，而生产成本是工资水平的正函数和劳动生产率（X）的反函数。方程（6.18）表明，由于假定具有同质的劳动在国内各部门之间的完全流动性，各国内部各部门之间的工资是均等化的。

在此，我们还需要作出一个重要假定，即 $X^{NT}=X^{NT}*$。这个假定本身暗含着两层意义。一是假定在非贸易部门（主要是服务业，如理发、餐饮和饭店客房服务），国际的生产率差距很小；二是发达国家之所以发达的主要原因就在于它们在生产率方面的优势主要反映在贸易部门，如制造业方面，即存在 $X^T>X^T*$。

由于存在商品套利，$P^T=EP^T*$，在 $X^T>X^T*$ 的情况下，就有 $W^T>W^T*$。由于存在 $W^T=W^{NT}$、$W^T*=W^{NT}*$，所以我们有 $W^{NT}>W^{NT}*$。再考虑到 $X^{NT}=X^{NT}*$，所以发达国家非贸易品的价格水平要高于发展中国家非贸易品的价格水平。

假定发达国家和发展中国家的一般价格指数分别为：

$$P=aP^T+(1-a)P^{NT} \qquad\qquad (6.19)$$

$$P*=aP^T*+(1-a)P^{NT}* \qquad\qquad (6.20)$$

其中 a 是贸易品在价格指数中的比例，而且我们为了计算方便又假定它在发达国家和发展中国家是相等的。

为了更方便地进行比较，我们通过名义汇率将发达国家的价格转换为以发展中国家货币计价的价格。我们再把方程（6.19）和方程（6.20）代入方程（6.9），就可以得到：

$$Q=\frac{E\left[aP^{T*}+(1-a)P^{NT*}\right]}{aP^T+(1-a)P^{NT}} \qquad\qquad (6.21)$$

在贸易部门，由于存在商品套利，$P^T=EP^T*$；在非贸易品部门，发展中国家的工资水平低于发达国家的工资水平，即 $P^{NT}>EP^{NT}*$。因此，在方程（6.21）中，$Q<1$。

根据购买力平价关系，名义汇率取决于贸易品的商品套利，即 $E=\dfrac{P^T}{P^T*}$。在此需要指出的是在名义汇率的决定中，由于忽略了非贸易品在价格指数中的影响，Q 隐含的假定是等于 1。然而，从实际汇率的角度看，在全面考虑到非贸易品价格的情况下，为了使货币购买力平价关系对贸易品和非贸易品交易都成立，从方程（6.21）中我们已经知道 Q 应该小于1。而这就意味着发达国家货币对发展中国家的实际汇率低于其名义汇率，即被高估。

名义汇率与实际汇率之间的这种差别的第一种推论是：同样数量的发达国家货币在发展中国家可以买到比在发达国家更多的商品和劳务（即贸易品和非贸易品组合）。这种情况显然与购买力平价的定义不符，但是却符合我们的生活经验。这种差别的第二种推论是：进行人均收入的国际比较，特别是发展中国家和发达国家的人均收入的国际比较，不能简单地通过名义汇率的转换来完成，因为名义汇率并不能反映发展中国家和发达国家之间货币的实际购买力。必须对人均收入使用同时考虑贸易品和非贸易品的购买力平价汇率进行转换，也就是我们要用实际汇率进行转换才能避免名义汇率对实际购买力平价关系的偏离。

如果我们再进行一种合理的假定，在对非贸易品需求的收入弹性大于1的情况下，发达国家人均国民收入增长速度低于发展中国家人均国民收入增长速度。此时，发达国家对非贸易品需求的上升速度慢于发展中国家对非贸易品需求的上升速度。结果，发展中国家与发达国家在非贸易品价格方面的差距就会逐渐缩小，即 $P^{NT} \geqslant P^{NT*}$ 的程度在下降，$Q \leqslant 1$ 的程度也在下降。

这说明，随着发展中国家的经济发展，名义汇率与实际汇率之间的差距会逐渐缩小，也就是名义汇率对实际购买力平价关系的偏离会得到缓和，发展中国家货币被低估的程度就会下降，因而体现为发展中国家的货币随着经济发展逐渐升值。显然，这种情况已经被很多国家的经济发展过程所证实。

上述四个方面的因素都是从购买力平价关系本身来解释名义汇率对购买力平价关系的偏离。我们已经指出，购买力平价关系最多只是在相当长的时期内汇率变化的一种均衡趋势。从短期汇率变化和名义汇率对购买力平价关系的偏离因素来看，外汇市场上的投机活动和资本项目的变动对名义汇率的影响也是不可忽视的因素。这样，在汇率决定理论中，购买力平价关系就需要利率平价关系作为必不可少的补充。

内容提要

一价定律就是说两个相同的商品在任何地方都应该卖相同的价格。如果我们不考虑交易成本，当两个市场上同种商品价格存在差异时，商人们就会在一个市场上低价买进，然后贩运到另一个市场上高价卖出，直到供求关系改变，价格差异消失为止。这种行为就是商品套利，它是保证一价定律成立的自动市场机制。

在开放经济中，一价定律表明，两种相同商品的卖价在折算成同一种货币以后应该相同。而要把一国货币计价的价格折算成以另一种货币计价的价格，就需要利用两种货币的比价或者说汇率。因此，开放经济中的一价定律就是说某种商品的国内价格应该等于其国外价格与本币汇率（按直接标价法）的乘积。而这实际上就是购买力平价关系的方程式。

为了衡量一般价格水平，让购买力平价关系在反映一价定律时更加全面，我们不是通过观察个别商品或劳务的价格，而是采用价格指数来确定当购买力平价关系成立时不同货币之间应该具有的兑换比例即汇率。

如果汇率等于价格指数之比，则绝对购买力平价关系成立；如果汇率变化的百分比等于两国通货膨胀的差异，则相对购买力平价关系成立。

在现实中，名义汇率并不一定与由购买力平价关系决定的实际汇率时刻保持一致。购买力平价关系一般只是在长期汇率波动中表现出的一种长期均衡趋势。无法进行国际商品套利的非贸易品的存在，产品差异性、运输费用、关税、信息成本，影响商品套利的非关税壁垒的存在，价格指数本身的问题，相对价格变化与汇率变化的不同步，在出现外部冲击时，商品价格调整与汇率调整之间的差异以及巴拉萨－萨缪尔森命题等都是可能造成名义汇率偏离购买力平价关系的因素。

思考题

相对购买力平价可以准确地反映绝对购买力平价的变化吗？

如何从实际汇率系数中理解实际汇率？

巴拉萨－萨缪尔森假说反映的是什么问题？

使用购买力平价进行国际比较是不是一种有效的准确方法？

既然一价定律和商品套利能保证购买力平价关系的成立，为什么还会出现偏离？

参考文献

保罗·霍尔伍德、罗纳德·麦克唐纳：《国际货币与金融》，何璋译，北京师范大学出版社，1996。

劳伦斯·S.科普兰：《汇率与国际收支》，康以同等译，中国金融出版社，1992。

迈克尔·梅尔文：《国际货币与金融》，欧阳向军、愈志暖译，上海人民出版社，1994。

徐建炜、杨盼盼：《理解中国的实际汇率：一价定律偏离还是相对价格变动？》，《经济研究》2011 年第 7 期。

Balassa, B., "The Purchasing Power Parity Doctrine: a Repppraisal," *Journal of Political Economy*, 1982, 72, pp. 584-596.

Collin Rabe, Andrea Waddle, "The Evolution of Purchasing Power Parity," *Journal of International Money and Finance*, 2020, Vol.109.

David H. Papell, Ruxandra Prodan, "Long-run Purchasing Power Parity Redux," *Journal of International Money and Finance*, 2020, Vol.109.

Engel, Charles, "Accounting for U.S. Real Exchange Rate Changes," *Journal of Political Economy*, 1999, 107(3), pp. 507-538.

Froot K. and K. Rogoff, "Perspectives on PPP and Long-Run Real Exchange Rates," NBER Working Papers, 1994, No.4952.

Imbs, Jean, Haroon Mumtaz, Morten O. Ravn and Hélène Rey, "PPP Strikes Back: Aggregation and the Real Exchange Rate," *Quarterly Journal of Economics*, 2005, 120(1), pp.1-43.

James R. Lothian, "Purchasing Power Parity and the Behavior of Prices and Nominal Exchange Rates Across Exchange-rate Regimes," *Journal of International Money and Finance*, 2016, Vol.69, pp.5-21.

Jun Nagayasu, "Causal and Frequency Analyses of Purchasing Power Parity," *Journal of International Financial Markets, Institutions & Money*, 2021,

Vol.71.

Michael Morrison, Matías Fontenla, "Purchasing Power Parity Across Eight Worlds," *Economics Letters*, 2017, Vol.158, pp.62-66.

Officer, L. H., *Purchasing Power Parity and Exchange Rate: Theory, Evidence and Relevance*, Greenwich, CT: JAI Press.1982.

Ohlin B., *Interregional and International Trade*, Cambridge, MA: Harvard University Press.1967.

Rogoff K., "The Purchasing Power Parity Puzzle," *Journal of Economic Literature*, 1996, Vol.34, pp.647-668.

Tsangyao Chang, Han-Wen Tzeng, Long-run Purchasing Power Parity with Asymmetric Adjustment: Further Evidence from Nine Transition Countries, 2011, Vol.28, pp.1383-1391.

第七章　开放经济中的金融市场：利率平价

在购买力平价中我们已经看到，如果一个国家的经济向其他国家开放，那么就意味着本国商品的价格水平和国外商品的价格水平之间可能存在某种固定的关系，即一价定律。布雷顿森林体系解体以后，金融项目在汇率决定中的地位日益重要，购买力平价理论从经常项目考虑汇率决定就出现了缺憾。在这一章，我们将分析的重点从商品市场转移到金融市场。我们的出发点虽然还是一价定律，但是分析的重点则是本国金融资产价格（收益率）与外国金融资产价格（收益率）之间的关系。另外，购买力平价理论没有考虑远期外汇市场和远期汇率问题在利率平价中也可以得到体现。最后，由于金融资产在产品同质性和交割方便性方面具有商品无法比拟的优势，在资本项目自由化的国际环境中可以方便地进行国际套利，所以我们有理由相信一价定律在金融资产的价格上表现得会更加充分，这也是我们在后面将经常提到的资产价格调整速度比商品价格调整速度更快的原因。

在这一章，我们假定只有一种金融资产，即货币。因而也只有一种资产价格，即利率。所以，我们从金融资产的国际套利角度对汇率决定展开的分析也就被称为利率平价理论。

第一节　无抛补的利率平价

与购买力平价关系的机制相仿，利率平价关系的机制也是一价定律，也依赖于套利活动。为了清楚地描述这一过程，我们来分析一个案例。

假定有一个 A 国居民，在 2023 年 1 月 1 日有 1000 A 币可以进行为期一年储蓄投资。在我们熟悉的两国模型中，假定 A、B 两国没有外汇管制，实行资本项目自由化的外汇政策，资本完全替代，且 A 国的利率水平为 r，B 国的利率水平为 r^F，汇率 $E=\$/£=1.25$，A、B 两国均无通货膨胀，存款无风险，或存款保险的支付率为 100%。于是，投资者就有了 X、Y 两种投资方案：

（1）X 投资方案为：以 1000 A 币在 A 国银行储蓄一年，可以在 12 个月以后获得总计 $1000 \times (1+r)$ 的 A 币本息。收益是完全确定的，没有任何风险。

（2）Y 投资方案为：先将 1000 A 币按照 1.25 的汇率换成 800 B 币，然后存入 B 国银行，12 个月以后获得总计 $800 \times (1+r^F)$ 的 B 币本息，再将这些 B 币本息按照 12 月 31 日的汇率 E^e 换回 A 币。需要注意的是，投资者在期初进行投资决策时，无法确定期末的汇率水平。所以，我们在此将期末汇率记为 E^e，上标 e 的含义即为投资者在期初对期末汇率水平的预期。

通过分析几个具体情景，我们来说明国际套利的决策过程。

案例 1：假定 A 国的一年期存款的利率水平为 5%，B 国的利率水平为 6%，A 币对 B 币以直接标价法标价的汇率为 1.25（即 1 个 B 币可以兑换 1.25 个 A 币），A 国投资者有 1000A 币准备进行为期一年的存款投资，并且他预期年末 A 币将贬值，汇率将由 1.25 上升到 1.5。可供选择的方案和结果由表 7.1 显示。

表 7.1　可供选择的方案和结果

A 国方案		B 国方案	
做法	收益	做法	收益
1 月 1 日			
年利率	5%		6%
存款额	1000A		1000A
即期汇率			1.25（A/B）
		兑换为 B 币	800B
存款	1000A		800B
12 月 31 日			
取出存款	1050A		848B
预期汇率			1.5（1）1.25
以 B 币换 A 币			1272A（848A）1060A

如果 A 币真的如投资者预期发生了贬值，对 B 币的汇率水平由 1.25 上升为 1.5。这样，投资者除了获得 1%（8B 或 10A）的利差之外，由于 A 币贬值，

当投资者在期末将 848B 币的本息换回 A 币时，也同时获得了额外的 212A 币（即 848×1.5 减去 848×1.25）的套汇收益。显然，1272A 大于 1050A，所以结论就是在 B 国存款。

我们还可以再假设两种情景进行讨论。

在第一种情况下，我们假定 A 币币值稳定不变，即在年底 A 币对 B 币的汇率依然为 1.25。由于 A 币没有升值，而 B 国的利率水平高于 A 国 1%，A 国投资者可以通过套利行为获得这 1% 的利差，即 10 个 A 币，国际套利依然是有利可图的。

第二种情况就是我们在表 7.1 括号中显示的那样，假定到了年底 A 币非但没有贬值，相反却出现了升值，对 B 币的汇率水平由 1.25 下降到 1。此时，投资者虽然依旧可以获得 1%（8B 或 10A）的利差，但是由于 A 币升值，当投资者在期末将 B 币本息换回 A 币时，也同时承受了额外的 212A 币（即 848×1 减去 848×1.25）的升值损失。

总之，在不考虑汇率变化对套汇收益造成风险的情况下，如果资金价格（利率）的一价定律遭到破坏，就必然造成资本在国际的套利流动。需要指出的是，这种流动的最终平衡不一定是利率变动，比如 A 国资本市场因为资本流出而造成利率上升，B 国资本市场因资本流入而出现利率下降。这是因为这些套利资金最终还会流回到 A 国，因此从最终的结果看，两国资本市场上的利率水平不会发生变化，最终会阻止资本流动。如果要维持这种利差，就需要有不断的资本流动，循环往复。

因此，当两国资产的收益率水平不相等时，真正的均衡机制应该是汇率的变动，或者更准确地说是通过对期末汇率预期的变动来阻止资本流动。而通过期末预期汇率的变动来阻止资本流动又在于通过汇率变动造成的汇差来抵消两国之间存在的利差，从而使两国资本的实际有效收益相等。这意味着我们对于利率平价的理解就不能仅仅局限在利差上，而应该关注的是资本的实际有效收益，即经过利差和汇差共同作用以后的收益。在这个意义上，利率平价并不要求两国之间名义利率绝对水平的相等。换言之，利率平价的含义在于两国之间的名义利率可以不相等，但是这种利差必须被汇差所抵消。而这种能够正好抵消利差的汇率水平，就是汇率决定的利率平价模型的真正含义[①]。

表 7.2 就表明了这样一种利率平价关系。

表 7.2　利率平价关系

A 国方案		B 国方案	
做法	收益	做法	收益
1 月 1 日			
年利率	26%		5%
存款额	1000A		1000A
汇率			1.25（A/B）
		兑换为 B 币	800B
存款	1000A		800B
12 月 31 日			
取出存款	1260A		840B
预期汇率			1.5
以 B 币换 A 币			1260A

按照表 7.2 中假设的情况，即使在初始条件下，A 国的利率水平比 B 国高出 21 个百分点，只要市场预期年底 A 币将贬值 20%，则依然可以保证两国资产的实际有效收益相等，从而处于利率平价状态。

我们可以分别用图 7.1 和表 7.3 来表明投资者方案选择和决策的一般过程。

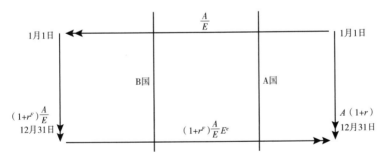

图 7.1　套利过程示意

---

① 类似地，对于购买力平价我们也可以这样来理解：购买力平价要求的是两国换算成相同货币标价的商品价格水平的相等，而不是要求按照各自货币标价的商品价格水平的相等。事实上，在大多数情况下，正是因为按照各自货币标价的商品价格水平不相等，为了保证这些按照各自货币标价的不相等的商品价格在兑换为相同货币标价时相等，这时的兑换比例（汇率）才是汇率决定的购买力平价模型的真正含义。

表7.3　套利过程

A国方案		B国方案	
做法	收益	做法	收益
1月1日			
年利率	r		r^F
存款额	A		A
汇率			E
		兑换成B币	A/E
存款	A		A/E
12月31日			
取出存款	$A(1+r)$		$(A/E)(1+r^F)$
预期汇率			E^e
以B币换A币			$A(1+r^F)(E^e/E)$

结论：若 $A(1+r) > A(1+r^F)(\dfrac{E^e}{E})$，则在A国存款；

若 $A(1+r) < A(1+r^F)\dfrac{E^e}{E}$，则在B国存款；

若 $A(1+r) = A(1+r^F)\dfrac{E^e}{E}$，则利率平价成立。

从表7.3中可以看出，只有当 $(1+r) = (1+r^F)\dfrac{E^e}{E}$ 时，两国模型中的套利行为才会停止，即处于均衡状态。也就是说，在考虑到套利行为所涉及的汇率风险造成的损益以后，资本国际套利的实际有效收益为零。此时，r，r^F，E^e 和 E 之间的关系就是：

$$1+r = (1+r^F)\frac{E^e}{E} \tag{7.1}$$

在表7.3中我们看到，由于 $r^F > r$，在 $E^e = E$ 的情况下，我们有 $1+r < (1+r^F)\dfrac{E^e}{E}$ 的不均衡关系，资金将从A国流向B国。如果此时又有 $E^e > E$，则 $(1+r) \leqslant (1+r^F)\dfrac{E^e}{E}$。此时，要恢复方程（7.1）的均衡关系，就应该使 r^F 下降，或 r 上升，或 E^e 下降，或这几种调整同时进行。

在固定汇率的情况下，如果 A、B 两国为了实现各自独立的货币政策，需要稳定各自的利率水平不变，为了避免国际套利对本国货币供给造成的短期冲击，就必须调整汇率，即在无法改变 E 的情况下改变 E^e。表 7.2 显示了在两国利率差距发生变化时，投资者的 E^e 发生变化后维持均衡状态的情景。

这时，我们不难发现在资本市场上一价定律的作用过程与商品市场上一价定律的作用过程以及它们在两个市场上表现出来的自动平衡机制的相似性。这种相似性也就是利率平价的汇率决定理论与购买力平价的汇率决定理论之间的相似性。

商品市场上一价定律的失败将导致商品套利，并由相应的价格变动最终实现新的均衡。如果要抑制商品套利，又要维持各国商品市场上价格的差异，通过汇率变动以恢复购买力平价就成了一种必然的选择。[①]

因此，由购买力平价关系决定的汇率的核心就是：将一定数量的某种货币换成外币以后，使其在国外可以购买的商品组合与它在国内可以购买到的商品组合相等的那样一种兑换率就是由购买力平价关系决定的汇率，即价格的差距必须被汇差所抵消，从而依然保证一价定律成立。

与此相似，在资本市场上一价定律的失败（即国际利率的差异）将导致国际资本套利，并由相应的利率变化最终实现新的短期均衡。如果为了阻止国际资本套利，同时各国政府又要在既定的宏观经济政策目标下维持各自的利率水平，通过调整汇率以恢复利率平价关系也是一种政策选择，即只有汇率浮动才能维持国内宏观经济政策的有效性。

所以，由利率平价关系决定的汇率水平的基本含义就是：将一定数量的本币换成外币，并且在国外投资获得本息以后，以外币本息再换回本币本息时的那种汇率水平，应该保证与使用本币直接在国内投资获得的本币本息相等。从方程（7.1）表现的利率平价关系来看，在国内外利率水平差距不变的条件下，只有改变 E^e 才能用汇差抵消利差，保证资产的实际有效收益相等，恢复利率平价关系。

第二节　抛补的利率平价

按照前面的分析框架，投资者在进行国际套利决策时，无法确定在套利

---

① 在这个意义上说，商品套利与资本套利一样，也面临汇率风险。只是我们在分析购买力平价关系时，为了使问题简化，将这个问题省略了。

结束时将以外币为面值的本息换回本币时的汇率水平。毫无疑问，在现实中汇率的微小波动都足以抵消相比来说微不足道的利率差距。表 7.2 括号中的数字表明，A 国的利率水平要比 B 国的利率水平高出 21 个百分点，才能弥补一年以后 A 币贬值 20% 所造成的将 B 币本息兑换成 A 币时的汇率损失。在通货膨胀没有失控的正常情况下，一年内汇率波动 20% 是可能的，但是本国与外国的利差维持在 21 个百分点几乎是不可能的。

由于汇率的易变性，不仅预测汇率波动的方向十分困难，预测汇率在某一时点上的变动幅度更是几乎无法做到。汇率预测的难度对专家如此，对普通的套利者来说更是近乎赌博和投机。这就大大降低了国际套利的可行性，降低了国际套利对维持利率平价关系上具有的自动稳定器的作用。在上一节的分析中，我们只是假定国际套利者属于风险中立，而且汇率的变化与套利者的预期没有差异，或者干脆假定汇率固定不变。这种假定与布雷顿森林体系崩溃、汇率浮动合法化的现实相去甚远，以至于我们可能已经无法接受在这种假定下推导出的利率平价理论。在这个意义上，利率平价理论上可能只具有科学研究方法论上的意义。

在我们上一节的分析中，对于一个 A 国投资者而言，在 B 国存款的风险主要产生于期末汇率水平 E^e 的不确定性。由于投资 B 币资产获得的收益只有在 12 月 31 日转换成 A 币后才是有效的，因此在 1 月 1 日进行存款决策时，投资者必须对年底的汇率水平作出预测。在表 7.2 中，如果我们假定 12 月 31 日的汇率不是 1.25 个 A 币兑换 1 个 B 币，而是 1 个 A 币兑换 1 个 B 币，即 A 币不是贬值而是升值，将 848 个 B 币的本息换回 A 币时仅有 848 个 A 币。在这种情况下，即使 B 国的利率水平提高到 20% 也无济于事。如果 A 国投资者预测到这种汇率变化，B 币存款的吸引力就会大大小于 A 币存款的吸引力，而如果投资者没有预测到这种汇率的变化，那么他在将 B 币本息换回 A 币时就会出现严重的亏损。

假定投资者是厌恶风险者或者是风险中立者，既想获取国际利差，又想将国际套利的风险降低到零，就必须考虑一些稳妥的办法，如不必等到 12 个月以后再将 B 币换成 A 币，而是与其他人签订合同，预先达成将 B 币本息换成 A 币的交易。这个合同规定在 12 月 31 日以 1 月 1 日远期外汇市场上的远期汇率将确定数量的 B 币本息兑换成 A 币。由于对一定数量的 A 币来说，在 B 国存款的期末本息数量是确定的。而通过远期外汇交易合同，投资者又可以在年初进行投资决策时将汇率波动的风险完全规避掉，确定在年底套利的实际有效收益，并依此进行决策。

通过利用远期外汇市场，投资者在决策时就有了套利期末固定的汇率水平。这样，在 12 月 31 日，投资者也就不是临时将 B 币本息拿到即期市场上去兑换 A 币，而是去执行远期合同，按合同规定的汇率将既定数量的 B 币兑换成 A 币。由于通过远期市场固定了套利期末的汇率，方程（7.1）中的期末汇率 E^e 也就不必再是投资者的预期汇率，变成年初远期外汇市场上一年期的远期汇率，在此我们将它标为 F。这样，我们就有了抛补的利率平价关系成立时本国利率 r、国外利率 r^F、即期汇率 E 和远期汇率 F 之间的关系：

$$1+r=(1+r^F)\ \frac{F}{E} \tag{7.2}$$

显然，抛补的利率平价关系与无抛补的利率平价关系都是以国际金融市场上的一价定律和国际套利为基础的，在方程表达式上看并没有明显的差异。唯一不同之处就是投资者对远期汇率的预期被远期汇率取代。这样，当本国利率 r、国外利率 r^F、即期汇率 E 和远期汇率 F 等四个因素全部固定以后，投资者就可以方便地计算出年底确定的套利收益，规避了国际套利中的汇率风险，套利也就具有了可行性。当然，规避汇率风险意味着在避免了汇率波动可能带来的损失的同时，也放弃了在市场汇率出现有利变动时可能出现的额外收益。所以说抛补的利率平价关系适于解释风险厌恶或风险中立的投资者的套利过程。严格地说，套利者不同于套汇者，他们关注的只是利差受益。

第三节　对利率平价关系的说明

为了加强对利率平价关系的理解，我们可以从不同角度展开新的分析。

一　对利率平价关系的再认识

从利率平价关系看汇率的决定，实际上就是要在国别利率存在差异的前提下，通过汇率的持续变动来抵消投资者进行国际套利的收益。与购买力平价关系一样，利率平价关系的基础也是一价定律。正如汇率的购买力平价关系是为了使以各国货币计价的价格换算成以相同货币计价时价格相等一样，利率平价关系决定的汇率也是在各国利率不相等的情况下，为使金融资产收益在以不同国家的货币计价具有不同水平的情况下，将本息兑换成同一种货币后，就应该具有相同的实际有效收益水平的那个远期汇率水平。事实上，方程（7.2）

$$1+r=(1+r^F)\,\frac{F}{E}$$

所反映的就是这样一种由一价定律决定的远期汇率。

但是，方程（7.2）的含义看上去还有一些不太直观，所以我们需要通过近似的数学变换更直接地反映出利率平价的核心含义。

首先，我们知道 $F=E+(F-E)$ 是能够成立的。这样，我们又可以得出：

$$\frac{F}{E}=1+\frac{F-E}{E}\ \text{或}\ \frac{F}{E}=1+\Delta E \tag{7.3}$$

将等式（7.3）代入方程（7.2），可以得到：

$$1+r=(1+r^F)\,(1+\Delta E)$$
$$=1+r^F+\Delta E+r^F\Delta E$$

由于 $r^F\Delta E$ 是利率和预期汇率变化率，在没有货币大幅度贬值或过度通货膨胀的正常情况下，这个乘积项一个二阶小量，可以忽略不计。于是，我们就有：

$$r=r^F+\Delta E\ \text{即}\ r-r^F=\frac{F-E}{E} \tag{7.4}$$

方程（7.4）就可以看成是抛补的利率平价的核心含义，即本国利率高于（低于）外国利率的差额等于本国货币的远期贴水（升水）。

对于无抛补的利率平价关系，我们只要将方程（7.4）中远期汇率 F 换成预期的未来汇率 E^e。其含义就是：本国利率高于（低于）外国利率的差额等于本国货币预期的远期贴水（升水）。

在方程（7.4）中，$\frac{F-E}{E}$ 就是远期升水（贴水）。若 $\frac{F-E}{E}$ 为正，即 $F>E$，货币贬值，则代表远期贴水。如果 $r<r^F$，则 $\frac{F-E}{E}$ 就必须为负，即本币远期升水才能维持利率平价关系。因为当 $r<r^F$ 时，本国的资金将通过即期外汇市场流入外国，使本币贬值，E 上升。与此同时，在远期外汇市场上，抛补的套利资金回流会增加对本币的需求，使本币出现远期升水，汇率下降，即 $F<E$。

所以，$\frac{F-E}{E}$ 也被称为"抵补成本"，即用来抵补因为国内外利差（$r-r^F$）形成的套利收益。当 $r<r^F$ 时，$\frac{F-E}{E}$ 也为负，当 $r>r^F$ 时，情况则相反。

如果我们用 CD 来代表抵补利率差额（即经过汇率变动损益抵补后的国内为利差），则我们就可以得到：

$$CD=r-r^F-\Delta E \tag{7.5}$$

换言之，CD 就是考虑到远期汇率抵补后在国内投资的有效收益。当 $CD>0$ 时，外国资本将流入国内，因为扣除汇率抵补后的外国投资收益小于本国投资收益。如果 $CD<0$，国内资本就会流向国外。如果 $CD=0$，国内外投资就处于均衡状态。

如果我们将方程（7.5）再进行一次简单的变换，就可以得到：

$$\Delta E=r-r^F \tag{7.6}$$

如果用文字来表达，在我们的案例中，方程（7.6）说明的就是 A 币对 B 币汇率的变动等于 A、B 两国的利率差额，也是对利率平价关系或者说国内外投资的实际有效收益相等的表达式。

二　利率平价与相对购买力平价

为了更好地理解利率与汇率之间的关系，可以用通货膨胀率将二者联系起来。而要把汇率、利率和通货膨胀率联系起来，就必须了解通货膨胀率在利率决定中的作用。

名义利率就是市场上实际观察到的利率，它表明以名义货币计量的借贷成本或收益，不包括人们对通货膨胀的预期；实际利率则用来衡量以名义货币计量的本息在扣除通货膨胀因素后的实际借贷成本或收益。也就是说，在考虑到通货膨胀因素以后，市场利率的决定就要包括借贷期内的预期通货膨胀率，以便为贷款人提供正的实际资本收益。

预期通货膨胀率对名义利率水平决定的效应就是宏观经济学中的费雪效应，而通货膨胀率与利率之间的关系可由费雪方程式来表达：

$$r = i + \hat{P} \tag{7.7}$$

其中，r 为名义利率，i 为实际利率，$\hat{P}$ 为预期的通货膨胀率。方程（7.7）说明，名义利率应该等于实际利率与预期通货膨胀率之和。

将费雪方程式（7.7）和利率平价方程式（7.6）结合在一起，我们就能找出利率、通货膨胀率和汇率之间的关系。

首先，我们来看 A 国和 B 国的费雪方程式：

$$r = i + \hat{P} \qquad 以及 \quad r^F = i^F + \hat{P}^F \tag{7.8}$$

如果国际资本自由流动，则实际利率相同，即 $i = i^F$，而各国不同的货币政策导致名义利率又会因预期的通货膨胀率不同而有所不同。这样，我们又可以得到：

$$r - r^F = E \qquad 即 \quad \hat{P} + \hat{P}^F = \Delta E \tag{7.9}$$

方程（7.9）的前半部分，就是国外投资有效收益和抵补成本的另一种表达式，而后半部分就是我们在上一章讲过的相对购买力平价关系。[1] 它表明

---

[1] 但是在利率平价理论和费雪方程式中，对价格变动率的解释则与相对购买力平价理论中对价格变动率的解释有所不同。前者假定通货膨胀是货币性的，而后者由于抽象掉了货币因素，仅考虑经常项目和实质经济因素，通货膨胀的原因就只能归结为产量的下降（如我们在上一节模型中出现的外部冲击）。

汇率变动率取决于本国和外国预期的通货膨胀率的差异。

如果说在推导相对购买力平价关系时主要是从数学角度进行推理得出结论的，那么在这里，我们就可以体会出相对购买力平价关系的另一种意义。从购买力平价关系的角度讲，汇率的变化取决于由商品供求因素所引起的那种通货膨胀差异；从利率平价关系的角度讲，汇率的变化又取决于由货币因素所引起的那种通货膨胀差异。而对通货膨胀的不同解释也就形成了对汇率变动不同的理论解释。

三 汇率、利率和利率的期限结构

如果进一步分析利率和汇率之间的关系，就会涉及预期汇率与利率的期限结构问题。

利率的期限结构指的就是借贷期不同的各种借贷资金的利率结构。例如，在债券市场上我们可以看到3个月、6个月、1年、3年甚至期限更长的利率水平是不同的。在正常情况下，这些债券的利率随着到期期限的延长而上升，所以我们观察到的利率的期限结构就是上升的期限结构；如果这些债券利率水平的变化与其期限无关，那么我们观察到的利率的期限结构就是水平的期限结构。我们把在不同期限的借贷资金的利率连成一条线，然后通过确定该线的斜率就可以分析利率的期限结构。

我们可以用货币的期限结构来推断汇率的变化。如果我们可以比较A、B两国1个月和3个月的存款利率，在不存在对资本国际流动的控制、各国市场相互开放、资本自由流动的情况下，根据利率平价关系，这两种利率结构之间的差距就应该反映预期的汇率变化。

从利率平价关系出发，当一国利率高于他国利率时，预期高利率国家的货币会对低利率国家的货币贬值。由于资本国际套利，在各国进行投资的有效收益会趋于相等。这样，在一国利率高于他国利率的情况下，恢复利率平价的唯一办法就是预期高利率国家的货币贬值。按照方程（7.4），当国内利率上升时，国外投资的有效收益，即 $i^F + \dfrac{F-E}{E}$ 也应该提高。在 i^F 不变的情况下，$\dfrac{F-E}{E}$ 必须上升才行。即 $F-E$ 应该上升，也就是 $F>E$，本币贬值。

为了更清楚地说明这一点，我们再对方程（7.4）进行简单变换，得到：

$$i-i^F = \frac{F-E}{E} \qquad\qquad （7.10）$$

式（7.10）说明，当利率和汇率有相同的期限时，两国的利率差距等于本国货币的远期升水或贴水。如果反过来把远期汇率看成是对未来即期汇率的市场预测（事实也往往如此），那么我们可以说，利率差也大约等于即期汇率的预期变化。这意味着在期限结构的每一个点上，各国利率差应该反映两国汇率的预期变化。如果两国利率相等，那就意味着在未来相应的时期内汇率预期将不会发生变化。如果两国利率的期限结构曲线相互分离，或者说分离距离越来越大，则高利率的货币的贬值速度会加快。反之，如果两条利率的期限结构曲线逐渐趋同或越靠越近，则高利率的货币的贬值速度就会减慢。

通过利率的期限结构和汇率的关系，我们不难得出这样一个结论：如果某国家的货币没有远期外汇市场，那么通过该种货币与其他某种货币之间存在的利率差，我们依然可以预期该种货币的未来汇率。

第四节　抛补的利率平价、远期外汇市场和远期汇率

从我们前述抵补的利率平价过程看，在国内外利率水平存在差异时，例如 $r>r^F$，一般风险中立或厌恶风险的外国投资者就会利用远期外汇交易进行国际资本套利，即外国资本流入本国。由于套利结束后套利资本又将流出，所以他们在进行国际套利时就在远期外汇市场上形成了对外币的需求和本币的供给。与此同时，本国的出口商则需要利用远期外汇市场进行套期保值，即在远期外汇市场上卖出外汇换取本币，从而在远期外汇市场上形成对外币的供给和对本币的需求。

如果远期汇率水平较低，即本币具有升值的趋势，套利者就会在即期市场买入本币，而使远期外汇市场上本币的供给增加。反之，如果远期汇率水平较高，即本币具有贬值趋势，就会刺激套利者在即期市场买入外币，并在远期外汇市场上形成对本币的需求（减少远期本币的供给）。这样，在图7.2

中，远期本币的供给曲线向下倾斜，斜率为负，即在远期外汇市场上本币的供给随着远期汇率的上升而下降。

如果远期汇率水平较低，即本币具有升值的趋势，本国出口就会下降，导致本国出口商利用远期外汇市场进行套期保值的数量下降，使远期外汇市场上对本币的需求下降。反之，如果远期汇率水平较高，即本币具有贬值趋势，本国出口就会上升，本国出口商利用远期外汇市场进行套期保值的交易量也会上升，从而在远期外汇市场上增加对本币的需求。因此，远期本币的需求曲线向上倾斜，斜率为正，即在远期外汇市场上对本币需求随着远期汇率水平的下降而下降。

假定本币远期汇率水平 F 处于图 7.2 中 A 的位置。我们还假定在此时，国内的利率水平高于国外的利率水平。这种情况造成本币的抵补套利收益为正，投资者的套利行为导致资本流入，同时在远期外汇市场上增加了本币的供给，使远期本币供给上升到 Q_1。

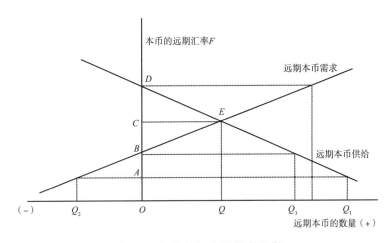

图 7.2　远期外汇市场供求均衡

在 A 点的远期汇率水平上，由于货币高估，出口受到严重打击，本国出口商不仅停止了出口生意，而且也从事进口。结果，在远期外汇市场上对本币的需求为负，在图中表现为 Q_2，即出口商的进口在远期外汇市场上也供给本币。由于外汇市场上失去了对本币的需求，本币一定贬值。

当远期汇率水平从 A 点上升到 B 点，出口商停止进口，在远期外汇市场上对本币的需求就等于零。在 B 点，虽然出口商对本币的需求等于零，但是，由于本币依然高估，外国套利者依然会进行资本套利，在远期外汇市场上供给 Q_3 的本币。由于远期外汇市场本币供给大于需求，本币汇率还会从 B 点上升。随着本币的远期汇率从 B 点上升，本国出口也随之上升，出口商在远期外汇市场上对本币的需求也逐渐上升，而外国套利者在远期外汇市场上供给的本币也从 Q_3 开始减少。最后，在 C 点的远期汇率水平上达到均衡。此时，远期本币的供给和需求相交形成均衡点 E，即在远期外汇市场上，本国出口商对本币的需求量与外国套利者供给的本币量相等，都等于 Q。

在图 7.2 中，对本币的供给和需求曲线相交于 E 点，并由此确定了均衡的远期汇率水平 C。在这个汇率水平上，套利者供给 Q 数量的远期本币正好与出口商在此汇率下对本币的需求相等 [1]。

在 D 点的远期汇率水平上，抵补利率差额才等于零，利率平价关系才能成立，对本币的远期供给才等于零。但是在这个远期汇率水平上，又存在出口商对远期本币的需求，因此也不是最终均衡点。

第五节　利率平价与有效市场

与购买力平价关系一样，利率平价关系在现实中也会存在偏离的情况。对此，我们可以分无抛补的利率平价关系和抛补的利率平价关系两种情况加以讨论。

首先，无抛补的利率平价关系是否成立这个问题本身就存疑：无抛补的利率平价是建立在对未来汇率预期的基础上的，而对未来汇率的预期是一个不可观测的变量，很难从量上加以衡量，一般仅仅属于人们的主观预测。

诚然，我们可以根据市场上的交易情况假定一个确定的数据来代替方程（7.1）中的 E^e，但是，由此就出现了双重假定的问题，我们仍然不能对无抛补的利率平价关系是否成立的问题进行检验。例如，我们可以根据市场上的交易情况假定 $E^e=F$，然后根据利率平价关系我们可以得出 $r=r^F$，也可能发现

---

[1]　值得指出的是，在远期汇率水平 C 上，依然存在国际资本套利。只有在 D 的水平上套利活动才会停止。

$r \ne r^F$。此时我们却不能由此断定说无抛补的利率平价关系不成立。因为在这种情况下，既可能是因为出现了对利率平价关系的偏离，也可能是因为市场对未来汇率预期错误。

换言之，我们在检验有关变量之间利率平价关系正确性的同时也对市场关于未来汇率变动的预期进行了检验，即在一个检验中出现了双重假定，或者从数学角度说是在一个方程中有两个变量。

为了解决双重假定问题，我们就必须确定市场对未来汇率的预期 E^e 的数值。而这在抛补的利率平价关系中就可以通过以市场既定的远期汇率来实现。所以我们可以通过抛补的利率平价过程来检验利率平价关系。

对于抛补的利率平价关系，一般只要具备以下四个条件就能大体保证其成立。

（1）必须有充足的套利资金。这主要是指当国际出现利率差距时，各国的套利者可以利用足够多的自由资金进行套利，并足以消除国际的任何利差。

（2）需要有一个高效率的即期和远期外汇市场。一个深的、高效率的市场意味着市场信息的流通非常有效，可以使交易者能够进行投机而最终消除套利的实际有效收益，保证利率平价关系成立。

（3）套利的交易成本很低。实际上，在一个满足充分竞争的环境中，特别是在外汇市场的经纪制度相对发达时，套利的交易成本基本上是可以忽略的。否则，就会出现对利率平价关系的偏离。当然，只要满足

$$\left| (1+r)-(1+r^F)\frac{F}{E} \right| < C \tag{7.11}$$

套利就会存在（其中 C 是进行套利的交易成本）。因此，我们就可以对利率平价关系做如下修正：

$$1+r=(1+r^F)\frac{F}{E}+C \tag{7.12}$$

（4）各国政府对资本项目下的国际资本流动实行自由化的政策。显然，如果政府控制金融资本的流动，那么各国的资本市场之间就会存在有效壁垒，

套利者就不能自由地买卖国际货币和证券，那么对投资收益的差距作出反应的市场力量也就难以发挥作用。

除此之外，各国在收益税方面的差别，国际投资的政治风险以及从利差出现到投资者获得信息，决策和进行套利并对市场价格产生影响之间的时滞都会造成对利率平价关系的偏离。

从国际经济学家的研究结果看，在二战以后的固定汇率时期，由于国际套利的汇率风险较低，利率平价关系大体成立。而在布雷顿森林体系崩溃以后实行浮动汇率初期，利率平价关系在现实中出现一定偏离。但是，随着各国政府纷纷解除对国际金融市场的管制，各国的利率水平逐渐趋于一致。在此，我们至少应该看到，由于从理论上说，资本市场上的价格比商品市场上的价格调整速度更快，因而利率平价关系比购买力平价关系更接近现实情况，使用利率平价关系分析短期汇率的变动也应该更有效。

内容提要

与购买力平价关系的机制相仿，利率平价关系的机制也是一价定律，也依赖于套利活动。

由利率平价关系决定的汇率水平的核心就是：将一定数量的本币换成外币，并且在国外投资获得本息以后，以外币本息再换回本币本息时那种汇率水平，应该保证与使用本币直接在国内投资获得的本币本息相等。在国内外利率水平差距不变的条件下，只有改变 E^e 才能用汇差抵消利差，保证资产的实际有效收益相等，恢复利率平价关系。

在资本市场上一价定律的失败（即国际利率的差异）将导致国际资本套利，并由相应的利率变化最终实现新的均衡。如果为了阻止国际资本套利，同时各国政府又要在既定的宏观经济政策目标下维持各自的利率水平，通过调整汇率以恢复利率平价关系也是一种政策选择。

抛补的利率平价关系与无抛补的利率平价关系都是以国际金融市场上的一价定律和国际套利为基础的，在方程表达式上看并没有明显的差异。唯一不同之处就是在抛补的利率平价中，投资者对远期汇率的预期被远期汇率取代。

根据费雪方程式和利率平价关系，如果两国的实际利率相等，则两国货币之间的利率差等于两国的通货膨胀差，而两国的通货膨胀差又等于两国货币之间的升水或贴水。这样，两国利率期限结构的差距就反映了两国货币汇率的变化。

利率平价关系的成立需要有足够的套利资金，有发达的远期外汇市场，国际套利的交易成本较低，政府对资本自由流动没有限制。缺乏上述因素就会出现对利率平价关系的偏离，而各国在资本收益税率方面的差异，国家风险以及决策时滞等因素也会造成对利率平价关系的偏离。

思考题

如何从一价定律出发说明利率平价关系？

对比利率平价和购买力平价。

汇率的期限结构能够成立吗？

试述远期汇率与利率之间的关系？

如何使用利率平价理论解释国际资本流动和国际利率差的存在？

参考文献

Adilzhan Ismailov, Barbara Rossi, "Uncertainty and Deviations from Uncovered Interest Rate Parity," *Journal of International Money and Finance*, 2018, Vol.88, pp.242-259.

Charles Engel, Dohyeon Lee, Chang Liu, Chenxin Liu, Steve Pak Yeung Wu, "The Uncovered Interest Parity Puzzle, Exchange Rate Forecasting, and Taylor Rules," *Journal of International Money and Finance*, 2019, Vol.95, pp.317-331.

Clinton, K., "Transaction Cost and Covered Interest Arbitrage: Theory and Evidence," *Journal of Political Economy,* 96, April, pp. 358-370.

Frank S. Skinner, Andrew Mason, "Covered Interest Rate Parity in Emerging markets," *International Review of Financial Analysis*, 2011, Vol.20, pp.355-363.

Frenkel, J. A. and Levich, R. M., "Covered Interest Arbitrage: Unexploited Profit?" *Journal of Political Economy,* 1975, 83, pp.325-38.

Gordon Y. Liao, "Credit Migration and Covered Interest Rate Parity," *Journal of Financial Economics*, 2020, Vol.138, pp.504-525.

Hui Ding, Jaebeom Kim, "Inflation-Targeting and Real Interest Rate Parity: A Bias Correction Approach," *Economic Modelling*, 2017, Vol.60, pp.132-137.

Itskhoki, O., & Mukhin, D., "Exchange Rate Disconnect in General Equilibrium," National Bureau of Economic Research Working Paper Series, May 2017, w23401.

James R. Lothian, Liuren Wu, "Uncovered Interest-rate Parity Over the Past two Centuries," *Journal of International Money and Finance*, 2011, Vol.30, pp.448-473.

Ludger Linnemann, Andreas Schabert, "Liquidity Premia and Interest Rate Parity," *Journal of International Economics*, 2015, Vol.97, pp.178-192.

Obstfeld, M., & Rogoff, K., "The Six Major Puzzles in International Macroeconomics: is There a Common Cause?" *NBER Macroeconomics Annual,* *Jan.* 2000, 15.

Stefano Bosi, Patrice Fontaine, Cuong Le Van, "Interest Rates Parity and no Arbitrage as Equivalent Equilibrium Conditions in the International Financial Assets and Goods Markets," *Mathematical Social Sciences*, 2016, Vol.82, pp.26-36.

W.D. Chen, "Liquidity, Covered Interest Rate Parity, and Zero Lower Bound in Japan's Foreign Exchange Markets," *International Review of Economics and Finance*, 2020, Vol.69, pp.334-349.

第八章　汇率动态：购买力平价与利率平价的综合作用

在前面两章，我们讨论了购买力平价和利率平价对汇率决定的影响，也对比了两者的异同。在国际金融市场日益发达、国际资本日益频繁流动的情况下，仅仅使用一种模型肯定不能全面说明汇率决定的整个过程。由于货币市场具有不同于商品市场的特性，而它们对汇率决定又分别在短期内和长期内才能表现出显著的影响，所以我们有必要把它们结合起来进行长期和短期的综合分析，涉及在面临外部冲击以后汇率在短期内和长期内的调整过程，结果就是所谓的汇率动态问题。

经验表明，在浮动汇率条件下，购买力平价只是在长期平均的意义上成立，而且汇率还会表现出比价格更易变的特性。也就是说，在出现外部冲击以后，价格将缓慢调整到新的均衡水平，而汇率和利率能够迅速调整，以适应冲击并维持市场均衡。1976年，美国经济学家多恩布什结合购买力平价和利率平价的特点，综合考虑了冲击以后的短期均衡过程和长期均衡过程，提出了汇率超调模型。结果，在短期内由于存在价格黏性，购买力平价无法成立，维持市场均衡主要靠利率平价，而当购买力平价在长期内得以成立以后，又会使利率平价的长期均衡水平不同于其短期均衡水平。

第一节　汇率作为一种资产价格的特点

从购买力平价着眼国际收支经常项目影响汇率变动长期的基本面因素看，我们不容易解释汇率易变性的问题。事实上，相比资本流动的数据，贸易数据（即使考虑到国际直接投资数据也一样）一般也是比较平稳的。为了解释汇率易变性，我们应该将汇率决定的基本面分析转向资产分析。由于汇率是一个国家的货币用另一个国家货币表示的价格，所以我们可以将汇率视

185

为一种资产价格，在分析汇率决定时也应该使用分析其他资产（如股票和债券）价格时运用的分析方法。

当我们分析商品的价格决定时，总是让流量需求和供给函数取决于不同的变量。如需求取决于消费者偏好，同时也取决于消费者收入和商品的相对价格，供给则取决于技术和要素价格。最后，由供给和需求决定商品的价格，而价格的变动率则取决于供给和需求的相对弹性。

资产价格的决定则取决于市场对资产价值的评价或估值，或者说对未来一段时期内预期收益的贴现。因此，只要对未来收益的预期发生变化，或者由于消费者要求的风险报酬，也就是贴现率发生变化，即使没有交易或者在交易量很小的情况下，资产价格也可以发生大幅度的变化。因此很难使用传统的与经济基本面相关的流量指标来解释资产价格的变动。

在将汇率决定看成是一种资产价格的决定过程以后，我们可以得出这样的结论。

（1）在即期汇率的决定中，预期因素是十分重要的。因为货币可以由投资者长期持有，类似于市场上投资者之间的蜈蚣博弈，对未来汇率的预期会影响即期汇率。结果在即期汇率和预期的远期汇率之间存在一种紧密的对应关系。

（2）在外汇市场上，各种因素的变动要影响汇率和国际收支都必须表现为外汇供求的变化。由于资产市场的均衡被定义为对货币（外汇）的需求存量等于货币（外汇）的供给存量。在国际收支的调节则表现为外汇供求流量的变化，而且这种流量变化反映的是外汇需求与外汇供给之间的不均衡，因此流量变化最终将会消失，即归于均衡。

（3）只要假定汇率的决定是一种资产价格的市场决定的均衡过程，随之而来的一个假定自然就是认为市场是有效的。这样，我们就可以将远期汇率看成是市场对未来即期汇率的预期。换言之，在时期 t 确定，并将于 $t+1$ 时期到期的远期汇率和 $t+1$ 时期实际汇率就应该相等。但是，由于新信息的不断出现，和必然对原有预期进行的不断调整，因此，非预期的汇率变动和即期汇率的波动就不足为奇了[①]。

---

① 这也将成为我们在下一章新闻模型中讨论的问题。

第二节　汇率决定的弹性分析

在汇率决定的弹性模型中，我们假定只存在两个国家，两个国家都只生产一种商品，而且这种商品也是完全替代的，另外，在自由贸易的情况下，购买力平价始终成立。于是我们有：

$$e_t = p_t - p^*_t \tag{8.1}$$

其中，e_t、p_t 和 p^*_t 分别是 E、P 和 P^* 的对数。

我们假定，两个国家都发行货币和债券，而且货币是不可替代的，而债券则是完全替代的。我们进一步假定资产持有者在出现外部扰动以后能够迅速调整其资产组合，资产在国际上具有完全的流动性，这样，非抵补的利率平价就能够成立：

$$\Delta e^e_{t+1} = (i - i^*)_t \tag{8.2}$$

其中，Δe^e_{t+1} 表示预期汇率变动的对数，i 表示利率。

我们还要指出，国内和国外居民都存在财富约束。例如，对于国内居民来说的财富约束是：

$$W = M + B + B^* \tag{8.3}$$
$$W = M + V \tag{8.3a}$$

其中，W 代表名义财富，M 代表本国货币，B 代表本国债券，B^* 代表本国居民持有的外国债券，$V = B + B^*$。

方程（8.3）表明，居民可以以货币、本国债券和外国债券 3 种形式持有财富。由于假定本国债券和外国债券具有完全替代性，所以将其合并为 V。这样，在分析资产市场时，我们就可以集中分析货币市场或债券市场。由于财富只能配置在这两个市场上，那么如果货币市场处于均衡状态，债券市场也必然处于均衡状态，而货币市场的任何失衡也必然引起债券市场的等量失衡。在本章我们假定在汇率决定的过程中，债券市场不能独立发挥作用。

货币市场包括本国和外国的货币需求与货币供给。货币需求函数是：

$$m^D_t - p_t = a_1 y_t - a_2 i_t \quad (a_1,\ a_2 > 0) \tag{8.4}$$

$$m^D_t* - p_t* = a_1 y_t* - a_2 i_t* \tag{8.4a}$$

方程（8.4）和（8.4a）是典型的以对数形式表示的卡甘货币需求函数。其中，m^D 是货币需求的对数，y 是实际国民收入水平的对数。因此，我们也可以将 a_1 和 a_2 看成是对货币需求的收入弹性和利率弹性。

为了简化分析，我们进一步假定各国之间的收入弹性与利率弹性相等。假定货币供给是由货币当局外生决定的，而且货币市场处于持续均衡，即货币供给等于货币需求，从而：

$$m^D_t = m^s_t = m_t \tag{8.5}$$

$$m^D_t* = m^s_t* = m_t* \tag{8.5a}$$

由于我们假定汇率具有完全弹性，也就是处于均衡，模型中外汇储备（流量）的变动就必然等于零，因此，Δm_t 就一定等于 Δd_t，即货币量的变动一定等于国内信贷量的变化。

将方程（8.5）代入方程（8.4），用国内表达式减去国外表达式，解出相对价格水平，我们得到：

$$p_t - p_t* = m_t - m_t* - a_1(y - y*)_t + a_2(i - i*)_t \tag{8.6}$$

将方程（8.6）代入方程（8.1），我们就可以得到表现弹性价格的货币分析的简化方程式：

$$e = m_t - m_t* - a_1(y - y*)_t + a_2(i - i*)_t \tag{8.7}$$

这样我们就可以通过方程（8.7）得出一些结论：①本国货币供给上升 $x\%$，导致汇率水平 e 上升 $x\%$，即汇率贬值；②本国收入增加将导致本币汇率水平下降，这与依据购买力平价的基本原理推演出来的巴拉萨—萨缪尔森假说有关经济增长造成货币升值的结论正好是一致的；③本国利率上升导致本币汇率上升，这与利率平价理论中利率水平上升引起汇率水平上升、货币贬值的结论正好也是一致的。

需要强调的是，从方程（8.7）中得出的这些结论都是通过这些变量对货币需求的效应来影响汇率的。这是因为方程（8.7）的推导是以方程（8.4）代表的货币供求关系为基础的。例如，收入的增加提高了对货币的交易需求，在名义货币供给不变的情况下，只有国内价格水平下降才能维持货币市场的均衡；而在购买力平价成立的情景下，只要国外价格水平不变，就只有通过汇率的下降，本币升值才能维持货币市场的均衡。因此，汇率水平的下降也就是为了恢复货币需求与货币供给的恒等关系。

同样，本国利率水平对汇率的正效应也源于货币模型的假定条件。本国利率水平的上升降低了对货币的流动性需求，为了维持货币市场的均衡，就需要国内价格水平的上升。在国外价格水平不变的情况下，只有通过汇率水平的上升，本币贬值才能维持购买力平价关系成立。

我们也可以通过费雪效应来说明利率与汇率的关系：

$$i_t = r_t + \Delta p^e_{t+1} \tag{8.8}$$

$$i_t^* = r_t^* + \Delta P^e_{t+1}{}^* \tag{8.8a}$$

其中，r_t 是实际利率，Δp^e_{t+1} 和 $\Delta P^e_{t+1}{}^*$ 分别是国内和国外预期的通货膨胀率。

假定各国的实际利率相等，方程（8.7）又可以改写为：

$$e = m_t - m_t^* - a_1(y - y^*)_t + a_2(\Delta p^e_{t+1} - \Delta P^e_{t+1}{}^*)_{t+1} \tag{8.7a}$$

由此我们可以看出，利率水平的上升反映为预期通货膨胀率的上升和货币需求的下降。如果货币供给是外生决定的，那么利率水平的上升就意味着预期通货膨胀率提高，而这又会导致汇率水平的上升，即货币贬值。

第三节　引入预期的货币分析

这一节是我们将汇率看成是一种资产价格分析的关键，因为将汇率看作是一种资产价格就意味着决定即期汇率的因素对预期的远期汇率也是重要的影响因素。使用方程（8.7），我们就可以解释为什么决定即期汇率因素（如货币供给）的变动可以引起汇率的很大波动。

将非抵补利率平价条件，即方程（8.2）代入方程（8.7），并令 $z_t=m_t-m_t^*-a_1(y-y^*)_t$（货币供给是外生因素，产出的增长则看成是货币供给因素引起的外生变化，因此都用 z_t 代表相当于将外生因素合并归类，简化分析），就可以得到：

$$e_t=z_t+a_2\Delta e^e_{t+1}=z_t+a_2\ (e^e_{t+1}-e_t) \tag{8.7b}$$

合并方程（8.7b）中的 e_t 项，我们有：

$$e_t=\frac{1}{1+a_2}z_t+\frac{a_2}{1+a_2}e^e_{t+1} \tag{8.9}$$

假定存在理性预期，并且使理性预期等于信息充分条件下对汇率决定及其随机结构的预期：

$$e^e_{t+1}=E\ (e_{t+1}\mid I_t)\ =E_te_{t+1} \tag{8.10}$$

其中，E 表示理性预期，I 表示信息集。

理性预期的引入使我们可以将方程（8.9）改写为：

$$e_t=\frac{1}{1+a_2}z_t+\frac{a_2}{1+a_2}E_te_{t+1} \tag{8.9a}$$

由此我们可以看出，基于卡甘货币需求方程的预期汇率决定因素包括对货币供给和收入等外生变量预期两个方面。我们也可以推导在 t 期对于未来时期 $t+j$ 的汇率预期应该是：

$$E_t e_{t+j} = \frac{1}{1+a_2}(E_t z_{t+j} + a_2 E_t e_{t+j+1})$$

（8.11）

将 $E_t e_{t+j}$ 再次反复代入方程（8.9a），则对于 n 个未来时期的理性预期方程的简化式是：

$$e_t = \frac{1}{1+a_2} \sum_{j=0}^{n} \left(\frac{a_2}{1+a_2}\right)^j E z_{t+j} + \left(\frac{a_2}{1+a_2}\right)^n E_t e_{t+j+1}$$

（8.12）

如果方程（8.12）中的第二项的系数 $(\frac{a_2}{1+a_2})^n$ 小于 1，这就是意味着对货币需求的利率弹性非常小，则随着 n 的增大，$(\frac{a_2}{1+a_2})^n E_t e_{t+j+1}$ 就会趋近于零。此时就有 $e_t = \frac{1}{1+a_2} \sum_{j=0}^{n} \left(\frac{a_2}{1+a_2}\right)^j E z_{t+j}$。也就是说，此时在 t 期对 $t+j$ 期汇率的预期基本上是由对货币供给和收入等外生变量的预期。

反之，如果这个系数大于 1，也就是货币需求的利率弹性很大，从而这个系数接近 1，则随着 n 的增大，$(\frac{a_2}{1+a_2})^n E_t e_{t+j+1}$ 就会趋近于无穷大。此时在 t 期对 $t+j$ 期汇率的预期就可能很高，即出现泡沫解，至少冲击要持续很久。

事实上，如果对货币需求的利率弹性很小，我们可以将方程（8.12）进一步简化为：

$$e_t = \frac{1}{1+a_2} \sum_{j=0}^{n} \left(\frac{a_2}{1+a_2}\right)^j E z_{t+j}$$

（8.13）

这里，我们令 $n = \infty$，$\beta = \frac{1}{1+a_2}$，就可以将方程（8.13）改写成更加简洁的形式：

$$e_t = (1-\beta) \sum_{j=0}^{n} \beta^j \, E_t z_{t+j} \qquad\qquad (8.13a)$$

这表明，如果从预期模型看货币供给（z 中的 m 而忽略 y 的影响），即期汇率不仅取决于当前的货币供给，而且取决于预期未来的货币供给。从这个角度来看，对货币需求的利率弹性 a_2 成了一种类似贴现因子的系数，即以预期未来的货币增长贴现即期汇率，就像按照预期未来的收入贴现股票的价格一样。

另外，货币供给即期变动对于汇率的影响主要取决于人们如何理解中央银行货币供给规则的随机结构。如果即期货币供给增加 $x\%$，但是这种变化认为是暂时的和一次性的，方程（8.12）和（8.13）表明预期的远期汇率几乎不会发生变化，仅仅是即期汇率进行了调整而已。因为在这种情况下，汇率预期很可能是回归性的，也就是预期即期汇率下降以后还会回升。相反，如果货币供给增加 $x\%$ 导致人们预期本国货币增长率将一直持续下去，那么当对货币需求的利率弹性 a_2 较大时，本币远期汇率的变动幅度就会明显超过当前货币供给变动 $x\%$ 的幅度[1]。

我们假定方程（8.13）为一阶自回归方程：

$$z_t = \theta z_{t-1} + \varepsilon_t \ \text{且} \ \theta < 1 \qquad\qquad (8.14)$$

其中 ε_t 为白噪声，由于我们假定 $\theta<1$，方程（8.14）就是一个收敛系统。因为人们预期即期 z_t 的变化不会无限地延续到未来，所以该过程是稳定的。在 $t+1$ 期，由于其他因素的变化也会引起 z_t 的变化，m_t 就成了引起 z_t 变化的一部分原因，从而使初始冲击最终会消失。

总之，方程（8.13）可以用来解释汇率决定中相对于即期外生冲击的易变性，对浮动汇率条件下外汇投机的不稳定性给出了一个可供参考的研究方法。一般来说，人们通常认为货币政策是逆周期的，所以对即期货币供给冲击的预期基本上是回归性的。上面的分析对汇率易变性的解释给出了造成汇

---

[1] 这其实就可以解释在出现严重通货膨胀或货币危机的情况下，人们对政府的信心对于形势的稳定具有非常重要的意义。

率非收敛性波动的原因。

实际上，赞同浮动汇率的学者也不等于听任汇率的不稳定波动，允许汇率浮动的最终目的在于通过自由浮动达到汇率的相对稳定，避免危机。汇率不稳定最终是基本经济结构不稳定的征兆。这一点在多次的金融危机中，包括 1992 年的英镑危机、1994 年的墨西哥金融危机和 1997 年的东亚金融危机，都得到了充分证明。就货币政策而言，理性预期货币模型的基本政策含义在于：货币政策应该是可预期的和稳定的，而货币供给机制的不稳定性意味着汇率的不稳定性。

第四节 汇率决定的黏性价格模型

多恩布什在 1976 年提出的一种有关汇率动态的货币分析模型。在长期内，这个模型与弹性价格的货币分析模型是相同的，但是在短期内则假定价格是黏性的，这使它能够从汇率超调的角度为汇率易变性提供另一种解释。

首先，我们承认购买力平价方程（8.9）在长期内是成立的，即：

$$\overline{e_t} = \overline{P_t} - \overline{P_t^*} \qquad\qquad (8.15)$$

其中，所有变量上的横线都代表相对应的长期值。

但是在短期内，由于假定存在价格黏性，方程（8.15）不成立。

$$\overline{e_t} \neq \overline{P_t} - \overline{P_t^*} \qquad\qquad (8.16)$$

假定在整个分析过程中，外国价格水平不变，这样我们就可以忽略外国货币部门，同时使用方程（8.4）和（8.5）来描述国内货币市场的状况。即使在短期内，方程（8.2）也持续成立，即存在非抵补利率平价关系。这样，一方面，资产市场持续出清；而另一方面，尽管在长期内商品市场也是出清的，但是由于价格黏性，商品市场在短期内却不是出清的。结果在商品市场和资本市场之间出现调节的非对称性：购买力平价关系不能持续成立而利率平价关系持续成立。这就使黏性价格货币分析模型与弹性价格货币分析模型之间出现差异。这种差异主要表现为两点。

（1）在弹性价格货币分析模型中，汇率预期变动持续等于两国通货膨胀之差；在黏性价格货币分析模型中，购买力平价关系不能持续成立意味着我们需要使用另一种方式来表示汇率的预期变动。

在短期内，汇率的预期变动等于汇率的长期均衡值 $\overline{e}_t$ 和即期汇率 e_t 之间的差额与系数 φ（$0<\varphi<1$）的乘积：

$$\Delta e_{t+1}^e = \varphi\ (\ \overline{e}_t - e_t\ ) \tag{8.17}$$

（2）由于购买力平价关系在短期内可能不存在，而在长期内却一定存在，所以，需要一个方程来描述价格水平在短期向长期均衡值演进的过程。我们在此假定价格水平调整与超额需求是成比例的：

$$\Delta p_{t+1} = \Pi\ (\ d-y\ )_t \tag{8.18}$$

其中，d_t 表示总需求的对数，Π（$\Pi>0$）是调整速度参数。

由此，我们就可以展开对黏性价格的货币分析模型讨论。

1. 商品市场的均衡

我们假定总需求函数是：

$$d_t = \beta_0 + \beta_1(e-p)_t + \beta_2 y_t - \beta_3 i_t \tag{8.19}$$

其中，β_0，β_1，β_2 和 β_3 均大于零。

在方程（8.19）中，$(e-p)_t$ 反映了实际汇率对贸易差额，从而对总需求的影响：如果 e 相对于 p 上升，本币贬值，进口产品价格上升，对本国商品的需求就会上升；y 反映了收入水平对消费支出的影响，如在边际消费倾向不变的情况下，收入上升，消费增加；i 反映了利率水平对国内消费的影响，即在其他条件不变的情况下，利率水平上升会提高储蓄率，导致当期总需求下降。β_0 是一个常数，反映居民和政府的自主需求量。

假定产量固定在充分就业水平 $\overline{Y}$，将方程（8.19）代入方程（8.18），那么价格水平的变动就取决于：

$$\Delta p_t = \Pi\left[\beta_0 + \beta_1(e\text{-}p)_t + (\beta_2 - 1)\, y_t - \beta_3 i_t\right] \tag{8.20}$$

当 $\Delta p_t = 0$ 时，商品市场就处于均衡状态。在 $e\text{-}p$ 空间内，就是一条斜率为正的直线。

2. 货币市场的均衡

MM 曲线反映的是在资本具有完全的国际流动性、非抵补利率平价关系始终成立的情况下的开放经济中货币市场的均衡状态。MM 曲线具有负斜率是因为按照方程（8.4），货币需求是价格水平的增函数，是利率的减函数，是实际收入的增函数（不过，我们在这里的分析中一直假定实际收入是不变的）。

如果从经济处于初始均衡点 A 开始，如果价格水平上涨，从 $\overline{P_A}$ 上升到 $\overline{P_B}$，那么为了维持货币市场的均衡，利率就必须上升，以便在货币供给不变的情况下降低货币需求。在国外利率水平不变的情况下，由于非抵补的利率平价关系始终成立，国内利率的上升只有在人们预期本币未来会贬值，也就是说利率水平与汇率水平在此呈现正相关的情况下才有可能。根据方程（8.2），只要 p_t 的上升高于 $\overline{P_A}$，汇率水平 e_t 就一定要上升到高于长期均衡汇率 $\overline{e_t}$ 的水平。在国外价格水平不变的情况下，也就是上升到高于 $\overline{P_B}$ 的水平。

我们还可以这样证明 MM 曲线向下倾斜。将方程（8.5）、（8.17）和（8.2）代入方程（8.4），得到：

$$p_t\text{-}m_t = -a_1 y_t + a_2 i_t^* + a_2\varphi(\overline{e_t} - e_t) \tag{8.21}$$

只要在长期内货币供给保持稳定，长期的汇率和预期的汇率水平就会相等。因此，长期价格水平可以表示为：

$$\overline{p_t} = m_t + a_2 i_t^* - a_1 y_t \tag{8.22}$$

利用方程（8.22）解出 $a_2 i_t^*$，并且将表示 $a_2 i_t^*$ 的方程式代入方程（8.21），我们就可以得到 MM 曲线的方程：

$$e_t = \overline{e_t} + \frac{\overline{p_t} - p_t}{a_2 \varphi} \qquad (8.23)$$

方程（8.23）表明，在货币市场的均衡中，如果即期价格水平 p_t 低于均衡价格水平 $\overline{p_t}$，那么货币均衡就要求即期汇率水平高于长期均衡的汇率水平，也就是说，在短期货币市场的均衡中，即期的贬值幅度要大于长期均衡的贬值幅度。

方程（8.23）还表明，在即期汇率 e_t 和即期价格 p_t 之间存在负相关关系，也就是在 $e\text{-}p$ 空间内，MM 曲线具有负斜率。同时，MM 曲线的斜率取决于 a_2 和 φ，因此，对货币需求的利率弹性越小或者从 e_t 调整到 $\overline{e_t}$ 的速度越慢，则 MM 曲线越平。

3. 商品市场和货币市场的同时均衡

在推导商品市场和货币市场同时均衡的 $\Delta p = 0$ 曲线时，我们知道，商品市场均衡的特征是对商品的超额需求等于零，即 $y = d$ [$\Delta p = 0$ 时的商品市场均衡方程（8.20）]。这样，将方程（8.4）代入方程（8.5）得到货币市场均衡时的利率水平 i，然后在方程（8.20）中令 $\Delta p = 0$，并将货币市场均衡时利率 i 水平的解带入，我们就可以得到商品市场和货币市场同时均衡时的方程：

$$p_t = \frac{1}{\beta_1 + \beta_3 / \beta_2}\left[\beta_0 + \beta_1 e_t + \left(\beta_2 - \frac{\beta_3 \alpha_1}{\alpha_2} - 1\right)y_t - \frac{\beta_3}{\alpha_2} m_t\right] \qquad (8.24)$$

方程（8.24）表明，针对既定的 m 和 y，商品市场和货币市场同时均衡的 $\Delta p = 0$ 曲线在 $e\text{-}p$ 空间有正斜率，而且斜率小于 45° 线（小于 1）的斜率。这是因为从均衡状态出发，价格水平的上升通过方程（8.19）中的（$e\text{-}p$）一项，汇率必须与 p 发生相应的变动。但是由于利率水平已经下降，所以汇率的上升幅度就必须超过价格变动的幅度。

$\Delta p = 0$ 的曲线反映了商品市场的均衡，即对商品的超额需求为零。$\Delta p = 0$

曲线具有正斜率是由于我们假定在充分就业情况下，价格水平的上升减少了总需求，就一定会被汇率上升和本币贬值来平衡。因此从方程（8.20）看，就短期商品市场的均衡过程来看，在价格水平不变的情况下，汇率的上升就一定会被利率的下降来平衡。

从经济机制来看，如果 $\Delta p=0$ 曲线的斜率小于 45°线的斜率，就意味着本币汇率的上升幅度超过价格水平的上升幅度。这是因为国内价格水平的上升使经常项目出现逆差，同时降低了实际货币供给。为了恢复国际竞争力，本币汇率就应该按照价格水平上升的幅度上升。但是国内实际货币供给的下降意味着为了维持货币市场的均衡必须提高利率，而按照利率平价关系的要求也会导致汇率水平的下降，这样才能实现短期资本市场和长期经常项目的平衡。因此，汇率水平必须进一步上升到超过价格上升的幅度。

4. 发生货币冲击以后的汇率超调过程：公式推导

现在我们从初始均衡点 A 出发来分析国内货币供给突然增加 $x\%$ 以后发生的情况。

由于黏性货币分析模型中方程（8.15）和（8.21）反映的是在长期内货币与价格和汇率的齐次性特征，汇率水平必然按照货币供给增加幅度同时变化。我们令新的长期均衡点处于图 8.1 中的 B 点，它是 MM 曲线向左移动和 $\Delta p=0$ 曲线向上移动并相交的结果，而且新的长期均衡只能是沿着 45°线移动（以反映齐次性）。

但是在短期内，由于价格是黏性的，因此商品市场不能立即达到均衡状态，货币市场就不能通过价格上升而立即出清。结果在短期内，货币市场实际上是通过国内利率水平下降（这是因为在短期内利率平价依然成立，国内利率下降就意味着即期汇率上升和本币贬值）而出清的。这样，在图 8.1 中，短期汇率就会从 A 点上升到 C 点。因此，短期内即期汇率的调整幅度就超出长期均衡汇率水平，即 $e_C > \overline{e_B}$。

对方程（8.21）进行全微分，我们可以得到：

$$\mathrm{d}p_t - \mathrm{d}m_t = -a_1\mathrm{d}y_t + a_2\mathrm{d}i_t{}^* + a_2\varphi\,(\mathrm{d}\,\overline{e_t} - \mathrm{d}e_t) \tag{8.25}$$

方程（8.25）的齐次性保证了 d $\overline{e}_t$ =dm_t，且在短期内 p_t、y_t 和 i_t^* 都不变的情况下，经过整理，我们就可以得到：

$$\frac{\mathrm{d}e}{\mathrm{d}m} = 1 + \frac{1}{\alpha_2\varphi} \qquad\qquad (8.26)$$

方程（8.26）简明地表现出了汇率超调的现象，实际上我们也可以把它看成是相对于货币变动的一种汇率乘数。它表明汇率超调的程度取决于对货币需求的利率弹性和即期汇率向预期长期汇率的回归程度。显然，如果 a_2 和 φ 的数值都很小（两者的乘积就会更小），那么汇率超调的程度也就很大（1 代表了齐次性，而 $\frac{1}{\alpha_2\varphi}$ 代表的就是超调程度）。

这就是多恩布施在 1976 年提出的基本分析模型。

5. 发生货币冲击以后的汇率超调过程：图形分析

按照上面的方程推导，如果我们使用图形来表现，则在 e-p 空间内，就可以得到图 8.1。

图中的 45° 线表示的是在假定购买力平价长期成立和外国价格水平 p^* 固定的情况下，价格水平与汇率之间的长期齐次性。也就是说，在 45° 线上移动时，所有的汇率和价格组合都能够保证购买力平价成立。在 45° 线以下的每一个点上，本币低估，进口产品价格上升，对本国商品出现超额需求，而在 45° 线以上的每一个点上，本币高估，进口产品价格下降，存在对本国产品的超额供给。

在出现货币冲击以后，为了使 B 点成为长期均衡状态，必须消除商品市场上的超额需求，从而使 $\Delta p'=0$ 曲线在 B 点与 M' M' 曲线相交。但是在短期内，由于商品市场上的价格黏性，价格依然维持在 $\overline{p_A}$ 的水平上。而在这种情况下，货币市场的短期均衡点就只能是 C 点。在 C 点上，由于本币的即期汇率水平上升，货币贬值，经常项目出现盈余，国内货币供给增加，利率随之下降。由于我们已经假定产量处于充分就业水平，不能进一步提高，短期内价格水平又没有及时发生相应的变化，汇率上升，利率下降等因素都会通过方程（8.19）提高总需求。随着时间的推移，按照方程（8.18）的关系，商品市场上的价格水平必然上涨，实际货币余额下降，结果在长期内反过来又会推动利率水平上升以便维持货币市场的均衡。此时按照利率平价关系，本币

的长期汇率也会在原来即期汇率上升的基础上开始下降，从而使均衡点从代
表短期均衡的 B 点过渡到代表长期均衡的 C 点。

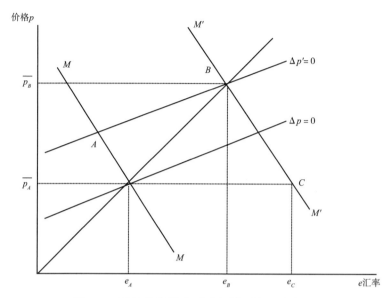

图 8.1　黏性价格的货币分析模型和汇率超调

图 8.2 所表示的是在超调模型中，汇率、价格和利率水平随时间推移的
运动轨迹。

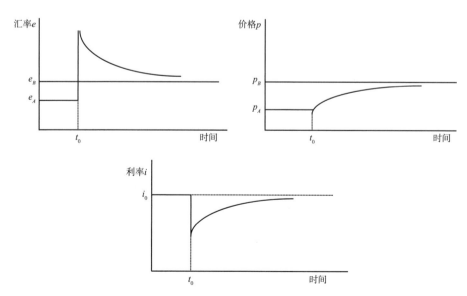

图 8.2　超调模型中的汇率、价格和利率的时间轨迹

199

其实，理解汇率超调的关键在于商品市场和资本市场价格调整速度的差异：资本市场调整速度极快，因此我们可以认为它时时处于均衡状态，而商品市场的调整速度则比较缓慢，出现外部冲击以后，短期内处于失衡状态，只有在长期才能恢复均衡。在这个意义上，在短期内，外部冲击的调整全部集中到资本市场上，因而会出现超过长期均衡值的短期超调特征。而这种分析结论与现实市场变化是非常接近的。

第五节　货币替代

在我们前面讨论的货币分析模型中假定国内居民不持有外国货币，也就是假定各国货币供给之间的需求替代弹性为零。但是在现实的浮动汇率条件下，为了规避外汇风险，跨国公司可能持有多种货币。特别是在 70 年代以后，随着实行浮动汇率制度的国家在不同程度上解除了外汇管制，各种衍生性金融工具也不断发展，各国居民和企业通过外汇市场在不同货币之间进行货币替代以规避汇率风险的能力得到了进一步提高。因此，我们必须讨论货币替代行为对汇率水平、中央银行控制货币目标和通货膨胀能力的影响。

按照方程（8.4），在弹性价格的货币分析中，只有国内货币提供货币服务。而跨国公司出于规避外汇风险的动机，就可能出现货币替代现象，因此货币需求函数就发生变化：

$$m^D_t - p_t = \Omega + a_1 y - a_2 i \qquad (8.27)$$

其中，Ω 是一个参数，表示外国货币对本国货币的替代程度。

我们假定 Ω 取决于预期汇率的变动。如果预期本币贬值，人们就会减少本币的持有数量。我们还假定预期汇率变动又取决于预期货币增长 Δm^e。如果假定预期收入增长等于零，又有 $\Delta m^e = \Delta e^e$ 这种被称为货币超中性的结论。由于预期具有不确定性，可以假定预期汇率的变动由货币增长的方差 $\mathrm{var}(\Delta mt_e)$ 表示。这样，Ω 就具有下述函数形式：

$$\Omega = \beta_0 \Delta m^e_t + \beta_1 \mathrm{var}(\Delta m^e_t) \qquad (8.28)$$

其中，$\beta_0 < 0$，$\beta_1 < 0$。

将方程（8.28）代入方程（8.27），根据方程（8.5），令货币需求等于货币供给，我们就可以得到价格水平的表达式，然后再代入方程（8.1），就有：

$$e_t = m_t - \beta_0 \Delta m_t^e - \beta_1 \text{var}(\Delta m_t^e) - a_1 y_t + a_2 i_t - p_t^* \qquad (8.29)$$

使用非抵补利率平价方程（8.2）代替国内利率，并假定 $\Delta m^e = \Delta e^e$，我们就有：

$$e_t = m_t + (a_2 - \beta_0) \Delta m_t^e - \beta_1 \text{var}(\Delta m_t^e) - a_1 y_t + a_2 i_t + (i^* - p_t^*) \qquad (8.30)$$

这样，在方程（8.30）中，最后一项的括号就表示外国利率和价格对本国汇率的影响。当然，如果本国是一个小型开放经济，外国影响就会更加明显。除了 m 和 y 对汇率的传统货币效应之外，方程（8.29）还表明货币替代对汇率的效应。由于 $\beta_0 < 0$，$a_2 - \beta_0 > 0$，$a_2 - \beta_0 > a_2$，所以存在货币替代条件下，即 Δm_t^e 进入 e_t 的决定方程以后，e_t 将变得更大。

这就意味着，如果人们可以在本国和外国货币之间进行替代，就会加剧货币贬值或升值的压力。这是因为从货币替代的角度来说，中央银行在分析货币需求的时候应该考虑到外国收入和外国利率的变化，并且要关注通过外汇市场反映出来的货币需求的国际转移。所以，如果考虑到货币替代问题，就像离岸金融给国内货币政策带来的挑战一样，货币数量目标在货币控制和反通货膨胀中的作用可能大大受到影响。

内容提要

由于汇率是一个国家的货币用另一个国家货币表示的价格，所以我们可以将汇率看成是一种资产价格，在分析汇率决定时也应该使用决定其他资产（如股票和债券）价格时运用的一般分析方法。

利率水平上升反映了预期通货膨胀率上升并造成货币需求的下降。如果名义货币供给是外生决定的，那么改变实际货币余额的办法就是预期通货膨胀率的变化，而这又会导致汇率水平的变化，即货币贬值或升值。

人们通常认为，在理性预期条件下，货币供给的基本特征使预期是回归性的，但是对汇率易变性的解释强调的则是汇率预期的非收敛性。对债券等具有到期日的资产来说，由于其到期日的价值是确定的，因此至少在到期日债券的价格不会出现泡沫。由此向后递推，所以这种资产一般不会出现严重的泡沫。然而汇率是没有到期日的资产价格，因此可以反映更长远的预期因素，因而就有可能出现泡沫。

理解汇率超调的关键在于商品市场和资本市场价格调整速度的差异：资本市场调整速度极快，因此，我们可以认为它时时处于均衡状态，而商品市场的调整速度则比较缓慢，只有在长期平均的意义上处于均衡状态。这样在出现外部冲击以后，短期内外部冲击的调整压力就全部集中到资本市场上，因而会出现汇率超过长期均衡值的短期超调特征。

如果人们可以在本国和外国货币之间进行替代，就会加剧货币贬值或升值的压力。如果仅从货币替代的角度来说，中央银行在分析货币需求的时候应该考虑到外国收入和外国利率的变化，并且要关注通过外汇市场反映出来的货币需求的国际转移。

思考题

影响汇率超调的因素都有哪些？影响汇率超调幅度的因素又是什么？

预期与汇率超调的关系如何造成了汇率易变性？

资本不完全流动条件下会出现汇率超调吗？

汇率预期的理论意义和汇率超调的政策意义。

汇率出现泡沫解和汇率稳定的条件是什么？

参考文献

安妮·克鲁埃格:《汇率决定论》，张志超译，中国金融出版社，1990。

保罗·霍尔伍德、罗纳德·麦克唐纳:《国际货币与金融》，何璋译，北京师范大学出版社，1996。

迈克尔·梅尔文:《国际货币与金融》，欧阳向军、俞志暖译，上海人民出版社，1994。

余永定、张宇燕、郑秉文:《西方经济学》，经济科学出版社，1997。

Dornbusch, Rudiger, "Expectations and Exchange Rate Dynamics," *Journal of Political Economy*, 1976, Vol.84, pp.1161-1176.

Hilde C. Bjørnland, "Monetary Policy and Exchange Rate Overshooting: Dornbusch was Right After all," *Journal of International Economics*, 2009, Vol.79, pp.64-77.

Jean-Olivier Hairault, Lise Patureau, "Thepthida Sopraseuth, Overshooting and the Exchange Rate Disconnect Puzzle: a Reappraisal," *Journal of International Money and Finance*, 2004 (23), pp.615–643.

Jihae Kim, Soyoung Kim, "Monetary Policy Shocks and Delayed Overshooting in Farm Prices and Exchange Rates," *International Review of Economics and Finance,* 2021, Vol.71, pp.620-628.

Jihye Ahn, Soyoung Kim, Delayed Overshooting Can Still be a Puzzle After the 1980s, 2021, Vol.199.

Rogoff, Kenneth, "Dornbusch's Overshooting Model After Twenty-Five Years," IMF Working Papers 2002，02/39.

Sebastian K. Rüth, "Shifts in Monetary Policy and Exchange Rate Dynamics: Is Dornbusch's Overshooting Hypothesis Intact, After all?" *Journal of International Economics*, 2020, Vol.126.

第九章　汇率决定的资产组合平衡模型

汇率作为外汇资产的价格，不仅在宏观层面受到货币供给和需求的影响，而且在市场层面受到资产组合调整的影响，因为这种调整最终反映为外汇市场上外汇供给和需求的变化，进而对汇率产生影响。从这个意义上说，不同于着眼于经常项目决定的汇率决定模型，汇率决定的资产组合调整模型是一种金融项目模型，因此主要应用于短期分析。当然，如果扩展为长期分析，就需要纳入经常项目，包括投资收益流动对外汇市场供求的影响。

从资产组合平衡的角度看，由于不同国家的资产存在不同的风险，对这些资产需求的利率弹性也不可能等于零，因此在投资者财富总量不变的情况下，调整资产组合决策时就必须考虑其所持有的各种资产之间的转换和替代问题。单纯从收入、经常项目、货币供求因素甚至资本套利的角度考虑汇率决定是不够的。从市场均衡的角度看，一国货币汇率的决定也受到本国货币和国内外债券供给与需求的多重影响。

当然，造成各种资产之间不完全替代的原因很多，但是与购买力平价和利率平价一样，为了简化分析，资产平衡理论假定各种资产之间是完全替代的，包含汇差在内的有效收益变动是造成资产组合调整的唯一原因。或者反过来说，如果国际投资者的某种资产风险发生变化，他们就会改变自己的资产组合。

第一节　模型假设和基本框架

资产组合平衡模型研究的是一个小国家，也就是说，外国居民不持有该国的货币，但是该国居民却持有 3 种资产：本国货币 M、本国债券 B 和外国债券 F。假定本币的汇率水平是 E。这样，该国居民财富的构成就是：

$$W = M + B + EF \tag{9.1}$$

　　按照资产组合理论，对各项资产的需求都是相互依赖的，每种资产在资产组合中所占的比重是由各自的风险和相对收益共同决定的。这样，我们就可以得到 3 种资产持有的决定条件：

$$\frac{M}{W} = m\ (r,\ r^*+\Delta e^e)\qquad m_1<0,\ m_2<0 \tag{9.2}$$

$$\frac{B}{W} = b\ (r,\ r^*+\Delta e^e)\qquad b_1>0,\ b_2<0 \tag{9.3}$$

$$\frac{EF}{W} = f\ (r,\ r^*+\Delta e^e)\qquad f_1<0,\ f_2>0 \tag{9.4}$$

　　等式左边代表资产持有量，右边则是作为解释变量的两个收益率，即本国的债券利率和按照本币计算的外国债券的收益率，而后者又是外国利率和本币汇率两个变量的函数。显然，每种债券自身收益率的上升对这种债券的需求会产生积极影响，而其他债券收益率的上升又会对它产生消极影响，即偏导数 $b_1>0$，$f_2>0$ 以及 $b_2<0$，$f_1<0$。但是，两种债券收益率的上升都会对货币需求产生消极影响，即偏导数 $m_1<0$，$m_2<0$。

　　需要特别指出的是，等式右边的三个变量虽然都会对资产组合产生影响，但是它们的影响并不相同。其中，国内利率 r 和国外利率 r^* 直接影响了国内债券和国外债券的收益率，以及持有国内货币的机会成本，因此造成相对收益的直接变化，会影响资产组合的比例。但是，在短期分析中，不会改变财富的总额。相反，预期汇率的变动 Δe^e 虽然也会影响外国债券的有效收益，从而对资产组合的比例产生影响，但是它还有一个在短期内更加直接的作用，即增加了财富总量，从而增加对另外两种资产的需求。具体来说，当外币升值以后，在投资者持有外国债券数量不变的情况下，以本币计值的外国债券金额和财富总额都会增加。这种情况就会改变三种资产在总财富中的配置比例，而恢复原有配置结构的方法就是抛出部分外国债券，增持因本币贬值造成减值的本国资产。

　　我们还假定，自身收益率要比交叉收益率影响的效应大：

$$b_1+b_2>0,\qquad f_1+f_2>0$$

在总财富给定的情况下，任何一种收益率的变动，对总资产持有量的影响必定等于零，即资产组合的调整：

$$m_1 + b_1 + f_1 = 0, \qquad m_2 + b_2 + f_2 = 0$$

在风险溢价为零，也就是投资者将本国债券和外国债券都看作是具有完全替代性的小国模型中，偏离世界收益率最轻微的水平也会导致资本的大量流动，因此利率平价关系始终成立，而且投资者也不会只持有一种资产。

在包含了短期与长期的资产平衡分析中涉及的变量有3类：①在短期内是内生的，如汇率 E 和利率 r，也就是说，资产市场总是出清的；②短期是外生的，而长期是内生的，如总财富 W，外国证券存量 F，本国价格水平 P 和预期汇率变动 ΔE^e，这意味着这些变量是黏性的，对外部冲击反应比较慢；③长短期内都是外生的，如外国利率水平 r^* 和价格水平 P^*，本国的货币存量 M 和债券存量 B。

第二节　三个市场的均衡和变动

我们已经知道，在资产组合平衡模型中，资产市场包括货币市场、本国债券市场和外国债券市场，因此进行短期分析的方法就是建立一个包含三种资产市场均衡曲线 MM、BB 和 FF 的分析框架，它们分别代表在外国资产收益、本国财富、货币和债券存量一定的情况下，货币市场、债券市场和外国资产市场供求均衡时的 E-r 组合。

从资产组合平衡的角度看，对任何一种资产的需求都与其自身的收益率成正比（对货币的需求与其自身的收益率成反比），与其他资产的收益率成反比，并且与资产总额成正比。也就是说，当 E-r 中一个变量对资产需求产生正向变化时，另一个变量必须对这种资产的需求产生反向的变化，才能维持资产市场的平衡。例如，当国内利率上升，使得对国内债券需求上升的时候，就必须通过本币升值来阻止抛售外国债券转持国内债券，以便维持国内债券市场的均衡。这样，我们就可以初步得到这3条曲线的形状。

事实上，我们也可以通过 $m_1 < 0$、$m_2 < 0$、$b_1 > 0$、$b_2 < 0$ 以及 $f_1 < 0$、$f_2 > 0$ 的关系推测出 MM 曲线的斜率为正，而 BB 和 FF 曲线的斜率为负。

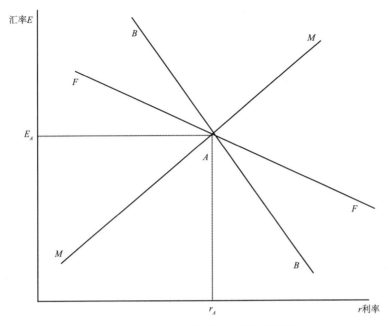

图 9.1　资产组合平衡模型中的短期均衡

一　货币市场均衡曲线 *MM*

货币市场均衡曲线 *MM* 是在货币供给与货币需求平衡时汇率与本国利率的组合。

对居民财富构成方程 $W=M+B+EF$ 进行全微分，我们可以得到

$$\mathrm{d}W=\mathrm{d}M+\mathrm{d}B+E\mathrm{d}F+F\mathrm{d}E \tag{9.5}$$

由于我们已经假定在短期内，本国货币、本国债券和外国债券的供给都是外生给定的，所以我们有：

$$\mathrm{d}W=F\mathrm{d}E \tag{9.6}$$

对卡甘货币需求函数进行全微分，我们就可以得到

$$\mathrm{d}M=m_w\mathrm{d}W-m_i\mathrm{d}i=0 \tag{9.7}$$

将 $dW=FdE$ 代入，我们就可以得到：

$$\frac{dE}{di} = \frac{m_i}{m_w F} > 0$$

MM 曲线的斜率为正也意味着：如果本币贬值，投资者持有的外国债券产生财富效应，使对本国货币资产的需求也随之增加。在货币供给不变的情况下，为了维持货币市场的均衡，本国利率水平就会上升。或者反过来，国内利率水平上升，造成对本国货币资产和外国债券的需求下降。在本国货币供给和外国债券利率不变的情况下，为了维持外国债券市场的均衡，本币就必须贬值以维持对外国债券的需求，而本币贬值造成外国债券产生的财富效应也会增加对本国货币的持有，从而维持货币市场的均衡。

在 MM 曲线上方，由于利率水平低于均衡利率水平，所以，存在对货币的过度需求。相反，在 MM 曲线的下方，则存在过度的货币供给，即需求不足以维持均衡。当货币供给增加时，MM 曲线向左移动。这是因为在给定汇率水平的情况下，只有利率水平下降才能增加对本币的需求。从 $dM=m_w dW-m_i di$ 也可以看出，在财富总量不变的情况下，dM 的上升也一定要通过 di 的下降来维持恒等关系。

二 本国债券市场均衡曲线 BB

本国债券市场均衡曲线 BB 上的每一个点都代表了能够使本国债券供给等于债券需求时的汇率和利率组合。

对本国债券需求函数进行全微分，可以得到：

$$dB=b_i di+b_w dW \tag{9.8}$$

将方程（9.6）代入方程（9.8），且在国内债券供给不变的情况下，我们可以得到：

$$b_i di+b_w FdE=0 \qquad 即 \qquad \frac{dE}{di} = -\frac{b_i}{b_w F} < 0$$

BB 曲线的斜率为负意味着：如果本币贬值，不仅投资者持有的外国债券的有效收益增加，而且产生了财富效应，结果对本国债券需求也随之增加。在本国债券供给量不变的情况下，为了维持本国债券市场的均衡，债券价格就会上升，也就是利率水平下降。或者反过来，如果国内利率水平下降，对本国债券的需求就会下降，对外国债券的需求就会上升。在外国债券供给和外国利率水平不变的情况下，为了维持外国债券市场的均衡，本币就必须贬值以抑制对外国债券的需求，从而维持外国债券市场的均衡。与此同时，贬值造成的财富效应也抵消了对国内债券需求的下降。

在 BB 曲线上方，由于利率水平高于均衡利率水平，所以存在对国内债券过度需求。相反，在 BB 曲线的下方，则存在国内债券的过度供给，即需求不足以维持均衡。当国内债券供给增加时，BB 曲线向右移动。这是因为在给定汇率水平的情况下，只有利率水平上升，才能增加对本国债券的需求以便维持本国债券市场的均衡。此时，由于汇率没有发生变化，外国的债券市场就没有受到影响。从 $dB=b_i di+b_w dW$ 的恒等关系中也可以看出，在财富总量不变的情况下，dB 的上升也一定要通过 di 的上升来维持恒等关系。

三 外国债券市场的均衡曲线 FF

外国债券市场均衡曲线 FF 上的每个点都意味着能够确保对外国债券需求等于外国债券供给的汇率和本国利率的组合。

对外国债券需求函数进行全微分，可以得到：

$$dEF=f_i di+f_w dW \tag{9.9}$$

将方程（9.6）代入方程（9.9），且在外国债券供给不变的情况下，我们可以得到：

$$f_i di+f_w FdE=dE \quad 即 \quad \frac{dE}{di}=\frac{f_i}{1-f_w F}<0，其中，f_w<1 且 F>>1$$

FF 曲线的斜率为负意味着：如果本币贬值，投资者持有的外国债券的有效收益增加，从而产生了财富效应，对本国债券需求就会随之增加。在本国债券供给量不变的情况下，为了维持本国债券市场的均衡，债券价格就会上升，也就是本国利率水平下降。或者反过来，如果国内利率水平下降，对本国债券的需求就会下降，对外国债券的需求就会上升。在外国债券供给和外国利率水平不变的情况下，为了维持外国债券市场的均衡，本币就必须贬值以抑制对外国债券的需求，从而维持外国债券市场的均衡。与此同时，贬值造成的财富效应也抵消了对国内债券需求的下降。

在 FF 曲线上方，由于国内利率水平高于均衡利率水平，所以存在对国内债券过度需求。相反，在 FF 曲线的下方，则存在国内债券的过度供给，即需求不足以维持均衡。当外国债券供给增加时，BB 曲线向左移动。这是因为在给定汇率水平的情况下，只有国内的利率水平下降，债券价格上升，降低对本国债券的需求，才能转而增加对外国债券的需求，从而实现外国债券在供给增加以后的供求平衡。从 $dEF=f_i di+f_w dW$ 的恒等关系中也可以看出，在财富总量不变的情况下，dEF（在外国债券供给不变的情况下就是 dE）的上升也一定要通过 di 的下降来维持恒等关系。

另外，由于我们已经假定，资产的自身收益效应要大于资产的交叉收益效应，所以，国内利率水平变化对国内债券市场影响的效应要大于对国外债券市场影响的效应。也就是说，对于国内债券来说，汇率变化只需要相对较小的国内利率变化就可以维持国内债券市场的平衡。但是对于国外债券而言，国内利率的变化只需要相对较小的汇率变化就可以恢复国外债券市场的平衡。因此，BB 曲线比 FF 曲线更陡。

四　资本市场的均衡：三个市场的同时均衡

当货币市场、本国债券市场和外国债券市场同时处于均衡状态时，本国经济就处于短期均衡上，也就是三条曲线的交点。

尽管在资产平衡模型中存在三个市场，但是根据财富约束方程（9.1），在三个资产方程中只有两个是独立的，这样，任何两个市场的均衡就意味着第三个市场的均衡。因此，任何两个市场的均衡必然是对应的第三个市场同时处于均衡状态。

第三节　资产组合平衡模型的短期均衡分析

在平衡的初始状态下，假定出现两类冲击：一是外部冲击使一种资产供给增加而另一种资产的供给下降，也就是在财富总量不变的情况下不同资产之间出现转换；二是一种资产的供给增加而其他资产的供给不变，结果财富总量增加。我们来分别说明这两类冲击给市场均衡造成的影响，恢复均衡的过程以及新均衡的状态。

一　总资产不变的情况下不同资产之间的转换

这种情况一般是政策作用的结果，是一种典型的外生冲击。我们在这里主要分析三种情况：央行在国内债券市场上买入本币债券的公开市场操作、央行在外币债券市场上进行公开市场操作以及央行的对冲操作。

1. 央行在国内债券市场上买入本币债券的公开市场操作（见图9.2）

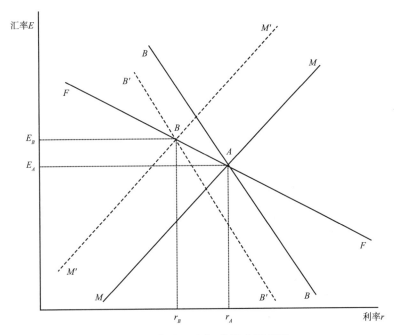

图9.2　在公开市场购买本国债券

央行在国内债券市场上买入本币债券的行为，降低了市场上的投资者持有的本币债券，同时增加了私人投资者持有的货币，财富总量没有变化。

央行买入本币债券的行为使得投资者持有的货币增加，也就是 MM 曲线向左移动，即在汇率不变的情况下通过利率水平的下降，降低持有货币的机会成本，使得投资者持有更多的货币，从而实现货币市场上新的均衡。与此同时，由于投资者持有的本币债券减少，为了抑制过度需求，也需要降低国内的利率水平。从而使得 BB 曲线也向左移动。在这个过程中，国外债券市场的供给和需求都没有发生变化，因此 FF 曲线位置没有发生变化。这样，三个市场同时均衡的点就从 A 移动到 B。相应地，国内利率水平从 r_A 下降到 r_B，而汇率水平则从 E_A 上升到 E_B，本币贬值。

如果央行进行反向的公开市场业务操作，则亦可反向推导出结果。

2. 央行在外币债券市场上进行公开市场操作（见图 9.3）

央行在公开市场上买入外币债券，使得私人部门持有的国内货币增加，而外币债券下降。由于国内债券的供给没有受到影响，因此 BB 曲线不会发生变化。

和前一种情况类似，由于私人部门需要持有更多的货币，因此 MM 曲线就将向上移动。这意味着在汇率不变的情况下，本国利率水平下降，从而降低持有货币的机会成本。由于央行购买外国债券的公开市场业务在外币债券市场上降低了外国债券的供给，因此 FF 曲线向上移动。也就是说，如果汇率水平不变，本国的利率水平就应该更高，以便在总财富不限的情况下更多配置在国内债券上，从而减少对外国债券的需求。或者在国内外利率水平都不变的情况下，必须通过本币贬值、外币升值，在财富总量和以本币计值的外国债券持有额都不变的情况下，降低对外国债券的需求。最终三个市场同时实现均衡的点从 A 移动到 B。在新的均衡点上，国内利率下降，本币贬值。

3. 央行的对冲操作（见图 9.4）

对冲操作可以分为本币面临升值压力或贬值压力下两种情景。

在本币面临升值压力的情况下，央行会在本国债券市场卖出本国债券，减少本币的供给，同时在外国债券市场买入外国债券，增加在外汇市场上外币的供给。这样做的结果是导致私人部门的资产结构发生变化，即它们持有的本国债券增加，而持有的外国债券减少，但本国的货币供给不会发生变化。

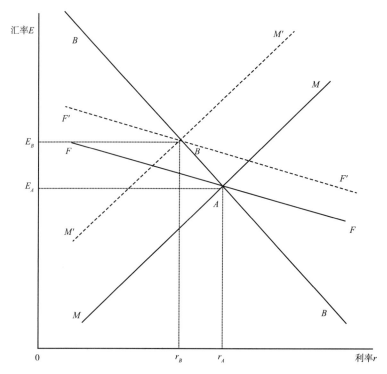

图 9.3　央行在外币债券市场上进行公开市场操作

央行卖出本国债券的行为等于增加了本国债券的供给，造成 BB 曲线向上移动，而买入外国债券则相当于减少了外国债券的供给，使得 FF 曲线向上移动。与此同时，MM 曲线保持不变。这样，央行对冲操作的最终结果是在本币面临升值的情况下造成了贬值压力，维持了汇率的稳定，但是也造成了国内利率上涨。

我们也可以这样来理解：即在财富总量不变的情况下，增加本国债券的供给就要增加私人部门对本国债券的需求，而这或者是通过债券收益率的上升（债券价格的下降），或者是通过让本币贬值（外币升值），增加了外国债券在以本币计价的财富总额中的比重，从而需要降低外国债券的数量并提高本国债券的数量，以维持它们在以本币计价的财富总额中原有的配置。从外国债券市场平衡的角度看则是在外国债券供给减少以后，为了相应地减少本国投资者对外国债券的需求以维持市场平衡，或者需要提高国内债券的收益率吸引投资者抛出外国债券以便买入本国债券，或者让外币升值，使外国债券在以本币计价的财富总额中的比重上升，以便投资者抛出部分外国债券，维持原有的资产配置份额。

213

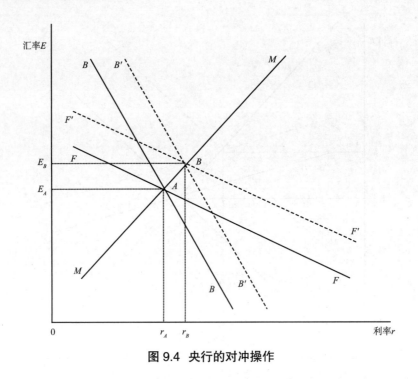

图 9.4 央行的对冲操作

二 资产供给的增加：财富效应

在这里，我们假定私人部门持有的资产总量增加有三种途径：扩张性货币政策造成货币供给的增加、扩张性财政政策造成国内债券供给上升以及经常账户盈余导致外国债券供给增加。这三种情况不同于资产之间配置的转换，都是资产的净增加，也就是同时增加对三种资产的需求。下面我们对这三种情况逐一进行分析。

1. 扩张性货币政策造成货币供给增加（见图 9.5）

货币供给的净增加造成私人投资者持有资产总额的增加。假设投资者将按照原有的资产配置比例增加另外两种资产的投资，本国债券和外国债券的供给并没有增加，因此就会导致超额需求。在国内债券市场上，超额需求抬高了国内债券的价格，造成国内利率下降，因此 BB 曲线向下移动。在外国债券市场上的超额需求则使需要提高国内的利率水平来抑制，也就是 FF 曲线向上移动。由于货币供给的增加，MM 曲线也向上移动，以便通过利率的下降来吸收增加的货币供给。

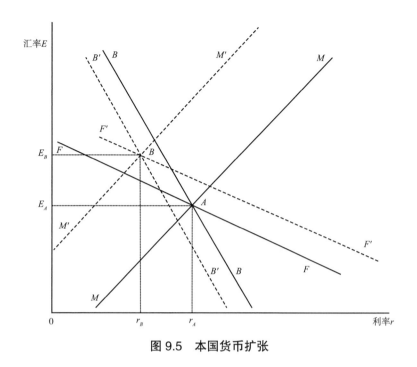

图 9.5 本国货币扩张

图 9.5 的结果也表明，货币供给增加带来财富总量增加造成的最终结果是国内利率下降、货币贬值。

2. 扩张性财政政策造成国内债券供给增加（见图 9.6a、图 9.6b）

扩张性财政政策意味着政府增发国内债券，而投资者持有的债券量也相应上升。与此同时，投资者持有的货币下降了。但由于财政获得融资以后政府支出增加，货币又回到投资者手中，所以可以认为总财富增加。

从投资者资产组合的调整来看，首先，债券供给的增加使 BB 曲线向右移动。也就是说，为了吸收增加的债券，债券价格就要下降，也就是国内利率上升。其次，财富总量的增加又会同时增加对本国债券、货币和外国债券的需求。具体来说，对外国债券需求的增加，需要在汇率不变的情况下通过提高国内债券收益率、增强国内债券吸引力的方式来平衡。或者在国内债券收益率不变的情况下，通过本币贬值、提高外国债券的本币价格来抑制超额需求、维持市场平衡。这两种情况都会造成 FF 曲线的右移。在国内货币市场上，面对需求的上升，也需要通过提高国内利率水平，增加持有货币的机会成本来平稳过渡的货币需求，因此，MM 曲线也会发生右移。

在这个过程中，国内利率都会上升，但是本币的汇率水平是上升还是下降则取决于财富效应对本国和外国债券需求影响和利率效应对货币需求影响两者的关系。直观地从图形来看，如果财富效应大于利率效应，也就是 *FF* 曲线和 *BB* 曲线的移动幅度大于 *MM* 曲线的移动幅度，那么本币就会贬值，反之本币则会升值。因此，扩张性财政政策对汇率的影响是不确定的。

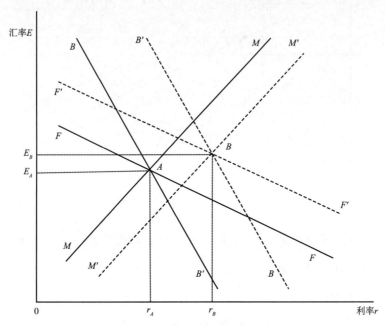

图 9.6a　本国财政扩张（债券和货币供给增加，货币贬值）

3. 经常项目盈余造成外国债券供给增加（见图 9.7）

本国经常项目顺差意味着本国持有外国资产的增加，而外国经常项目逆差则意味着外国负债的增加，而为负债融资就会通过增发外国债券吸收储蓄，通过本国投资者持有外国债券的增加实现漏出。

因此，在这个过程中，外国债券的增加会使 *FF* 曲线下移。这意味着在国内利率水平不变的情况下，必须通过本币升值才能在不改变本国投资者资产组合的情况下增加对外国债券的需求，从而维持外国债券市场的平衡。当然，经常项目顺差也意味着本国财富总量的上升，因此也会增加对本国货币和本国债券的需求。这将导致 *MM* 曲线和 *BB* 曲线下移。*MM* 曲线下移是因为在货币供给不变的情况下，为了维持货币市场的平衡必须提升国内利率水平以抑制需求上升，而 *BB* 曲线下移则是在国内债券供给不变的情况下，为

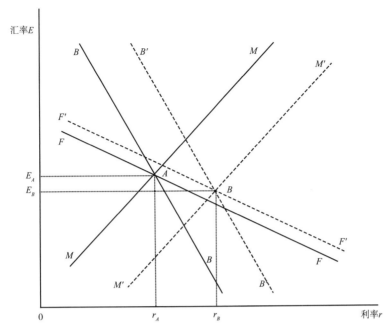

图 9.6b　本国财政扩张（债券和货币供给增加，货币升值）

了维持债券市场的平衡必须降低利率水平以便抑制需求的上升。

　　显然，要消除本国债券市场的超额需求需要提高利率，而要消除本国货币市场的超额需求需要降低利率，在这两个市场上的财富效应相当的情况下，相互抵消，市场的平衡就只能通过本币升值来实现。即通过本币升值增加对国外债券的需求（增加以外币计值的需求以平衡外国债券供给的增加），同时，在财富配置比例不变的情况下抑制对本币和本国债券需求的增加。也就是说，升值的估值效应全部体现在对外国债券需求的增加上。

　　总之，这一节中我们分析了出现不同的冲击后，投资者调整资产组合给国内利率或本币汇率造成的影响。这些冲击又可以分成两类，财富总量不变时资产组合的调整和财富总量变动时资产组合的调整。显然，前者只涉及两个市场的替代变化而后者则将出现三个市场的同步变化，因此更加复杂一些。

第四节　资产组合平衡模型的长期均衡分析

　　在资产市场的短期均衡分析中，我们实际上是在假定两个关键的长期变

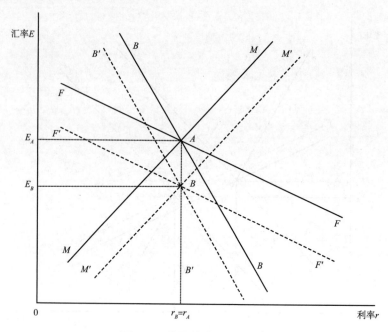

图 9.7　外国债券供给增加

量——国内价格水平 P 和外汇资产存量 F 不变的情况下展开分析的，因此，短期调整的效应都反映在金融市场上。但是金融市场调整的结果最终将带来商品市场的调整。这固然需要更长的时间进行传导和调整，而这也正是资产组合平衡模型的长期均衡分析必须要考虑的内容。

为了反映利率和汇率变化造成价格、产出和经常项目变化之后的长期均衡过程，我们就要对整个经济系统补充实体经济活动内容。我们假定：

贸易品部门的产出 $Y^T = Y^T(E)$，在直接标价法下与汇率成正比；

非贸易品的产出 $Y^N = Y^N(E)$，与汇率成正比；

对贸易品的消费 $C^T = C^T(E, W)$，与汇率成反比，且与财富成正比；

对非贸易品的消费 $C^N = C^N(E, W)$，与汇率和财富均成正比；

收入等于来自贸易部门和非贸易部门的收入加上外国债券的利息收入，即 $Y = Y^T + Y^N + (i^* + \Delta e^e) EF$。

另外，国际收支中的经常项目余额是贸易品消费和消费品生产之间的差额，即贸易差额加上外国资产的利息收入，且在均衡状态下资本项目余额与经常项目余额相等，则我们可以得到：$\Delta F = CA = Y^T(E) - C^T(E, W) + (i^* + \Delta e^e) EF$。非贸易品的均衡条件是 $Y^N(E) = C^N(E, W)$。

储蓄 a 可以理解为理想财富与实际财富之间的差额。只要实际财富低于理想财富，人们就会储蓄。由于储蓄是可支配收入与消费之间的差额，即 $Y-C$，且储蓄只能来自经常项目盈余和国外资产的利息收入，我们可以得到：$a=(Y^T-C^T)+(i^*+\Delta e^e)EF$。显然在这里，储蓄只是经常项目余额的另一种表述，即经常项目盈余（赤字）等于储蓄（负储蓄）。

在资产配置的决定方程（9.2）~（9.4）中，实际上只有两个是独立的，即任何两个资产市场均衡以后，第三个市场自动均衡，而未知数却有 3 个，即本国利率、汇率和财富总额（在小国模型中，外国利率水平是外生的）。因此我们需要引入实际独立的第三个方程：预期汇率。一般来说，我们可以使用稳态预期 $\Delta e^e=0$，或者理性预期 $\Delta e^e=\Delta e+\varepsilon$，即预期汇率的变动等于汇率变动与白噪声之和。这样，在给定预期汇率以后，资产市场就可以决定即期汇率 E 和本国利率 i。

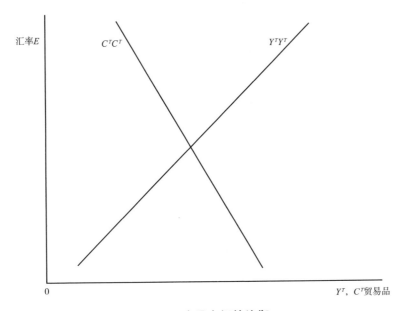

图 9.8 商品市场的均衡

对于资产组合模型中的长期均衡分析，我们需要区分外部冲击的三种效应：冲击之后资产市场的瞬间调整；短期均衡是冲击以后资产价格变化导致的流量变化；长期均衡是指流量变化引起实际财富和理想财富之间出现差异，引起储蓄和经常项目的变化以后，最终实现零储蓄和零经常项目余额的新的长期均衡的稳定状态。

在图 9.1 中，我们从资产组合平衡的角度，考察了短期内国内利率水平和汇率的决定过程。而在图 9.8 中，我们考虑的是商品市场的长期均衡。这里，国内贸易品的生产（$Y^T Y^T$）和消费（$C^T C^T$）分别是汇率的增函数和减函数。给定非贸易品价格，贸易品价格将因本币贬值而上升，消费由贸易品转向非贸易品而导致贸易品消费下降。同时贸易品生产也会上升。

图 9.9 将图 9.1 和图 9.8 结合起来，说明在资产市场和商品市场共同均衡时利率、汇率、贸易品生产和贸易消费的组合。由于在短期均衡分析中我们进行了比较全面的说明，下面的长期均衡分析就重点分析两种典型的冲击情景。

1. 政府在公开市场购买债券的扩张性货币政策（见图 9.9）

如同我们在前面分析的那样，在冲击后的短期中，BB 曲线和 MM 曲线纷纷左移到 B'B' 和 M'M' 的位置。即政府的公开市场操作使货币市场出现超额供给，使债券市场出现超额需求。这两方面的影响在市场均衡力量的作用下都出现利率下降的趋势。国内债券价格的上涨使外国债券对投资者的吸引力增加。而对外国债券需求的上升又使本币汇率上升，外国债券的本币价格上涨，直到超额需求消失为止。FF 曲线位置不变，在图中省略。均衡点从 X 移动到 Y，国内利率下降，本币贬值。

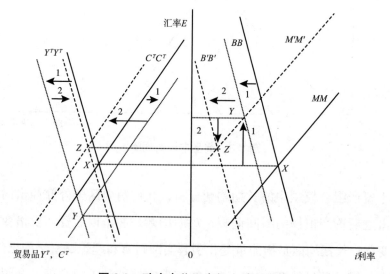

图 9.9 政府在公开市场上购买债券

220

本币贬值使外国资产的本币价值增加，投资者本币财富上升，引起消费需求上升，结果实际财富额就会低于理想的财富额。因为我们也已经假定恢复理想财富初始值的办法只能通过经常项目盈余和积累外国资产，人们就要通过实现经常项目盈余进行储蓄。事实上，由于本币贬值，贸易品消费下降，非贸易品产出增加，结果经常项目盈余使财富增长。而财富增加使外国资产持有也随之增加，本币升值，贸易品产出转而下降，贸易品消费逐渐增加，进而引起储蓄率下降，直到恢复均衡。由于货币供给增加，本币最终贬值，所以贸易品产出有所增加，Y^TY^T 右移，但会高于最初的水平，而贸易品消费也增加，C^TC^T 左移，但会低于最初的水平。

在长期均衡的资本市场上，相对短期均衡点 Y 而言，由于商品市场的调整分担了一部分贬值的压力，最终的贬值程度有所缓解，也就是又在 Y 的基础上有所升值，因而对本国债券需求也会出现相应的上升。此时，为了维持债券市场的均衡，在货币供给不变的情况下，就只能通过债券价格的上涨，也就是利率的进一步下降来维持平衡。

如果说，在初始均衡时贸易品价格等于非贸易品价格，那么在新的均衡状态，由于本币贬值，贸易品的相对价格就会下降，Y^TY^T 上升。而在短期调整时期本国通过积累外国资产又使外国资产的利息收入又大于初始的利息收入。由于经常项目余额是贸易余额与利息收入之和，并且经常项目余额为零是长期稳定均衡的条件，显然，持有外国债券会产生利息收入，而经常项目余额为零就意味着这个利息收入应该被贸易赤字所抵消[①]。

在图 9.9 中，冲击发生后短期均衡向长期均衡的调整是从 Y 点到 Z 点的移动，在经历了最初的贬值以后来维持资产市场的均衡。但是本币贬值造成外国资产的本币价值增大，进而以本币计价的财富总额增加，对本国债券的需求随之上升。为了维持国内债券市场的平衡，迫使利率水平下降，债券价格上升，导致 $B'B'$ 曲线向左移动，在 Z 点达到长期均衡。

从经常项目和长期均衡的角度看，在出现货币冲击以后，汇率水平

---

① 这意味着如果仅仅从贸易角度看，此时本国货币实际上处于高估状态。也就是说，在长期均衡的资产平衡分析中，购买力平价理论需要进行必要的调整。

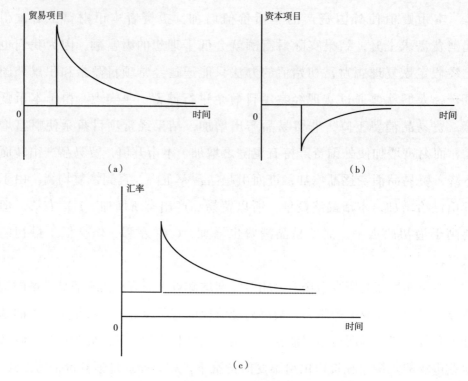

图 9.10　调整路径

在短期内出现急剧上升，但是由于非齐次性，在新的长期均衡状态，它并没有回到初始水平；贸易项目由于本币贬值，最初出现盈余，但随后的升值造成贸易赤字，而且这种赤字是由外国资产的利息收入实现融资的，所以经常项目在长期均衡中是平衡的，资本项目也因此处于平衡状态（见图9.10）。

2. 政府增加国内债券供给的财政政策（见图9.11）

与我们在前面的分析一样，债券供给的增加使财富总量增加。在冲击时期，由于货币供给没有发生变化，在国内利率水平既定的情况下，市场均衡使汇率水平下降，外国债券的本币价格上升来维持外国债券市场的均衡，因此，FF 曲线向上移到 $F'F'$。而在国内债券市场上，市场均衡力量将通过利率上升、债券价格下降来刺激需求，消除债券的超额供给。这样，BB 曲线就会向右移动到 $B'B'$。冲击均衡从 X 点变成 Y 点，汇率水平上升，利率水平上升。

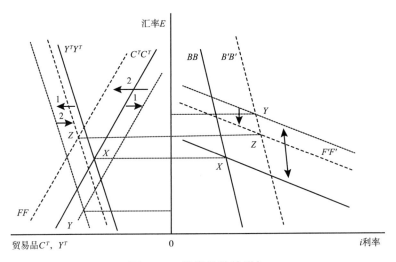

图 9.11 债券供给的增加

但是同样如我们在前面指出的那样，国内债券存量对汇率的影响并不确定。因为利率水平上升，本国债券价格的下降使对外国债券的需求减少，这就会抵消财富效应对外国债券需求的上升。因此，Y 点的 E 值是大于还是小于 X 点的 E 值，就主要取决于本国债券和外国债券对本国利率的需求弹性。一般来说，由于直接效应大于交叉效应，本国债券对本国利率的需求弹性一定大于外国债券对本国利率的需求弹性，这样利率的变化对本国债券的影响就要大于对外国债券的影响，而财富效应就会使对外国债券需求的增加小于对本国债券需求的增加。结果，汇率水平的上升就不会被利率水平的上升所抵消。

从本币贬值对经常项目的长期影响看，贸易品产出增长，贸易品消费下降，$Y^T Y^T$ 曲线左移而 $C^T C^T$ 曲线右移。但是此时商品市场的均衡汇率和资本市场的均衡汇率显然不相等，即本币呈现升值而不是贬值。

在商品市场的 Y 点上，由于实际财富增加，贸易品消费就会增加，货币贬值，推动 $C^T C^T$ 曲线和 FF 曲线左移而 $Y^T Y^T$ 曲线右移，最后在 Z 点达到商品市场和资本市场的长期均衡。

内容提要

资产平衡理论认为，由于不同国家的债券存在不同的风险，对证券需求的利率弹性也不可能等于零，因此，投资者在资产多样化决策时就必须考虑证券替代问题。而国内证券和国外证券的替代就必然对一个国家的汇率水平产生影响。

按照资产选择理论，对每一项资产的需求都是相互依赖的，每种资产在资产组合中所占的比重是由各自的风险和相对收益共同决定的。

在 e-i 空间内，货币市场均衡曲线 MM 斜率为正，本国债券市场和外国债券市场的均衡曲线斜率都为负，而且，由于交叉收益率的影响比自身收益率的影响要小，所以本国债券市场均衡曲线的斜率大于外国债券市场均衡曲线的斜率。

尽管在资产平衡模型中存在三个市场，但是，在根据财富总量约束下，三个资产方程中只有两个实际上是独立的。也就是说，任何两个市场的均衡就意味着第三个市场的均衡。因为此时增加任何一种资产需求的唯一办法就是使用另一种资产去交换，总资产需求或供给之和还是应该等于财富总量。因此，任何两个市场的均衡必然是对应的第三个市场同时处于均衡状态。

我们在分析中要区分对资产市场的三种冲击效应：冲击时期指的是冲击之后资产市场的瞬间调整；短期均衡指的是冲击以后资产价格变化导致的流量变化；长期均衡是指流量变化引起实际财富和理想财富之间出现分离，引起储蓄和经常项目的变化，最终实现零储蓄和零经常项目余额的新的长期均衡的稳定状态。

思考题

资产平衡与市场均衡的关系是什么？

短期平衡与长期平衡的差异是什么？

使用资产平衡分析法说明资本市场开放以后汇率的易变性。

参考文献

安妮·克鲁埃格:《汇率决定论》，张志超译，中国金融出版社，1990。

保罗·霍尔伍德、罗纳德·麦克唐纳:《国际货币与金融》，何璋译，北京师范大学出版社，1996。

劳伦斯·S. 科普兰:《汇率与国际收支》，康以同等译，中国金融出版社，1992。

迈克尔·梅尔文:《国际货币与金融》，欧阳向军、俞志暖译，上海人民出版社，1994。

Blanchard Olivier, Francesco Giavazzi and Filipa Sa, International Investors, the U.S. Current Account and the Dollar, Brookings Papers on Economic Activity, 2005 (1), pp.1-49.

Branson, W. and D. Henderson, "The Specification and Influence of Asset Markets," NBER Working Papers No.1283.1984.

Chonghui Jiang, Yongkai Ma, Yunbi An, "International Portfolio Selection with Exchange Rate Risk: A Behavioural Portfolio Theory Perspective," *Journal of Banking & Finance*, 2013, Vol.37, pp.648-659.

Dornbusch, R. and Fisher, S., "Exchange Rate and the Current Account," *American Economic Review*, 1980, Vol.70, pp.960-971.

Francis Breedon, Paolo Vitale, "An Empirical Study of Portfolio-balance and Information Effects of Order Flow on Exchange Rates," *Journal of International Money and Finance*, 2010, Vol.29, pp.504-524.

Guglielmo Maria Caporale, Faek Menla Ali, Fabio Spagnolo, Nicola Spagnolo, "International Portfolio Flows and Exchange Rate Volatility in Emerging Asian Markets," *Journal of International Money and Finance*, 2017, Vol.76, pp.1-15.

Haas, Richard D., "A Portfolio Model of International Capital Flows," *The Journal of Finance*,1972，Vol.27, p.948.

Jacob Gyntelberg, Mico Loretan, Tientip Subhanij, "Eric Chan, Exchange Rate Fluctuations and International Portfolio Rebalancing," *Emerging Markets Review*, 2014, Vol.18, pp.34-44.

Kouri, P., and M. Porter, "International Capital Flows and Portfolio Equilibrium," *Journal of Political* Economy,1974, Vol.82, pp.443-467.

Liang Ding, Jun Ma, "Portfolio Reallocation and Exchange Rate Dynamics," *Journal of Banking & Finance*, 2013, Vol.37, pp.3100-3124.

Mckinnon, R. I. "Portfolio Balance and International Payments Adjustment," In A. Mundell and A.K.Swoboda(eds), *Monetary Problems in the International Economy*, Chicago, IL: University of Chicago Press, 1969.

Philippe Bacchetta, Eric van Wincoop, "Puzzling Exchange Rate Dynamics and Delayed Portfolio Adjustment," *Journal of International Economics*, 2021, Vol.131.

Stephanie E. Curcuru, Charles P. Thomas, Francis E. Warnock, Jon Wongswan, "Uncovered Equity Parity and Rebalancing in International Portfolios," *Journal of International Money and Finance*, 2014, Vol.47, pp.86-99.

第十章 市场效率、理性预期和汇率决定的"新闻"模型

按照理性预期的假定，远期汇率、预期未来的即期汇率和未来实际的即期汇率之间应该是相等的。或者，如果投机者是风险中立的，远期汇率就应该等于预期未来的即期汇率；如果投机者是风险厌恶的，则远期汇率就应该等于预期未来的即期汇率加风险报酬。从理论上说，远期汇率或预期未来的即期汇率等于未来实际的即期汇率是保证利率平价关系成立的条件。但是在现实中肯定会出现偏离或调整，"新闻"模型要解释的就是这种调整过程。

第一节　市场效率与远期外汇市场

从世界主要货币之间即期汇率与远期汇率走势图的统计来看，二者的走势几乎都是平行的，非常相似。因此，我们可以将远期汇率看成是对实际未来即期汇率的准确预期，市场效率是十分完美的。但是，为什么会出现这种同步变化？并且在每一个折点处都是即期汇率的走势首先发生变化，随后远期汇率的走势才发生变化，也就是说，为什么在每一次调整中都是即期汇率引导着远期汇率的变化？这种情况又使我们对理性预期和市场效率产生一点疑问。

尽管远期汇率并不总是未来实际即期汇率的良好显示器，但是从它有效反映所有可得信息的角度来看，它依然是最优的预测器。我们几乎可以肯定决定远期汇率的那些主要因素就是那些决定即期汇率的同一组因素，远期外汇升水和汇率变动之间的巨大差异可能是市场上出现的不可预测的新信息造成的。

一　理性预期与市场有效性

首先，我们将远期汇率与预期未来的即期汇率之间的关系以数学形式表

示出来，以便说明市场有效性问题。

一方面，一个随机变量 X 的数学期望或期望值 $E(X)$ 是所有可能结果的加权平均值，权数代表了这些结果出现的概率。

在现实中，由于汇率易变性，当人们进行汇率预测时，需要利用任何可以得到的信息来估计每一种可能结果出现的概率。这样我们就可以引入对期望概念的扩展：一个变量 X_t 的条件期望 $E(X_t \mid I_{t-j})$ 是根据一个特定的信息集合 I_{t-j} 计算出的期望值。

一般市场参与者在进行决策时必须进行的汇率预期往往是一种主观预期。这种主观预期是存在于人们头脑中，无法量化的。它与事实之间不需要存在一种特定的、逻辑清晰、定义明确的关系。但是，这也并不是说主观预期与各种信息没有任何关系，而只是说它与客观数据之间的关系纯粹是任意的，是一种直觉、本能或经验。

如果一个人的主观预期与一组以包括所有可得信息为条件的某个变量的条件期望相同，那么，我们就可以说这个人对这个变量持有理性预期。而理性预期假说就认为市场主观预期在事实上与包括所有可得信息在内的条件期望相同。由于对即期汇率的预期受到未来汇率变动的影响，所以，在理性预期条件下，对即期汇率的预期就应该是依据 t 期的信息对 $t+1$ 期汇率的预期，也就是：

$$E_t^e = E(E_{t+1} \mid I_t) = E_t E_{t+1} \tag{10.1}$$

其中，I_t 是在 t 时期可得信息的集合。

我们假定远期外汇市场和即期外汇市场具有下列条件：外汇投机者拥有充分的套汇资金；没有资金流动的限制；交易成本可以忽略不计。这样，外汇投机者就可以根据自己的预期在远期市场上进行投机。在没有任何障碍的情况下，投机可以使方程（10.1）成立。

当远期汇率水平浮动到所有市场参与者对未来即期汇率的预期一致的时候，投机就会停止。在实际操作中，即使投机者看到投机获利的可能性依然存在，但是只要预期得到的收益不足以补偿细微判断失误的风险时，投机就会在均衡到来之前的某一点上停止。此时，远期汇率与预期未来的即期汇率之间的差距就是风险报酬。这样，假定理性预期存在，则市场均衡就可以表示为：

$$F_t^{t+k} = E_t E_{t+k} + p_t \qquad\qquad (10.2)$$

其中，F_t^{t+k} 是在 t 时期约定的，并且在 $t+k$ 时期到期的远期汇率，$E_t E_{t+k}$ 是在 t 时期预期 $t+k$ 时期的即期汇率，p_t 是针对 t 时期考察的货币开口头寸的风险报酬。方程（10.2）代表了有效市场均衡，因为远期汇率反映了表现在理性预期在内的可得信息，也反映了通过风险报酬表现出来的市场对风险的评估。

对方程（10.2）进行简单处理，我们可以得到：

$$F_t^{t+k} - E_{t+k} = \Delta E_{t+k} = \left(E_t E_{t+k} - E_{t+k} \right) + p_t = u_{t+k} + p_t \qquad\qquad (10.3)$$

其中，ΔE_{t+k} 代表远期汇率和相应的到期实际汇率之间的差距，u_{t+k} 是关键的一项，表示市场对 $t+1$ 期汇率水平的预期值与实际结果之间的差距。

从统计学的意义上说，u_{t+k} 代表的这种差距在严格的意义上必须是绝对随机的，与现在和过去的汇率变动都没有关系，在时间序列中也没有任何系统偏差，均值为零。换言之，这种误差是不可预测的。否则，就意味着存在潜在的盈利机会，可得信息并没有得到有效利用，而这与理性预期的定义就会发生冲突。

因此，方程（10.3）实际上表达了理性预期和有效市场假说。它表明，远期汇率和远期汇率到期时的即期汇率之差是完全随机的期望误差和风险报酬之和。这样，方程（10.3）代表了一种弱理性预期，也就是说，市场价格仅反映了在预测时的部分信息，而没有反映全部可得信息，那么就存在赢利的可能性。

将方程（10.3）进行简单变换，我们还可以得到：

$$E_{t+k} = F_t^{t+k} - u_{t+k} - p_t \qquad\qquad (10.4)$$

这意味着即期汇率实际上是在过去与之相对的远期汇率减去市场对 $t+1$ 期汇率水平的预期值与实际结果之间的差距（不可预测也无法避免的期望误差）和风险报酬。

二　无偏性

假定市场参与者是风险中立的，也就是说，他们在从事有风险的交易时不要求得到风险报酬，愿意在没有补偿，至少是在补偿很少的情况下，根据自己对于未来即期汇率的判断进行投机。这意味着他们将把远期汇率推到与理性预期的未来即期汇率相等的水平上，从而使方程（10.3）中的 $p_t=0$。这样，我们就可以得到：

$$E_{t+k} = F_t^{t+k} - u_{t+k} \tag{10.5}$$

也就是说，即期汇率仅仅等于以前确定的远期汇率加上一个随机误差项。我们把远期市场有效性的这种形式称为无偏性。换言之，当市场参与者是风险中立的，而且远期市场是有效的，则远期汇率与其合同到期时的即期汇率的数学期望值相等。此时，将方程（10.5）进行简单变换，我们得到：

$$E_{t+k} - E_{t+k-1} = (F_t^{t+k} - E_{t+k-1}) - u_{t+k} \tag{10.5a}$$

方程（10.5a）表明，在减去一个随机误差项以后，汇率的实际变化与事先的预期相同。这样，在理性预期的假定下，远期汇率就是对未来即期汇率的一种最理想的预测值。即使出现不符，也必将处于随机误差的范围内。

三　随机行走模型

有效市场理论最初被用来解释股票市场的变动，即按照时间序列观察时股票价格的变动规律。统计学家发现，股票价格实际上是按照随机行走方式变化的。此后，人们就将随机行走与有效市场联系起来了。但是，二者并没有必然的联系。

如果某一个时间序列变量 X_t 从一个时期到下一个时期的变化纯粹是随机

的，也就是：

$$X_t - X_{t-1} = \Delta X_t = u_t \qquad\qquad （10.6）$$

其中，u_t 是完全随机的，不会随时间推移显示出任何固定的形式，那么，X_t 就称为是按照随机行走的方式变化。

严格地讲，如果某一个时间序列变量 X_t 从一个时期到下一个时期的变化等于偏移项 d，再加上一个纯粹是随机的成分，也就是：

$$X_t - X_{t-1} = \Delta X_t = u_t + d \qquad\qquad （10.7）$$

其中，u_t 是完全随机的，不会随时间推移显示出任何固定的形式，那么，X_t 就称为是按照有偏移的随机行走方式变化。

如果即期汇率是有偏移随机行走的，即：

$$E_t = E_{t-1} + d + u_1 \qquad\qquad （10.8）$$

对方程（10.8）取以 $t-1$ 期信息为条件的期望值，我们就可以得到：

$$E_{t-1}E_t = E_{t-1}E_{t-1} + E_{t-1}d + E_{t-1}u_t = E_{t-1} + d \qquad\qquad （10.9）$$

我们假定在 $t-1$ 期，即期汇率 E_{t-1} 是已知的，常数偏移项 d 也是已知的，而下一个时期随机误差项 u_t 的期望值永远等于零。因此，在随机行走的条件下，对下一个时期的即期汇率的理性预期就相当于目前的即期汇率加减一个偏移项。而在不存在偏移项的情况下，对下一个时期即期汇率的理性预期就应该与当前的即期汇率相等。

如果假定即期汇率并不按照随机走动的方式运动，而是采取如下的形式：

$$E_t = \alpha E_{t-1} + \beta E_{t-2} + \gamma Z_t + \delta Z_{t-1} + u_t \qquad\qquad （10.10）$$

其中，Z 代表某种其他变量，如货币供给。假定 E 和 Z 现在和过去的数值都是已知的，那么，与我们对方程（10.8）的处理一样，我们可以得到：

$$E_{t-1}E_t = \alpha E_{t-1} + \beta E_{t-2} + \gamma E_{t-1}Z_t + \delta Z_{t-1} \qquad （10.11）$$

这样我们就可以看出，远期外汇市场的有效性可以和随机行走有关系，也可以没有关系。对于随机行走的说明，只是为我们对随机误差项 u_t 的性质给出了一个更好的说明，并且引入一个偏离项。但是，不管随机误差项 u_t 是不是采取随机行走的运动方式，其数学期望值都应该等于零。在这个意义上，在一个有效市场中的盈利机会都是虚幻的。

第二节　汇率决定的"新闻"模型

在上一节，我们讨论了远期汇率与即期汇率之间的关系，本节则讨论造成二者之间差距的因素。方程（10.4）表明，即期汇率实际上等于远期汇率、风险报酬和随机误差三项之和[①]。按照弱有效市场的假定，误差可以来自市场参与者在预期未来即期汇率水平时的误差，而按照理性预期的假定，这种误差又只能来自新出现的可得信息，即"新闻"，如经济统计数字的公布、政治形势的变化和国际因素的影响。

一　简单的"新闻"模型

假定即期汇率的决定方程是：

$$E_t = \gamma Z_t \qquad （10.12）$$

其中，γ 是一个系数，Z_t 是决定汇率的一个或多个变量，我们称之为基本面变量。

---

① 由于风险报酬和随机误差都可正可负，所以在方程（10.4）中 p_t 和 u_{t+1} 前面的符号可以任意给定。

假定存在理性预期，人们按照方程（10.12）形成他们对下一期即期汇率的预期。也就是说，在 $t-1$ 期使用可得信息集 I_{t-1} 形成对 E_t 的条件期望：

$$E_{t-1}E_t = \gamma E_{t-1}Z_t \qquad\qquad (10.13)$$

方程（10.13）说明，对汇率的理性预期涉及对基本面变量的预期，它是形成预期的一个前提条件。用方程（10.12）减去方程（10.13），我们就可以得到预测误差：

$$E_t - E_{t-1}E_t = \gamma(Z_t - E_{t-1}Z_t) \qquad\qquad (10.14)$$

方程（10.14）表明，对 E_t 的预测误差等于在 $t-1$ 期对基本面变量的预期 $E_{t-1}Z_t$ 与基本面变量 Z_t 之间的误差。它说明了汇率预期误差与对基本面变量预期误差，即此后反映为"新闻"的信息之间的关系。因为按照方程（10.12），如果即期汇率水平仅仅是基本面变量 Z_t 的 γ 倍，那么对汇率的预期误差也就将是对基本面变量 Z_t 的预期误差的 γ 倍。而且，按照理性预期的定义，对基本面变量的预期误差，即"新闻"，实际上是在 I_{t-1} 使用的信息集时不可预测的随机离差。但是这些离差的平均值为零，随时间推移也不会显示出任何系统变化的形式。

因此，按照有效市场的假定，使用方程（10.2），我们可以将方程（10.14）改写为：

$$\begin{aligned} E_t &= E_{t-1}E_t + \gamma(Z_t - E_{t-1}Z_t) \\ &= F + p_{t-1} + \gamma(Z_t - E_{t-1}Z_t) \end{aligned} \qquad (10.15)$$

这样，通过方程（10.15）就可以看出，在有效市场条件下，t 时期的即期汇率实际上等于在 $t-1$ 时期存在的 t 时期到期的远期汇率，加上一个风险报酬，再加上一个"新闻"的影响。当然，我们在此没有讨论 Z_t 的任何具体内容，因为"新闻"误差基本上是无法确切知道的，它可能取决于市场参与者进行预测时的理论偏好、市场知识和信息可得性等，所以本身是不可预期的。

二　对货币模型的修正

按照货币模型的基本思路，汇率取决于三个变量，即相对货币供给量、相对收入和相对利率水平。如果我们使用对数形式重新写出这种关系，就可以得到：

$$E_t = \hat{M}_t - c\hat{Y}_t + b\hat{r}_t \qquad\qquad (10.16)$$

其中，c 和 b 都是正参数，$\hat{M}$ 和 $\hat{Y}$ 分别是相对货币供给和收入的对数，$\hat{r}$ 是利率差。

如果承认风险厌恶，则非抵补的利率平价关系就可以写为：

$$\hat{r} = r_t - r_t^* = \Delta E_t^e + p_t \qquad\qquad (10.17)$$

其中，p_t 是由于不能肯定汇率波动而只能根据预期进行套汇的投机者要求的风险报酬，它与在有效市场条件下，按照抵补利率平价关系而存在的随机风险报酬应该是相同的。

将方程（10.17）代入方程（10.16），就可以得到：

$$E_t = \hat{M}_t - c\hat{Y}_t + b\Delta E_t^e + bp_t$$
$$= \gamma Z_t + b\Delta E_t^e \qquad\qquad (10.18)$$

其中，Z_t 表示除了利率水平以外的其他基本面变量对汇率的影响。

方程（10.18）表明，在任何时候，即期汇率不仅取决于若干基本面因素的目前水平，而且也取决于对汇率水平的预期。在其他条件不变的情况下，预期汇率的变动与即期汇率的变动成正比。也就是说，如果市场预期货币在未来会升值，那么，目前的即期汇率就会上升。这实际上也是一切资本市场的特征：给定基本因素的数值，当市场预期资本价格在未来会上升，那么资本价格的现值就会上升，从而给目前的资本持有者带来资本收益（资本市场的蜈蚣博弈）。

我们不难知道：

$$\Delta E_t^e = E_{t+1}^e - E_t \qquad\qquad （10.19）$$

假定理性预期成立，那么，方程（10.19）就可以改写为：

$$\Delta E_t^e = E_t E_{t+1} - E_t \qquad\qquad （10.20）$$

其中，对 $t+1$ 时期汇率水平的预期是根据 t 期的信息作出的，并进行调整的。这样，将（10.20）代入方程（10.18），我们得到：

$$E_t = \gamma Z_t + b(E_t E_{t+1}^e - E_t) \qquad\qquad （10.21）$$

合并 E_t 项，我们就可以得到：

$$\begin{aligned} E_t &= \gamma(1+b)^{-1} Z_t + b(1+b)^{-1} E_t E_{t+1} \\ &= \gamma(1+b)^{-1} Z_t + \beta E_t E_{t+1} \end{aligned} \qquad\qquad （10.22）$$

为了方便，我们定义：

$$\beta = b(1+b)^{-1}$$

其中，系数 b 为小于 1 的正值，所以 β 值必然处于 0~1。

我们已经知道了 E_t 的决定，那么，在方程（10.22）中的 E_{t+1} 又是由什么因素决定的呢？依此类推，我们显然可以得到：

$$E_{t+1} = \gamma(1+b)^{-1} Z_{t+1} + \beta E_{t+1} E_{t+2} \qquad\qquad （10.23）$$

在此，我们应该注意末尾的资本收益项，即 $t+1$ 期的汇率将取决于根据 $t+1$ 期可得信息作出的对 $t+2$ 期汇率水平的预期。当然，在方程（10.22）中出现的也不是 E_{t+1}，而是它在 t 时期的期望值 $E_t E_{t+1}$。那么，根据方程（10.23）

以信息集 I_t 为条件的期望，我们可以得到：

$$E_t E_{t+1} = \gamma(1+b)^{-1} E_t Z_{t+1} + \beta E_t(E_{t+1} E_{t+2})$$
$$= \gamma(1+b)^{-1} E_t Z_{t+1} + \beta E_t E_{t+2}$$

（10.23a）

由于"新闻"的作用，I_t 信息集比 I_{t+1} 信息集包含的资料少，这样，在 I_{t+1} 期出现的信息成为可得信息以后，市场在 $t+1$ 时期预期的 E_{t+2} 才成为 E_{t+2} 的一个理性预期。因此，虽然在 t 时期市场不可能了解 $t+1$ 时期对 E_{t+2} 的理性预期，但是，按照随机行走的理论，市场在 $t+1$ 时期对 E_{t+2} 的预期误差将等于市场在 t 时期对 E_{t+1} 的预期误差[①]。这样，我们就可以将方程（10.23a）代入方程（10.22）：

$$E_t = \gamma(1+b)^{-1}(Z_t + \beta E_t Z_{t+1}) + E_t E_{t+2}$$

（10.24）

方程（10.24）表明，目前的即期汇率是目前的基本面变量，是下一个时期的基本面变量的预期值和两期以后预期汇率的函数。

同理，我们还可以使用 Z_{t+2} 和 $E_{t+2} E_{t+3}$ 表示 E_{t+2}，再取以 I_t 为条件的预期，代入方程（10.24），然后，再重复这个过程，消除 $E_t E_{t+3}$ 等。最后，在经过 N 次替代以后，我们就可以得到：

$$E_t = \gamma(1+b)^{-1}(Z_t + \beta E_t Z_{t+1} + \beta^2 E_t E_{t+2} + \beta^3 E_t E_{t+3} + \cdots + \beta^N E_t Z_{t+N}) + \beta^{N+1} E_t E_{t+N+1}$$

（10.25）

由于 $0<\beta<1$，$\beta^{N+1} \to 0$，所以，我们可以将方程（10.25）改写为：

$$E_t = \gamma(1+b)^{-1}(Z_t + \sum_{k=1}^{N} \beta^k E_t Z_{t+k})$$
$$= \gamma(1+b)^{-1} \sum_{k=1}^{N} \beta^k E_t Z_{t+k}$$

（10.26）

---

① 由于 $I_t \subseteq I_{t+1} \subseteq I_{t+2} \subseteq \cdots$，所以，$E[E(E_{t+2} \mid I_{t+1}) \mid I_t] = E(E_{t+2} \mid I_t) = E_t E_{t+2}$。

方程（10.26）说明，任何一点的即期汇率都是由对基本面变量全部的未来变化路径（从 Z_t 到 Z_{t+N}）的市场预期决定的。从原则上说，N 应该是无限的。但是，随着 k 的增加，β^k 会越来越小，也就是说，对 $t+k$ 时期基本因素预期在即期汇率决定中的影响也就越来越小，与此相对应的是影响近期基本面变量的"新闻"的作用也就越来越大。

三　理性投机泡沫、比索效应和汇率不稳定性

泡沫反映了一种人们所熟悉的价格偏离均衡，并且具有自我强化趋势的现象。与其他资本市场一样，外汇市场的运行也会出现暂时的理性投机泡沫。

在存在泡沫的情况下，人人都知道偏高，但是没有人期望它要跌落。而且，对于历史上一些投机性的价格暴涨（或暴跌），甚至在此后很长的时间内也难以找到适当的解释，最后，往往归结为市场非理性和大众歇斯底里。

事实上，只要人们相信泡沫将持续，并且市场已经对人们意识到的泡沫破灭风险给予充分的补偿，那么，持有这种资产就是可以理解的。也就是说，在投机性泡沫存在并持续的场合，如果一种货币升值越高，泡沫破灭的可能性越大，货币升值也就应该越快，以便补偿增加的风险。

考虑到投机泡沫，方程（10.26）可以改写为：

$$E_t = \gamma (1+b)^{-1} \sum_{k=1}^{N} \beta^k E_t Z_{t+k} + B_t \tag{10.27}$$

其中，泡沫项 B_t 可以简单地定义为偏离由基本因素决定的市场均衡的程度，它应该具有如下的特征，投机泡沫才能够持续下去。

$$E_t B_{t+1} = \beta^{-1} B_t \tag{10.28}$$

到目前为止，人们在理论上还难以对投机泡沫的产生或破灭给出解释，汇率也变成具有高度易变性的指标。理性投机泡沫和比索效应也都否定了市场有效性的假说。比索效应得名于 70 年代初墨西哥比索的行为。那时，比索虽然名义上是固定汇率制，但是在 1976 年比索急剧贬值以前，比索对美元的

远期汇率一直存在贴水，反映着人们对比索贬值的预期。

总之，如何解释所有这些涉及汇率易变性的问题，迄今还需要进行深入的研究。

内容提要

理性预期假说认为，如果一个人的主观预期与包括所有可得信息为条件的某个变量的条件期望相同，那么这个人就对这个变量持有理性预期。

在一个有效的外汇市场中，远期汇率反映了包括所有可得信息的理性预期，也反映了通过风险报酬表现出来的市场对风险的评估。

即期汇率仅仅等于以前确定的远期汇率加上一个随机误差项。我们把远期市场有效性的这种形式称为无偏性。

如果某一个时间序列变量 X_t 从一个时期到下一个时期的变化纯粹是随机的，也就是：

$$X_t - X_{t-1} = \Delta X_t = u_t$$

其中，u_t 是完全随机的，不会随时间推移显示出任何固定的形式，那么，X_t 就称为是按照随机行走的方式变化。因此，理性预期是不存在系统偏差的预期。

汇率决定的"新闻"模型认为对 E_t 的预测误差等于在 $t-1$ 期对基本面变量 Z_t 的预期与基本面变量 Z_t 本身的误差。它说明了汇率预期误差与对基本面变量预期误差，即此后反映为"新闻"的信息之间的关系。

经过一系列的推导，方程 $E_t = \gamma(1+b)^{-1} \sum_{k+1}^{N} \beta^k E_t Z_{t+k}$ 说明，任何一个时点上的即期汇率都是由对基本面变量全部未来变化路径（从 Z_t 到 Z_{t+N}）的市场预期所决定的。从原则上说，N 应该是无限的，但是，随着 k 的增加，β^k 会越来越小，也就是说，对 $t+k$ 时期基本面变量的预期在即期汇率决定中的影响也就越来越小，而与此同时，近期基本面变量的"新闻"影响也就越来越大。

思考题

新闻模型的实质是什么？为什么说新闻模型体现了市场效率？

新闻模型中的泡沫与超调模型中的泡沫是什么关系？

利用汇率决定的"新闻"模型论述汇率易变性。

参考文献

保罗·霍尔伍德、罗纳德·麦克唐纳:《国际货币与金融》，何璋译，北京师范大学出版社，1996。

劳伦斯·S.科普兰:《汇率与国际收支》，康以同等译，中国金融出版社，1992。

迈克尔·梅尔文:《国际货币与金融》，欧阳向军、俞志暖译，上海人民出版社，1994。

Fenkel, J. A. and Mussa, M., "The Efficiency of Foreign Exchange Market and Measures of Turblence," *American Economic Review*, 1980, 70, pp.374-81.

Frenkel, J. A., "Flexible Exchange Rates, Prices and the Role of 'News': Lessons from the 1970's," *Journal of Political Economy*, 1981, 89(4), pp.665-705.

Guglielmo Maria Caporale, Fabio Spagnolo, Nicola Spagnolo, "Exchange Rates and Macro News in Emerging Markets," *Research in International Business and Finance*, 2018, Vol.46, pp.516-527.

Hamed Naderi Semiromi, Stefan Lessmann, Wiebke Peters, "News will Tell: Forecasting Foreign Exchange Rates Based on News Story Events in the Economy Calendar," *North American Journal of Economics and Finance*, 2020, Vol.52.

Kan Chena, Shage Zhang, "What's News in Exchange Rate Dynamics: A DSGE Approach," *Economics Letters*, 2015, Vol.134, pp.133-137.

Kris Boudt, Christopher J. Neely, Piet Sercu, Marjan Wauters, "The Response of Multinationals' Foreign Exchange Rate Exposure to Macroeconomic News," *Journal of International Money and Finance*, 2019, Vol.94, pp.32-47.

Paresh Kumar Narayan, Deepa Bannigidadmath, Seema Narayan, "How Much does Economic News Influence Bilateral Exchange Rates?" *Journal of International Money and Finance*, 2021, Vol.115.

Wenti Du, Eric J. Pentecost, "New 'News' for the News Model of the Spot Exchange Rate," *Economics Letters*, 2021, Vol.200.

Yang Liu, Liyan Han, Libo Yin, "News Implied Volatility and Long-term Foreign Exchange Market Volatility," *International Review of Financial Analysis*, 2019, Vol.61, pp.126-142.

Yin-Wong Cheung, Rasmus Fatum, Yohei Yamamoto, "The Exchange Rate Effects of Macro News after the Global Financial Crisis," *Journal of International Money and Finance*, 2019, Vol.95, pp.424-443.

第四篇
国际收支调节理论

第十一章　国际收支调节的弹性分析模型

弹性分析模型是国际收支调节理论中发展较早的一种理论。它的特点是从实体经济因素的角度，主要是从经常项目出发来看待国际收支问题。尽管在这种理论最初成形的时候，资本的国际流动在国际金融活动中还不是一种必须加以考虑的重要因素，但是与购买力平价理论一样，在国际收支中资本项目具有越来越重大影响的今天，国际收支的弹性分析模型依然具有不可否认的理论意义和一定的现实意义。毕竟不管后来资本项目下的交易对国际收支的影响有多大，实体经济形势依然代表了左右国际资本流动的经济基本面因素。前者只是将后者的影响放大，在预期的基础上提前反映出来。

弹性分析法是在收入不变的条件下，研究汇率变动通过对贸易品价格的影响，进而影响在国际收支调节中的作用。一般而言，它的基本假定是：经济处于充分就业状态，即收入不变而价格可变；进出口产品供给的价格弹性趋向于无穷大①；不考虑国际资本流动，国际收支等同于贸易收支。弹性分析法的基本逻辑是：汇率变动将在国内外进出口产品之间、本国生产的贸易品和外国生产的贸易品之间引起相对价格的变动，且这种价格变化会因供给和需求弹性的差异影响一国的进出口总额，进而对国际收支产生不同的影响。因此，弹性分析法的基本命题是贬值改善国际收支就必须满足一定的弹性条件，包括需求的价格弹性和供给的价格弹性。一般来说，需求的价格弹性是弹性分析法的研究重点。

第一节　弹性分析模型中的汇率决定

作为外汇的价格，汇率的变动不管受到多少因素的影响，最终都会体现

---

① 其实，进出口产品供给的价格弹性趋向于无穷大与经济处于充分就业状态这两个假定在一定程度上是矛盾的。之所以说是在一定程度上矛盾，是因为如果假定国内消费和进口不变，如果经济又处于充分就业状态，则出口产品的供给就是没有价格弹性的。只有假定国内消费可变，则即使经济处于充分就业状态，出口产品的供给就可以呈现一定的价格弹性。

为并决定于本币和外币在外汇市场上的供求。就国际收支调节的弹性分析模型来说，对外汇市场供求分析的重点又主要是因国际贸易而引起外汇交易双方供求的变化。弹性分析模型假定，对外汇交易的供求都是具有经常项目交易，或者更具体地说都具有货物贸易交易的背景。

假定本国和外国出口商最终交易后要得到各自本国的货币，则图 11.1 表明了汇率 E 取决于外汇的市场供求状况。一般来说，本国商品的出口在外汇市场上引起外汇的供给，即本国出口商要在外汇市场上将获得的外汇兑换成本国货币，用以支付本国的生产成本。反之，本国的进口在外汇市场上引起对外币的需求，即本国进口商使用本币购买外币，支付外国出口商的价款。因此，本国商品的出口形成了外汇供给，而本国的进口形成了对外汇的需求。

对外汇的需求曲线向右下方倾斜。这是因为在给定贸易品的外币价格 P^F 以后，随着本币升值，汇率水平 E 的下降，外国商品的本币价格 P（$P=EP^F$）就会下降，这样对外国商品的进口量 Q_M 就会上升。假定进口商品的外币价格 P_M^F 是固定的，对外币的需求量为 $P_M^F Q_M$，且 $P_M^F = \dfrac{P_M}{E}$，则 E 下降导致 P_M 下降，Q_M 上升，此时以外币计量的本国进口额 $P_M^F Q_M$ 也随之上升[①]。所以，汇率 E 与对外币的需求 $P_M^F Q_M$ 成反函数。

同理，外汇市场上外币的供给取决于本国商品的出口。外汇供给量等于出口量 Q_X 与折算成以外币计价的本国出口商品的国外价格的乘积，即 $\dfrac{P_X}{E} Q_X$。对于给定的出口商品本币价格来说，出口量是出口商品外币价格 $P_M^F (=\dfrac{P_X}{E})$ 的反函数，而汇率 E 又是出口商品外币价格的反函数。换言之，在出口商品本币价格不变的情况下，汇率水平上升，本币贬值，使出口商品的外币价格下降，出口量增加。结果，以外币计价的出口额也随之上升[②]。这样，外汇供给曲线的斜率就为正，并且其斜率等于外国对本国出口商品的需求弹性。

在图 11.1 中，外汇市场处于初始的稳定状态。如果汇率上升超过均衡水平 E_1，就会导致外汇的超额供给，引起其价格下降，直到恢复均衡。如果市场汇率水平低于 E_1，就会出现对外汇的超额需求，引起外汇价格上升，进而

---

① 后面我们将给出价降量升导致额增加的弹性条件。
② 与前注相同，我们也将马上给出价降量升导致额增加的弹性条件。

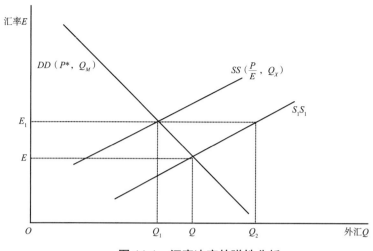

图 11.1　汇率决定的弹性分析

恢复均衡。

如果本国商品出口增加，导致外汇供给曲线由 SS 右移到 S_1S_1，即在 E_1 的汇率水平上供给量从 Q_1 增长到 Q_2，与此同时，本国对国外产品的进口量保持不变，对外汇的需求量仍然保持在 Q_1 的水平上，则本币就要升值。由于本币升值，出口减少，外汇供给由 Q_2 下降到 Q。同时，本币升值也使本国进口增加，对外汇的需求由 Q_1 上升到 Q。最后，市场在 Q 的外汇交易量上实现均衡。

显然，在对外汇市场供求的均衡分析中，由本国市场对国外进口产品需求的价格弹性决定的外汇需求曲线的斜率与由外国市场对本国出口产品需求的价格弹性决定的外汇供给曲线的斜率左右着新的均衡汇率的最终水平。如果国内对进口产品的需求弹性和国外对本国产品的需求弹性都很大，则市场需求的微小变化都会导致汇率的巨大波动。反之，汇率在面临市场需求变化时就会表现得相对稳定。在图 11.1 中，如果外汇供给曲线的斜率为负，甚至其斜率的绝对值可能是比需求曲线斜率的绝对值更大。这时，外汇市场就会变得不稳定，本国货币将会由于本国市场对外国产品进口的下降进一步贬值。

第二节　国际收支调节的弹性分析模型

在上一节，我们把国内外消费的需求弹性与汇率的变动联系起来研究汇率的变动与国内外消费需求额之间的关系，实际上是假定汇率变化是因为出口增加以后形成了新的外汇供给和需求，从而形成新的均衡汇率。在这一节，我们则研究汇率变动以后，国内外消费需求的价格弹性与国际收支之间的关系，从而建立我们有关国际收支调节的弹性分析模型。

毫无疑问，国际收支调节的弹性分析模型只是一种涉及贸易收支的国际收支调节理论。与购买力平价决定的汇率理论相似，它是以没有资本国际流动的假定为前提的。为了简化分析，国际收支调节的弹性分析模型是建立在以下几个假定之上的。

首先，弹性分析法是一种局部均衡分析法。它假定其他条件不变，只考虑汇率变动在国际贸易中对进出口需求量的影响。其次，弹性分析法假定有关的供给弹性均为无穷大。在这里，供给弹性一共有四个：本国出口商品的供给弹性，与本国出口商品竞争的外国商品的供给弹性，本国进口商品的外国供给弹性，与进口外国商品竞争的本国商品的供给弹性。再次，弹性分析法不考虑汇率变动的货币效应。最后，弹性分析法假定贸易最初是平衡的。

一　国际收支调节的弹性分析原理

既然国际收支调节的弹性分析模型主要是从贸易收支的角度展开分析的，因此就一国的国际收支而言，收入就意味着出口收入，支出就是指进口支出。而一国总的出口收入就是出口量与出口价格的乘积，总的进口支出就是进口量与进口价格的乘积。不管进出口商品是如何构成的，也不管进出口价格指数是如何计算的，只要汇率发生了变化，进出口价格指数就会以相同的比例发生相应的变化。如果汇率上升了10%，则进口价格指数就会上升10%，出口价格指数就会下降10%[①]。在正常情况下，进口量就会下降，出口量就会上升。然而，我们还不能由此断言一定会出现国际收支盈余。例如，在进口价格上升10%以后，如果进口量仅下降2%，同时在出口价格下降10%以后，出口量仅仅增长5%，进口支出就会大于出口收入，就会出现国

---

① 从汇率传递的角度看，在现实中汇率的变化并不一定等于进出口商品价格的变化，而是受到诸多因素的影响，并且由此形成了依市定价（pricing to market, PTM）的理论。但是在这里，我们为了简化分析依然假定汇率的变化并不一定等于进出口商品价格的变化。

际收支赤字。

为了研究进出口价格变化以后进出口量的变化，以确定汇率变化对国际收支的影响，我们就必须研究国内外对进出口产品需求的价格弹性。

经济行为是一种在既定资源约束的条件下实现效用最大化的选择行为。由于生活和生产需求的多样性，在既定的预算约束下实现效用最大化的途径就是调整消费结构。如果消费品 A 的价格上涨，消费者就会减少消费品 A 的消费，增加其替代品的消费。因此，消费品之间的相对价格决定了消费者的消费结构，而消费品之间的相对价格则取决于每种消费品的供求状况，这又取决于消费习惯、生产技术、政府税收和补贴、厂商的定价策略以及资源禀赋等多种因素。

如果国外商品价格相对于国内替代 / 竞争品价格发生变化，则国际贸易状况可能就会改变。国际收支调节的弹性分析就是要讨论国内外进出口商品相对价格的变化是如何通过需求的价格弹性来影响一国的国际收支的。具体地说，弹性分析模型是要分析汇率变动在汇率对价格具有完全传导情况下，是如何因为进出口商品需求的价格弹性影响国际收支的。

一般来说，本币贬值的价格效应会增加外国对本国出口商品的需求量，降低本国对外国进口商品的需求量。但是，需求量对价格变化的反应程度是由需求的价格弹性决定的。当需求或供给有弹性时，就意味着需求量或供给量对价格变化的反应相对较大。缺乏需求弹性则意味着需求量对价格变化的反应相对较小。

按照经济学的定义，弹性是用以衡量数量变化对价格变化的敏感性。实际上，弹性就是一种系数关系。需求的价格弹性系数就是需求量变化的百分比与价格变化的百分比之比。如果用 E_D 代表需求的价格弹性系数，则我们有：

$$E_D = \frac{\Delta Q\%}{\Delta P\%} \tag{11.1}$$

从这个公式出发，我们就可以表述有无弹性的问题。如果价格上涨幅度为 5%，而需求量的下降大于 5%，则 E_D 的绝对值大于 1，我们就说需求有弹性。反之，如果价格增加了 5%，而需求的减少不足 5%，E_D 的绝对值小于 1，我们就说此时需求缺乏弹性。

同理，我们也可以定义供给的价格弹性 E_S。它是供给量变化的百分比与价格变化的百分比之比。如果 E_S 大于 1，说明供给量对价格变化的反应相对较大，我们就说供给有弹性。反之，如果 E_S 小于 1，说明供给量对价格变化的反应相对较小，因此供给缺乏弹性。

我们研究弹性就是为了研究价格发生变化以后由价格与需求量相乘决定的收入的变化情况。在需求有弹性的情况下，需求量变化的百分比幅度要大于价格变化的百分比幅度。结果，需求的变化与价格的变化就会呈现反向运动。例如，A 国的货币贬值 10%（即汇率上升 10%，出口商品的外币价格就会下降 10%），如果外国对 A 国出口商品的需求有弹性，A 国出口量的增长就会大于 10%，即出口量的增长足以抵消价格的下降，因此 A 国的出口收入就会提高。但是如果 A 国对 B 国进口商品的需求也有弹性，那么，在 A 国的货币贬值 10% 以后，A 国对 B 国进口商品的本币价格就会上升 10%，需求量的下降就应该大于 10%。结果，A 国进口量的减少足以抵消进口价格的上升，A 国的进口支出也会下降。一般而言，需求的价格弹性是负号，而供给的价格弹性则为正号。

总之，当国际价格发生变化时，需求弹性在决定一国进出口收入，即国际收支状况方面起着至关重要的作用。

二 简单的马歇尔 - 勒纳条件

我们已经知道，当汇率发生变化，也就是说，当国内外的贸易品价格发生变化以后，国际收支状况也会随之发生变化。但是，当外国对本国出口商品的需求弹性大小和本国对外国进口商品的需求弹性大小存在不同组合时，本币贬值并不一定能够改善国际收支。为此，我们必须研究本币贬值改善国际收支的弹性条件。

弹性分析法认为，只要进出口的需求弹性之和大于 1，贬值就可以改善国际收支。这个条件就是著名的马歇尔 - 勒纳条件。它是根据其首倡者马歇尔及其深化者勒纳的研究而命名的。

按照一般的统计习惯，我们以 B 表示以外币计算的本国贸易差额，以 X 代表以本币计算的本国出口值，M 代表以外币计算的本国进口值，E 为本币汇率（或者说是间接标价法的外汇汇率，即单位本币可以兑换外币的数量），则以外币标价的国际收支差额为：

$$B = EX - M \qquad (11.2)$$

对上式求导得：

$$\frac{\mathrm{d}B}{\mathrm{d}E} = X + E\frac{\mathrm{d}X}{\mathrm{d}E} - \frac{\mathrm{d}M}{\mathrm{d}E}$$
$$= X(1 + \frac{E}{X} \times \frac{\mathrm{d}X}{\mathrm{d}E} - \frac{\mathrm{d}M}{\mathrm{d}E} \times \frac{E}{M} \times \frac{M}{EX}) \qquad (11.3)$$

$-(\frac{E}{X} \times \frac{\mathrm{d}X}{\mathrm{d}E})$ 可以代表出口需求的价格弹性 E_X，以（$\frac{\mathrm{d}M}{\mathrm{d}E} \times \frac{E}{M}$）表示进口需求的价格弹性 E_M，假定最初贸易是平衡的，即 $M = EX$，则（11.3）变为：

$$\frac{\mathrm{d}B}{\mathrm{d}E} = X(1 - E_X - E_M) \qquad (11.4)$$

贬值可以改善国际收支意味着使用间接标价法的外汇汇率下降能够带来以外币计价的国际收支的增加，就意味着 $\frac{\mathrm{d}B}{\mathrm{d}E} < 0$。显然，只有在 $E_X + E_M > 1$ 时，才有 $\frac{\mathrm{d}B}{\mathrm{d}E} < 0$。也就是说，如果进出口需求弹性之和大于1，本币贬值才能改善本国的国际收支。这就是简单的马歇尔－勒纳条件。

如果最初的贸易并不是平衡的，即 $M \neq EX$，则以外币计价国际收支时，成功的贬值要求：

$$E_X + E_M(\frac{M}{EX}) > 1 \qquad (11.5)$$

从方程（11.5）中我们可以看出，如果最初的贸易赤字越大，即 M/EX 越大，则改善以外币计价的贸易差额对本国进口产品需求弹性的要求越低，贬值成功改善以外币计价的国际收支的可能性和幅度也就越大。

在相同的情况下，以本币计价的贸易差额为：

$$B = X - RM \qquad\qquad (11.6)$$

其中 $R = \dfrac{1}{E}$，即以直接标价法表示的本币的汇率水平。对方程（11.6）求导得：

$$\frac{\mathrm{d}B}{\mathrm{d}R} = \frac{\mathrm{d}X}{\mathrm{d}R} - M - R\frac{\mathrm{d}M}{\mathrm{d}R}$$

$$= M(-\frac{\mathrm{d}X}{\mathrm{d}R} \times \frac{R}{X} \times \frac{X}{RM} + \frac{R}{M} \times \frac{\mathrm{d}M}{\mathrm{d}R} - 1) = M(E_X \frac{X}{RM} + E_M - 1) \qquad (11.7)$$

此时，贬值可以改善以本币标价的国际收支就意味着使用直接标价法的外汇汇率上升能够带来国际收支的增加，就意味着 $\dfrac{\mathrm{d}B}{\mathrm{d}R}$ >0。因此，只有当弹性条件满足 $E_X(\dfrac{X}{RM}) + E_M$ >1 时，$\dfrac{\mathrm{d}B}{\mathrm{d}R}$ >0，即本币的贬值才能改善本国的国际收支。进一步说，如果最初的贸易赤字越大，即 $\dfrac{X}{RM}$ 越小，改善以本币计价的贸易差额对本国出口产品需求弹性的要求越高，贬值成功改善以本币计价的国际收支也就相对困难一些。

对于上述两种分析结论，我们还可以这样来理解：当以外币计量的贸易差额引起贬值而得以改善时，以本币计量的贸易差额却有可能没有得到改善。因此，衡量贸易差额变动的一个重要因素是币种的选择（这就是我们将在下面讲的递增效应和递减效应）。以不同币种为标准衡量贸易差额时，得出的结论往往是不同的[①]。

需要指出的是，在此时，马歇尔－勒纳条件假定供给弹性为无穷大。这用于非充分就业情况下国际收支的调节未尝不可。对于充分就业或接近充分就业情况，由于供给弹性有限，马歇尔－勒纳条件的实用性就值得怀疑，需要加以修正，把进口及出口的供给弹性加入马歇尔－勒纳条件中，形成了完全弹性公式的马歇尔－勒纳条件。

三 完全弹性分析中的马歇尔－勒纳条件

令 P_{MH} 和 P_{XH} 分别表示贬值国在贬值前进口品和出口品的本币价格，P_{MF} 和 P_{XF} 分别代表相对应的外币价格，Q_M 和 Q_X 分别表示贬值国的进口量和出

---

① 在后面我们将具体说明货币贬值对以本币和外币计价的国际收支的不同影响。

口量。这样，贬值前贬值国以外币计价的国际收支差额就是：

$$B_F = X_F - M_F = Q_X P_{XF} - Q_M P_{MF} \qquad (11.8)$$

其中，$X_F = Q_X P_{XF}$ 和 $M_F = Q_M P_{MF}$ 分别表示贬值国贬值前以外币计算的进出口值。对方程（11.8）进行微分得：

$$
\begin{aligned}
dB_F &= (P_{XF} \times dQ_X + Q_X \times dP_{XF}) - (P_{MF} \times dQ_M + Q_M \times dP_{MF}) \\
&= X_F \left(\frac{dQ_X}{Q_X} + \frac{dP_{XF}}{P_{XF}} \right) + M_F \left(\frac{-dQ_M}{Q_M} - \frac{dP_{MF}}{P_{MF}} \right)
\end{aligned} \qquad (11.9)
$$

我们将有关的几个弹性定义记做：

本国出口供给弹性：$E_{HXS} = \dfrac{dQ_X / Q_X}{dP_{XH} / P_{XH}}$ $\qquad (11.10)$

外国出口需求弹性：$E_{FXD} = -\dfrac{dQ_X / Q_X}{dP_{XF} / P_{XF}}$ $\qquad (11.11)$

外国进口供给弹性：$E_{FIS} = \dfrac{dQ_M / Q_M}{dP_{MF} / P_{MF}}$ $\qquad (11.12)$

本国进口需求弹性：$E_{HID} = -\dfrac{dQ_M / Q_M}{dP_{MH} / P_{MH}}$ $\qquad (11.13)$

如果贬值前本币的汇率水平为 E（间接标价），即有 $P_{MF} = P_{MH} \times E$，且贬值率为 K，则有：

$$
\begin{aligned}
&P_{MF} + dP_{MF} = (P_{MH} + dP_{MH}) \times E \times (1 - K) \\
&即 \quad dP_{MF} = (P_{MH} + dP_{MH}) \times E \times (1 - K) - P_{MH} \times E
\end{aligned} \qquad (11.14)
$$

上式左右两边分别除以 P_{MF} 和 $P_{MH}E$ 得：

$$\frac{dP_{MF}}{P_{MF}} = -K + \frac{dP_{MH}}{P_{MH}} \times (1 - K) \qquad (11.15)$$

类似的我们也可以得到：

$$\frac{\mathrm{d}P_{XF}}{P_{XF}} = -K + \frac{\mathrm{d}P_{XH}}{P_{XH}} \times (1-K) \tag{11.16}$$

根据方程（11.10）~（11.16），我们可以将进出口量及其价格的相对变化写成弹性及贬值比例的表达式：

$$\frac{\mathrm{d}Q_X}{Q_X} = \frac{KE_{FXD}E_{HXS}}{E_{HXS} + E_{FXD}(1-K)} \tag{11.17}$$

$$\frac{\mathrm{d}P_{XF}}{P_{XF}} = \frac{KE_{HXS}}{E_{HXS} + E_{FXD}(1-K)} \tag{11.18}$$

$$\frac{\mathrm{d}Q_M}{Q_M} = \frac{KE_{HID}E_{FIS}}{E_{HID} + E_{FIS}(1-K)} \tag{11.19}$$

$$\frac{\mathrm{d}P_{MF}}{P_{MF}} = \frac{KE_{HID}}{E_{HID} + E_{FIS}(1-K)} \tag{11.20}$$

将方程（11.17）~（11.20）代入方程（11.9），我们就可以用弹性和贬值比例来表达国际收支差额：

$$d\mathrm{B} = K\left[X_F \frac{E_{HXS}(E_{FXD}-1)}{E_{HXS} + E_{FXD}(1-K)} + M_F \frac{E_{HID}(E_{FIS}+1)}{E_{HID} + E_{FIS}(1-K)} \right] \tag{11.21}$$

显然，方程（11.21）是以外币来表示的国际收支差额的变动。通过类似的推导，我们也不难以贬值国本币来表示国际收支差额的变动：

$$d\mathrm{B} = K\left[X_H \frac{E_{FXD}(E_{HXS}+1)}{E_{HXS} + E_{FXD}(1-K)} + M_H \frac{E_{FIS}(E_{HID}-1)}{E_{HID} + E_{FIS}(1-K)} \right] \tag{11.22}$$

其中，$X_H = Q_X P_{XH}$ 和 $M_H = Q_M P_{MH}$ 分别表示贬值国货币贬值前以本币计算的出口和进口值。

方程（11.21）和方程（11.22）就是完全弹性公式。

方程（11.21）表明，当供给弹性不为无穷大时，贬值对贸易差额的影响就要复杂得多。在这个意义上，简单的马歇尔－勒纳条件就可以看成是完全弹性公式的一个特例。

令本国出口产品的供给弹性 E_{HXS} 趋向于无穷大，且贬值比例 K 相对较小，则有 $\dfrac{E_{HXS}(E_{FXD}-1)}{E_{HXS}+E_{FXD}(1-K)} \to E_{FXD}-1$；令外国进口产品的供给弹性 E_{FIS} 也趋向于无穷大，则有 $\dfrac{E_{HID}(E_{FIS}+1)}{E_{HID}+E_{FIS}(1-K)} \to E_{HID}$；我们再假定国际收支最初是平衡的，则方程（11.21）就可以写成：

$$dB = K\, X_F\, (E_{HID} + E_{FXD} - 1) \tag{11.23}$$

因此，当 $E_{HID} + E_{FXD} > 1$ 时，贬值才可以改善国际收支。而这就是简单马歇尔－勒纳的条件。

使用方程（11.22）也可以推导出类似的结论。

换言之，如果进口需求弹性和出口需求弹性之和大于1，不仅贬值可以改善国际收支，而且在弹性分析法仅考虑贸易收支的分析框架内，意味着由外汇市场上外汇供求决定的汇率波动也是稳定的。

四　货币贬值对以本币和外币计值的国际收支变化的不同影响

贬值的目的大多是消除国际收支赤字。不管以两种货币计算的贸易差额的变化是否相等，以两种货币计算的贸易差额本身总应该是相同的。但是有意思的是如果最初贸易是不平衡的，那么贬值后以两种货币分别度量的贸易差额的变化并不能通过贬值后的汇率使它们对等起来。这种情况就是贬值的"递增效应"和"递减效应"。

令 B_F 和 B_{FA} 分别代表贬值前后以外币计算的贸易差额，B 和 B_A 分别代表贬值前后以本币计算的贸易差额，贬值前后的汇率分别是 E 和 E_A，K 是贬值比例，则有：$E_A = E(1+K)$。

首先，按照定义

$$B_F = EB \tag{11.24}$$

$$B_{FA} = E_A B_A = E(1+K)B_A \tag{11.25}$$

两式相减得：

$$B_{FA} - B_F = E(1+K)B_A - EB = E(\Delta B) + EKB_A = \Delta B_F \tag{11.26}$$

同样按照定义，我们有 $\Delta B = B_A - B$，$\Delta B_F = E\Delta B$

这样，我们就看到了两个等式同时成立，即从定义上应该有 $\Delta B_F = E\Delta B$，而从（11.24）到（11.26）的推导中我们又得到：$\Delta B_F = E(\Delta B) + EKB_A$。这意味着贬值后以外币计价的国际收支差额多出了 EKB_A。

同理，按照定义应该有：$\Delta B = \dfrac{\Delta B_F}{E}$ （11.27）

从方程（11.26）可以得到：

$$\Delta B_F = E(\Delta B) + EKB_A = E(B_A - B) + EKB_A = E(1+K)B_A - EB \tag{11.28}$$

将（11.28）代入（11.27），我们得到：$\Delta B = (1+K)B_A - B$。这样，从定义上我们有 $\Delta B = B_A - B$，但是从（11.27）到（11.28）的推导中我们有 $\Delta B = (1+K)B_A - B$。这意味着货币贬值后以本币计价的国际收支增加了 KB_A。

显然，与贬值后以外币计价的国际收支差额多出了 EKB_A 相比，贬值后以本币计价的国际收支增加了 KB_A，相差 E 倍。

第三节　货币贬值对国际收支调节的 J 曲线效应

我们已经知道，货币贬值对国际收支的影响是取决于对进出口产品的需求弹性的。现在我们假定通过货币贬值改善国际收支的弹性条件可以得到满足。也就是说，按照国际收支调节的弹性分析模型，货币贬值可以改善国际收支，那么，实际情况又是如何呢？

国际收支差额

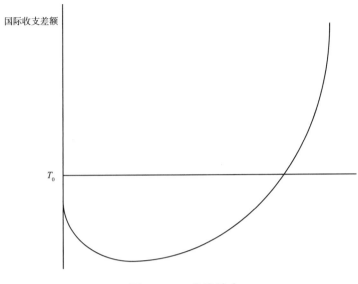

T_0

图 11.2　J 曲线效应

一　J 曲线效应

　　J 曲线效应指的就是对货币贬值后国际收支变化时间形态的经验研究结论。它表明当贬值提高了外国商品在本国的本币价格，降低了国内商品在国外的外币价格以后，贬值国的国际收支逆差并不会立即得到扭转。相反，在贬值以后的最初一段时间内，贬值国的国际收支逆差还会加剧。如图 11.2 所示，国际收支差额在开始时为负数，贬值在 T_0 时点上发生以后，贸易逆差在最终上升前会继续下降一段时间。这样，在图 11.2 中国际收支变化的轨迹就类似于字母 J。

　　对于 J 曲线形成原因的一个最直接的解释就是当商品价格发生变化时，尽管对商品需求的价格弹性高到足以满足货币贬值改善国际收支的马歇尔 - 勒纳条件的程度，但是，在商品价格变化以后，由于种种原因，国内消费者寻找低价替代品需要时间，例如，低价替代品供给的增长也需要时间，因此在商品价格提高以后，国内市场对进口消费品的需求的下降幅度不会立即达到理论上的弹性水平。或者说，对进口消费品需求的价格弹性需要一段时间才能发挥作用。所以，贬值国国际贸易逆差的上升就因此由短期内对进口商品需求的刚性而产生。只有经过一定时间以后，对进口商品的实际需求弹性才会上升到应有水平，国际收支的逆差状况也才能得到改善。

二　货币合同期

货币合同期是对短期内的实际弹性与理论弹性产生偏差的一种理论解释。汇率变化前拟定的合同在货币贬值后才相继到期的这段时间我们就称为货币合同期。这种已经拟定的合同对一国国际收支的影响取决于合同规定的交割货币。

假定 A 国出口商与 B 国进口商签订贸易合同，向 B 国出口总价值 1000B 币的商品，三个月以后交货并用 B 币交割。但交割时 A 币对 B 币的汇率就由 1 ∶ 1 上升到 1.25 ∶ 1，A 币贬值 25%。由于对于 A 国出口商而言，成本支付和会计核算都以 A 币为单位。这样出口商在外汇市场上要以新的汇率将 1000B 币兑换成 A 币，计入公司收入以后，就获得了 25% 的超额收益。在 A 国的国际收支中也将增加 25% 的收入[①]。

在货币合同期内发生的全部国际贸易都是以货币贬值前的价格及其相应的市场需求数量为基础确定的。货币贬值对进出口商品的价格，进而对国际收支的预期影响还没有来得及发挥出来，而且在交割货币不变的情况下，总会使交易双方之一获得意外的收益或承受意外的损失。这就使人们对货币贬值后的货币合同期内国际收支的变化很难作出肯定的回答。由于一国大都同时进行进口和出口贸易，更加大了问题的复杂程度。

表 11.1 总结了在货币合同期中几种不同情况下可能出现的贸易收支变化。

表 11.1　货币贬值后的货币合同期中可能出现的国际收支（本币计价）效应

贬值国在出口合同中使用的交割货币	贬值国在进口合同中使用的交割货币	
	本币	外币
外币	①出口额增加 进口额不变 贸易余额增加	②出口额增加 进口额增加 　a. 初始盈余：贸易余额增加 　b. 初始赤字：贸易余额减少
本币	③出口额不变 进口额不变 贸易余额不变	④出口额不变 进口额增加 贸易余额减少

---

① 在 A 国出口商本币收益增加的同时，B 国进口商支付的外币价格并没有发生变化。这种不对称的情况也使我们想起贬值对以本币和外币计价的国际收支具有不同影响的情况。

在表中的第一种情况是：贬值国的进口合同使用本币交割，即以本币付款，因而以本币计算的进口额不变。与此同时，贬值国的出口合同使用外币交割，而外币在交割期内的本币价值实际上高于签订合同时相同数量外币的本币价值，因而以本币计算的本国出口额增加。结果，在这种情况下，贬值以后贬值国的国际收支余额增加。

表中的第二种情况稍显复杂。在这种情况下，贬值国的进出口合同都规定以外币作为交割手段。这样，本币贬值使进口额和出口额同时增加了。由于贬值后以本币计量的进出口价格的增长幅度是相同的，而在货币合同期内进出口量也没有变化，因此，如果货币合同期初的进口量大于（或小于）出口量，即国际收支存在赤字（或盈余），则在货币合同期内的进口量依然大于（或小于）出口量，而且由于货币贬值的关系，贸易赤字（或盈余）还会进一步增加。

为了更清楚地说明这种变化，我们针对期初存在赤字的情况作如下推算。

假定以外币计价的进口额 $M_F = Q_M P_{FM}$，以外币计价的出口额 $X_F = Q_X P_{FX}$，本币对外币的汇率水平为 E。以外币计价的国际收支余额 $B = Q_X P_{FX} - Q_M P_{FM}$。那么，在贬值 $K\%$ 以后，以本币计价的进口量增长为 $M_H = Q_M P_{FX}(1+K)E$。同时，以本币计价的出口量也相应增长为 $X_H = Q_X P_{FX}(1+K)E$，则贬值以后以本币计价的国际收支余额 B_A 也就相应变为 $B_A = B(1+K)E$。结果，贬值后国际收支余额的变化量为 $B_A - B = BK$。

如果在货币合同期初存在国际收支逆差，即 $M > X$，$B < 0$，则贬值后以本币计价的国际收支的变化量还依然为负，即国际收支的逆差增加了 K 倍。如果在货币合同期初存在国际收支顺差，即 $X > M$，$B > 0$，则贬值后以本币计价的国际收支的变化量还依然为正，即国际收支的顺差增加了 K 倍。

与第二种情况相比，第三种情况和第四种情况就显得相当简单了。在第三种情况下，如果贬值国进出口合同都以本币作为交割单位，那么进口额和出口额都不会因此发生变化，所以贸易余额也就保持不变。在第四种情况下，由于贬值国的出口合同规定以本币交割而同时在进口合同中规定以外币交割，因此，以本币计量的出口支出不变，但以不变的外币进口支出在折算成本币以后则相应增加，导致国际收支状况恶化。

由此我们不难看出，只有在第四种情况和第二种情况第 b 种场合，货币贬值才会使贬值国的国际收支状况进一步恶化，即 J 曲线效应的前半段才会出现。显然，在第二种情况，即进出口合同都使用外币，对于绝大多数国家而言是对外贸易中的一种标准交割形式，从而对贬值国的国际收支在货币合同期内产生恶化的效应。

三　汇率传导

货币合同期所分析的是在货币贬值以后，在贬值前，按照旧汇率决定的进出口商品的供给和需求签订的贸易合同尚未到期的那一段时间内，贬值对国际收支的影响。因此，在货币合同期分析中，供给和需求都没有对后来汇率的变化进行调整。随着新贸易合同的签订，汇率变动会传导到价格上，而价格的变化又会影响进出口商品的供给和需求。商品价格在汇率发生变化以后对供给和需求的调整能力，就是汇率传导分析所要考察的内容[①]。

在弹性分析的框架内，研究货币贬值对国际收支的影响，自然离不开对商品的需求弹性和供给弹性的分析。在前面我们对马歇尔－勒纳条件的介绍中，仅仅考虑了商品的需求弹性，或者在假定商品的供给弹性为无穷大的条件下来研究贬值改善国际收支的弹性条件。同样是为了简化分析，我们在这里也仅仅假定了贬值国进出口商品需求弹性和供给弹性的几种极端组合来研究贬值对国际收支的影响。弹性程度不同的组合实际上可以有很多，我们仅以进出口商品无供给弹性和无需求弹性的组合来展开我们的分析。表 11.2 概括了在数量调整前的短暂传导期内，货币贬值对贬值国国际收支可能产生的影响。

[①]　在这里，我们假定汇率变动会全部传导到价格上，不会受到其他因素，比如厂商定价策略、产品竞争力、市场垄断能力等的影响。

表 11.2　贬值国在传导期内货币贬值对国际收支（本币计价）的影响

贬值国的出口情况	贬值国的进口情况	
	无供给弹性	无需求弹性
无供给弹性	1. 进口额增加（图 11.6） 出口额不变（图 11.5） 贸易余额增加	2. 出口额增加（图 11.6） 进口额增加（图 11.3） 　a. 初始盈余：贸易余额增加 　b. 初始赤字：贸易余额减少
无需求弹性	3. 出口额不变（图 11.4） 进口额不变（图 11.5） 贸易余额不变	4. 出口额不变（图 11.4） 进口额增加（图 11.3） 贸易余额减少

从表 11.2 中，我们不难看出，第四种情况是一种可能出现的最坏的情况，即贬值使国际收支进一步恶化。

为了充分理解这种效应，我们从图 11.3 来分析贬值国进口需求完全没有弹性时对进口额的影响。

在图 11.3 中，由于贬值国对进口商品的需求完全没有弹性，因此贬值国对进口商品的需求曲线为一条直线。这里，对外国进口商品的需求是由进口商品的本币价格决定的，它表明贬值国的进口需求量被固定在 Q_0 的水平上。这意味着，在短期内，贬值国的进口商将在任何一种价格水平上购买数量恒定为 Q_0 的商品。结果，本币贬值以后，由于进口商品的国外供给成本没有变，所以供给的外币价格就没有变，但是进口商品的本币价格则上升了。这样，在图 11.3 中，以本币计算的进口商品的供给曲线就会上移。原供给曲线与新供给曲线之间的垂直距离显示出供给商在进口国货币贬值以后，为维持供给的外币价格不变而要求以进口国本币计价的进口价格的增长幅度，即贬值的幅度 K。所以，在这种情况下，贬值国进口商品的本币价格就实现了完全传导。即在进口需求没有弹性的情况下，进口商将以比过去高的本币价格购买数量依然为 Q_0 的商品，进口的本币价值额也会相应增加，即以本币计量的进口额从矩形 ABQ_0O 的面积扩大到矩形 CDQ_0O 的面积。

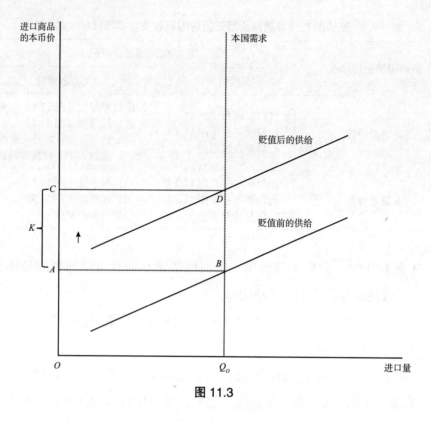

图 11.3

图 11.4 表明了在贬值国出口商品没有需求弹性的情况下，贬值是出口额保持不变的原因。这里，外国进口商对本国出口商品的需求是由本国出口商品的外币价格决定的。由于贬值国的出口商品完全没有需求弹性，外国进口商愿意以任何水平的外币价格进口数量恒定为 Q_F 的进口商品。当出口国货币贬值以后，由于外币相对升值，在出口商品本币价格不变的情况下，外国进口商品的外币价格下降。然而，由于出口商品完全没有需求弹性，国外进口商的进口数量依然不变。结果在出口数量不变的情况下，尽管出口商品的外币价格下降了，但是由于本币汇率相同幅度的上升，出口量又没有增加，使得贬值国以本币计算的出口商品价值额保持不变。在图 11.4 中，以外币计价的出口额从矩形 ABQ_FO 的面积减少到矩形 CDQ_FO 的面积。由于出口量 Q_F 没有发生变化，下降幅度实际上就是本币贬值幅度 K。但是，以本币计量的出口额在贬值以后依然不变。

综合图 11.3 和图 11.4 的分析，表 11.2 中的第四种情况就会出现国际收支余额下降的情况。

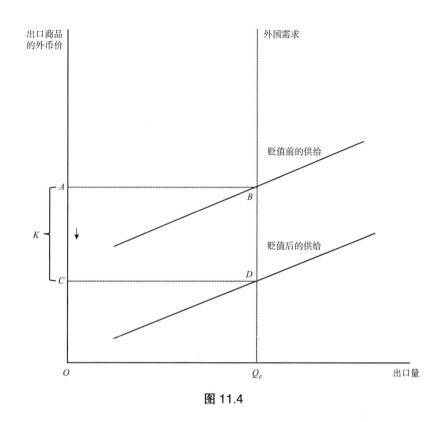

图 11.4

表 11.2 中的第三种情况是贬值国的出口没有需求弹性和贬值国的进口没有供给弹性的组合情况。贬值国出口商品无需求弹性的情况与我们在图 11.4 中讨论的结论相同，即在这种情况下，货币贬值以后，以本币计量的出口商品总值不变。图 11.5 则描绘了贬值国的进口商品没有供给弹性对贬值国以本币计价的国际收支的影响。

由于贬值国的进口商品无供给弹性，不论本国进口商品的外币价格水平如何，国外出口商都将向贬值国供给实物量为 Q_F 的商品。在进口商品本币价格不变的情况下，本币贬值以后，以外币计量的贬值国进口商品的需求曲线下移。因为本币贬值使贬值国进口商品的外币价格下降，并且进口商品外币价格的下降幅度就等于本币贬值的幅度 K。但是，进口商品的本币价格保持不变，贬值国以本币计量的进口额也就保持不变。货币贬值就不存在对商品价格的传导。

因此，第三种情况下贬值国的国际收支余额不变。

表 11.2 中的第二种情况是贬值国的进口没有需求弹性与出口没有供给弹

261

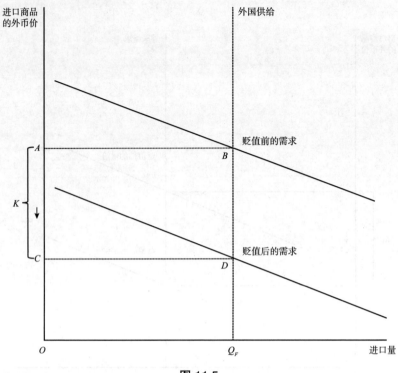

图 11.5

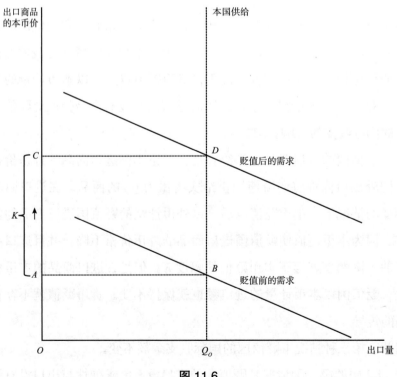

图 11.6

性的组合。我们在图 11.3 中已经讨论了贬值国的进口没有需求弹性对进口额的影响。图 11.6 则展示了贬值国出口没有供给弹性对出口额的影响。

本币贬值以后，在外国消费者对本国出口商品外币价格不变的情况下，出口商品的本币价格上涨。但是由于贬值国出口商品没有供给弹性，因此本国出口商品本币价格的上涨并没有导致供给量的增长，市场供求关系及价格也不会因此发生变化。结果，出口商品本币价格的上升幅度就是本币贬值的幅度 K。这样，以本币计价的出口额就会增加。

结合贬值国进口商品需求无弹性和出口商品供给无弹性造成以本币计价的进出口额同时上升的情况，贬值对国际收支产生的净效果就取决于贬值国国际收支的初始状况。

假定贬值国初始进口量为 M，出口量为 X，以本币计量的进口价格水平和出口价格水平分别为 P_M 和 P_X，则贬值前的国际收支余额为：$B=XP_X-MP_M$。我们再假定本币的贬值率为 K，则贬值后以本币计量的进口价格水平和出口价格水平分别为 $P_M(1+K)$ 和 $P_X(1+K)$。由于进口商品需求无弹性，出口商品供给无弹性，这样，在贬值发生以后，尽管以本币计量的进出口价格水平都以同等的幅度上升，但是，进出口量都没有发生变化。结果，国际收支余额就变为：$B_A=XP_X(1+K) - MP_M(1+K)$。所以，贬值前后国际收支余额的变化就应该等于：$B_A-B=K B$。显然，如果 $XP_X > MP_M$，即 $B > 0$，国际收支初始盈余，则贬值后盈余增加 K 倍。反之，如果 $XP_X < MP_M$，即 $B < 0$，国际收支初始赤字，则贬值后国际收支赤字也相应增加 K 倍。

最后，让我们来看一看表 11.2 中的第一种情况，即贬值国出口商品没有供给弹性与进口商品没有供给弹性的组合。有关这两种情况对国际收支的影响我们已经在图 11.5 和图 11.6 中进行了讨论，并且了解到前者会使贬值国以本币计量的出口额上升，后者却使贬值国以本币计量的进口额保持不变。因而，在这种情况下，贬值会使国际收支余额增加。

毫无疑问，我们在此所讨论的供给和需求完全没有弹性的情况仅仅是现实世界中的一种特例，也仅仅是为了方便我们的分析才进行的一种近乎非现实的假定。汇率传导分析的主要贡献在于它力图说明当汇率变化引起进出口商品价格发生变化时，由商品供给和需求弹性所决定的数量反应，结合商品本币和外币价格不同变动的情况来分析贬值对贬值国的国际收支产生的影响。

在这个意义上说，汇率传导分析与马歇尔－勒纳条件有天然的联系。

在现实世界中，由于各国政府总是使用宏观经济政策调节，力图将实际经济增长率接近或围绕潜在增长率，也就是说各国经济在正常情况下，平均而言都处于充分就业状态，因而增加供给都是没有弹性的。所以当贬值发生以后，最接近实际情况的组合就是表 11.2 中的第一种情况。也就是说，在度过了货币合同期以后，贬值将改善贬值国的国际收支。而这就构成了 J 曲线的右半部分。

结合货币合同期和汇率传导分析，我们就可以看到在最接近现实的假设中，J 曲线形成的原因。

内容提要

弹性分析法研究的是在收入不变的条件下，汇率变动在国际收支调节中的作用。其基本假定是：经济处于充分就业状态，即收入不变而价格可变；进出口的供给弹性趋向于无穷大；不考虑国际的资本流动，国际收支等同于贸易收支。其基本结论是：通过国内外产品之间、本国生产的贸易品与非贸易品之间的相对价格变动，可以影响一国进出口的供给和需求，从而影响国际收支。

弹性分析法认为，只要进出口的需求弹性之和大于 1，贬值就可以改善国际收支。这个条件就是著名的马歇尔－勒纳条件。

J 曲线效应指的就是货币贬值后国际收支变化的时间形态。它表明当贬值提高了外国商品在本国的价格、降低国内商品在国外的价格以后，贬值国的国际收支逆差并不会立即得到扭转。相反，在贬值以后的最初一段时间内，贬值国的国际收支逆差还会加剧。

货币合同期是对短期内的实际弹性与理论弹性产生偏差的一种主要的理论解释。汇率变化前拟定的合同在货币贬值后才相继到期的这段时间我们就称为货币合同期。显然，这种已经拟定的合同对一国国际收支的影响取决于合同规定的交割货币。

货币合同期所分析的是在货币贬值以后，在贬值前所有按照旧汇率签订的贸易合同尚未到期的那一段时间内，贬值对国际收支的影响。因此，在货币合同期分析中，商品价格并没有因为汇率变化而立即进行调整。当然，毫无疑问，随着新贸易合同的签订，商品价格最终会趋向新的均衡。商品价格是否会实现新的均衡，商品价格在汇率发生变化以后在短期内的调整能力，就是传导分析所要考察的内容。汇率变化会不会传导到商品价格上，进而影响贬值国的国际收支，主要取决于进出口商品供给弹性和需求弹性的不同组合。

思考题

弹性是由什么决定的？

影响汇率传导的因素有哪些？

J 曲线的形状是怎么决定的？

参考文献

安妮·克鲁埃格:《汇率决定论》，张志超译，中国金融出版社，1990。

保罗·霍尔伍德、罗纳德·麦克唐纳:《国际货币与金融》，何璋译，北京师范大学出版社，1996。

劳伦斯·S.科普兰:《汇率与国际收支》，康以同等译，中国金融出版社，1992。

迈克尔·梅尔文:《国际货币与金融》，欧阳向军、俞志暖译，上海人民出版社，1994。

Blanchard Olivier, Francesco Giavazzi and Filipa Sa, "International Investors, the U.S. Current Account and the Dollar," Brookings Papers on Economic Activity, 2005, 1, pp.1-49.

Branson, W. and D. Henderson, "The Specification and Influence of Asset Markets," NBER Working Papers No.1283. 1984.

Chonghui Jiang, Yongkai Ma, Yunbi An, "International Portfolio Selection with Exchange Rate Risk: A Behavioural Portfolio Theory Perspective," *Journal of*

Banking & Finance, 2013, Vol.37, pp.648-659.

Dornbusch, R. and Fisher, S., "Exchange Rate and the Current Account," *American Economic Review*, 1980, Vol.70, pp.960-71.

Francis Breedon, Paolo Vitale, "An Empirical Study of Portfolio-balance and Information Effects of Order Flow on Exchange Rates," *Journal of International Money and Finance*, 2010, Vol.29, pp.504-524.

Guglielmo Maria Caporale, Faek Menla Ali, Fabio Spagnolo, "Nicola Spagnolo, International Portfolio Flows and Exchange Rate Volatility in Emerging Asian Markets," *Journal of International Money and Finance*, 2017, Vol.76, pp.1-15.

Haas, Richard D., "A Portfolio Model of International Capital Flows," *The Journal of Finance*, 1972, Vol.27, p.948.

Jacob Gyntelberg, Mico Loretan, Tientip Subhanij, "Eric Chan, Exchange Rate Fluctuations and International Portfolio Rebalancing," *Emerging Markets Review*, 2014, Vol.18, pp.34-44.

Kouri, P., M. Porter, "International Capital Flows and Portfolio Equilibrium," *Journal of Political Economy*, Vol.82, pp.443-467.

Krugman, P. and Taylor, L., "Contractionary Effects of Devaluation," *Journal of International Economics*, 1978, 8, 445-456.

Liang Ding, Jun Ma, "Portfolio Reallocation and Exchange Rate Dynamics," *Journal of Banking & Finance*, 2013, Vol.37, pp.3100-3124.

Mckinnon, R. I., *Portfolio Balance and International Payments Adjustment. In A. Mundell and A.K.Swoboda(eds), Monetary Problems in the International Economy*, Chicago, IL: University of Chicago Press, 1969.

Philippe Bacchetta, Eric van Wincoop, "Puzzling Exchange Rate Dynamics and Delayed Portfolio Adjustment," *Journal of International Economics*, 2021, Vol.131.

Stephanie E. Curcuru, Charles P. Thomas, Francis E. Warnock, Jon Wongswan, "Uncovered Equity Parity and Rebalancing in International Portfolios," *Journal of International Money and Finance*, 2014, Vol.47, pp.86-99.

第十二章　国际收支调节的收入分析模型

弹性分析法的一个假定是收入水平不变，但是对于开放经济而言，进口和出口与收入水平相关比收入水平不变的假定更接近现实。从国民核算的角度看，贸易赤字（或盈余）通过外贸乘数的确会对国民收入产生负的（或正的）效应。因此，本章讨论的国际收支调节的收入分析模型，也是宏观经济学在开放经济中的应用。

第一节　国际收支调节的收入分析模型：外贸乘数

收入分析模型主要关注实体经济活动对国际收支的影响，属于国际收支调节的经常项目模型，即将国际收支问题简化为贸易余额问题，不考虑国际的资本流动。既然收入是可变的，所以与弹性分析法不同，收入分析模型假定宏观经济处于非充分就业状态，因此收入可变而汇率和价格不变。这样，收入分析模型的基本逻辑就是：支出转换造成进出口支出的变动，然后通过乘数效应引起国民收入的变动。或者反过来，外生因素造成的收入变动会影响进出口支出的变动。收入与支出之间的相互影响程度取决于一国边际进出口倾向和进出口需求收入弹性以及一国开放程度的高低。

一　外贸与国民收入：乘数的作用

收入分析模型首先要回答的问题就是进口或出口的自主性变动如何影响国民收入和贸易差额。为了回答这些问题并为简单起见，我们首先考虑一个没有政府部门的简单宏观经济系统的联立模型：

$$Y = C + I + X - M \tag{12.1}$$

$$C = C_0 + bY \tag{12.2}$$

$$I = \bar{I} \tag{12.3}$$

$$X = \bar{X} \tag{12.4}$$

$$M = M_0 + mY \tag{12.5}$$

其中，Y 表示本国居民和外国人对本国生产的商品和劳务的支出，也代表支出法中的国民收入（总产出），C 是消费，I 是投资（自主变量），X 是出口（自主变量），M 是进口，b 是边际消费倾向，m 是边际进口倾向。

将方程（12.2）~（12.5）代入方程（12.1），经过整理就可以得到：

$$Y = \frac{C_0 + \bar{I} + \bar{X} - M_0}{s + m} \tag{12.6}$$

其中 $s=1-b$，表示边际储蓄倾向。如果我们将方程（12.6）分别对出口 X 和进口 M 进行微分，就可以得出进口的外贸乘数和出口的外贸乘数：

$$\frac{\mathrm{d}Y}{\mathrm{d}X} = \frac{1}{s + m} \tag{12.7}$$

$$\frac{\mathrm{d}Y}{\mathrm{d}M} = \frac{1}{s + m} \tag{12.8}$$

从方程（12.7）和（12.8）中我们不难发现，外贸乘数与其他任何支出乘数均无差别，都取决于收入中对本国生产的商品和劳务漏出的边际倾向。

由于贸易差额 B 等于 $X - M$，重新整理方程（12.1）~（12.5）。

$$dB = \mathrm{d}X - \mathrm{d}M = \mathrm{d}X(1 - \frac{\mathrm{d}M}{\mathrm{d}X})$$

由于 $M = M_0 + mY$，所以有 $\mathrm{d}M = m\mathrm{d}Y$。这样

$$dB = \mathrm{d}X(1 - \frac{m\mathrm{d}Y}{\mathrm{d}X})$$

结果，我们就可以得到：

$$dB = \mathrm{d}X[1 - \frac{m}{s + m}] \tag{12.9}$$

方程（12.9）意味着对于通常小于 1 的 m 和 s 值来说，贸易差额的变动小于出口的变动，这是因为收入变动对进口的影响会导致外贸乘数效应，而

外贸乘数是 $[1 - \dfrac{m}{s+m}]$，肯定是小于 1 的。反过来，如果出口下降，收入也会下降，但是会导致进口水平也下降，结果贸易赤字的恶化在一定程度上得到缓解，即贸易赤字可能仍在恶化，但是与进口不变的情况相比，恶化的程度会有所缓和。

二 收入变动对国际收支的影响

收入分析法认为，进口随着国民收入的变动而增减。反过来，贸易差额就必然受到国民收入变动的影响。根据定义，我们得到：

$$B = X - M = \bar{X} - M_0 - mY \tag{12.10}$$

方程（12.10）表明，一个国家可以通过需求管理政策来调节国际收支。当国际收支出现赤字时，政府可以采用紧缩性的货币政策和财政政策来减少国民收入，从而降低进口支出，以改善国际收支。相反，当一国国际收支出现盈余时，政府又可以采取扩张性的货币政策和财政政策，刺激国民收入的增长，进而提高进口支出，以达到降低国际收支盈余的目的。

由于本国的边际进口倾向 $m = \dfrac{\mathrm{d}M}{\mathrm{d}Y}$（进口乘数的倒数）实际上可以看作是进口需求的收入弹性 $(\dfrac{\mathrm{d}M}{\mathrm{d}Y})(\dfrac{Y}{M})$ 与一国经济的开放程度 $(\dfrac{M}{Y})$ 的乘积，所以，通过调整国民收入来调整国际收支的效果也就不仅取决于本国的边际进口倾向，也取决于进口需求的收入弹性和经济的开放程度，并且都与它们成正相关。

第二节 国际收支的收入分析模型：吸收分析

弹性分析法是建立在四个严格假定 [1] 之上的，这就不可避免地造成了它

---

[1] 在上一章我们介绍国际收支调节的弹性分析法时已经指出这四个假定分别是：局部均衡、供给弹性均为无穷大、不考虑汇率变动的货币效应、贸易最初是平衡的。值得一提的是，供给弹性无穷大假定依然是局部均衡的，没有考虑收入变化对进口造成的影响。

的分析与现实不符的局面。而且弹性分析模型也没有考虑汇率变动之后供给条件变化所引起的收入与支出的变化。弹性分析模型中考虑的弹性也仅仅是局部弹性而不是总弹性，因此它没有把国际收支与整个经济运行联系起来加以考察。一旦货币贬值信息传导至进出口价格，则进口就会减少而出口就会增加，进而刺激国内商品和劳务的生产并由此带动收入的增加，也会产生进口效应，从而影响国际收支。

所以，国际收支的吸收分析模型主要是针对弹性分析法局部均衡的缺陷而产生的。

一　吸收分析的基准模型

国际收支的吸收分析法也是从宏观经济核算中发展起来的。因此，它和国际收支的收入分析法有着极大的相近之处和密不可分的联系，或者说就是国际收支收入分析法的一个分支。但是，吸收分析法强调的是花费在国内产品上的支出如何影响国际收支和国内产出。因此，吸收分析法，又称收入 - 吸收分析法，或支出分析法。换言之，贸易差额被视为一国的产出与该国的使用量或吸收量之间的差距。

根据宏观经济学的基本关系，我们有如下基本方程：

$$Y = C + I + G + X - M \qquad\qquad (12.11)$$

其中，Y 代表国民收入，C、I、G、X、M 分别表示消费、投资、政府支出、进口和出口。我们将国内吸收量（即国内总支出）定义为 $A = C + I + G$，将贸易差额定义为 $B = X - M$，这样，我们就可以把方程（12.11）改写成：

$$Y = A + B \quad 或 \quad B = Y - A \qquad\qquad (12.12)$$

使用宏观经济学注入 - 漏出的关系，也能推导出吸收分析法的结论。在均衡状态下我们有：

$$S + M = I + X \quad 或 \quad S - I = X - M \qquad\qquad (12.13)$$

方程（12.13）表明，在国内投资水平一定的情况下，如果国内储蓄提供的资源不足，则不足部分必须由净进口来弥补。而方程（12.12）说明，如果国内吸收大于收入，则该国的国际收支将出现赤字。其原因相当简明：收入来自生产，所以如果吸收大于生产，在没有储备的情况下，其差额就必然由净进口来弥补。也就是说，国际收支盈余是吸收相对于收入不足的表现，而国际收支赤字则是吸收相对于收入过多的反映。

因此，国际收支的改善可以通过下列几种方式实现：①收入水平提高而国内吸收保持不变；②在收入水平保持不变的情况下减少国内吸收量；③在收入增加的同时减少吸收；④使收入的增长速度超过吸收的增长速度；⑤使收入水平的下降速度低于吸收的下降速度。

吸收分析法实际上可以将一国经济简单地分为是否处于充分就业水平的两种情况。如果经济处于充分就业水平，即所有的资源都被利用，这样增加出口净额的唯一方法就是降低国内吸收量。如果存在失业，国民收入 Y 没有达到它可能的最大值，就可以在维持国内吸收量不变的情况下，通过开发收入增长潜力，增加出口 X，改善国际收支。

应该指出的是，吸收分析法与弹性分析法一样，只是一种国际收支调节的经常项目模型。由于不存在资本的国际流动，国际收支就是贸易收支。但是，这并不是说吸收分析不可能用于分析国际资本流动和国际收支中的资本项目变化。从方程（12.13）来看，在不考虑国内外汇储备的情况下，如果一国的出口大于进口，国内的储蓄和投资水平又保持均衡状态，则在开放经济条件下维持宏观经济均衡的唯一出路就是进行对外投资。即：

$$S - I + I_F = X - M \qquad\qquad （12.14）$$

当 $S = I$，且 $X > M$ 时，则有：

$$I_F = X - M \qquad\qquad （12.15）$$

也就是说，在这种情况下，该国应该通过鼓励资本流出，使用贸易盈余来购买外国资产来维持宏观经济的平衡。反之，当出现贸易赤字时，则应该通过鼓励资本流入来为经常项目的赤字融资。

结合上一章对弹性分析法的讨论我们不难看出，弹性法的出发点是 $X - M$，而收入法和吸收法的出发点是外贸差额 B 等于商品和劳务的总产量 Y 与商品和劳务的总吸收 A 之差。所以弹性法是局部均衡而收入法和吸收法是一般均衡，收入法和吸收法强调的是通过控制产出和支出来调节国际收支的作用，因而需要分析货币贬值对收入和支出两方面的影响。也就是说，收入法和吸收法对贬值的研究可以归纳为三个基本问题：贬值是如何影响收入的？收入水平的变动是如何影响吸收的？在给定的收入水平上，贬值是怎样直接影响吸收的？

在国内存在尚未被利用的闲置资源时，国内收入增长尚有潜力可挖，所以货币贬值在满足弹性条件的情况下将促进产出增长，提高出口净额。但是如果国内经济处于充分就业水平，生产增长的可能性已经不大，如果货币贬值在满足弹性条件的情况下依然能够促进出口增长，则国内吸收量就会下降。

假定国内吸收是收入的增函数：

$$A = A_0 + aY \tag{12.16}$$

也就是说，国内吸收量由独立于收入之外的自主吸收 A_0 和由边际吸收倾向（$a = \mathrm{d}A / \mathrm{d}Y$）决定的吸收共同决定。将方程（12.16）代入方程（12.12），就会得到以下结果：

$$B = (1 - a)\, Y - A_0 \tag{12.17}$$
$$\mathrm{d}B = (1 - a)\, \mathrm{d}Y - \mathrm{d}A_0 = (1 - a)\, \mathrm{d}Y \tag{12.18}$$

利用方程（12.12）和（12.16），我们也可以得到：

$$\mathrm{d}B = \mathrm{d}Y - \mathrm{d}A = \mathrm{d}Y - a\mathrm{d}Y = (1 - a)\, \mathrm{d}Y \tag{12.19}$$

从方程（12.19）中我们可以看出，贬值的效果可以通过以下三个渠道对国际收支余额产生影响：① $\mathrm{d}Y$，代表贬值对收入的直接影响；② $\mathrm{d}A$，代表贬值对吸收的直接影响；③ a，代表贬值通过收入变化对吸收的间接影响。

不论如何，成功贬值的条件是：

$$(1 - a)\,\mathrm{d}Y > \mathrm{d}A_0 \qquad\qquad (12.20)$$

二　不考虑别国反应时贬值对贸易差额的影响

在一国模型中，我们不需要考虑别国的反应，此时贬值对贸易差额的影响就取决于前面列举的三个渠道：代表贬值对收入的直接影响（$\mathrm{d}Y$）；代表贬值对吸收的直接影响（$\mathrm{d}A$）以及代表贬值通过收入变化对吸收的间接影响（a）。

1. 贬值对收入的直接影响

贬值对收入的直接影响可以概括为闲置余额效应、贸易条件效应和资源重置效应。

（1）闲置余额效应。在贬值国存在尚未得到充分利用的闲置资源的情况下，只要弹性条件得到满足，贬值会使出口增加、进口减少，从而使该国的产出和国民收入实现增长、国际收支得到改善。

但是，国民收入的增长又会促使本国的消费支出和投资支出增加，进而导致总吸收水平上升，造成国际收支状况的恶化。

因此，国际收支最终是得到改善还是恶化，就取决于边际吸收倾向 a 的大小。

不过从方程（12.19）来看，只要 $a<1$，吸收的增加就会小于国民收入的增加，即 $\mathrm{d}B>0$，贸易差额可以得到改善。但是，由于经济周期的作用，a 可能大于 1 或等于 1。因为支出倾向 a 是收入变化时消费倾向与投资倾向之和。在经济繁荣时期，如果消费倾向较高，则一个正的投资倾向就可能使 a 大于 1。在这种情况下，收入的增长会引起更多的投资和消费支出，并最终导致国际收支条件恶化。

（2）贸易条件效应。本币贬值以后，由于进出口数量也许不能立即进行调整，贸易差额就会由于贸易条件的恶化而恶化，实际国民收入也会下降。但是随着国民收入水平的下降，总吸收水平也会随之下降。根据方程（12.19）可以得出，如果 $a < 1$，则 $\mathrm{d}B > 0$，也就是贬值的贸易条件效应就会使国际收支状况得到改善。

　　一般来说，一国出口商品的品种往往比其进口商品的品种更为集中，因此货币贬值对出口商品价格的影响一般比进口商品价格的影响要大，结果贬值以后，出口商品价格的下降幅度可能比进口商品价格的下降幅度要大，从而导致贸易条件的恶化。

　　（3）资源重置效应。资源重置效应与闲置余额效应相似，但是重置效应关注的重点在于充分就业的资源往往并未得到最有效的利用，因此，即使从表面上看，经济中不存在资源闲置，但是改变资源配置还是可以对就业和收入产生影响。

　　如果货币之前处于高估状态，在贬值的同时又取消贸易管制，那么货币贬值就会产生有利于增加收入的资源重置效应。因为以前高估的货币实际上抑制了贸易品的生产，同时鼓励了非贸易品的生产，结果在一定程度上降低了非贸易品的生产效率。此时，货币贬值就会促使一部分资源由生产效率较低的部门转向生产效率较高的部门，进而增加实际收入。

　　这说明在充分就业的条件下要改善贸易差额，并不一定要减少国内吸收量不可。

　　2. 贬值对吸收的直接影响

　　如果经济处于充分就业状态，而且资源又得到最优配置，也就是说，国民收入已经不可能再增加的情况下，或者当 $a \geqslant 1$，即收入增加所引起的支出的增加至少与收入的增加一样多的时候，只有减少支出才能改善贸易差额。

　　为了说明贬值对吸收的直接作用，我们需要作出两个假设：贬值国处于充分就业，贬值已经不能增加其实际收入；进口品的外国供给和出口品的外国需求的弹性均为无穷大，这样进出口的外币价格不变，从而贸易条件不变。在这两个假设条件下，我们就可以说明贬值最终使实际吸收下降。一般来说，贬值影响吸收的主要机制是实际现金余额效应、收入再分配效应和货币幻觉效应。

　　（1）实际现金余额效应。如果货币供给保持不变，货币持有者一般又愿意使持有的现金余额具有一定的实际价值。这样，当价格上升的时候，货币持有者的实际现金余额就会减少，于是他们就会设法增加名义现金余额，以便维持其实际现金余额不变。

由此，实际现金余额效应就会通过两条途径发挥作用：人们或者被迫减少对商品和劳务的支出，消费水平下降，总吸收减少；或者将持有的金融资产变现，造成金融资产价格下跌，利率水平上升，而这同样也会导致投资和消费水平下降，总吸收减少的结果。结果，实际现金余额效应通过总吸收减少使得贬值可以改善贸易收支。

在此，我们还需要指出的是，由于实际现金余额效应或其他直接支出效应所导致的支出下降会减少对国内产品和劳务的需求，因此将导致国内失业。如果 a 又小于 1，则这种收入的减少虽然可以使国际收支好转，但是因此好转的间接效应显然小于现金余额效应造成的直接效应，所以，贬值对总支出具有收缩效应，对国际收支产生不利的影响。

（2）收入再分配效应。由于贬值造成国内价格水平上涨，国民收入就会在不同集团之间进行重新分配。具体来说，情况如下。

首先，收入从雇员（低弹性收入者）转向雇主（弹性收入者）。由于工资的调整落后于价格的变动，贬值可以使雇主在不提高工资的情况下多赚取利润，从而雇主和雇员之间形成再分配效应。由于弹性收入者的边际消费倾向较低，这种再分配效应使总的实际消费支出减少，即国内吸收减少，贬值使得国际收支改善。但是，如果利润过高刺激了投资需求，雇主的总支出倾向（消费倾向与投资倾向之和）就会较雇员的支出倾向更大，就无法产生改善国际收支的效果。

其次，从纳税者转向政府。由于所得税一般是累进的，在价格和收入发生变化以后，税收增长的幅度也会更大一些，但是政府的边际支出倾向通常大于私人部门的边际支出倾向，从而增加了实际总支出，阻碍了国际收支的改善。

（3）货币幻觉效应。本币贬值会使物价水平上涨，如果货币收入与价格同比例上涨，实际收入保持不变。但是，在这种情况下，人们对物价会存在货币幻觉——名义支出的增长低于物价水平的上涨，就会减少消费，导致实际支出下降，总吸收水平也随之下降，结果，使国际收支得到改善。

相反，如果人们对工资增长存在货币幻觉，因而增加消费，又会造成相反的结果。

（4）影响直接支出的其他因素。除了货币贬值对支出的上述三种直接影响外，还可能存在其他各种支出效应，或有利于或不利于国际收支的改善。例如，在本币贬值引起物价上涨的情况下，如果人们预期物价将会持续上涨，从而增加现期消费支出，至少在短期内会对国际收支产生不利的影响。又如，如果投资品大多来自国外，则贬值就会降低投资意愿。如果进口品的国内购买者在贬值后减少进口，但是他们却不是把进口差额转向其他商品的支出，而是储蓄起来以备时机好转以后再用于进口，则贸易差额至少在短期内有望得到改善。

另外，进口品的国内价格对支出也起重要作用。如果进口需求缺乏弹性，则贬值以后以国内货币计价的进口支出就会上升。而进口品国内价格上升会迫使人们减少对国内产品的实际支出，从而恶化国际收支。如果考虑到产品需求弹性的差异以及上述各种效应，它们对国际收支的影响是难以确定的。除了进口品国内价格因素外，还可能出现工资上涨快于价格上涨以及货币流通速度加快导致总货币支出增加的情况。

总之，尽管贬值对支出会产生直接的影响，但是这些影响大多是暂时性的和不对称的。例如，由于对现金余额需求的增加，货币供给一般会作出相应的反应，这样就会使现金余额效应逐渐消失或被信用创造所增加的支出所抵消。另外，虽然收入分配效应一般有一个时滞，但是，滞后的收入最终还是要赶上来的，工资最终也会增加，从而恢复货币贬值以前的工资—利润关系。所以货币贬值对支出的某些影响不仅是暂时的，而且也是不对称的，贬值幅度的大小对贬值结果也会产生不同的影响。例如，小幅度的贬值可以利用货币幻觉或工资钝性，对支出影响相对较小，相反，大幅度的贬值则会引起工资的变动和税率的调整。

由于贬值对支出影响的暂时性和不对称性，在充分就业状况下，贬值对支出的影响就成了一个有争议的问题，不如货币和财政政策的影响更直接、更确定。

3. 贬值通过收入变化对吸收的间接影响

上面的分析分别研究了贬值对收入和吸收的直接影响，但是没有进一步分析吸收变化对收入的影响，缺乏这个间接影响显然是不完全的。为此，我们要对方程（12.18）加以修正。

首先，我们假定收入变化为贬值对收入的直接影响 ΔY_D 与贬值对支出造成直接影响后对收入的间接影响 ΔY_I 之和，即：

$$\Delta Y = \Delta Y_D + \Delta Y_I \tag{12.21}$$

并且：$\Delta Y_I = \beta \Delta A \tag{12.22}$

其中，β 表示吸收变化对国内产出影响的系数，并且 $0 < \beta \leqslant 1$。

同样，令吸收的总变化为贬值对吸收的直接影响 ΔA_D 和贬值对收入影响后再对吸收产生的间接影响 ΔA_I 之和，即：

$$\Delta A = \Delta A_D + \Delta A_I \tag{12.23}$$

在此，$\Delta A_I = \alpha \Delta Y\, (\alpha > 0) \tag{12.24}$

将方程（12.21）、（12.22）、（12.23）、（12.24）联立并求解，可以得到：

$$\Delta Y = \frac{\Delta Y_D + \beta \Delta A_D}{1 - \alpha\beta} \tag{12.25}$$

和 $$\Delta A = \frac{\Delta A_D + \beta \Delta Y_D}{1 - \alpha\beta} \tag{12.26}$$

因此，贬值所产生的贸易差额的变化为：

$$\Delta B = \Delta Y - \Delta A = \frac{(1-\alpha)\,\Delta Y_D - (1-\beta)\,\Delta A_D}{1 - \alpha\beta} \tag{12.27}$$

从上式我们可以看出，贬值改善贸易差额的必要条件是：

$$\frac{(1-\alpha)\,\Delta Y_D}{1 - \alpha\beta} > \frac{(1-\beta)\,\Delta A_D}{1 - \alpha\beta} \tag{12.28}$$

已知 $0 < \beta \leqslant 1$，$0 < \alpha < 1$，且 $0 < \alpha\beta < 1$，$\alpha > \alpha\beta$ 和 $\beta > \alpha\beta$，则又从上述条件可知，

$$\frac{(1-\alpha)\,\Delta Y_D}{1-\alpha\beta} < \Delta Y_D \tag{12.29}$$

$$\frac{(1-\beta)\,\Delta A_D}{1-\alpha\beta} < \Delta A_D \tag{12.30}$$

因此 $\dfrac{\Delta Y_D(1-\alpha)-\Delta A_D(1-\beta)}{1-\alpha\beta} < \Delta Y_D - \Delta A_D$ $\qquad$ （12.31）

也就是说，除了贬值对收入的直接影响外，如果还存在贬值对支出的直接影响，进而存在对收入的间接影响的话，贬值对贸易差额的影响比不存在间接影响时要小些。

4.汇率变动对支出影响的一个反例——实际支出不变假设下的劳尔森－梅茨勒效应

在前面我们讨论了贬值可以通过现金余额效应、收入再分配效应和货币幻觉效应等机制来抑制支出的增长。但是劳尔森和梅茨勒却提出了完全相反的结论。

劳尔森和梅茨勒是通过进口价格变化对实际收入的影响来说明支出效应的。具体来说就是货币贬值导致进口商品价格上升，进而导致国内价格水平上升和实际收入下降。为了维持原有的消费，消费者在贬值后就会减少储蓄，增加名义支出以维持实际支出不变。国外的情况正好相反，外国消费者因其货币相对升值而减少其支出。这就是劳尔森－梅茨勒效应。

在这里，衡量实际收入的方法用加权的国内价格指数去扣除名义收入，其中权重是国产消费品和进口消费品的消费比例，两者的比重取决于消费偏好。由于平均储蓄倾向是采用加权价格指数计算出来的实际收入的增函数，所以进口价格的变动就将影响储蓄行为。

劳尔森－梅茨勒效应的一个重要假设是在名义收入不变的情况下，消费者要保持实际支出水平不变，也就是说，实际收入下降后实际支出却要保持不变，结果只能减少储蓄。如果实际收入与实际支出之间在变化中保持固定比例，就不会出现劳尔森－梅茨勒效应。

劳尔森－梅茨勒效应的大小取决于进口倾向。进口倾向越高，则贬值使实际收入下降越大。也就是贬值使国内价格上升得越快，为保持实际支出不变则名义支出就要上升越大。这就是说，平均进口倾向越高，贬值对支出的影响也就越大。

第三节　国际收支的收入分析模型：两国模型

正是由于国际收支条件的收入（吸收）分析模型能够考虑到国际收支调节中的别国反应，因此可以引入两国模型，从而使研究突破一国模型的局限，更接近现实世界的情况。

一　两国相互影响条件下贬值对贸易差额的影响：理论分析

前面的分析仅限于一国收入－吸收之间的相互影响。这样的分析只适用于小型开放经济模型。这种开放经济之所以是小型的，是因为我们假定其贸易活动不会影响其他国家的收入和吸收。如果我们的分析对象是大国，则其贬值就会对其他国家的收入和支出也产生影响。例如，某大国出现国际收支赤字，则世界其他国家就必然出现盈余。该盈余通过外贸乘数将增加外国的收入和进口。在这种情况下，我们就应该进一步考察两国间收入－支出的相互影响，从而完善贬值效应的吸收分析模型。

1. 汇率变动对收入的影响

汇率变动对收入的影响是通过价格变动对需求的影响产生的。

我们可以把两国国民收入的变化 ΔY_a 和 ΔY_b 均写成对两国总需求变化 ΔD_a 和 ΔD_b 的线形表达式：

$$\Delta Y_a = K_{aa}\Delta D_a + K_{ab}\Delta D_b \tag{12.32}$$
$$\Delta Y_b = K_{ba}\Delta D_a + K_{bb}\Delta D_b \tag{12.33}$$

其中，收入乘数 $K_{ij}(i,j=a,b)$ 表示对 j 国产品需求的变化引起的 i 国收入的变化。

在进一步讨论贬值对收入的影响之前，需要从两国收入初始均衡状态出发分析贬值引起两国需求的变化。两国收入 Y_a 和 Y_b 均由国内支出及贸易差额组成，且收入恒等于对产品的需求：

$$Y_a = A_a(Y_a,E) + EB(Y_a,Y_b,E) = D_a(Y_a,Y_b,E) \qquad (12.34)$$

$$Y_b = A_b(Y_b,E) - B(Y_a,Y_b,E) = D_b(Y_a,Y_b,E) \qquad (12.35)$$

这里，Y_i，A_i 和 $D_i(i=a,b)$ 分别用两国各自的货币表示，B 是以 B 国货币表示的 A 国贸易差额，且 $B>0$（即 A 国为顺差），E 为直接标价的汇率。

方程（12.34）和（12.35）对 E 求导并代入方程（12.32）和（12.33），得到：

$$\frac{\Delta Y_a}{\Delta E} = K_{aa}\left(\frac{\partial A_a}{\partial E} + B + \frac{\partial B}{\partial E}\right) + K_{ab}\frac{\partial A_b}{\partial E} - \frac{\partial B}{\partial E} \qquad (12.36)$$

$$\frac{\Delta Y_b}{\Delta E} = K_{ba}\left(\frac{\partial A_a}{\partial E} + B + \frac{\partial B}{\partial E}\right) + K_{bb}\frac{\partial A_b}{\partial E} - \frac{\partial B}{\partial E} \qquad (12.37)$$

如果最初贸易是平衡的，即 $B=0$；且满足马歇尔－勒纳条件，即 $\partial B/\partial E>0$，并假设不存在劳尔森－梅茨勒效应，即 $\frac{\partial A_a}{\partial E}=\frac{\partial A_b}{\partial E}=0$，则两国收入变化分别为：

$$\frac{\Delta Y_a}{\Delta E} = (K_{aa}+K_{ab})\frac{\partial B}{\partial E} > 0 \qquad (12.38)$$

$$\frac{\Delta Y_b}{\Delta E} = (K_{ba}+K_{bb})\frac{\partial B}{\partial E} < 0 \qquad (12.39)$$

由于直接效应 $K_{bb}>K_{ba}$，所以 $\frac{\Delta Y_b}{\Delta E}<0$。这就是说，在存在两国相互影响的条件下，一国货币贬值导致本国收入增加、外国收入相应减少。

2. 汇率变动对贸易差额的影响

在两国模型中，一国贸易差额可以写成另一国支出与收入之差，即 $B=A_b-Y_b$。汇率变动以后，贸易差额的变化由收入和支出变化两部分组成。如果不考虑外国支出变化对本国收入的二级影响，则收入变化完全是汇率变动所引起的直接变化 ΔY_b；支出变化则由汇率变化和收入变化两部分共同影响而产生，即由函数 $A_b=A_b(Y_b,E)$ 得出外国支出的变化：

$$\Delta A_b = \frac{\partial A_b}{\partial E}\Delta E + \frac{\partial A_b}{\partial Y_b}\Delta Y_b \qquad (12.40)$$

因此。贬值国贸易差额的变化为：

$$\Delta B = \frac{\partial A_b}{\partial E} \Delta E - \left(1 - \frac{\partial A_b}{\partial Y_b} \right) \Delta Y_b \qquad\qquad (12.41)$$

方程（12.34）进行适当变化（$A_b = B + D_b$）可得：

$$\frac{\partial A_b}{\partial E} = \frac{\partial B}{\partial E} + \frac{\partial D_b}{\partial E} \qquad\qquad (12.42)$$

将方程（12.42）和方程（12.37）代入方程（12.41），经过整理可以得到：

$$\frac{\Delta B}{\Delta E} = \frac{\partial B}{\partial E} - \left(1 - \frac{\partial A_b}{\partial Y_b} \right) K_{ba} \frac{\partial D_a}{\partial E} + \left[1 - \left(1 - \frac{\partial A_b}{\partial Y_b} \right) K_{bb} \right] \frac{\partial D_b}{\partial E} \qquad (12.43)$$

尽管方程（12.43）是从外国看的本国贬值对国际收支的影响，但外国的逆差就是本国的顺差。我们可以看出，贬值以后对贸易收支的影响由三部分组成。第一项是贬值所产生的价格效应对贸易差额产生的直接影响。只要马歇尔－勒纳条件得到满足，贬值改善本国的贸易收支，这里就体现为 $\frac{\partial B}{\partial E} > 0$。第二项和第三项分别为贬值给两国带来的收入效应对贸易差额产生的间接影响。假如 $\frac{\partial A_b}{\partial Y_b} < 1$，由于 $\frac{\partial D_a}{\partial E} > 0$，$\frac{\partial D_b}{\partial E} < 0$，所以两种收入效应都是负值。

这意味着马歇尔－勒纳条件不再是成功贬值的充分条件：成功的贬值要求价格效应超过收入效应。

二 两国相互影响条件下贬值对贸易差额的影响：图形说明

假定某国初始处于贸易平衡状态，然后出现一个自主性的进口增加，在考虑到国外反应的情况下，最终将对本国和外国的收入产生什么影响？我们将进一步考虑的问题是：国外反应是否足以使本国贸易差额恢复到零？由于收入分析法和吸收分析法是经常项目模型，我们在此还假定各国的资本账户是封闭的，所以国外反应只能通过经常项目表现出来。

为了方便我们说明问题，我们假定模型中只有 A、B 两个大国。在图 12.1 中，横轴和纵轴分别代用同一种货币计量的 A、B 两国的收入。在此，我们假定汇率等于 1，且本国和外国价格水平固定。由于 A 国的出口就是 B

国的进口，所以，我们有：

$$X = M_0^* + m^*Y^*$$ （12.44）

其中，m^* 和 Y^* 分别代表 B 国的进口倾向和收入水平，M^* 是 B 国的自主性进口（反映 B 国的竞争力和偏好等因素，也可以看成是 A 国的自主性出口）。B 国的变量都用 * 加以区分。

依据我们在本章对外贸乘数的推导，以方程（12.45）代替方程（12.6），得到 A 国的收入 Y 是：

$$Y = \frac{Z + m^*Y^*}{s + m}$$ （12.45）

其中，Z 是 A、B 两国自主变量之和（$C_0 + \bar{I} - M_0 + M_0^*$），原来的在两国模型中就变成 $X = M_0^* + m^*Y^*$。这样，只要 m^*Y^* 是既定的，则 Y 就可以确定。

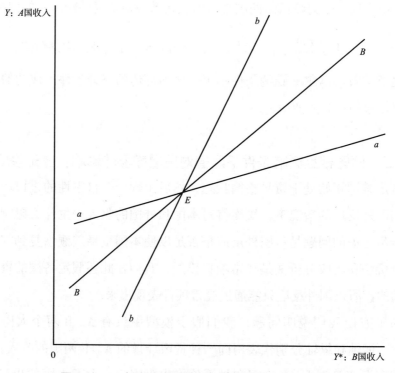

图 12.1　A、B 两国的贸易差额和收入的相互依赖

282

为了说明 A 国收入如何取决于 B 国收入（即 *aa* 曲线的函数），我们将方程（12.45）对 Y^* 进行求导：

$$\frac{\mathrm{d}Y}{\mathrm{d}Y^*}=\frac{m^*}{s+m}<1 \tag{12.46}$$

只要两国的进口倾向相近，其结果就会小于 1，但大于零。

从方程（12.45）看，如果 Z 增加或 s 或 m 减少，方程的截距变大，*aa* 曲线就会上移。也就是在 B 国收入既定的情况下，A 国收入增加。

为了说明 B 国的收入如何取决于 A 国收入，即图 12.1 中的 *bb* 曲线的函数，在两国模型中我们可以对称地得到：

$$Y^*=\frac{Z^*+mY}{s^*+m^*} \tag{12.47}$$

其中，mY 是 A 国的进口倾向。将方程（12.47）对 Y 求导，就会得到：

$$\frac{\mathrm{d}Y^*}{\mathrm{d}Y}=\frac{m}{s^*+m^*}<1 \tag{12.48}$$

同样，只要 A、B 两国的边际进口倾向相近，它也会小于 1，但大于零。

如果 $m>m^*$，则 *bb* 曲线的斜率就会大于 *aa* 曲线的斜率，*bb* 曲线更倾斜，A 国收入变动给 B 国收入带来的影响就会大于 B 国收入的变动给 A 国收入带来的影响。

BB 曲线反映的是 A、B 两国的国际收支平衡情况，即 $B=X-M=0$。我们已经知道，$X=M_0^*+m^*Y^*$，$M=M_0+mY$。因此，$B=M^*+m^*Y^*-M_0-mY$，$\mathrm{d}B=m^*\mathrm{d}Y^*-m\mathrm{d}Y$。由于在 *BB* 曲线上，$\mathrm{d}B=0$，所以有 $\frac{\mathrm{d}Y}{\mathrm{d}Y^*}=\frac{m^*}{m}$，即 *BB* 曲线的斜率取决于两国相对的边际进口倾向。如果 $m>m^*$，则 *BB* 曲线的斜率就会更小，曲线更平缓。

在均衡点 E 的左上方，A 国进口应该对应着更高的收入，所以存在贸易赤字，而 B 国则存在贸易盈余，因为针对既定的 A 国收入 Y，B 国的收入 Y^* 过低，以至不能导致足够的进口。同理，在 *BB* 曲线的右下方，A 国有贸易盈余，B 国则是贸易赤字。

1. A 国自主性收入增加的效应

在图 12.2 中，A 国收入自主性支出的增加，由 Y_0 上升到 Y_1，在两国边际进口倾向不变的情况下，使得 aa 曲线向上平移到 $a1a1$。但是，我们假定 A 国收入增加以后会影响 B 国收入。在 F 点，B 国的收入尚未增加，但此时 B 国存在贸易盈余，它通过其外贸乘数使 B 国的收入上升到 Y^*_1。B 国收入的这种变化又反过来影响了 A 国的收入，使 A 国收入进一步上升到 Y_2。但是 bb 和 $a1a1$ 的焦点 E_2 依然位于 BB 曲线之上，B 国顺差而 A 国逆差，这意味着 B 国贸易顺差使得 B 国收入增长，使得 bb 曲线向右（向下）移动到 $b1b1$。新的均衡点最终处于 E_3 点。

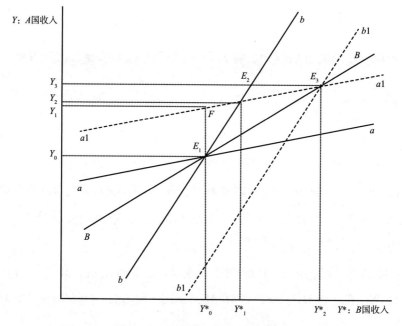

图 12.2　A 国收入的自主性增加

2. A 国支出向 B 国出口的自主性转换

A 国对 B 国商品需求的自主性增加意味着 A 国对 B 国出现贸易逆差。对于一个既定的 Y 来说，Y^* 将上升。由于 M_0 是自主性变化，而 s 和 m 都没有变化，而 m^* 更没有变化。这样，在图 12.3 中，aa 曲线就会平行下移到 $a1a1$

[因为其斜率 $\dfrac{m^*}{s+m}$ 未变]。

与此同时，BB 曲线也向下平移到 $B1B1$。这是由于 A 国对 B 国商品需求的增加使得在 A 国最初的收入水平 Y_0 上，A 国出现国际收支赤字。结果，A 国收入水平 Y 下降。$B1B1$ 与 $a1a1$ 的交点对应于 Y_0，可以理解为由于 A 国自主性进口 M_0 上升，导致 Y^* 上升，也增加了 B 国的进口，使 A 国赤字减少到零（这也是新 $B1B1$ 曲线的含义）。

如果从 B 国的情况考虑，由于 A 国对 B 国需求增加提高了在既定 A 国收入水平上 B 国的收入，bb 曲线也将右移到 $b1b1$。

如果考虑到两国的互动，那么在图 12.3 中，新的均衡处于 E_1 点，并且①B 国的收入增加到 Y^*_1；②A 国的收入最终下降到 Y_2，与 B 国收入不变时的收入水平 Y_1 相比有所提高；③与 B 国收入未增长的情况相比，A 国的赤字变小，即 $B1B1$ 曲线有所上移。

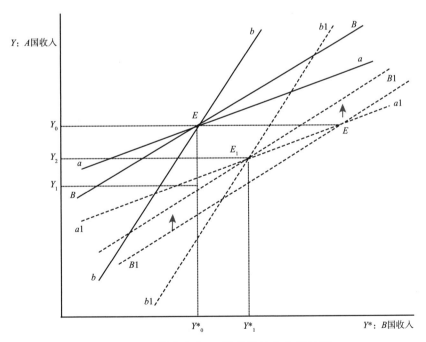

图 12.3　A 国支出向 B 国商品的自主性转换

3. 结束世界性衰退的"合作性"扩张

假定世界性石油价格上涨使 A、B 两国都面临国际收支赤字。在图 12.4

中 A、B 两国的国民收入分别为 Y_0 和 Y^*_0，并且同时都存在高失业率，尽管它们之间的贸易都是平衡的，但是由于它们都从欧佩克（外部）进口大量石油，因而都存在巨额国际收支赤字。

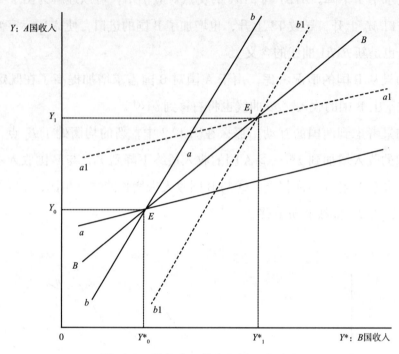

图 12.4　结束衰退的合作性经济扩张

在这种情况下，如果 A 国单独增加自主性支出，使 aa 平移到 $a1a1$，将面临贸易赤字。由于感到贸易赤字的压力，就会抑制自主性支出的增加。B 国也面临同样的难处。而如果每个国家都不去努力扩张经济，两国仍都将处于衰退中。

事实上，只要 A、B 两国合作性地扩张自主性支出，使 aa 曲线和 bb 曲线同时移动，使 Y 和 Y^* 同时增加，世界性衰退就可能得到克服。最后的均衡点就将处于 E_1 上。

4. 结束世界性衰退的"领导性"扩张

领导性扩张的情况是：当 A、B 两国都处于严重的经济衰退之中，但 B 国有贸易盈余而 A 国有贸易赤字。这种情况在图 12.5 中的表现就是：E_1 是最初的均衡点，但它高于 BB 曲线。

由于 A 国存在贸易赤字，由 A 国发挥火车头的作用来使世界经济摆脱衰退是有困难的，而 B 国并未受到这种约束，有条件通过扩张政策使世界经济摆脱衰退。

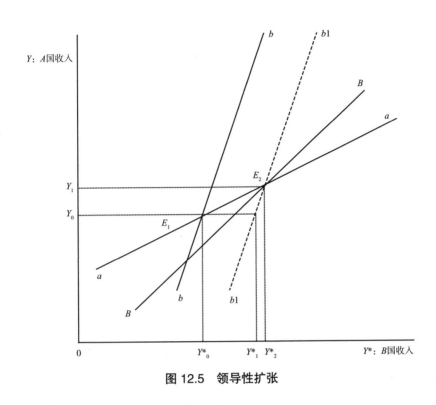

图 12.5　领导性扩张

与第一种情况类似，B 国自主性支出的增加使 bb 曲线下移到 b1b1 曲线的位置。这样，B 国首先使其收入增加到 Y^*_1，同时，又通过 A 国对 B 国出口的增加来启动 A 国经济的扩张过程。如果我们进一步考虑到后者对 B 国收入的反馈，均衡最终会处于 E_2 点，世界收入将会上升，且国际收支不平衡的情况也会得到改善。

内容提要

收入分析模型又称为收入分析法和乘数分析法。作为国际收支调节的经常项目模型，它不考虑国际的资本流动，而且将国际收支问题简化为贸易余额问题。与弹性分析法不同的是，收入分析模型假定宏观经济处于非充分就业状态，即汇率和价格不变而收入可变。这样，它的基本结论是：自主性支出的变动通过乘数效应引起国民收入的变动，进而影响进口支出的变动，而且其影响程度取决于一国边际进口倾向和进口需求收入弹性的大小以及一国开放程度的高低。

国际收支的吸收分析法是一种强调花费在国内产品上的支出如何相对于国内产出而变化的理论，又称收入–吸收分析法，或支出分析法。在这里，贸易差额被视为一国的产出与该国的使用量或吸收量之间的差距。

支出分析法分析了贬值过程中收入和支出的变化，因此，它的重要意义在于缩小收入–支出收入差距的政策主张。支出法的政策含义是"支出减少"和"支出转移"。

与弹性法一样，支出法也属于一种静态分析。但是它所强调的是无穷弹性供给，所以假定供给价格不变。如果说弹性法强调的是价格的调整作用，则支出法更强调收入的调整作用。在贬值过程中，如果收入也发生了变化，则只有价格效应大于收入效应时，贬值才有望改善国际收支。

吸收分析法的主要缺陷表现在：①吸收论是建立在国民收入核算恒等式基础之上的，因此对收入、吸收与贸易收支之间的因果关系及其相互影响的分析先天不足；②吸收论没有考虑本币贬值以后相对价格变动在国际收支调整中的作用；③吸收论与弹性论一样，没有考虑国际的资本流动，将国际收支简单地等同于贸易收支。

思考题

收入模型的基础是什么？

吸收模型和收入模型的关系是什么？

乘数与弹性的异同是什么？它们决定因素的异同是什么？

贬值对收入和支出发生直接影响和间接影响的途径。

从收入法说明国际经济政策合作的必要性。

参考文献

Alexander, S.S., "Effects of a Devaluation on a Trade Balance," *IMF Staff Papers*, 1952, 3, pp.263-78.

Johnson, H. G., "Elasticity, Absorption, Keynesian Multiplier, Keynesian Policy and Monetary Approaches to Develuation Theory: a Simple Geometric Exposition," *American Economic Review*, 1976, p.66.

Krugman, Paul, "Differences In Income Elasticities and Trends in Real Exchange Rates," NBER Working Papers, 2761. 1988.

Laursen, S. and Metzler, L. A., "Flexible Exchange Rates and the Theory of Employment," *Review of Economic and Statistics*, 1950, 32(4), pp.281-99.

Menon J. "Exchange Rate Pass-through," *Journal of Economic Surveys*, 1995, Vol.9(2), pp.197-231.

Stern, R. M., *The Balance of Payments: Theory and Economic Policy*. London: Macmillan. 1973.

Taylor, John B. "Low Inflation, Pass-through, and the Pricing Power of Firms," *European economic review*, 2000, Vol.44(7), pp.1389-1408.

第十三章　汇率决定和国际收支调节的货币分析模型

对开放经济的研究最初是从经常项目入手的，购买力平价就是一种最经典的汇率决定理论模型，以后又逐渐发展到以弹性法和收入法为代表的国际收支调节理论。毫无疑问，经常项目模型是分析开放经济长期运行规律的基础。从汇率决定的购买力平价模型来看，国际收支的平衡与调节其实也是汇率决定的过程。因此，弹性法和吸收法在国际资本流动远不发达的情况下还能够就汇率决定和国际收支调节提供某些有用的直观推理。

随着国际资本流动的迅速发展，资本项目对开放经济的影响越来越大，特别是在短期分析中，资本项目对于一个开放经济运行的影响更是不可忽略的因素，而宏观经济政策调节，特别是货币政策的频繁使用使货币供给变化对国际收支和汇率的影响已经成为必须加以研究的一个重要问题。

与经常项目模型的分析主要是建立在商品贸易中的购买力平价和商品套利关系上一样，资产平衡模型的理论机制是资本国际流动中的利率平价关系。而就货币分析模型的内容来说，它的分析框架乃是开放经济条件下的货币供求分析，并由此将有关的宏观经济变量，如收入、价格、货币供给和汇率纳入分析框架中。

与货币主义经济学的理论硬核一样，汇率决定和国际收支的货币分析法认为，汇率和国际收支完全是一种货币现象，是人们希望持有的货币量与货币供给量之间的差额造成的。如果货币需求大于货币供给，这部分超额需求就必须由外国货币的流入（即经常项目盈余）来满足；反之，如果货币需求小于货币供给，这部分超额货币供给就必须通过本国货币的流出（即经常项目赤字）来消除。但是，与汇率决定和国际收支的经常项目模型进行流量调节不同，货币分析法对汇率决定和国际收支调节的分析则必然涉及存量与流量两方面的内容。约翰逊（1977）就曾经指出：

"货币分析法"的目的是要建立关于国际收支的一种理论。它以这样的事实为基础，即国际收支是货币性的国际经济社会中的一种现象，它需要根据货币概念来加以分析。特别是要根据作为存量的货币的概念，以及作为根据所希望的货币存量来调节实际货币存量的货币性调节的概念来进行分析，而不是根据作为由实际相对价格和收入决定的"实际"流量的余数的国际货币流动来进行分析。

按照这种观点，在固定汇率条件下，国际收支逆差被看成是一国居民摆脱过度货币供给的手段，而在浮动汇率条件下，货币贬值又被看成是恢复均衡的一种方法。

第一节 货币分析法与弹性分析法和收入分析法的比较

任何一种经济学理论模型的起点是寻找并确定一个恒等关系，然后以此作为方程1展开推理和分析。对于汇率决定和国际收支调节的货币分析模型来说，这个方程就是货币供求的恒等式。

一 货币分析法的起点

就货币供给而言，开放经济与封闭经济中的不同是中央银行的资产不仅包括对国内银行的债权 D，也包括持有的外国资产 F。一般来说，国内信贷 D 与外汇储备 F 之和构成了中央银行资产主要部分，两者又决定了中央银行负债的主要部分，即流通中的强力货币 H。这样，我们就有：

$$M^s = hH = h(F + D) \tag{13.1}$$

其中，M^s 即为开放条件下的货币供给，h 是货币乘数。

在下面的分析中，我们始终假定 $h=1$。当然，这样做只是为了简化分析，而不会对任何结论有实质性的影响。

与方程（13.1）相对应，我们可以有 [①]：

$$\Delta M^s = \Delta F + \Delta D \qquad (13.2)$$

其中，ΔM^s 是货币供给或货币存量的变动，ΔF 是外汇储备的变动，ΔD 是货币供给国内部分的变动或国内信贷变动。

二　货币分析法与其他分析法的异同

在固定汇率条件下，由于政府需要使用外汇储备干预外汇市场以稳定汇率，因此，外汇储备的变动就等于经常项目差额和资本项目差额之和，即：

$$\Delta F = B + K \qquad (13.3)$$

其中，B 代表经常项目差额（流量），K 代表资本项目差额（流量）。

如果一个国家的经常项目和资本项目都存在赤字，那么该国外汇储备的变动就一定为负，即外汇储备减少。根据方程（13.2），为了维持国内货币供给不变，国内信贷就一定增加。反之，如果一个国家的国际收支出现盈余，在国内信贷总量不变的情况下，国内货币供给就一定会上升。事实上，方程（13.1）~（13.3）就是货币分析模型最基础的分析框架。

按照吸收分析法，从国民收入和国际收支平衡的角度看，

$$Y = A - B \qquad (13.4)$$

其中，A 代表总吸收，B 代表贸易差额。按照吸收分析法不考虑其他经常项目和资本项目的基本假定，B 就是国际收支差额。

这样，只有在收入相对于吸收增加以后，贸易收支才会得到改善。即：

$$B = Y - A \qquad (13.5)$$

---

① 我们在第 298 页会给出一种近似的证明。

按照经常项目模型的假定，我们有：

$$B = X - M \qquad\qquad (13.6)$$

根据我们对弹性法的讨论，如果马歇尔－勒纳条件成立，贬值就可以改善国际收支。这样，结合方程（13.2）~（13.6），就可以得到方程（13.7）：

$$\Delta F = B = X - M = Y - A = \Delta M - \Delta D \qquad\qquad (13.7)$$

这意味着，尽管货币分析模型、弹性分析法和吸收分析法在理论假定方面各不相同，但是，这三种方法具有潜在的一致性。

进一步地，假定在一个开放经济中存在商品、债券和货币三个市场，由于封闭经济总预算的约束，在这三个市场上存在的超额需求必须彼此抵消，即：

$$ED_g + ED_b + ED_m = 0 \qquad\qquad (13.8)$$

其中，ED 表示超额需求，下标 g、b、m 分别代表商品、债券和货币。

在一个充分就业、没有国际商品和国际资本流动的封闭经济中，超额需求会被价格变动所消除。然而在开放经济中，超额货币需求则反映为国际收支的变动和与之相关的资本流动。如果这个国家是一个小型开放经济，也就是说，它在世界商品和资本市场上属于价格接受者，这种超额需求引起的国际资本流动就只引起流量的变化。如果这个国家是一个中型或大型开放经济，其国际收支变化会对世界市场的价格决定产生一定的影响，其超额需求就将会通过价格变动和国际资本流动两方面的过程加以消除。

由于国际收支必须平衡，所以，通过国际收支变化消除超额需求的过程是：

$$(X_g - M_g) + (X_b - M_b) + (X_m - M_m) = 0 \qquad\qquad (13.9)$$

其中，X 和 M 分别表示输出和输入，下标 g、b、m 分别代表商品、债券和货币。

这个方程意味着商品交易余额、债券交易余额和货币交易余额之和应该等于零。而且如果有两个市场处于均衡状态，则第三个市场也必然同时处于均衡状态。弹性分析法和收入分析法是在假定债券市场和货币市场均衡的条件下，重点分析商品市场。但是，债券市场和货币市场与商品市场不同，存量分析更加重要。在对三个市场进行分析的资产平衡分析法中已经在长期分析中涉及存量的问题，即财富总量的变化。

方程（13.1）表明，在开放经济中，居民影响货币供给的方式是使用本国货币购买外国的商品或证券，或者向国外居民出售本国的商品或证券，以赚取的外币兑换成本币，使中央银行的外汇储备增加。在这个过程中，需要引起我们注意的是，如果发生财富变动，出于资产平衡配置的考虑，货币市场和证券市场的存量失衡将导致商品的流量失衡，而且由于未来的资产收益，商品市场上的流量失衡在货币市场和证券市场恢复均衡以前就消失了。在弹性分析和收入分析中，由于假定货币市场和证券市场的均衡，商品流动就仅仅取决于价格和收入，忽视了由货币市场和证券市场失衡在商品市场上可能引起的流量变化。我们在这里研究的货币分析模型就可以同时反映由价格和收入对国际收支的影响以及由货币因素和金融因素在商品市场上引起的流量调整过程。因此，货币分析模型把讨论重点集中于货币市场失衡的办法更具有概括性，而把国际收支问题作为一种货币现象进行分析也使我们能够同时展开存量分析和流量分析。

第二节　汇率决定和国际收支调节的货币分析模型：公式推导

为了简化分析，我们在本章忽略了国际收支中来自资本项目的影响，集中分析经常项目交易。这样做看起来虽然与弹性分析和吸收分析有些相像，但是这种雷同仅仅是表面的。因为作为货币分析模型，它的起点不是将国际收支看成是由国内吸收量和收入共同决定的，也不是将国际收支看成是进口和出口的差额，而是直接将汇率和国际收支看作是由货币供给和货币需求决定的。

一　理论模型的基本框架

在一个简单的货币模型中，我们假定只存在两个国家，每个国家生产一种产品，而且这种商品可以完全替代，同时假定不存在各种阻碍商品流动的因素，购买力平价总是存在的。

在标准货币分析模型中，每一个国家的货币需求由剑桥方程式表示：

$$L = kPY \qquad\qquad\qquad (13.10)$$

$$L* = k*P*Y* \qquad\qquad\qquad (13.10a)$$

其中，L 是合意的名义货币余额，也就是货币需求；k 表示合意的名义货币持有量对名义收入的比例，即货币流通速度；P 代表价格水平；Y 代表由外生因素决定的实际产量。带 * 号的项目是对应的外国变量。方程（13.10）所表示的货币和价格的齐次关系说明不存在货币幻觉，货币在长期内是中性的。同时，方程还假定价格和工资也是具有完全弹性的。

显然，方程（13.10）表示的是一种长期的均衡关系。按照黏性价格假定，货币超额供给影响价格水平的调整过程并不是瞬时完成的。在汇率决定和国际收支调节的货币分析模型中是需要通过国际收支来消除货币超额供给的。它表现为：

$$H = \alpha\,(L - M) = H\,(P,\ M) \qquad\qquad\qquad (13.11)$$

$$H* = \alpha*\,(L* - M*) = H*\,(P*,\ M*) \qquad\qquad\qquad (13.11a)$$

其中，H 和 $H*$ 表示本国和外国对货币流量的需求，α 和 $\alpha*$ 表示本国和外国的调整速度，M 是货币供给。方程（13.11）和（13.11a）表明，人们可以通过增加或减少对货币流量需求的方式，通过支出多于或少于收入的方式来调节在价格水平变化以后的实际现金持有量。只要给定方程（13.10）和（13.10a），价格水平的上升导致对货币存量的超额需求，为此就会相应增加对货币流量的需求。反之，价格下降和货币名义数量的增加会减少对货币流量的需求，因为它造成了货币存量的超额供给。

对于方程（13.10），我们还可以取对数，然后求导得到：

$$\hat{M}^d = \hat{k} + \hat{P} + \hat{Y} \tag{13.10b}$$

由于货币流通速度 k 是由社会习惯和商业惯例等因素决定的，通常比较稳定，所以 $\hat{k}$ 可以看作为零，方程（13.10b）就变成：

$$\hat{M}^d = \hat{P} + \hat{Y} \tag{13.10c}$$

上式表明，货币需求的变动率等于价格水平的变动率和实际收入变动率之和。也就是说，在货币供给不变的情况下，价格水平和实际收入的上升都会使对货币的需求上升。

在货币供给方面，我们已经知道每个国家货币供给的方程为：

$$M^s = F + D \tag{13.1}$$
$$M^{s*} = F^* + D^* \tag{13.1a}$$

其中，D 表示国内货币供给的国内成分，并且是由政府货币政策决定的，因而是外生的。结合方程（13.2）和（13.11），我们可以得出国际收支与国内货币供给的关系：

$$H = \Delta M = \Delta F = B \tag{13.12}$$

方程（13.12）说明，如果作为外生变量的国内信贷不变，货币供给的变动就等于外汇储备的变动，并且等于经常项目盈余或赤字。在简单的两国模型中，一个国家对货币流量需求的增加和减少必然反映为另一个国家对货币流量需求的减少或增加，以及相应的 F^* 和 M^* 的变动：

$$H = \Delta M = \Delta F = B = -EB^* = -EH^* = -E\Delta F^* = -E\Delta M^* \tag{13.13}$$

方程（13.13）意味着在固定汇率条件下，一个国家的货币供给是内生的，而不是一种政策工具。这与开放条件下传统货币政策决策、货币当局要抵消由国际收支失衡引起外汇储备流动对国内货币供给的影响的思路有所不同。

在货币分析模型中，名义支出 Z 和 $Z*$ 是名义收入和对货币流量需求的函数：

$$Z = PY - H \qquad\qquad\qquad （13.14）$$

$$Z* = P*Y* - H* \qquad\qquad\qquad （13.14a）$$

方程（13.14）也体现出货币分析模型与收入模型的差异，即后者不仅不考虑国际收支变动对货币供给的影响，也不考虑货币供给变动的效应。反过来，与收入模型不同的还在于货币分析模型是外生性地给定了充分就业水平上的收入。

这样，由方程（13.11）~（13.14）组成的简单模型就可以由图 13.1 来表现。曲线 H 和 $-EH*$ 分别代表在既定的名义货币供给 M 和 $M*$ 以及汇率水平 E 的条件下，作为国内价格水平 P 的函数的本国和外国对货币流量的需求（由于购买力平价成立，外国对货币流量的需求是由 $P* = \dfrac{P}{E}$ 来决定的）。

国内对货币需求的曲线向上倾斜，即 $\dfrac{dH}{dP} > 0$。这是由于在名义货币量 M 既定的情况下，国内价格水平上升导致该国居民希望增加货币持有，以恢复其实际现金余额，导致方程（13.11）中的 H 增加。在 M 既定的情况下，只能借助于支出下降或国际收支盈余使货币供给上升。

国外对货币流量需求的曲线具有负斜率是由本国价格 P 上升造成外国价格上涨导致的。由于货币分析模型假定购买力平价存在，即：

$$P* = \dfrac{P}{E} \qquad\qquad\qquad （13.15）$$

成立，使得 $P*$ 随 P 的上升而上升。通过方程（13.10a）和（13.11a），$P*$ 的上升将导致国外对货币流量的需求上升，这在图 13.1 的左方表现为国外对货币流量需求的曲线具有正斜率，而在右方则表现为负斜率。

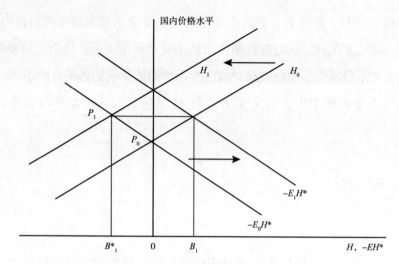

图 13.1 国际收支货币分析法两国模型中的贬值和价格水平

在图 13.1 中，P_0 是初始均衡价格，而 P_1 是国内价格上涨后新的均衡价格。在这两个价格水平上，国内和国外对货币流量的需求等于零，国际收支是均衡的，即 $B = 0$。

从货币供给的角度看，对于方程（13.2）我们可以得到：

$$\Delta M^s = \Delta D + \Delta F \tag{13.2a}$$

将方程（13.2a）两边同时除以 M^s，再进行适当变化，我们就可以得到：

$$\frac{\Delta M^s}{M^s} = \frac{\Delta D}{D}\frac{D}{M^s} + \frac{\Delta F}{F}\frac{F}{M^s} \tag{13.2b}$$

$$\hat{M} = (1-\beta)\,\hat{D} + \beta\hat{F} \tag{13.2c}$$

在这里，$\beta = \dfrac{F}{M^s}$，因此又有（$1-\beta$）$= \dfrac{D}{M^s}$。

方程（13.2c）表明，货币供给的增长率等于外汇储备的增长率和国内信贷增长率的加权平均之和。由此可以看出，按照货币分析法，即期外汇储备或国内信用的增加会使货币供给量增加，产生超额货币供给，使下一期国际收支恶化，以便造成外汇储备的相应变化，从而使货币供给和货币需求恢复均衡。

由于 $M^d = M^s$，分别代入方程（13.10c）和（13.2c），就可以得到：

$$\hat{P} + \hat{Y} = (1 - \beta)\,\hat{D} + \beta\hat{F} \tag{13.2d}$$

由于购买力平价关系始终成立，且有相对购买力关系成立：

$$\hat{P} = \hat{E} + \hat{P}^* \tag{13.15a}$$

将方程（13.15a）代入方程（13.2d），得到：

$$\hat{E} + \hat{P}^* + \hat{Y} = (1 - \beta)\,\hat{D} + \beta\hat{F} \tag{13.2e}$$

在固定汇率条件下，汇率变动率 $\hat{E} = 0$，而 $\hat{F} \neq 0$。这样，方程（13.2e）就简化为：

$$\hat{P}^* + \hat{Y} = (1 - \beta)\,\hat{D} + \beta\hat{F} \tag{13.2f}$$

方程（13.2f）表明，在收入和价格水平不变的情况下，国内信贷 D 的增长会导致外汇储备 F 减少。这是因为如果中央银行扩大信贷、货币供给增加，人们持有的货币多于其合意水平，就会增加支出，降低多余的现金余额，同时也会提高国内的价格水平，结果国际收支出现逆差，汇率出现上升趋势。政府干预又导致外汇储备流失，直到最后恢复原来的均衡。反之亦然。

在浮动汇率的条件下，$\hat{E} \neq 0$，而 $\hat{F} = 0$。这样，方程（13.2e）又可以简化为：

$$\hat{E} + \hat{P}^* + \hat{Y} = (1 - \beta)\,\hat{D} \tag{13.2g}$$

方程（13.2g）意味着在价格水平和收入不变的情况下，国内信贷 D 的增加会导致 $\hat{E} > 0$，即本国货币贬值；在国内信贷 D 不变的情况下，$\hat{P}^*$ 或 $\hat{Y}$ 的

变化将导致汇率 E 的反方向变化。如 $\hat{P}^* > 0$ 或 $\hat{Y} > 0$ 时，$\hat{E} < 0$，即本币升值。

总之，理解货币分析模型主要有三个要点：①假定存在完全的商品套利，从而购买力平价持续成立；②在模型中货币主义的基本观点反映在方程（13.10）中，就是货币供给 M 的增加与价格变化是成比例的；③在固定汇率条件下，国内货币供给是内生的，而不是外生的[①]。因此，超额货币需求是一种非均衡的现象，最终会在市场机制的作用下回到均衡状态。

二　世界货币供给的分配

由于货币分析法认为国际收支是一种货币现象，一国摆脱国内货币供给过剩或不足的方法就是通过国际收支的差额实现的，所以常常成为进行全球货币分析所依据的理论。

国内信贷增量可以看作是各国经济规模的函数，如果背离了这个原则，就需要依此在各国之间进行重新分配。将方程（13.10）和（13.10a）进行整理得到 P 和 P^* 的表达式，然后代入方程（13.15），取对数可以得到：

$$d\ln M - d\ln k - d\ln Y - d\ln M^* + d\ln k^* + d\ln Y^* - dE = 0 \qquad (13.16)$$

此时货币市场均衡。由于在货币分析模型中，我们已经假定 k 是常数，并且我们进一步假定固定汇率，方程（13.16）就可以简化为：

$$d\ln M - d\ln M^* = d\ln Y - d\ln Y^* \qquad (13.17)$$

$$即 \frac{M}{M^*} = \frac{Y}{Y^*} \qquad (13.17a)$$

方程（13.17）和（13.17a）意味着一个国家增加国内信贷从而增加货币供给的结果将使世界货币供给增量按各国经济规模的比例分配货币存量。即在固定汇率以及 $k = k^*$ 的条件下，与国家的经济规模联系在一起。

其实，早在 18 世纪，休谟就推测出在世界货币供给问题上存在一种自然

---

① 或者说，在固定汇率条件下，货币政策是无效的。这与后面即将讲到的蒙代尔－弗莱明模型的结论是一致的。

的分配，与各国的国民收入密切相关。

假设英国全部货币的4/5在一夜之间消失了，就货币量的情况来看，就同倒退到哈里王朝和爱德华王朝时期一样，那么结果又会怎么样呢？一切劳动和商品的价格不见得不会相应下降吧？各种物品的售价未必不会像在那两个王朝时期一样便宜吧？那时候还有哪个国家能在国外市场上同我们争夺呢？或者胆敢议同样的价格（这种价格会给我们提供足够的利润）来从事海运和销售工业品呢？在这种情况下，弥补我们所失去的货币量并赶上所有毗邻国家的水平，准是用不了多久吧？一旦我们达到了这些目标，我们马上就丧失了廉价劳动和商品的有利条件，我们的殷实富足使货币的进一步流入停顿下来。

又假设：英国的全部货币在一夜之间增加了4倍，难道没有相反的结果接踵而至吗？难道我们的一切劳动和商品不会贵得出奇，让所有邻邦没有哪一个能买得起吗？在另一方面，难道别国的商品相形之下就不会变得那么便宜，以致不管我们制定什么样的法律都无法阻挡这些商品的走私入境，从而使我们的货币外流，直到我们的货币量下降到和别国相等，把那种曾使我们蒙受如此不利的巨大财富优势完全丧失为止——难道准不会这样吗？

现在，问题很清楚，要是这些过分的不均衡现象出人意料地发生，那么，使这些现象得以矫正的因素必然同样地会按事物的正常趋势来防止其发生，必然会在所有毗邻国家里，使货币与每个国家的技艺和工业始终大体相称。

……

这些国家的君主已经表明，他们不想把金银都留在自己身边，只求保持适度实用的水平。[1]

在此，休谟几乎向我们展示出一种汇率决定的货币理论。

---

[1]　引自《休谟经济论文选》，陈玮译，商务印书馆，1984，第54页。

第三节　汇率决定和国际收支调节的货币分析模型：图形分析

在上一节，我们通过公式推导，分析了汇率、价格、收入、货币供给和货币需求之间的关系。在这一节，我们侧重于通过公式代表的几何图形来说明在货币分析模型中汇率决定和国际收支调节的过程。

一　固定汇率条件下的货币分析模型

在前面我们已经指出，货币分析模型假定经济社会处于充分就业和完全竞争的状态，供给是稳定的，而且工资和价格具有完全的弹性，购买力平价关系总是存在的。这样，对于一个小型开放经济来说，我们就有：

$$M^D = kPY \tag{13.18}$$

$$P = EP^F \tag{13.19}$$

$$M^S = D + RE \tag{13.20}$$

$$\hat{R} = \frac{M^D - M^S}{E} \tag{13.21}$$

$$\hat{R} = B \tag{13.22}$$

其中，M^S 和 M^D 分别代表货币供给和货币需求；P 是本国价格；Y 是本国实际收入；D 是本国的信贷量；R 是以外币标价的外汇储备，代表国际储备的变动；B 是国际收支差额；P^F 是外国价格，在这里是作为外生变量出现的；E 是由购买力关系决定的，以直接标价法表示的汇率，也是一个外生变量。

方程（13.18）是传统的货币需求函数，表示对货币的需求是由价格水平和实际收入决定的；方程（13.19）反映的是购买力平价关系，也就是说，国内价格水平是由汇率和国外价格水平共同决定的；方程（13.20）将开放经济条件下的货币供给定义为国内信贷和外汇储备之和；而方程（13.21）和（13.22）表示以外国货币标价的外汇储备变化等于货币需求对货币供给的差额与汇率之差，同时也等于国际收支的差额。

这样，我们就有 M^D、M^S、P、$\hat{R}$ 以及 B 五个内生变量和五个方程一起组成一个封闭的系统。从这个经济系统来说，汇率的变化对于国际收支的影响本质上是暂时性的。因为汇率变动的影响最终会通过外汇储备的变动来恢复均衡。

从前三个方程对应的图形来看，方程（13.18）代表一条在 P-Y 空间中的反比例函数（以原点为对称中心的双曲线），且在 k 不变的情况下，M^D（乘积）越大，曲线距离原点越远；方程（13.19）代表在 P-E 空间中一条经过原点的直线；方程（13.20）代表在 M^S-R 空间中一条截距为 D 的直线。由于在货币主义范式中 M^S 与 P 之间比较紧密的关系，我们将 P 统一定为纵轴后也将 M^S 定为纵轴。

1. 在固定汇率条件下货币供给增加

在其他外生变量不变的情况下，货币供给增加意味着国内信贷由 D_0 上升到 D_1，货币供给曲线随之上移，在外汇储备不变的情况下，货币供给增加。在实际收入 Y 不变的情况下，必然使价格从 P_0 上升到 P_1，以便使货币需求相应地上升到 M_1^D 的水平，才能维持货币市场的均衡。但是，在固定汇率的条件下，价格上升到高于购买力平价决定的水平，使本国产品的出口竞争力下降，经常项目赤字上升。为了支付贸易余额，必须动用外汇储备以维持必要的进口。结果，储备的减少使国内货币供给下降，并最终回到原来的水平上，使价格回到 P_0，从而恢复原来的均衡状态。此时我们应该注意到的是，在这个均衡水平上，尽管货币供给总量 M^S 与原来相等，但是，其构成已经不是 D_0+R_0，而是 D_1+R_1，其中 $D_0<D_1$，$R_0>R_1$。图 13.2 就反映了这一过程。

由此，我们可以得到两点结论。

（1）就固定汇率的自动调节机制而言，如果货币供给增加，单纯依靠市场力量恢复均衡是有条件的，也是有限度的：初始的外汇储备应该较多，才能抵消国内信贷增加的后续冲击。如果不考虑成为净债务国的方案，由于外汇储备总是有一定的数量，因而不可能抵消任意数量的货币供给的增加。反过来，如果货币供给减少，虽然从理论上说外汇储备的增加可以不受限制，但是在实践中，考虑到外汇储备的成本，各国政府一般也会设定一个最高限度。因此，无论如何，维持固定汇率本身的机制是有限度和有代价的。

（2）就中央银行的干预角度看，如果货币供给的增加是由外资过度流入导致外汇储备上升所引起的，那么也可以采用减少国内信贷的办法抵消其影

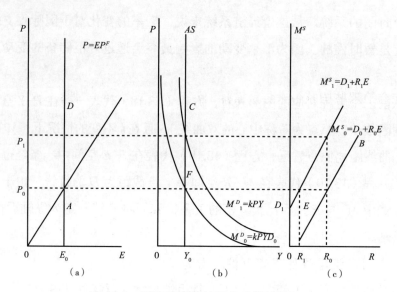

图 13.2　固定汇率条件下货币供给增加

响；反之，如果贸易逆差导致外汇储备减少，国内出现通货紧缩，那么中央银行自然也可以通过增加国内信贷供给的办法来应付通货紧缩的压力。我们在此需要特别指出的是，与在不成为净债务国前提下通过减少外汇储备抵消货币供给增加的通货膨胀效应不同，利用减少国内信贷抵消外汇储备上升，不仅可以停止发行货币，实现货币的零增长，同时也可以通过出售国库券的方式减少货币存量，实现货币负增长。当然，在这种情况下，央行也失去了依靠结构性信贷政策的可能性。

总之，这种利用国际储备和国内信贷此消彼长的关系维持货币供给总量不变的政府干预又称为"对冲操作"。

2. 固定汇率条件下收入的增加

假定国内经济出现增长，实际收入上升，在其他条件不变的情况下，就会增加货币需求，价格水平就会下降，以便将实际货币余额提高到与更高的交易量相对应的水平。由于价格水平下降，在汇率不变的情况下本币低估，本国产品在国外市场上的竞争力就会增强，导致经常项目顺差，外汇储备上升，最终造成国内货币供给增加，价格水平回升。这种过程一直会持续到恢复以前的均衡状态为止。图 13.3 就反映了这一过程。

我们可以看出：

（1）当国内经济出现增长，中央银行又没有进行相应货币扩张的情况下，均衡的恢复实际上是靠本币低估，通过经常项目盈余造成的国际储备的增加来实现的。尽管在我们目前的模型中仅仅是以小型开放经济作为研究对象，因而也没有考虑到其他国家对这种贸易盈余的反应，但是外国的货币流出肯定会给那些国家带来经济紧缩的倾向。因此就全球经济来看，这种均衡过程实际上是一种非零和的博弈过程。

（2）就我们前面已经讲到的和后面将要讲到的固定汇率制度下的几种调节机制而言，类似通货膨胀或通货紧缩国际传递的情况时有所见，是固定汇率的一种弊端。

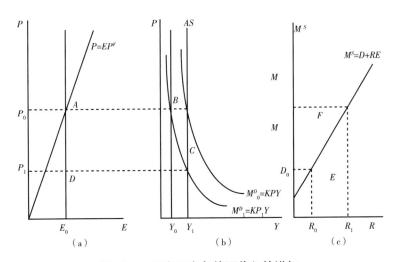

图 13.3　固定汇率条件下收入的增加

3. 固定汇率条件下国外价格水平的提高

在其他条件不变的情况下，假定国外出现通货膨胀，价格上涨，那么在固定汇率的情况下对国内货币市场乃至整个宏观经济会产生什么冲击呢？

在汇率水平不变的情况下，表现在图 13.4（a）中就是直线 $P = EP^F$ 应该变得更加倾斜。但是在冲击发生的最初结果，由于初始的国内价格水平低于提高后的国外价格水平，本国产品的出口竞争力上升，国际收支盈余导致外汇储备增加，国内货币供给也随之增加，本国价格水平也开始上升，直到本国产品的价格水平最终上涨到与新的购买力平价水平相符的水平为止，从而达到最后的均衡。

这样，我们可以得出两点结论。

（1）在固定汇率条件下，国外价格水平的变化最终会引起国内价格水平的同方向变化，也就是说，会形成通货膨胀的国际传递。这种通货膨胀的国际传递过程实际上是市场均衡机制的自动调节。如果一国政府和中央银行试图维持既定的汇率水平，就必须听任外汇储备的上升，那么通货膨胀的国际传递最终就是不可避免的。

（2）在国内货币市场上，由于实际收入没有发生变化，当价格开始上升以后，为了维持货币需求不变，只有 k 下降，此时代表货币需求的、以原点为中心对称点的反函数曲线 $M^D=kPY$ 开始外移到 $M^D=k_1P_1Y$，从而维持国内货币市场的平衡。当然，我们还可以假设一些更复杂的情况，比如，在国内货币市场的均衡中，k 不变（更接近现实的假设），从而在 P 增加、Y 不变的情况下，货币需求增加，也就是说，需要流入更多的外汇储备来满足国内货币市场的需求。

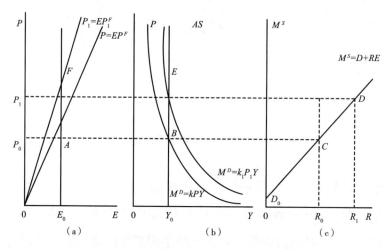

图 13.4　固定汇率条件下国外价格水平的提高

4. 固定汇率条件下的本币贬值

在固定汇率制度中汇率水平的相对稳定并不意味着汇率水平永远保持不变。应该更准确地说，与浮动汇率不同的是，在固定汇率条件下本币的贬值不会引起进一步贬值的预期。这样，在图 13.5 中，当本币贬值、汇率上升以后，国内价格水平低于贬值后新的购买力平价水平，经常项目出现顺差，结果外汇储备增加，国内货币供给随之上升，价格也逐渐上升。结果，货币供给的上升不仅补偿了在实际收入不变的情况下由价格上升而增加的货币需求，维持了国内货币市场的均衡，而且在外汇市场上由于价格水平上升也恢复了购买力平价，最终使经济在较高的价格水平上达到均衡。

从图 13.5 的分析中我们可以看出如下两点。

（1）贬值可以改善国际收支状况，但是通过贬值来增加经常项目盈余的数量实际上是有限的。与固定汇率条件下由货币供给增加或收入增加给国际收支平衡造成的冲击相似，市场自动均衡机制的作用永远只是以恢复均衡为限度。既然一国的货币不可能持续的贬值，价格总会因为外汇储备和货币供给的增长而上升到恢复购买力平价的水平，所以用贬值来改善国际收支是不可持续的。

（2）从马歇尔－勒纳条件我们知道，贬值改善国际收支是有条件的。从对货币合同期和贬值对价格的传导分析中我们知道，贬值改善国际收支也是需要时间的，所需要的条件可能更严格，而且在国际收支得到改善以前，还要经历一段国际收支继续恶化的考验，也就是所谓 J 曲线效应。

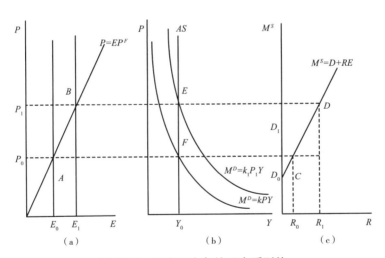

图 13.5　固定汇率条件下本币贬值

二　浮动汇率条件下的简单货币模型

利用上面的基本模型框架，我们可以很方便地将汇率纳入由系统决定的内生变量。

$$M = PkY \qquad\qquad\qquad (13.23)$$

$$M^F = P^F k Y^F \qquad\qquad\qquad (13.24)$$

$$P = EP^F \qquad\qquad\qquad (13.25)$$

$$E = \frac{MkY^F}{M^F kY} \qquad\qquad\qquad (13.26)$$

$$或\ E = \frac{M}{kP^F Y} \qquad\qquad\qquad (13.27)$$

由于采用浮动汇率作为国际收支的自动调节机制，所以 $B = 0$，$\hat{R} = 0$，且 $M^D = M^S$。在这个系统中，从一个国家的角度看，就只剩下相当于前面（13.18）和（13.19）两个方程表示的经济关系，国外因素的影响将通过购买力平价体现出来。

下面，我们就讨论在浮动汇率制度下的几种变化。

1. 浮动汇率条件下货币供给的增加

假定在其他外生变量（如实际收入、国外价格水平等）不变的情况下，由于货币供给增加，对产品的需求超过既定的收入水平，超额需求导致国内价格水平上涨（货币市场的平衡意味着 $M^S = M^D$。对于 $M^D = kPY$ 而言，当 k 和 Y 保持不变时，M^D 的上升就只能靠 P 的上升来平衡，因此造成货币需求曲线上移），造成本国产品的出口竞争力下降，经常项目出现赤字。体现在外汇市场的供求关系上就是对外币的需求增加，造成本币贬值。而本币贬值在国内表现为价格上涨，国内货币市场上再次均衡，整个经济也在新的汇率水平上达到均衡，如图13.6所示。

由此，我们可以得到两个结论。

（1）在浮动汇率条件下，货币供给的增加必然导致本国货币的贬值。这是因为在实际收入不变的情况下，货币供给的增长就意味着价格水平上涨，而价格水平上涨就意味着国内产品在海外市场上的竞争力下降，国际收支逆差又会造成本币贬值，逐渐恢复本国产品在海外市场的原有竞争力，直到在新的汇率水平上国际收支重新恢复平衡。

（2）与固定汇率条件下本币贬值以后的均衡过程相比，浮动汇率条件下新的汇率水平实际上是以恢复本国产品原有的国际竞争力为限。也就是说，

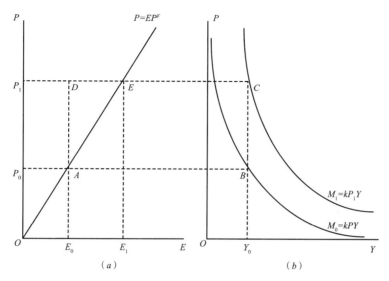

图 13.6　浮动汇率条件下货币供给增加

在浮动汇率条件下，汇率变动只以恢复原有的外部平衡为目的。

2. 浮动汇率条件下收入的增加

当收入从 Y_0 增长到 Y_1 以后，由于货币供给不变，就会形成超额货币需求和超额商品供给，其缺口就等于 Y_1-Y_0，只有减少支出才能增加实际余额，结果一定就是通货紧缩，价格水平由 P_0 下降到 P_1。这样在新的均衡点 C 上，货币市场实现均衡。但是，在 P_1 的价格水平上，本国产品的国际竞争力得到了提高，出口增加。由于国外对本国产品的超额需求，使得外汇市场上对本币的需求也随之上升。在浮动汇率条件下，本币供不应求的局面就造成了本币升值，并使本国产品在国际市场的超额竞争力逐渐被本币升值所抵消。当本国产品的国际竞争力恢复到原来的水平上，国际收支趋于平衡时，本币升值也就随之停止，整个经济系统在 P_1 的水平上实现新的稳定均衡，如图 13.7 所示。

从上面的讨论中，我们也可以得出如下结论。

（1）在其他因素不变的情况下，国内收入增长将导致本币升值（即巴拉萨－萨缪尔森效应）。从货币升值的角度看，由于抑制了国内经济进一步增长的可能性，在现实世界中，没有一个国家的中央银行能够在管理本位时代听任升值对经济增长的抑制。所以，当收入增长以后，更大的可能是伴随经济增长扩大货币供给（经济发行）来消除超额货币需求，以便维持原有的价格和汇率水平。

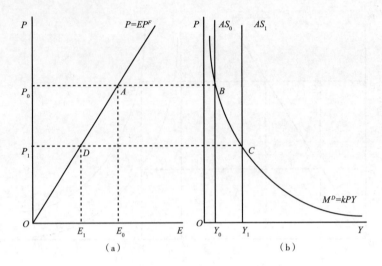

图 13.7　浮动汇率条件下实际收入的增加

（2）实际收入增长以后的货币升值实际上向我们展示了浮动汇率条件下自动均衡机制的客观结果：首先会努力维持原有的外部均衡，甚至不惜为此付出国内通货紧缩、抑制经济增长的代价。

3. 浮动汇率条件下外国价格水平上升的影响

就购买力平价关系来说，在其他条件不变的情况下，外国价格水平的上升意味着 $P=EP^F$ 直线在 P-E 空间内变得更加陡峭（见图 13.8）。在外国产品价格上升的同时，本国产品的价格没有发生变化，就使本国产品的出口竞争力得到提高。世界市场对本国产品的超额需求在外汇市场上就必然反映为对本国货币的超额需求。这在浮动汇率条件下就会推动本币升值、汇率水平下降。这种升值过程一直会持续到本币升值将本国产品在国际市场上的竞争力拉回到原来的水平，也就是本国出口的外币价格符合新的购买力平价关系的水平上为止。

从上面的讨论中我们不难发现如下结论。

（1）在浮动汇率条件下，外国价格水平的波动及其随后的均衡过程并没有对国内经济的各项指标产生影响，甚至国内价格水平没有出现波动。事实上，汇率的浮动，已经将外国价格水平变化对国内经济可能产生的冲击隔离掉了。因此，与固定汇率条件下通货膨胀的国际传递相比，浮动汇率制度在保证国内经济免受外部冲击方面的作用在理论上还是相当明显的。

（2）浮动汇率在恢复整个经济系统的均衡方面，依然是以维持本国产品在国际市场上原有的竞争力为原则，因而一般不会引起国际经济关系的冲突和调整。

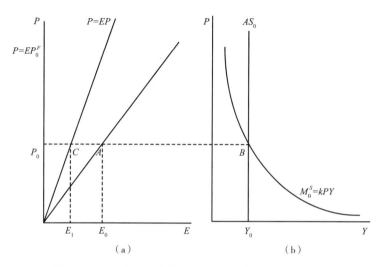

图 13.8 　浮动汇率条件下外国价格水平上升的影响

第四节　对汇率决定和国际收支的货币分析模型的补充：考虑利率水平的影响

到目前为止，我们在货币分析模型中使用的是一个简单的货币需求方程，即剑桥数量方程。然而，利率水平作为持有货币的一种机会成本，也是影响货币需求的一个重要因素，且利率与货币需求成反比。因此，有必要将利率水平引入货币需求。

假定我们分析的国家依然是一个小国，并且该国的商品和资产与外国是完全可以替代的，则可以有：

$$L = \frac{kPY}{i} \qquad\qquad\qquad (13.28)$$
$$M = h\,(F + D) \qquad\qquad\qquad (13.29)$$
$$M = L \qquad\qquad\qquad (13.30)$$

$$\frac{kPY}{i} = F + D \qquad\qquad (13.31)$$

这里，方程（13.28）的卡甘货币需求方程，表示对货币的需求不仅取决于价格水平，同时也取决于实际收入 Y 和利率水平 i，而且对价格是齐次的。k 是一个参数。方程（13.30）是货币供给的恒等式，与方程（13.31）一起表示出货币市场的均衡条件，即货币需求等于货币供给。

将方程（13.28）取对数并求导即可得到货币需求的变动率：

$$\hat{L} = \hat{P} + \hat{Y} - \hat{i} \qquad\qquad (13.32)$$

对方程（13.29）按照处理方程（13.2）类似的方式进行变化，我们可以得到：

$$\hat{M} = \hat{D} + \hat{F} \qquad\qquad (13.33)$$

令货币需求的变化等于货币供给的变化，就可以得到：

$$\hat{P} + \hat{Y} - \hat{i} = \hat{D} + \hat{F} \qquad\qquad (13.34)$$

在图 13.9(b) 中，利率上升使得货币需求下降，在产出不变的情况下产生超额货币供给 $Y_1 - Y_0$，总需求在 P_0 的水平上右移，随之产生通货膨胀。随着价格的上升，新的均衡点在新的货币需求线上由 b 上升到 c。也就是说，在 b 点，较高的持币成本使人们降低实际货币余额。在这个过程中，价格水平上涨了，并且与新的高利率水平相适应。

在图 13.9(a) 中，较高的价格水平会导致国际收支逆差，而如果汇率是浮动的，则逆差就将导致本币贬值。这个结论与我们在利率平价关系中两国出现利差时的分析结论是一致的。这就是说，如果人们预期一个国家的利率水平即将上升，那么该国的货币就会贬值。

至此，我们就可以看到两个前面没有提到的货币分析推论。

（1）本国利率水平的上升将导致国际收支赤字、外汇储备减少。这个结

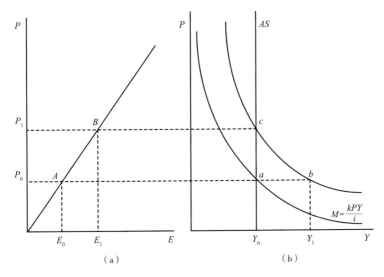

图 13.9　浮动汇率条件下的利率上升

论与我们在后面将要讨论的蒙代尔－弗莱明模型不同。这种差异是由货币模型与蒙代尔－弗莱明模型的理论假设和分析角度差异造成的。在蒙代尔－弗莱明模型中，国内利率水平的上升将导致资本流入和国际收支盈余。而在货币分析模型中，国内利率水平的上升会导致货币需求下降、货币供给过剩，最后导致国际收支赤字。外汇储备流出降低国内货币供给的过度需求，实现新的均衡。

（2）当一个国家出现经济增长，即 $\hat{Y}>0$，将导致国际收支盈余。这是因为在国内信贷既定的情况下，收入的增长引起对货币需求的上升，而这只有通过国际收支顺差造成的货币供给上升来满足。

内容提要

汇率决定和国际收支的货币分析法认为，汇率水平和国际收支完全是一种货币现象，也就是由人们希望持有的货币量与货币供给量之间的差额造成的。如果货币需求大于货币供给，这部分超额需求就必须由外国货币的流入（即经常项目盈余）来满足；反之，如果货币需求小于货币供给，这部分超额货币供给就必须通过本国货币的流出（即经常项目赤字）来消除。与汇率决定和国际收支的经常项目模型进行流量调节的方法不同，货币分析法的基本贡献在于认识到和强调了固定汇率条件下国际收支决定和在浮动汇率条件下的汇率决定过程中涉及存量－流量调节特征。

理解货币分析模型主要有如下几个要点：①假定存在完全的商品套利，从而购买力平价持续成立；②在模型中货币主义的基本观点体现为货币供给 M 与价格变化是成比例的；③在固定汇率条件下，货币主义的基本观点表现为国内货币供给不是外生性的，而是内生性的，因此本国和外国货币供给的均衡规模可以看作是各国经济规模的函数。

货币分析模型的政策含义包括如下几点。

（1）国际收支盈余和赤字都是货币失衡的反映。货币失衡是暂时性的，是可以自动矫正的，因此各国政府不需要考虑并制定国际收支政策。从对冲操作的角度看，赤字国家或许可以通过提高国内信贷来抵消赤字造成的货币贬值压力，盈余国家也可以通过减少国内信贷来防止盈余造成的物价上涨压力。

（2）在固定汇率条件下，通过对冲操作，国际收支失衡可以通过国内货币政策进行调节。但是，货币政策的作用可能是有限的。只有在储备抵消系数正好等于 1 的理想情况下，对冲操作才可能达到预想的效果。从长期存量均衡的要求看，一个国家不可能持续地维持有效的对冲。

（3）只要收入的增加不被国内信贷扩张所抵消，收入的增加就会通过提高货币需求而改善国际收支。

（4）贬值对于国际收支来说只有暂时性的影响。因为贬值对国际收支的影响只是在于它改变了货币供给。但是在现实中，贬值给国际收支造成的短暂影响却可能是非常重要的。

（5）在固定汇率条件下，通货膨胀是一种世界性的货币现象，不可能为某一个国家的货币政策所控制。一个国家要想使其通货膨胀率与世界其他国家有所不同，唯一的办法就是取消按照固定价格干预外汇市场的承诺，允许汇率自由浮动。这个结论实际上与蒙代尔－弗莱明模型的结论是一样的。

（6）如果购买力平价关系始终成立，那么一个国家的中央银行就必须在汇率稳定和国内价格稳定之间进行抉择，这意味着在内部平衡与外部平衡之间存在矛盾。

思考题

简述固定汇率条件下的对冲操作。

推导简单货币模型的框架和图形关系。

货币分析模型的公式推导和图形分析的差异。

使用货币分析模型说明固定汇率的利弊。

使用货币分析模型论述稳定汇率的宏观经济政策。

参考文献

安妮·克鲁埃格:《汇率决定论》，张志超译，中国金融出版社，1990。

保罗·霍尔伍德、罗纳德·麦克唐纳:《国际货币与金融》，何璋译，北京师范大学出版社，1996。

劳伦斯·S.科普兰:《汇率与国际收支》，康以同等译，中国金融出版社，1992。

迈克尔·梅尔文:《国际货币与金融》，欧阳向军、俞志暖译，上海人民出版社，1994。

Frank H. Hahn, "The Monetary Approach to the Balance of Payments," *Journal of International Economics*, 1977, Vol.7, pp.231-249.

Harry G. Johnson, "The Monetary Approach to the Balance of Payments: A nontechnical guide," *Joumal of Intemathal Economics*, 1977, Vol.7, pp.251-268.

Mario I. Blejer, "On Causality and the Monetary Approach to the Balance of Payments: The European Experience," *European Economic Review*, 1979, Vol.12, pp.289-296.

Mark P. Taylor, "On Granger Causality and the Monetary Approach to the Balance of Payments," *Journal of Macroeconomics, Spring* 1987, Vol. 9, No. 2, pp. 239-253.

Russel S. Boyer, "Sterilization and the Monetary Approcah to the Balance of Payments Analysis," *Journal of Monetary Economics*, 1979, Vol.5, pp.295-300.

第五篇
开放经济中的宏观经济学

第十四章　开放经济中的宏观经济学：蒙代尔－弗莱明模型及其扩展

如果说开放经济中的货币分析模型分析了国内经济变量与国际经济变量之间的关系，并且通过对这些变量之间相互影响的说明，间接地为中央银行在开放经济条件下使用不同手段（包括价格、汇率、货币供给等）进行经济调节及其相应的结果给出了一个答案，那么蒙代尔－弗莱明模型则直接分析了在开放经济条件下使用传统的宏观经济调节手段（即财政政策和货币政策）进行调节的有效性。蒙代尔－弗莱明模型实际上就是在 IS-LM 的分析框架中加入对国际收支均衡的分析。

在货币主义的分析范式中，市场机制的作用主要是通过价格机制实现的。由于价格机制可以充分发挥作用，所以不存在失业，经济总可以在充分就业的水平上运行，这样就可以假定总供给是一个给定的外生变量，供给曲线总是垂直的。由于商品市场和货币市场也总是处于出清的状态，购买力平价关系自然也就是始终存在的。相反，在凯恩斯主义的分析范式中，由于假定市场机制本身是有缺陷的，价格水平就被当成一个外生变量，市场经常处于失衡状态，从而为政府干预的必要性留下了余地。

在货币分析模型中，收入不仅是外生变量，也是影响货币需求的一个因素。外生的收入增长引起货币需求增加，结果造成了国际收支顺差和货币升值。而在蒙代尔－弗莱明模型中，收入的提高同时促进了对商品和劳务的需求增加，然后通过边际进口倾向的提高使经常项目恶化，引起国际储备下降和货币贬值。这与国际收支的收入模型和吸收模型又是异曲同工的。

在蒙代尔－弗莱明模型的分析框架中，由于经常项目的平衡由收入决定，因而要实现经济体系的平衡就要调整国内经济。但是与此同时，由于利率在蒙代尔－弗莱明模型中具有均衡整个经济体系的作用，只要汇率预期是静态的或回归性的，当资本流动正好能够平衡经常项目时，国际收支均衡就实现了。

第一节　基本的蒙代尔-弗莱明模型

基本的蒙代尔-弗莱明模型是一个小型开放经济模型。假定存在4种资产——期限相同的本国债券和外国债券，以及本国货币和外国货币。债券具有完全替代性，而货币具有不可替代性。另外，假定预期是静态的，即预期的汇率变动等于零，$\Delta E^e = 0$，市场套利行为足以保证债券收益始终相等。这样，国内利率水平也就会与国外债券的利率水平始终相等。

$$i = i* \tag{14.1}$$

方程（14.1）实际上意味着在静态汇率预期的条件下，资本的完全流动性保证了非抛补的利率平价关系的持续成立。

一　货币市场、商品市场和国际收支的均衡

基本的蒙代尔-弗莱明模型就是在IS-LM模型的基础上加入国际收支平衡的BP线作为分析框架的，因此涉及货币市场、商品市场和国际收支三方面的均衡。

1. 货币市场的均衡

货币市场的均衡条件就是货币需求等于货币供给。按照卡甘货币需求方程，实际货币需求可以表示成：

$$\frac{M^D}{P} = L = L(i, Y) = a_1 Y - a_2 i \quad \text{且} L_i < 0,\ L_Y > 0 \tag{14.2}$$

$$i = -\frac{M^D}{a_2 P} + \frac{a_1}{a_2} Y \tag{14.2a}$$

其中，M^D是对名义货币余额的需求；P是国内价格水平，在此我们假定它是不变的；L是对货币的实际需求，取决于国内利率i和实际收入Y；L_i和L_Y是L对i和Y的偏导数。

货币供给 M^s 可以表示为：

$$M^s = D + F \qquad\qquad （14.3）$$

其中，D 是货币存量的国内部分，F 是以本币表示的外汇储备，是货币存量的国外部分。因此，货币供给的变化取决于 D 和 F 的变化。

$$\Delta M^s = \Delta D + \Delta F \qquad\qquad （14.3a）$$

显然，ΔF 表示国际收支差额。按照货币分析模型，它对货币供给具有重要的影响。这样，当货币市场均衡时，我们就有：

$$\frac{M^s}{P} = a_1 Y - a_2 i \qquad\qquad （14.4）$$

方程（14.4）就是传统的 LM 曲线方程。在 $Y - i$ 空间内，是一条斜率为正的直线。

2. 商品市场的均衡

基本的蒙代尔－弗莱明模型关于商品市场均衡的假定主要包括：资源没有得到充分利用；规模收益不变；货币工资固定。因而，总供给曲线具有弹性。这样，商品市场的均衡条件就是：

$$
\begin{aligned}
Y = D &= A(i, Y) + T(Q, Y) + G \\
&= a_0 + a_1 Y - a_2 i + a_3 E - a_4 Y + a_5 Y^* + G
\end{aligned} \qquad （14.5）
$$

$$i = \frac{a_0 + a_3 E + a_5 Y^* + G}{a_2} + \frac{a_1 - a_4 - a_2}{a_2} Y \qquad （14.5a）$$

$$E = -\frac{a_0 - a_2 i + a_5 Y^* + G}{a_3} + \frac{a_3 - a_1 + a_4}{a_3} Y \qquad （14.5b）$$

其中，Q 代表国际竞争力，与 E 成正比。$A_i < 0$，$1 > A_Y > 0$，$T_Q > 0$，$T_Y < 0$，a_0 代表自主需求，a_1 代表消费需求对收入水平的弹性，a_2 代表投资需求对利

率的弹性，a_3、a_4 和 a_5 分别代表净出口对汇率、收入和世界收入水平的弹性，$Y*$ 代表世界收入水平，E 代表汇率。

对于商品市场的均衡而言，国内吸收或支出 A、贸易差额 T 和政府支出 G 决定总需求。A 是利率水平的减函数，也是收入的增函数，边际吸收或边际支出倾向只能在 0 和 1 之间变化。T 主要取决于国内收入水平和产品的国际竞争力 Q $(= \dfrac{EP^*}{P})$。进口与国内收入成正比，因而贸易差额与国内收入成反比。由于我们假定国内价格水平是固定的，并且根据小型开放经济的假定可以认为国外价格水平也是常数，所以可以让 $P*/P=1$。这样，出口竞争力就直接取决于名义汇率。如果我们进一步假定马歇尔－勒纳条件持续成立，则 $T_Q > 0$。政府支出 G 是外生变量。

总之，方程（14.5）就是开放经济中 IS 曲线的方程。在 $Y\text{-}i$ 空间内，IS 曲线显然具有负斜率。

3. 国际收支的均衡

在蒙代尔－弗莱明模型中，国际收支均衡的条件是：

$$B = T\,(Q,\ Y) + C\,(i) = 0 \qquad\qquad (14.6)$$

其中，C 是资本项目差额，$T_Y < 0$，$T_Q > 0$，$C_i = \infty$，B 等于储备的变化 $\triangle F$，而且在浮动汇率条件下它等于零。另外，小国假定和静态预期两者意味着在我们的资本流动函数中只考虑本国利率水平，偏导数 C_i 趋于无穷大意味着国际资本具有完全的流动性。

在（a）部分：

XX 曲线代表使商品市场均衡的所有汇率和收入的组合形成的轨迹。它具有正的斜率是因为 $T_Q > 0$。换言之，在边际支出倾向小于 1 时，较高的产出水平将导致商品的过度供给。因此，为了维持商品市场均衡，本币的汇率水平应该上升。这样，假定马歇尔－勒纳条件成立货币贬值就可以改善贸易差额，减少进口，增加出口，消除商品的超额供给。在 XX 曲线的上方，存在对本国商品的超额需求，而在其下方，又存在本国的超额供给。

LL 曲线反映的是能够使货币市场处于均衡的汇率和收入的组合点的轨

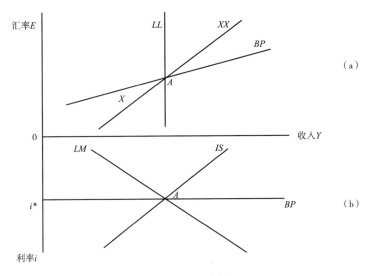

图 14.1　开放经济中的 IS–LM

迹。对于方程（14.1）所确定的每一个既定的利率水平，只有一种相对应的收入水平能够使货币市场出清。从方程（14.4）中我们可以看出，不论汇率水平发生什么变化，货币市场的均衡都不会受到影响。所以，在利率水平不变的条件下，LL 曲线是一条垂直线。

BP 曲线具有正斜率是因为收入增加会引起进口上升、贸易差额恶化，就要求汇率上升来恢复国际收支均衡。高于 BP 曲线上的点表示国际收支盈余，低于 BP 曲线上的点则表示存在国际收支赤字。

另外，XX 曲线应该比 BP 曲线更陡才能保证这个体系具有稳定性。例如，在图 14.1 中的 X 点上存在国际收支赤字和对本国商品的超额需求，这两个方面的问题都可以通过国内产出的增加得到解决。反之，如果 BP 曲线比 XX 曲线更陡，则意味着在 X 点上存在国际收支盈余和本国商品的超额供给，虽然减少产出可以解决超额供给，却会增加盈余，远离 A 点。

在（b）部分：

BP 曲线体现了国际收支均衡时利率和收入的组合轨迹。BP 曲线具有完全弹性体现了小型开放经济国际资本具有完全流动性的假定。所以只有当国内利率水平 i 等于国外利率水平 i^* 时国际收支才能够均衡。如果 i 高于 i^*，在任何收入水平上，都将导致无限多的外国资本的持续流入，足以压倒经常项目对国际收支的影响。

　　IS 曲线代表能使商品市场处于均衡的利率和收入组合的轨迹。从方程（14.5）和（14.5a）看，该曲线具有负斜率。从经济过程来看，在 *IS* 曲线上的每一点，由于收入增加尽管可以促进需求增加，但是由于边际消费需求倾向小于 1，消费的增加必然小于收入的增加，从而使商品市场都存在超额供给。为了维持商品市场的均衡，一国必须降低利率水平以便增加投资。这样，较高的收入水平就会与较低的利率水平组合成均衡点。

　　LM 曲线代表能使货币市场处于均衡的利率和收入组合的轨迹。从方程（14.2）和（14.2a）看，该曲线的斜率为正。从经济过程来看，在 *LM* 曲线下面的每一点上，收入的提高导致对货币需求的增加。为了恢复货币市场的均衡，就必须提高利率以减少人们对货币的需求。结果，较高的收入水平就会与较高的利率水平组合成新的均衡点。

二　蒙代尔－弗莱明模型中的货币扩张

　　这里，我们在 IS-LM-BP 框架内分析货币扩张以后的均衡过程。与图 14.1 分成（a）（b）两个部分分别在 *E-i* 和 *Y-i* 空间内的均衡过程相对应，我们在此的分析也相应展开。

　　1.考虑汇率水平的蒙代尔－弗莱明模型

　　从方程（14.2a）和（14.5a）可以看出，*IS* 曲线和 *LM* 曲线在 *Y-i* 空间中的位置分别由各自的截距 $\dfrac{a_0 + a_3 E + a_5 Y^* + G}{a_2}$ 和 $-\dfrac{M}{a_2 P}$ 决定。如果 *IS* 曲线和 *LM* 曲线相交决定的均衡水平不等于充分就业的产出水平，政府就可以通过货币政策或财政政策改变 *M* 和 *G*，通过影响 *IS* 曲线和 *LM* 曲线的截距来实现曲线和均衡点的移动，以便达到理想的位置。显然，在标准的 *Y-i* 分析空间中，*M* 和 *G* 的增加会分别使 *LM* 曲线和 *IS* 曲线右移。

　　在浮动汇率条件下，中央银行通过公开市场购买债券实现国内信贷 *D* 和货币供给 *M* 的增加，以实现扩张性的货币政策。这样，在图 14.2（b）中，*LM* 曲线就变为 *LM'* 曲线。在收入和利率的初始水平上，扩张性的货币政策必然意味着货币超额供给。当国内利率水平被固定在世界水平上的时候，由于假定价格不变，所以最后恢复均衡的唯一途径就是将收入从 Y_1 提高到 Y_2。其具体过程是：最初的货币超额供给使利率水平下降到 *i*，收入上升到 *Y'*，并引起资本外流和货币贬值。如果马歇尔－勒纳条件成立，货币贬值就可以改善国际收支，出口上升而进口下降，使 IS 曲线移动到 IS′ 曲线，国内收入水平进一步上升，直到重新在 B 点 Y_2 的收入水平上达到新的三重均衡。另外，利率水平的下降对应于收入水平上升，汇率水平必须上升才能够维持国际收支平衡，所以在（a）部分 BP 曲线相应上升到 BP′，并且与 XX 曲线相交，也使收入上升到 Y_2。

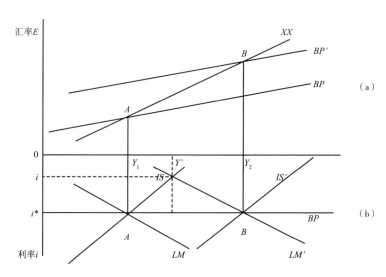

图 14.2　蒙代尔－弗莱明模型中的货币扩张（浮动汇率）

2. 标准的蒙代尔－弗莱明模型：图形分析

我们可以按照如下方式更简单地分析资本自由流动时蒙代尔－弗莱明模型中的货币扩张。

由于资本自由流动，国内利率水平与世界利率水平的任何差距都可以导致足够多的资本流动，使国际收支的持续平衡与收入水平无关，$i=i^*$ 持续成立，所以国际收支曲线 BP 就是一条水平的直线。因此，我们在分析时就可以忽略经常项目在国际收支平衡中的作用，而专心于资本项目的变化。

在固定汇率条件下，货币扩张使 LM 曲线从 LM 移动到 LM′，导致利率水平下降，以便维持货币市场的均衡。因为只有国内利率水平下降才能吸收超额货币供给。但是国内利率水平下降导致资本外流，使本币出现贬值的压力。为了维持固定汇率，政府必须使用外汇储备干预外汇市场，结果造成外汇储备流失，国内货币供给下降，又使 *LM'* 回移。只要世界利率水平不变，*LM'* 就一定会到原来 *LM* 的位置，即国内利率水平回到 *i** 的水平才能恢复均衡。因此，在固定汇率条件下，货币政策是无效的。货币扩张一定会被政府使用外汇储备维持固定汇率造成的货币供给下降所抵消。如图 14.3（a）所示。

在浮动汇率条件下，货币扩张首先使 *LM* 移动到 *LM'*，并通过利率水平下降来维持货币市场的均衡。在浮动汇率条件下，国内利率水平的下降造成的资本流出导致本币贬值，刺激了出口增长，使 *IS* 曲线右移。随着投资的增加，国内利率水平回升，最后在 *i**，*Y″* 的水平上达到新的均衡，即货币扩张达到了刺激收入增长的目的，如图 14.3（b）所示。

相对固定汇率而言，我们可以看到在浮动汇率条件下的货币扩张实际上可以分成两个步骤：首先，货币扩张带来的需求扩张直接拉动收入从 *Y* 增长到 *Y'*；其次，利率下降、资本外流和本币贬值造成贸易条件好转，出口增加，又通过生产扩张使收入进一步从 *Y'* 上升到 *Y″*。也就是说，在浮动汇率和开放条件下的货币扩张比固定汇率条件下的货币扩张效果更加明显。

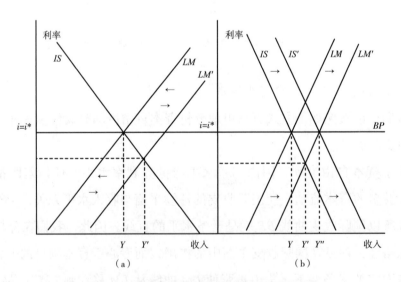

图 14.3　蒙代尔 – 弗莱明模型中的货币政策
(a) 固定汇率条件下的货币政策　(b) 浮动汇率条件下的货币政策

三 蒙代尔－弗莱明模型中的财政扩张

与货币扩张类似，我们在 *IS-LM-BP* 框架内分析财政扩张以后的均衡过程。由于图 14.1 分成（*a*）（*b*）两个部分，我们的分析也分别在 *Y-i* 和 *E-i* 空间内展开。

1. 考虑汇率水平的蒙代尔－弗莱明模型

在固定汇率条件下，政府支出 *G* 的增加首先造成收入上升，造成货币需求增加和利率上升，进而导致资本流入和本币升值的压力。为此，央行就要在外汇市场上抛售本币购买外币，从而增加外汇储备和国内货币供给，从而在图 14.4 中的（*b*）部分中，使 *IS* 曲线和 *LM* 曲线都向右移动，最终在更高的收入水平 B 点上恢复商品市场和货币市场的均衡。

在（*a*）部分中，政府支出 *G* 的增加使内需增加，进而带动进口增加，导致国际收支赤字。在固定汇率条件下，为了恢复国际收支平衡，就必须扩大出口。这样，新的 *XX* 就必须在相同的汇率水平上与更高的收入水平相对应。从方程（14.5）中也可以看出，在 *Q* 不变的情况下，*G* 上升以后，*Y* 必须上升才能维持商品市场的均衡，体现在图形上就是 XX 曲线向下移动。而从方程（14.6）中可以看出，在 *Q* 不变而 *Y* 上升以后，为了维持国际收支的平衡，在图形上 BP 曲线必须向下移动。

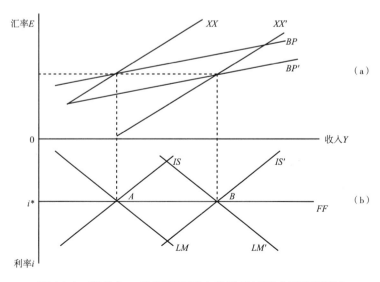

图 14.4 蒙代尔－弗莱明模型中的财政扩张（固定汇率）

2. 标准的蒙代尔－弗莱明模型：图形分析

我们也可以按照上面的方式，更简单地分析在资本自由流动的条件下蒙代尔－弗莱明模型中的财政政策。

在固定汇率条件下，财政扩张使得 IS 曲线右移到 IS′，在货币供给不变的情况下，导致利率上升和收入增长。这种情况造成资本流入，并引起本币升值的压力。为了维持固定汇率，政府必须在外汇市场上使用本币购买外币，结果造成国内货币供给上升，LM 曲线右移到 LM′。随着国内货币供给增加，利率水平逐渐下降，最后回到 i^* 的水平上，资本流动停止，为了稳定汇率而进行的货币扩张也随之停止，LM 也不再移动，在 Y″ 的水平上实现新的均衡。扩张性财政政策达到了预期的目的。

在这个过程中，我们也发现，与浮动汇率条件下的货币扩张过程类似，固定汇率下的财政扩张实际上也可以分成两个步骤：首先是财政扩张引起的需求扩张直接带动了商品市场的扩张，收入从 Y 上升到 Y′；其次，利率上升造成资本流入和升值压力，为了维持固定汇率，央行必须增发货币到外汇市场购买外币，从而造成了货币扩张。而这又带来了新一轮的需求扩张，收入从 Y′ 进一步上升到 Y″，如图 14.5（a）所示。

在浮动汇率条件下，财政扩张使 IS 曲线移动到 IS′，导致利率水平上升，资本流入，本币升值。由于本币升值，出口减少，进口增加，造成 IS′ 曲线回移，利率下降。这个过程一直持续到回到 $i=i^*$ 的初始状态才能恢复均衡，收入水平又回到原来的位置。因而，在浮动汇率条件下政府财政政策无效，如图 14.5（b）所示。

综合上述四种情况的结果，标准蒙代尔－弗莱明模型的分析结论可以归纳为一个国家不可能同时实现资本自由流动、固定汇率和货币政策独立性的三个目标。这也被称为开放经济的"三难选择"或"三元悖论"。也就是说，一国货币政策的独立与否与一国实施的汇率制度和资本开放程度密切相关，三者之间的相互关系被形象地归结为"三元悖论"。因此在资本自由流动的情况下，实行自由浮动的汇率制度时，一国可以实现货币政策的独立性，而如果实行的是固定汇率制度，则无法实施独立的货币政策。

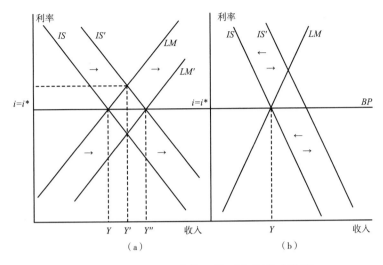

图 14.5　蒙代尔－弗莱明模型中的财政政策

(a) 固定汇率条件下的财政政策　(b) 浮动汇率条件下的财政政策

第二节　不完全资本流动和资本完全不流动条件下的蒙代尔－弗莱明模型

蒙代尔－弗莱明模型作为小型开放经济的宏观经济模型，其均衡机制发挥作用的一个至关重要的假定就是资本自由流动。但是，在现实中，小型开放经济由于更易受到国际资本流动的冲击，因此，尽管可能实行自由贸易，但是资本流动却常常是受到不同形式的管制的。因此，我们有必要讨论不完全资本流动和资本完全不流动条件下的蒙代尔－弗莱明模型。

一　不完全资本流动和固定汇率条件下的财政政策和货币政策

由于资本流动受到各种形式的管制，因此，资本流动并不会完全消除国内利率水平和世界利率水平之间的差距。这就意味着 BP 曲线就不再是一条水平线。从方程（14.6）中我们可以看出，如果 $C(i)$ 的作用受到抑制，那么要保证 $B=0$，就需要 Q 和 Y 的变动来实现。在 Y–i 空间内，由于 $T_Y < 0$，$T_Q > 0$（即 $T_e < 0$），所以 BP 曲线就是一条斜率为正的直线。

1. 财政政策：依然有效

在固定汇率条件下，利用财政政策增加政府支出将使 IS 曲线向右移动为

IS'。由于收入增加，对货币的需求上升。在货币供给不变的情况下，在国内货币市场上的利率水平将上升。从图14.6中我们可以发现，一方面，政府支出增加导致收入增加，造成进口上升，经常项目出现逆差；而另一方面，利率上升，造成外国资本流入本国，资本项目的顺差又会弥补经常项目的逆差，从而使国际收支趋于恢复平衡。

只要国内的利率水平居高不下，资本项目的持续顺差就会在外汇市场上增加对本国货币的需求，形成本币升值的压力。而在固定汇率条件下，政府和中央银行为了稳定汇率水平，就必须在外汇市场上投放本币、买入外币，也就是增加了本币的供给。如果不同时进行对冲操作（事实上，当政府推行扩张性财政政策的时候，减少国内信贷也是不太现实的），干预的结果就会是在官方外汇储备的扩张最后导致国内货币供给上升。当LM曲线向下移动为LM'，最后达到IS'与BP曲线的交点时，整个经济体系就会达到新的均衡。

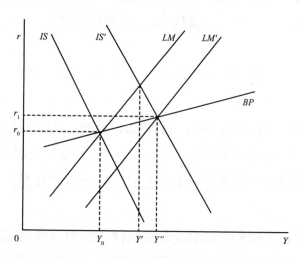

图 14.6 固定汇率条件下的财政政策

此时，由于财政政策和其后导致的货币供给的双重扩张作用，实际收入就会增加到高于Y'的Y''水平，实现了财政政策的扩张目的。因此，在固定汇率条件下，财政政策是有效的。而且我们可以将实际收入从Y扩张到Y'视为财政政策的扩张效果，而将实际收入从Y'扩张到Y''视为在开放经济条件下扩张性财政政策引起货币供给增长的扩张性效果。

在这个过程中，由于 BP 曲线变成斜率为正的直线，所以 LM'、IS' 与 BP 曲线的交点所对应的利率水平就高于初始的利率水平。其原因就在于资本不完全流动，因而最终国内利率的水平会低于 IS' 与 LM 的交点（即资本还是会流入一些，降低了国内的利率水平），但是无法完全恢复到初始的利率水平。

2. 货币政策：有些效果

在固定汇率条件下如果政府增加货币供给，LM 曲线向右移动为 LM'，在导致利率下降的同时也使收入增长。结果一方面，收入增加导致进口上升，经常项目出现逆差，而另一方面，利率的下降造成资本外流，资本项目出现赤字。在图 14.7 中，由于 B 点位于 BP 曲线之下，国际收支存在逆差，外汇市场上贬值的压力使中央银行为维持固定汇率开始出售外币、买进本币，最终导致货币供给下降。但是由于资本不完全流动，资本流出不充分，结果 LM' 也不用完全回移到 LM。整个经济体系才能在利率水平低于国际利率水平的位置上达到均衡。此时，由于利率水平略低，扩张性货币政策也发挥了一定的作用，收入增长，国际收支存在逆差。根据方程（14.6），必须依靠货币升值来恢复国际收支平衡，此时 BP 曲线就会下移。最终在 C 点达到新的均衡。因此，在资本不完全流动和固定汇率条件下，货币扩张也能取得一定的收效。

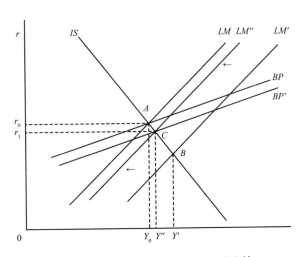

图 14.7　固定汇率条件下的货币政策

二　不完全资本流动和浮动汇率条件下的财政政策和货币政策

与标准的蒙代尔－弗莱明模型和前面的分析类似，在不完全资本流动和浮动汇率条件下的财政政策和货币政策也会因为不完全资本流动而有些效果。

1. 财政政策：有些效果

在浮动汇率的条件下，如果政府通过增加公共支出的扩张性财政政策来刺激经济增长，首先会使 IS 曲线向右移动为 IS'，就会增加实际收入和对实际货币余额的需求导致利率水平的上升。结果一方面，实际收入的提高增加了进口，使经常项目出现赤字；另一方面，利率的上升，吸引了外国资金的流入，使资本项目出现顺差。

只要出现资本流入，外汇市场上就会形成对本币的过度需求。在浮动汇率的条件下，这将导致本币升值，以便维持国际收支的平衡，按照方程（14.6）就会导致 BP 曲线上移。由于本币升值，本国产品的国际竞争力下降，经常项目赤字，IS' 也同时向左回移为 IS''。与此同时，伴随 IS 曲线回移，国内的实际货币需求和利率水平开始下降，BP 曲线也开始回移。在这个过程中由于货币供给没有变化，所以 LM 曲线一直没有移动，均衡点只是沿着 LM 移动。最后，当 IS'' 移到 LM 和 BP'' 曲线相交时，货币市场、商品市场和国际收支同时达到均衡状态，整个经济体系也就处于新的稳定均衡状态。由于 IS'' 的回移，即由汇率上升造成外国产品冲击国内生产，造成投资下降，使财政政策最初的扩张效果被削弱了，但最终还是可以刺激收入的增长。

图 14.8 表示了这一过程。

在此，我们将资本不完全流动和资本完全流动条件下的财政政策作一个比较是非常有益的。显然，当资本具有完全流动性，就会对浮动汇率条件下的财政政策具有完全的挤出效应。即对外部门需求的等量下降，抵消了政府支出增加的扩张效应。换言之，由于在资本具有完全流动性的情况下，国内利率水平实际上是由国际资本市场决定的，因而调节的机制全部集中到汇率的变化，即货币升值上。只有当由货币升值产生的经常项目赤字与财政支出相等为止才能恢复均衡。在货币供给不变的情况下，可以将政府支出全部看作是通过海外借款，即资本项目盈余获得的。这样，就必须有等量的经常项目赤字来平衡。结果，政府支出的扩张作用就被国内产出的相应下降所抵消。

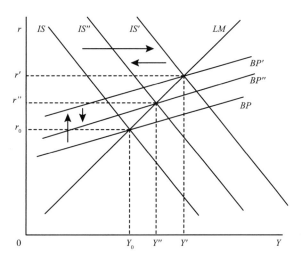

图 14.8　浮动汇率条件下的财政政策

因此，在资本完全流动和浮动汇率条件下的财政政策是无效的。与资本完全流动的情景相比，由于资本不完全流动，BP 曲线就不再是水平的，也就是国内利率水平在财政扩张以后不会回到初始的 r_0，所以财政政策最终也推动了 Y 的增长，不会回到初始的 Y_0 水平。

2. 货币政策：依然有效

在浮动汇率条件下政府增加货币发行，LM 曲线右移变为 LM'，会导致利率下降和资本外流以及本币贬值，BP 曲线下移而变成 BP'。但是本币贬值使本国产品的出口竞争力提高，使 IS 曲线右移为 IS'。这样，当 IS' 和 BP' 同时移动并且在 LM' 上相交时，货币市场、商品市场和国际收支同时达到均衡，整个经济体系也就达到稳定均衡。此时，利率水平依然低于全球利率水平。货币扩张同时在商品市场和国际收支方面实现扩张效应，使实际收入从 Y 经过 Y' 最后扩张到 Y''。因此，在浮动汇率条件下，货币政策是有效的。

图 14.9 表示了这种均衡的变动过程。

与资本完全流动的情景相比，虽然货币扩张不仅直接推动了收入的增长，而且也因为贬值的效应推动出口，进而推动了收入增长。但是由于资本不完全流动，国内的利率水平也就没有回到初始水平。在这个意义上，货币扩张最终带来的增长效应也被削弱了一些。

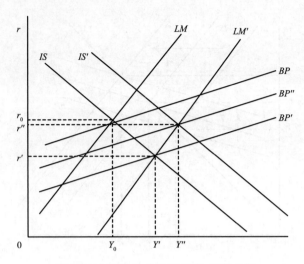

图 14.9　浮动汇率条件下的货币政策

三　资本完全不流动条件下的蒙代尔 – 弗莱明模型

在前面的分析中，我们实际看到，资本流动与否成了左右政策有效性的关键。均衡的最终位置明显取决于 BP 曲线的特征。

如果一个国家在实行贸易自由化的条件下坚持资本管制，$C_i = 0$。这样，在国际收支均衡中，就只剩下经常项目的影响，这样，在图 14.10（a）中，BP 曲线就完全由收入决定，对利率变动失去了弹性。也就是说，此时 BP 曲线就变成一条垂直线。

假定在最初的均衡点 A 出现外部冲击，如世界其他国家的经济出现衰退，导致本国出口下降，收入也相应下降，BP 右移到 BP'。这样，在图 14.10（b）中，IS 曲线向下移动到 IS'。在 B 点上，尽管符合内部均衡，但是由于出口下降，国际收支赤字，所以不符合外部平衡。国际收支赤字使外汇储备下降，国内货币供给减少，使得 LM 曲线向上移动到 LM'，最后在 C 点同时达到内部和外部均衡。这是因为在 C 点相对 B 点利率较高，降低了国内的货币需求，从而抑制了对进口商品的国内需求。

在这个过程中，我们也可以看到收入下降的两个阶段，一个是国外衰退造成的收入下降效应，收入从 Y 下降到 Y'；另一个则是由资本流出造成的货币紧缩效应，收入从 Y' 进一步下降到 Y"。

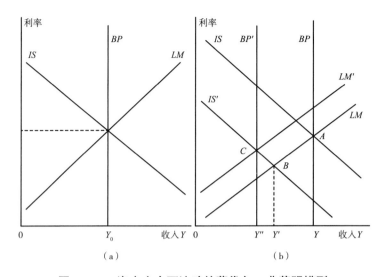

图 14.10　资本完全不流动的蒙代尔－弗莱明模型
(a) 资本完全不流动条件下的开放经济　(b) 资本完全不流动条件下的调整过程

第三节　蒙代尔－弗莱明模型中的浮动汇率隔离效应

在前面对蒙代尔－弗莱明模型的讨论中，我们仅考虑了国内宏观经济政策的变化对国内经济的影响。正如我们此前已经得到的结论那样，浮动汇率可以维持一个国家货币政策的有效性。但是，浮动汇率制能够在多大程度上使国内经济不受外部冲击的影响，或者说稳定国内经济的实际效果如何呢？在此，我们仍从小型开放经济的蒙代尔－弗莱明模型入手来分析国外利率水平上升和外国对本国出口需求下降两种外部冲击对国内经济的影响，借以说明浮动汇率的隔离特征。

一　外国利率水平的上升

在图 14.11 中，外国利率水平的上升表现为世界利率水平 i_0^* 上升到 i_1^*。结果，在资本市场上，国内资本流出；在证券市场上，外国债券价格下降导致人们减少持有的外国债券，重新配置资产组合。

在浮动汇率条件下，这两种变化都导致本币贬值，同时推动国内利率水平上升。本币贬值使出口增加，IS 曲线移动到 IS'。最后，当国内利率水平达到新的世界利率水平 i_1^* 的时候，资本外流停止，货币贬值对出口的刺激也停止。结果，收入水平就将从 Y_0 上升到 Y_1。因此，在浮动汇率条件下，资本自由流动并没有保证小型开放经济能够隔离外国利率冲击。

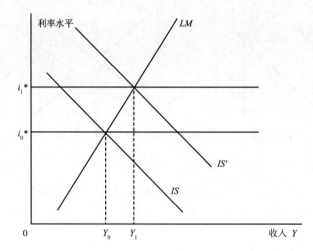

图 14.11　蒙代尔 – 弗莱明模型对外国利率冲击的隔离特征

在固定汇率条件下，国外利率水平上升造成资本流出，导致贬值压力，迫使央行在外汇市场上进行干预，卖出外汇储备以买入本币，最终使国内货币供给下降，LM 曲线向左移动。由于汇率维持不变，进出口不变，IS 曲线没有移动，所以，国内收入水平下降。因此，在固定汇率条件下，资本自由流动同样不能保证小型开放经济能够隔离外国利率的冲击。

二　外国对本国出口产品的需求下降

在浮动汇率的条件下，外国进口下降造成本国国际收支逆差，引起本币贬值。而这又使国内出口回升、进口下降。此时，只要本国作为小型开放经济保持资本充分流动，世界利率水平不变，在受到出口冲击以后，货币贬值就会稳定收入。

在固定汇率条件下，由于汇率水平维持不变，外国需求的下降就造成本国出口下降，IS 曲线左移。同时，政府为了维持固定汇率，使用外汇储备干预外汇市场，导致货币供给减少，LM 曲线也会左移。这样，在世界利率水平不变的情况下，国内收入就将出现下降。

总之，与货币模型不同，如果考虑到外部冲击，不论是外国对本国产品需求下降还是外国利率上升，在蒙代尔－弗莱明模型中，固定汇率不能隔离外部冲击，浮动汇率也不一定能够隔离外部冲击，或者说可以隔离外国需求下降的冲击，但是不能隔离外国汇率变动的冲击。

第四节　对蒙代尔－弗莱明模型分析框架的一些扩展

标准的蒙代尔－弗莱明模型为了简化分析，使推理过程更加简明，作出了一些严格的假定。虽然这些假定并不会妨碍主要的研究结论，当我们要将蒙代尔－弗莱明模型应用于现实时，总还是需要放松一些明确的或隐含的严格假定，以便让分析更接近现实情况、结论更加具有说服力。

一　大国与蒙代尔－弗莱明模型

标准的蒙代尔－弗莱明模型分析的是小型开放经济的宏观经济政策，如果分析对象是大国，情况会发生什么变化呢？

首先，大国货币供给的增加虽然会降低本国的利率水平，但是由于经济规模大，造成同样利率波动幅度所需要的货币量也就比较大，导致世界其他国家也会发生严重的资本流入。因此，对世界其他国家来说，大国货币供给的增加可以导致世界利率水平的下降，造成包括大国在内的全球收入的提高。在图 14.3（a）中，大国的货币扩张导致最后新的世界利率水平低于初始的利率水平。这意味着，即使在固定汇率的条件下，大国的货币政策也是具有一定效力的。

与此相似，浮动汇率条件下财政政策无效性的结论对于大国来说也要进行相应的修正。大国财政扩张的最初效应是引起国内利率上升和外国资本的流入。为了平抑大国利率水平上升而需要流入的外国资本的规模之大同时也足以引起世界利率水平的上涨。在图 14.5（b）的 BP 曲线就会向上移动，远离横轴，从而在初始均衡点的右上方形成新的均衡点。因此，在浮动汇率条件下，大国扩张性财政政策的刺激效应不会都流到国外，而是由大国和世界其他国家共享。

另外，在固定汇率条件下大国财政政策的效力也会减弱。大国财政扩张将提高本国和世界其他国家的利率水平，而较小的利差只会引起较少的资本流入，使货币供给的增加幅度也随之减小。因此，在固定汇率条件下大国财政扩张后引起的货币扩张效应会受到削弱。

在浮动汇率条件下大国扩张性货币政策同样会导致本国利率水平下降和资本外流，而且大国资本流出的规模足以使世界其他国家的利率水平也在不同程度上相应下降。结果在图14.3（b）中，最后新的世界利率水平低于初始的利率水平。结果，贬值的幅度就会小一些，从而使IS曲线的移动幅度较小，货币扩张后引致的投资扩张效力就会相对下降。

总之，与小型开放经济模型相比，由于大国在世界经济中是价格制定者，因此，其货币政策和财政政策都会影响世界利率水平。这样，政策有效性和无效性的结论都会打一些折扣。

二 浮动汇率条件下预期的影响

在前面的分析中，我们实际上始终假定在浮动汇率中，人们是将每一天的汇率水平看成是稳定的，没有对汇率浮动的预期，也没有对政策变动及其利率效应的预测。现在，我们将模型稍加改变，取消 $\Delta E^e = 0$ 的假定，承认存在汇率预期，但是假定汇率预期是缺乏弹性的，或者说是回归性的，即：

$$\Delta E^e = \theta \left(\bar{E} - E \right) \tag{14.7}$$

其中，$0<\theta<1$，$\bar{E}$ 表示初始的均衡汇率，E 是外部冲击以后出现的市场汇率，θ 是人们对预期汇率变化的系数。如果 $\theta=1$，预期汇率随当前汇率的变动而变动，二者就会相互吻合；如果 $\theta=0$，就是我们在前面的分析中实际假定的那样，预期就是静态的，不会随市场汇率的变化而变化；如果 θ 处于这两个极端情况之间，则汇率预期就会逐步调整到市场汇率水平 E。

回归性预期假定人们不可能明确地使用某一种经济模型计算出新的均衡汇率，只能根据不完全的信息对新的均衡汇率作出阶段性的预期，而且会对这种预期进行不断的调整，因此 θ 值是可变的。这样在一段时间内，预期汇率 E^e 与市场汇率 E 之间总存在一定的差距。而当 ΔE^e 不等于零的时候，我们就可以得出更一般化的无抛补的利率平价关系：

$$i = i^* + \frac{E^e - E}{E} \qquad\qquad (14.8)$$

我们知道，方程（14.8）实际上就是国际资本流动的均衡条件，也就是说，如果预期货币升值，则等号右边第二项就是负值，即本国利率水平就应该相对于外国利率水平下降。因为从利率平价关系出发，资产报酬既然是均等的，本国利率水平下降就必须伴随着本币升值的预期。

回归性汇率预期的假定使我们关于在浮动汇率和资本完全流动条件下得出的政策效应发生一定的变化。

1. 货币政策

我们通过货币市场的均衡条件来考察货币政策效应，也就是货币乘数的变化。考虑到预期因素的引入，我们将方程（14.4）重新表述为：

$$\frac{M}{P} = L(i, Y) \qquad\qquad (14.9)$$

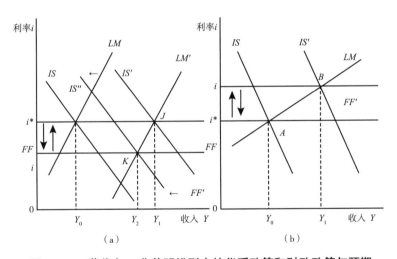

图 14.12 蒙代尔－弗莱明模型中的货币政策和财政政策与预期

对于小型开放经济来说，在浮动汇率和静态预期（即 $\theta = 0$）的条件下，由于利率水平被固定住，货币市场在出现扩张性货币政策的外部冲击以后，必然要通过收入 Y 水平的上升来恢复均衡。但是，在存在回归性预期的条件下，i 的预期下降会增加货币需求并促使货币市场恢复均衡。这样，使货币市

场出清而需要的 Y 的上升就没有静态预期条件下那样大。在图 14.12（a）中就表现为 LM 从 J 点向 K 点的移动。

但是随着时间的推移，方程（14.7）经过一系列迭代，预期汇率与市场汇率逐渐接近，使方程（14.8）中的 i 与 $i*$ 的差距逐渐减小，直至二者相等。由于 i 的回升，货币需求将下降。为了恢复货币市场的均衡，Y 又必须上升。所以从长期看，货币政策对收入的影响最后还是与静态预期条件下一样，即在图 14.12（a）中均衡点又会到了 J 点。因此，在存在回归性预期的条件下，货币政策需要更多的时间来发挥效力。

2. 财政政策

前面我们曾经讨论过在浮动汇率和静态预期条件下财政政策的无效性问题。这在方程（14.9）中表现为 M、P 和 $i = i*$ 都是常量，所以实际收入也必然是常量。但是，在存在回归性预期的条件下，短期内 i 可能不等于 $i*$，这就使财政政策可能对收入产生一些影响。

政府支出增加了货币需求，在货币供给不变的情况下，使利率，进而使汇率水平上升，导致人们预期货币可能继续贬值。为了维持资产平衡（利率平价），抑制套利行为，i 必须上升到高于 $i*$ 的水平。在价格水平不变的情况下，i 的上升降低了对货币的需求。而为了恢复货币市场的均衡，实际收入必须增加。所以，财政政策在短期内就会产生一定的效力。在图 14.12（b）中，就表现为均衡点在短期内移到了 B 点。但是由于预期是回归性的，随着时间的推移，汇率水平 E^e 最终还是会回到初始的均衡水平上，i 也将重新下降达到 $i*$ 的水平。这样，实际收入也会随之发生逆转，回到 Y_0 的水平上。因此，长期内，财政政策依然是无效的，经济体系在 A 点达到均衡。但是在短期内会一度表现出刺激增长的效应。

3. 浮动汇率与预期

考虑到预期以后，浮动汇率的短期隔离特征也会有所变化。例如，如果本币升值引起了人们对未来货币贬值的回归性预期，从而使国内利率水平高于国外利率水平，那么在货币供给不变的情况下，就会导致实际货币余额增加，就只有通过实际收入的增长来平衡。又比如，在出现外国利率上升冲击的情况下，本币将因为资本流出而出现贬值。但是，在存在回归性预期的条件下，又会引起货币升值的预期，因此，贬值的幅度就会减小。

总之，在存在回归性预期的条件下，与存在资本不完全流动的情况类似，汇率水平并不会与国外利率水平时刻联系在一起，这样就可能在短期内改变原有的均衡动态。

三 J曲线效应和回归性预期

我们已经看到，在蒙代尔－弗莱明模型中，各种政策和外部冲击的效应取决于一系列假定条件。在前面我们还有一个重要的假定，就是在经常项目中，除了马歇尔－勒纳条件成立之外，还不存在J曲线效应。这样在整个调整过程中，不仅进出口具有完全的价格弹性，而且不存在调整的时间差。因此，汇率的变动可以导致经常项目的瞬时改善。

按照国际收支调节的经常项目模型，通过货币合同期和汇率传导的分析，我们可以看到，在短期内，对进口和出口的需求可能都是缺乏弹性的，因此本币贬值的即时影响可能是使经常项目恶化。这样在蒙代尔－弗莱明模型的分析中，有关浮动汇率条件下的扩张性货币政策通过经常项目顺差来发挥作用的结论在短期内就有可能受到削弱。当然，J曲线效应不会永远存在。在长期内，只要马歇尔－勒纳条件成立，扩张性货币政策最后还是会按照蒙代尔－弗莱明模型的逻辑出现预期的效应。因此，我们的问题仅仅是在短期内将发生什么样的变化？

扩张性货币政策导致国内利率水平下降，从而对经济活动产生扩张作用，但是同时也会导致资本流出和本币贬值。如果存在J曲线效应，那么贬值后在短期内还会出现国际收支的恶化，抵消扩张性货币政策的影响，维持了市场均衡。甚至由于收入增加刺激了总需求，导致进口增加，在短期内，国际收支出现赤字，使得本币贬值出现超调。只有当贬值真地改善了国际收支以后，*IS*曲线才会右移，汇率也才会回到应有的均衡水平。

四 财富效应

在基本的蒙代尔－弗莱明模型中有一个重要的假定，即不考虑财富效应的作用，特别是不考虑财富效应对货币政策和财政政策效力的影响。从理论上说，财富效应可能源于两个方面：不平衡的财政预算和经常项目余额。

在图14.2中，货币扩张使均衡点从*A*点转移到*B*点。在*B*点由于货币贬值，经常项目盈余，本国居民财富水平上升。但是，由于对货币的需求和支出函数都具有正的财富效应，B 点也不可能是最终的均衡点。由于财富效应带来总需求的扩张和进口的增加，LM 曲线从 LM' 回移，引起国内利率水平上升、货币升值。通过经常项目，这又会带动 IS 曲线从 IS' 回移。不过，由于边际进口倾向小于 1，所以整个经济体系也不会回到原来 A 点的均衡位置。但是相比标准的蒙代尔－弗莱明模型分析，在浮动汇率条件下的货币扩张效果就会打一些折扣了。不过，正如我们讨论的资产平衡模型分析的这种财富效应的影响，实际上应该体现在长期均衡中。

五　总供给、实际余额效应和汇率水平

前面的扩展实际上延长了分析的时间，关注短期影响和长期影响的差异。按照这个思路，我们在这里进一步关注总供给受到各种次生影响后（比如，汇率变动造成的价格效应和工资效应）给蒙代尔－弗莱明模型效应带来的变化。此时主要是考虑国内市场受到的影响。

1. 开放价格指数对实际货币余额的影响

蒙代尔－弗莱明模型的一个重要假定就是国内产出价格不变。但是，在开放经济中，价格指数应该能够随本国货币汇率水平和外国价格水平的变化而变化。

如果使用开放价格指数，即包括了本国价格和外国价格的价格指数（为了使本国价格和外国价格具有可加性，就必须引入汇率换算），就会给蒙代尔－弗莱明模型带来两种基本的影响：首先，在方程（14.2）中，如果用开放价格指数定义实际货币余额，则汇率变动就会产生实际货币余额效应，这就会对货币政策和财政政策的有效性的结论带来影响；其次，如果企业和消费者在决策时使用开放价格指数，那么不仅对货币政策和财政政策的有效性会带来影响，而且对总供给也会造成影响。

考虑到实际余额效应，方程（14.2）可以改写为：

$$\frac{M}{P_C(E)} = L(i, Y) \tag{14.10}$$

其中，P_C 是消费者价格指数。假定它是汇率的函数，即 $P_C = P_C(E)$，且 $0 < P_C < 1$。

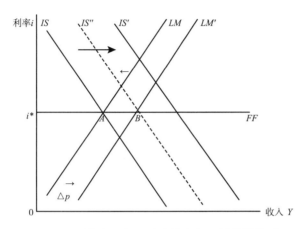

图 14.13　浮动汇率、财政扩张和开放价格指数

这样，我们就可以使用方程（14.10）来重新考察浮动汇率条件下的财政扩张。

在图 14.13 中，在浮动汇率条件下，政府支出 G 增加使 IS 曲线移动到 IS'。与我们在前面的分析一样，财政扩张造成的利率上升和资本流入引起本币升值和经常项目恶化，从而将 IS' 又向回推。另外，本币升值降低了进口产品的价格，使开放价格指数 P_C 下降，实际货币余额上升，推动 LM 曲线右移到 LM' 的位置。最终在 B 点达到新的均衡。结果，即使在资本完全流动和浮动汇率条件下，财政扩张也会造成一定的收入增长。

2. 汇率变动的实际工资效应：蒙代尔－弗莱明模型中的供给

严格地说，蒙代尔－弗莱明模型中货币政策和财政政策的有效性同样也依赖于工资对由汇率因素引致的价格变动的反应。基本的蒙代尔－弗莱明模型隐含的假定工人关心的只是名义工资，而不关心实际工资。在价格不变的条件下，这两种假定区别不大。但是如果我们一旦假定工人具有实际工资目标，那么汇率的变动所引起的开放价格水平变化会导致名义工资的相应变动，企业根据由国内价格缩减以后的名义工资来决定雇佣政策，就应该考虑货币政策和财政政策对供给产生的影响。

我们假定：

$$W = W_0 P_C^{\lambda} \tag{14.11}$$

其中，W 是名义工资，P_C 是开放价格指数。则如果参数 $\lambda=0$，方程（14.11）就表明工人具有名义工资目标，即工人们具有货币幻觉。如果 $\lambda=1$，工人具有固定的实际工资目标，或者说受到开放价格指数影响的名义工资目标，从而不存在货币幻觉。

我们假定一个国家生产某种既在国内消费又出口到国外的产品，同时进口品是一种不同的商品。这样，开放价格指数 P_C 就是本国商品和外国进口产品两者的函数，即：

$$P_C = f(P, EP^*) \qquad 且 f_1 > 0, f_2 > 0 \tag{14.12}$$

方程（14.12）体现了汇率对开放价格指数的直接效应。同时国内产出可以由简单的生产函数给出：

$$Y = Y(L, K) \tag{14.13}$$

其中，$Y_L > 0$，$Y_{LL} < 0$，$Y_K > 0$，$Y_{LK} < 0$。按照通常教科书的解释，这些偏导数体现了生产函数具有边际生产力递减的特征。假定企业处于竞争性市场中，接受既定的国内产出价格 P，则按照通常利润最大化的条件，劳动的边际产量等于实际工资：

$$Y_L = \frac{W}{P} \tag{14.14}$$

方程（14.14）是劳动需求方程，而由方程（14.11）决定了劳动供给量，所以它代表劳动供给方程。但是，在方程（14.11）和（14.14）中与实际工资有关的价格是不同的：企业关心的是产出的国内价格指数，而工人关心的是开放价格指数。

另外，方程（14.14）还可以改写为：

$$P = \frac{W}{Y_L} \tag{14.14a}$$

它表示在边际生产力 Y_L 既定的条件下，W 增加会引致 P 上升。

这样，方程（14.12）~（14.14a）就形成了模型中的供给方面。

需求方面由方程（14.5）的一种变形形式表现，即：

$$PY = P_C A（Y, i）+ PX（Q）- EP^*M（Q, A） \tag{14.15}$$

其中，A 是国内吸收，且 $A_Y > 0$，$X_Q > 0$，$M_Q < 0$，$A_i < 0$，$M_A > 0$。方程（14.15）表明，国内产出的名义价值等于国内总需求的名义价值。

这样，在货币市场上，我们使用开放价格指数计算实际货币余额，使用 P 计算实际国内收入，就有：

$$\frac{M}{P_C} =（i, Y） \tag{14.16}$$

再假设资本完全流动，存在静态预期，使方程（14.1）成立。

$$i = i^* \tag{14.17}$$

这样，图 14.14 表示了货币市场、商品市场和劳动市场的均衡。

我们可以这样来理解各条曲线的斜率。

总供给曲线 AS 向上倾斜是因为在既定的工资水平 W 下，要使收入由初始均衡点增加，只有通过方程（14.14）表达的关系，即价格 P 的上升，使生产者的实际成本下降才能实现；商品市场均衡的 IS 曲线向下倾斜，是因为按照方程（14.15），在其他参数不变的情况下，要使收入增加，就只能使 P 下降，让对进口品的需求转移到本国商品上；货币市场均衡的 *LM* 曲线也向下倾斜是因为要使收入 *Y* 在 *LM* 曲线上的某一点增加，要维持货币市场的均衡，也只有通过价格下降，使实际货币余额增加，以便在利率水平不变的条件下与较高的收入水平相适应。

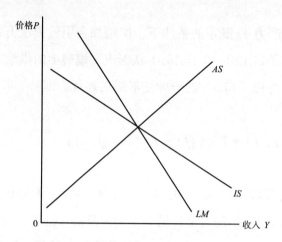

图 14.14　蒙代尔 – 弗莱明模型中的供给

在图 14.14 中，汇率的变动将引起 *AS*、*IS* 和 *LM* 曲线的移动。

如果汇率水平上升，本币贬值，相对于外国商品而言本国商品的竞争力得到提高，就会使对进口产品的需求转向本国产品。结果，一方面 *IS* 曲线将会右移，同时 *LM* 曲线将会左移。这是因为在国内利率水平持续等于世界平均利率水平的情况下，本币贬值实际上产生使国内价格水平上涨的压力，增加了货币需求，减少了实际货币余额，而在 *P* 不变的情况下，就要求较低的收入水平来维持货币市场的均衡。最值得关注的是，总供给曲线的移动则取决于方程（14.12）中反映的货币幻觉。如果 $\lambda=1$，即不存在货币幻觉，本币贬值将使 P_C 上升，导致工人要求较高的名义工资。这在既定的价格水平上，使实际劳动成本上升，产量下降。因此，*AS* 曲线就会向左移动。反之，如果存在货币幻觉，本币升值就会使 *AS* 曲线向右移动。而在基本的蒙代尔 – 弗莱明模型中假定存在货币幻觉，*AS* 曲线就不会随汇率的变化而变化。也就是说，在国内价格不变的情况下，企业面临的实际工资 *W/P* 也不会变化，因此产出也不会变化。

至此，我们就可以对蒙代尔－弗莱明模型的货币政策和财政政策效应作进一步的讨论。

（1）对财政政策效力的讨论。在图 14.15 中，扩张性财政政策首先使 *IS* 曲线移动到 *IS'* 的位置。我们假定 $\lambda=1$，即不存在货币幻觉，则财政扩张不仅导致收入增加，同时也提高了货币需求，并由此带动国内利率水平的上升，引起资本流入和本币升值。

就本币升值而言，按照我们在前面的分析，在不存在货币幻觉的情况下，无疑又会引起 *AS* 曲线向右移动到 *AS'*，从而使 *IS'* 回移到 *IS''*，使 *LM* 曲线右移到 *LM'* 的位置。结果，财政扩张使收入水平从 Y_0 上升到 Y_1，价格水平从 P_0 下降到 P_1。货币幻觉越大，总供给曲线的移动就会越小，在新的均衡点上价格水平就可能上升。

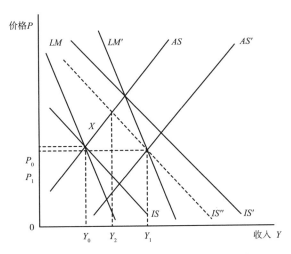

图 14.15 扩张性财政政策（不存在货币幻觉）

与基本的蒙代尔－弗莱明模型相比，财政扩张在浮动汇率条件下也变成有效的政策，因为汇率下降不仅使 *LM* 曲线发生变化，而且由于我们将工资－价格的关系引入模型，并且假定劳资双方使用的价格指数具有不对称性，也进一步强化了汇率引起开放价格指数变化后造成的供给效应。

当然，如果工人具有完全的货币幻觉，则货币升值就仅仅通过实际货币余额发挥作用。在这种情况下，经济均衡可能就只移动到 *X* 点，对应的收入水平也较低，即 Y_2。

（2）对货币政策效力的讨论。在图14.16中，扩张性货币政策使 LM 曲线移到 LM′ 的位置。此时，货币政策对产出和价格的影响依然取决于货币幻觉的程度。

如果工人追求的目标是名义工资，也就是说，他们具有货币幻觉，扩张性货币政策引起的货币贬值并不能使 AS 曲线发生变动。这样，与简单的蒙代尔－弗莱明模型一样，货币贬值使 IS 曲线移动到 IS′，新的均衡点就会处于 X 点。此时，图14.16（a）显示，产出和价格水平都明显高于初始状态。

如果工人追求的是实际工资目标，也就是说，不存在货币幻觉，随着货币供给的增加，AS 曲线就会左移到 AS′ 的位置，国内价格水平和汇率以同样的速度上升。结果，均衡收入水平仍然处于 Y_0 的水平。这是因为在不存在货币幻觉的情况下，劳动成本对于企业来说没有发生变化，所以产量不会发生变化。而在产出水平既定的情况下，要使货币市场在货币供给增加以后依然维持均衡状态，开放价格指数必须以相同的幅度上升，也就是 E 也与 P 和 M 以相同的幅度上升，结果总需求也不会变化。

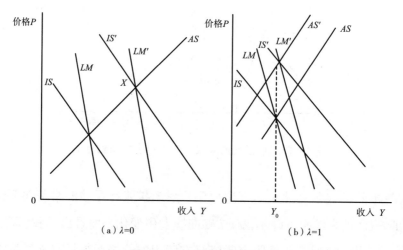

图 14.16　扩张性货币政策

表14.1 概括了在存在和不存在货币幻觉两种极端情况下货币政策和财政政策对收入水平和国内价格水平的影响。

表 14.1　货币政策和财政政策对收入和国内价格水平的影响

场景	条件	dY/dG	dP/dG	dY/dM	dP/dM
存在货币幻觉	$\lambda=0$	+	+	+	+
不存在货币幻觉	$\lambda=1$	++	++	0	++

注：+ 表示只有货币效应起作用，++ 表示货币效应和供给效应都起作用。

第五节　从三难选择到两难选择

随着金融一体化程度不断加深，国际金融市场正逐渐成为一个联系密切、不可分割的整体，影响货币政策效果的新因素和新机制不断涌现，以"三难选择"为代表的传统开放经济分析框架正面临新的挑战。Rey（2013）提出"二元悖论"，认为资本自由流动与一国货币政策独立性这两者之间不可兼得，而且与其采取何种汇率制度无关。Dornbush（1976a，1976b，1976c）在 70 年代的一系列文章中就已经提出，现实中并不存在完全不加干预的"清洁浮动"汇率制度。由汇率超调导致的资源配置失衡和外汇过度投机使中央银行不得不去干预汇率，从而必定牺牲了货币政策的独立性。也就是说，如果现实中就没有理论上的那种自由浮动汇率，那么自然也就没有了三难选择。Rey（2013）发现全球资本流动、杠杆率、信贷增长、资产价格的变化以及世界市场的风险规避与不确定性都呈现协同变动的特点，都遵循全球金融周期的规律，而全球金融周期的一个重要决定因素是中心国家的货币政策在全球范围内溢出，导致传统的"三元悖论"失效。这无疑向经典的"三元悖论"理论框架提出了挑战。

此后，Ahmed 和 Zlate（2014）、Rose 等（2014）人的研究也支持了"二元悖论"，但同时也有一些研究对此表示了质疑。Aizenman 等（2016）研究发现，即便是在全球金融一体化程度加深、全球金融周期波动趋于一致的情况下，外围国家汇率制度的选择仍然会影响其货币政策的独立性。Klein 和 Shambaugh（2013）利用利率平价模型研究发现，在资本自由流动的条件下，全球金融周期的存在虽然会削弱浮动汇率制度国家货币政策的独立性，但这不意味着丧失了汇率制度选择的意义，"三元悖论"仍然在一定程度上成立。

Obstfeld（2015）归纳了发达经济体影响新兴市场货币政策的三个主要渠道：直接的利率联系渠道，也就是利率平价条件；金融周期渠道通过影响风险溢价的变化引发中心国家货币政策和金融状况向其他国家的跨国传导；外币信贷渠道，也就是当一国银行参与到全球美元借贷后，美国货币政策和利率的变化就会对该国银行资产负债表和借贷活动造成较大冲击。由此来看，"二元悖论"与"三元悖论"的根本分歧存在于"浮动汇率国家是否能保持货币政策独立性"。如果能回答"为什么浮动汇率国家的货币政策无法保持独立性"这个问题，也就阐明了"二元悖论"的经济学逻辑。

货币政策的独立性实际上可以更准确地表达为在开放经济条件下货币政策的有效性，而货币政策的有效性可以包括三种含义：一是货币当局能够根据国内经济形势自主调节货币供应量；二是国内利率不随国外利率的变动而是根据国内经济形势自主调节；三是货币政策的反应函数对国内经济情况的变化比对国外货币政策调整的反应更显著。由于越来越多的国家选择以实际利率作为中介目标，利率取代了货币供应量成为各国央行主要的货币政策工具，所以，第二、三种判定标准更加适用。

造成"三难选择"变成"两难选择"的原因是：随着金融全球化和自由化，新兴市场非金融企业取代主权政府成为国际金融市场融资的主体，融资货币也以美元等发达国家货币为主并导致日益严重的货币错配，货币错配又使这些企业的资产负债表极易受到美元信贷环境和美联储货币政策调整的冲击。在资本自由流动的条件下，一国对外融资造成直接和衍生的本外币资产交易超过有贸易背景的外汇交易，成为影响一国汇率水平的重要因素。根据金融加速器理论，资产负债表结构的变化会改变企业的外部融资成本和投资决策，将会放大冲击对宏观经济的影响。在这种情况下，只要货币当局执行充分就业和物价稳定的利率规则时，就不得不需要通过利率调整作出反应。

对于宏观经济政策的国际协调而言，从"三难选择"变成"两难选择"意味着不论哪种形式的资本自由流动，不论采取什么样的汇率政策，货币政策都无法保持独立，也就是无法按照本国政策决策者的愿望进行调节以便达到预期的目标。

内容提要

基本的蒙代尔－弗莱明模型是一个小型开放经济的宏观经济模型。作为 IS-LM 框架在开放经济中的应用，蒙代尔－弗莱明模型实际上就是在 IS-LM 的分析框架中加入对国际收支均衡的分析，并且在 IS-LM 框架内分析了在开放经济条件下使用财政政策和货币政策的有效性。

基本的蒙代尔－弗莱明模型的主要结论是：在固定汇率条件下，财政政策是有效的，而货币政策是无效的；在浮动汇率条件下，货币政策是有效的，而财政政策是无效的。

与小型开放经济模型相比，由于大国在世界经济中是价格制定者，因此，其货币政策和财政政策都会影响世界利率水平。这样，政策有效性和无效性的结论都会打一些折扣。

如果外国的经济变量发生变化，根据蒙代尔－弗莱明模型的分析框架，不论是固定汇率还是浮动汇率，都可能无法隔离外部冲击的影响。

在资本不完全流动的条件下，固定汇率条件下财政政策的效力和浮动汇率条件下货币政策的效力则取决于国际资本流动的利率弹性。

在存在回归性预期的条件下，国内利率水平并不是与国外利率水平时刻紧密地联系在一起，结果，在短期内可以改变原有的结论。

在考虑到 J 曲线效应的情况下，有关扩张性货币政策通过经常项目顺差来发挥作用的结论在短期内就有可能受到削弱。

考虑到财富效应，固定汇率条件下财政政策的有效性和浮动汇率条件下货币政策的有效性也会受到削弱。

在存在和不存在货币幻觉两种极端情况下货币政策和财政政策对收入水平和国内价格水平的影响主要取决于对总供给的影响。

思考题

蒙代尔－弗莱明模型在宏观经济分析中的意义。

汇率的价格效应对基本蒙代尔－弗莱明模型结论的影响。

蒙代尔－弗莱明模型扩展的核心是什么？

"三难选择"之外还有条件吗？

参考文献

保罗·霍尔伍德、罗纳德·麦克唐纳：《国际货币与金融》，何璋译，北京师范大学出版社，1996。

劳伦斯·S.科普兰：《汇率与国际收支》，康以同等译，中国金融出版社，1992。

迈克尔·梅尔文：《国际货币与金融》，欧阳向军、俞志暖译，上海人民出版社，1994。

Ahmed S., Zlate A., "Capital Flows to Emerging Market Economies: A Brave New World," *Journal of International Money and Finance*, 2014, Vol.48(1), pp. 221 -248.

Aizenman J., Chinn M. D. , Ito H., "Monetary Policy Spillovers and the Trilemma in the New Normal: Periphery Country Sensitivity to Core Country Conditions," *Journal of International Money and Finance*, 2016, Vol.68, pp.298-330.

Dornbusch Rudiger, "Exchange Rate Expectations and Monetary Policy," *Journal of International Economics*, 1976b, Vol.6, pp.231 -244.

Dornbusch Rudiger, "Expectations and Exchange Rate Dynamics," *Journal of Political Economics*, 1976a, Vol.84, pp.1161-1176.

Dornbusch Rudiger, "The Theory of Flexible Exchange Rate Regimes and Macroeconomic Policy," *The Scandinavian Jounal of Economics*, 1976c, Vol.6, pp.255-275.

Geert Bekaert, Arnaud Mehl, "On the Global Financial Market Integration 'Swoosh' and the Trilemma," *Journal of International Money and Finance*, 2019, Vol.94, pp.227-245.

J. Marcus Flemming, *Domestic Financial Policies under Fixed and Floating*

Exchange Rates, IMF Staff Papers, 1962, 9, pp. 369-379.

Klein M. W., Shambaugh J. C., "Rounding the Corners of the Policy Trilemma: Sources of Monetary Policy Autonomy," IMES Discussion Paper, 2013, Vol.7(4), pp.33-66.

Mark A.Roberts, "Imperfect Information: Some Implications for Modelling the Exchange Rate," *Journal of International Economics*, 1995, Vol.38, Issues 3-4, pp.375-383.

Obstfeld, Maurice, "Trilemmas and Trade-Offs: Living with Financial Globalisation," BIS Working Papers, 2015, No.480.

Rey H., Dilemma not trilemma: the global financial cycle and monetary policy independence", NBER working Paper, 2013, No.21162.

Robert A. Mundell, "Capital Mobility and Stabilization Policy under Fixed and Flexible Exchange Rates," *Canadian Journal of Economics and Political Science*, 1963(29), pp. 475-485.

Soyoung Kim, "International Transmission of U.S. Monetary Policy Shocks: Evidence from VAR's," *Journal of Monetary Economics,* 2001, Vol.48, Issue 2, pp. 339-372.

第十五章 两国蒙代尔－弗莱明模型：国际经济政策的协调

国际经济政策协调实际上涉及的两个问题是各国经济的相互依赖性和各国政府通过协调经济政策可能获得的潜在收益。这也是我们在本章涉及的两个问题。

对于第一个问题，在讨论国际收支调节的经常项目模型时实际上已经有所涉及，但那时我们的分析忽略了国际收支中资本项目的影响和作用。在国际收支调节和汇率决定的货币分析模型和资产平衡模型中，以及刚刚讨论的蒙代尔－弗莱明模型中已经看到资本项目对于小型开放经济冲击的重要性，而这些在金融国际化和自由化的背景下已经变得越来越不可忽视。

对于第二个问题，本章主要在博弈论的框架内讨论政策协调的潜在收益。需要说明的是，相对于协调收益绝对水平的测算，更重要的是双方收益的此消彼长变化。这实际上是实现政策协调的直接障碍。

第一节 两国蒙代尔－弗莱明模型和各国经济的相互依赖

我们利用蒙代尔－弗莱明模型的框架来分析各国经济的相互依赖，主要就是说明当一个国家改变宏观经济政策时可能对外国产生的溢出效应。具体地说，我们引入一个由本国和外国组成的两国蒙代尔－弗莱明模型展开分析并显示这种溢出效应。当然这种分析应该是由简入深的。在上一章我们已经看到，蒙代尔－弗莱明模型也可以对资本流动程度作出多种假定，并且如果必要，还可以引入工资和价格等因素的影响。但是在这里，我们还是从最简单的假设在基本模型中展开分析。

我们在此使用的两国蒙代尔－弗莱明模型是由两个对称的国家组成：每一个国家都只生产一种贸易品，并且这种贸易品是外国产品的不完全替代物，也就是说，两国之间的贸易是不可以被替代的。另外，每个国家都面对资本完全流动的国际环境。在这两个国家中，货币市场的均衡方程、商品市场的均衡方程、资本完全流动下的利率平价和国际收支平衡方程、国内价格和工资水平的决定方程以及考虑到进口品价格开放价格指数的决定也都是对称的，并且与我们在第十四章中采用的形式是一致的。

我们在这里要强调的是，两国模型中存在三种国际传递机制：①通过经常项目传递的收入－支出效应，而且一个国家的对外依存度越高，这种效应就越明显；②通过利率水平和资本项目实现货币冲击的国际传递，这种效应的大小主要取决于一个国家实际部门与货币部门的一体化程度和对资本流动的管制情况；③通过贸易条件实现的相对价格调整的国际传递机制，其调整和传递速度取决于价格黏性和一个国家价格与工资的关系，即货币幻觉问题。

为了方便分析和叙述，我们分别分析通过收入和贸易、货币和资本流动以及价格调整和工资调整这三种冲击的传递机制。

一 浮动汇率条件下的两国蒙代尔－弗莱明模型

在浮动汇率条件下，一方面，货币政策和财政政策造成的利率波动通过资本流动引起了汇率的变化，进而影响到进出口；另一方面，货币政策和财政政策造成的收入效应也引起进出口的变化。这样，在两国模型中，一国宏观经济政策的溢出途径就可以分为汇率效应和收入效应两种，而这两种途径最终又都是通过进出口来发挥作用的。

1. 货币政策：以邻为壑

在图 15.1（a）中，扩张性货币政策首先将 LM 曲线移动到 LM' 的位置，使本国的利率水平下移，进而导致国内收入增加，从 Y_a 增长到 Y_b，均衡点从 A 点移动到 B 点。通过边际进口倾向，本国收入的增加引起外国收入的增加，并且在外国货币供给不变的情况下，引起外国利率水平上升。这些反映在图 15.1（b）中就是 IS^* 曲线移动到 $IS^{*\prime}$ 的位置，均衡点从 D 点移动到 E 点。

但是，不论是本国的 B 点还是外国的 E 点，都不是最终均衡点。因为我们假定此时的 $IS\text{-}LM$ 曲线移动仅仅是因为受到本国扩张性货币政策产生的一次性冲击的影响，在原有的均衡被打破以后，新的均衡还没有形成。

毫无疑问，世界利率水平的变化取决于两国的相互作用。本国利率水平下降引起的资本流出使本国在 *B* 点存在国际收支赤字的倾向（因为在浮动汇率条件下国际收支一定会平衡），引起本币贬值。同样，在外国存在的国际收支盈余的倾向，又引起了外币升值。

这样，在本国，货币贬值刺激了出口，抑制了进口，*IS* 曲线移动到 *IS'*，造成收入进一步扩张，从 Y_b 增长到 Y_c。同时，本国进口的减少也使国外的 *IS*'* 回移到 *IS*"*。结果，国内和外国的均衡点也随之移动到 *C* 点和 *F* 点才能达到最后的均衡状态。从这个最终的结果看，货币政策是一种损人利己的政策，即本国收入的增加是以外国收入的下降为代价的。

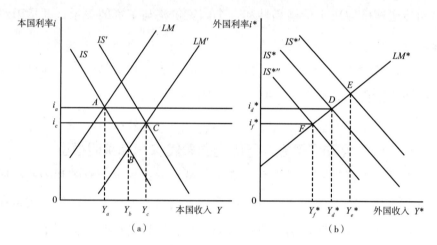

图 15.1　浮动汇率和两国蒙代尔 – 弗莱明模型
（a）货币政策对本国的影响　（b）货币政策对外国的影响

至此，我们还没有考虑货币扩张对工资－价格关系的影响，即隐含的假定 $\lambda = 0$，存在货币幻觉。在本国，本币贬值提高了开放价格指数，但是国内工资水平保持不变，结果就与我们上面分析的情况相同。如果 $\lambda = 1$，即不存在货币幻觉，由于工资和价格都会按照货币供给增长的速度上升，企业就没有扩大产量的动力。同时，由于 *M* 和 *P* 同比例变动，实际货币余额不变，利率水平也不会变化。

更复杂一点的情况是，我们假定本国工资没有指数化，即 $\lambda = 0$，存在货币幻觉；而外国工资已经实现了指数化，即 $\lambda = 1$，不存在货币幻觉。此时，由于货币升值，在工资指数化的条件下，外国工资和价格同比例下降，使出口竞争力没有发生变化。而在本国，由于工资没有实行指数化，货币贬值就提高了出口竞争力。这样，本国的货币扩张不仅可以造成收入和进口的增加，而且提高了出口竞争力，但是却不能再从外国出口竞争力的下降中获益。结果，本国货币扩张后带来的增长效应会低于外国工资没有指数化的情况。而对外国来说，收入下降也就会比没有工资指数化的情况要小一些。

2. 财政政策：有效，且有正溢出

在图 15.2（a）中，本国财政扩张表现为 IS 曲线移动到 IS′，导致收入增加和利率水平上升，均衡点从 A 点移动到 B 点。本国收入的增加通过边际进口效应在国外也引起收入增加和利率水平的上涨，均衡点从 D 点移动到 E 点。

另外，由于收入的边际进口倾向小于 1，所以国内财政扩张引起的利率水平上升幅度高于外国利率水平上升的幅度，引起本国资本净流入和外国资本净流出。在浮动汇率条件下，这引起了本国国际收支盈余和外国国际收支赤字的倾向。因此，本国的汇率水平开始下降，外国的汇率水平开始上升。外币贬值增加了外国的出口，同时减少了本国的出口。这又使本国的 IS′ 曲线回移为 IS″，外国的 IS*′ 曲线继续移动到 IS*″ 的位置。但是最终使两国的收入都得到净增长。

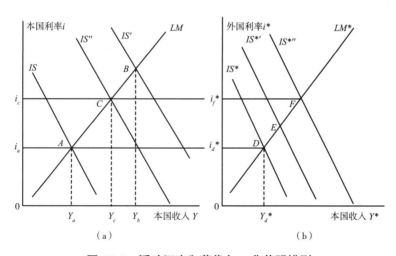

图 15.2　浮动汇率和蒙代尔－弗莱明模型
（a）财政政策对本国的影响　（b）财政政策对外国的影响

如果价格具有弹性，本币升值会使进口商品价格下降，开放价格指数随之下降。这样，扩张性财政政策对两个国家收入的最终影响也取决于两国工资指数化的程度。如果本国工资没有实现指数化而外国工资实现了指数化，由本币升值造成了外国开放价格指数的上涨，抵消了外国出口竞争力可能的改善，这样本国的扩张程度就会比基准水平高一些，而外国则会低一些。当然，与简单的蒙代尔－弗莱明模型一样，在两国工资充分实现指数化以后，实际工资、实际利率水平和汇率水平都不会发生变化，因此，财政政策就没有效力。

二 固定汇率条件下的两国蒙代尔－弗莱明模型

在完全市场条件假设下，固定汇率具有通货膨胀的国际传递效应。因此，在两国蒙代尔－弗莱明模型中，不论是扩张性的财政政策还是货币政策也都能够使两国受益。

1. 货币政策：外国维持汇率稳定则双赢，但出现全球性通胀

在固定汇率条件下，货币政策的有效性主要取决于是哪一个国家采用钉住汇率的政策，承担汇率稳定的责任。

如果采取扩张性货币政策的国家自己承担汇率稳定的责任（大多数国家的情况），那么扩张性货币政策就是无效的。这是因为国内货币扩张给利率水平带来的影响引起了资本外流和汇率水平上升。为了防止汇率波动，中央银行必须干预外汇市场，卖出外币买入本币，结果使外汇储备的减少正好等于货币扩张的幅度，货币供给又回到原来的水平。此时两国蒙代尔－弗莱明模型就与标准蒙代尔－弗莱明模型的结论一样，不会出现通货膨胀，也就不会有外溢。

在图15.3中，一方面，本国扩张性货币政策使 LM 曲线移动到 LM'，导致本国利率水平下降，并刺激了收入的增加。而本国收入的增加，通过边际进口倾向的作用，使外国出口增加、收入提高，IS* 曲线右移到 IS*'，同时引起外国利率水平的提高。

另一方面，本国利率水平的下降造成了资本外流和外国货币供给的增加。如果固定汇率是通过外国钉住本国货币实现的，外国中央银行为了稳定汇率水平，就需要卖出本币，使 LM* 移动到 LM*'。结果两国货币供给都会增加，利率的平均水平就会下降。最终本国的扩张性货币政策不仅是有效的，而且还会引起外国货币供给和收入的增加。在 B 点，由于本国存在国际收支赤字，外汇储备减少，国内货币供给下降，又会使 LM' 回移到 LM"。与此同时，LM' 的回移意味着本国货币升值，对外国产品的进口需求进一步上升，

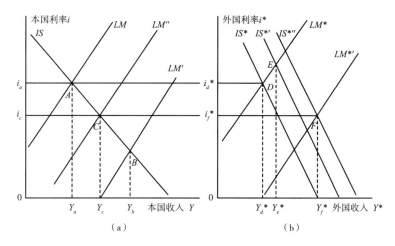

图 15.3 固定汇率和两国蒙代尔 - 弗莱明模型
（a）货币政策对本国的影响 （b）货币政策对外国的影响

所以会推动 *IS**′继续右移到 *IS**″。最后，在图 15.3 中，本国和外国的均衡点分别是 *C* 点和 *F* 点。

如果不存在货币幻觉，价格水平可变，则扩张性货币政策会在固定汇率条件下引起全球性货币扩张和价格上涨，也就是通货膨胀的国际传递。

2. 财政政策：小于一国模型的扩张程度

与基本的蒙代尔 - 弗莱明模型一样，本国的扩张性财政政策会引起国内收入和利率水平的提高。这在图 15.4 中就表现为 *IS* 曲线移动到 *IS*′，并且在 *B* 点达到均衡。但是在两国模型中，国内收入的提高增加了对国外出口品的需求，从而使外国的 *IS** 曲线移到 *IS**′。

另外，本国利率水平的提高吸引了外国资本的流入，本币升值。如果两个国家都努力维持汇率的稳定，为了维持汇率稳定，就会在外汇市场上增加本国的货币供给，减少外国的货币供给。在图 15.4 中，这就表现为 *LM* 曲线移动到 *LM*′，外国在外汇市场上减少本币供给以抑制贬值，*LM** 曲线移动到 *LM**′。本国和外国的最终均衡点就分别达到 *C* 点和 *F* 点。两国的收入都实现了增长，而且世界的利率水平也会上升，但是低于一国模型的水平。相应地，本国收入和货币的扩张也比一国模型要小。

如果两个国家只有一个国家负责汇率稳定，则情况就比较复杂。例如，如果在本国进行财政扩张的时候，外国担负汇率稳定的责任，外国就会丧失外汇储备，货币供给下降，并且通过经常项目，即收入下降导致的外国进口减少，抵消本国扩张性财政政策的有效性。

如果价格具有弹性，而且两个国家都承担稳定汇率的义务，两国的开放价格指数都会上升，收入增加就会比较少。如果外国工资实现了指数化，外国价格水平的上升幅度就会超过本国价格水平的上升幅度，促进本国的出口竞争力提高，进而促进本国收入的增长。反之，如果本国工资实现了指数化，而外国存在货币幻觉，则本国的出口竞争力就会下降，抑制收入的增长。

综合上述两方面四种情况的讨论，我们可以看出一个国家的宏观经济政策会对其他国家产生溢出效应。这些效应对外国的影响没有一定的结论，主要取决于是否与它们的宏观经济形势和政策相互冲突。例如，浮动汇率条件下的扩张性货币政策一般不会受到其他国家的欢迎，但是也有例外：如果外国正处于经济过热的状态，这种政策就会受到欢迎。反之，如果本国的贸易伙伴正在采取反通货膨胀的政策，浮动汇率条件下的财政政策也不会受到它们的欢迎。

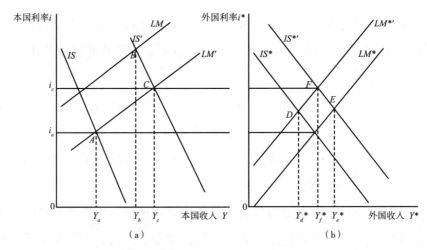

图 15.4　固定汇率条件下的两国蒙代尔 – 弗莱明模型
（a）财政政策对本国的影响　（b）财政政策对外国的影响

当然，溢出效应也可以用来说明国际经济政策协调的潜在收益。正如我们在国际收支调节的经常项目模型中所讨论的那样，在世界性衰退中，各国政府一般也不愿意独自采取扩张性政策而避免对本国国际收支和汇率产生的不利影响，这时，往往就需要各国政府相互协调，同时进行经济扩张。而在面临世界性衰退的过程中，协调各国同时采取扩张性政策也是比较容易实现的。

三　对两国蒙代尔－弗莱明模型的一些补充

我们在上一章对蒙代尔－弗莱明模型的讨论中实际上已经看到，完全的资本流动性其实并不是一个必要的基础。在金融国际化和自由化的时代，在资本具有完全流动性假定下展开的讨论及其结论无疑是十分有用的。但是，对于那些依然实行资本管制的国家来说，在资本不具有完全流动性的假定下展开讨论也许就更接近现实。事实上，如果我们走到资本流动性为零这种极端的情况，即所有的宏观经济政策的溢出效应都通过经常项目来实现，实际上就回到了国际收支调节的经常项目模型。在浮动汇率条件下，本国的扩张性宏观经济政策可以有效地刺激本国的收入和价格，但是浮动汇率保证了经常项目处于平衡状态，对于外国就不会产生溢出效应。

上述两国蒙代尔－弗莱明模型虽然有助于我们深入理解各国经济的相互依赖性，但是正如我们在上一章对基本的蒙代尔－弗莱明模型进行的扩展分析一样，这个两国蒙代尔－弗莱明模型也只是一种高度简化的简单模型。如果我们将有关的变量统统纳入模型中加以分析，其复杂程度甚至会超出我们的能力所及。

这个模型也应该从两国扩展到全球。在这方面，明福特、阿詹纳和诺威尔在 1986 年提出了一种新古典经济学的计量模型，泰勒在 1988 年提出了一个含有理性预期的新凯恩斯主义模型，麦克吉本和萨克斯在 1991 年又采用以数据模拟的办法提出了一个全球模型（MSG）。在麦克吉本和萨克斯的全球模型的基础上，全球还发展出国际货币基金组织的多边模型和经济合作与发展组织的联系模型。这些模型的另一个优点在于可以对收入、货币和价格的净效应进行分析，而在基本的蒙代尔－弗莱明模型中则只能使用偏导数分析。在这些研究的基础上，此后发展成熟的新开放宏观经济学模型（NOEM）不仅超越蒙代尔－弗莱明模型，而且逐渐成为一种重要的分析框架。

第二节　国际经济政策协调的潜在收益：静态博弈模型 [①]

在对称的两国蒙代尔－弗莱明模型中，我们实际上已经放弃了小型开放

[①] 本节的内容主要取自孙杰著《宏观经济政策国际协调导论：理论发展与现实挑战》（中国社会科学出版社，2021）第一章和第七章中的相关内容。

经济假定，结果本国的宏观经济政策的变动就可能对外国产生不可忽视的溢出效应。就溢出效应的程度来看，它取决于汇率制度、资本流动性以及工资和价格机制的差异，而提出政策国际协调命题的原因就在于实践已经证明汇率浮动不能隔离外部冲击！

只要各国经济基本面的结构存在差异，只要各国政府依据本国的经济形势制定经济政策，各国的经济政策就一定会彼此不同。而只要各国经济之间存在贸易联系或市场预期的相互影响，那么就一定会出现一国政策对另一国经济的影响，也就是所谓的溢出效应。如果这种影响呈现出负溢出，也就是说，如果一个国家宏观经济政策的溢出给另一个国家的经济形势带来了不利的影响，即使这个国家是出于自身的需要而在有意无意中采取了以邻为壑的政策，那么在这两个国家之间也会产生矛盾和冲突，此时，两国就会面临是以牙还牙还是相互协调的不同应对选项。

如何评估溢出效应的影响是进行宏观经济政策国际协调决策的基础。为了从理论上说明国际经济政策协调的利益，我们可以使用囚徒困境展开博弈分析①。

一　博弈的基准情景

假定在一个静态博弈模型中，只有本国和一个外国，每一个国家都试图针对通货膨胀冲击确定最优的货币政策。通货膨胀和相应的货币政策影响可以使用痛苦指数（失业和通货膨胀之和）来衡量。表 15.1 表现出两个国家的支付矩阵，每一个方案包括对每个国家货币政策引起的痛苦指数。面对通货膨胀冲击，两国都实行紧缩政策是最优选择（遭受通货膨胀影响的痛苦指数是 -2）。如果两国都实行宽松的货币政策，谁也享受不到贬值和出口增加的好处，而且通货膨胀进一步加剧，因此痛苦指数上升到 -5。但是如果一个国家出现背叛，实行宽松的货币政策，则可以在加剧通货膨胀基础上获得贬值和出口增加的好处，痛苦指数减少 5 而达到 0，而维持紧缩的国家则在维持通货膨胀不变的基础上痛苦指数增加了 5 而上升到 -7。反之亦然。

①　当前对宏观经济政策协调收益能否促成政策协调问题的研究并没有达成一致性的结论，因此我们在此只讨论溢出造成的影响。

如果每个国家都追求使自己痛苦指数最小的货币政策，力图贬值并且同时假定外国紧缩，那么，不论外国采取紧缩性货币政策还是宽松的货币政策，只要本国采取宽松性货币政策就都可以实现最低的痛苦指数。在外国紧缩的情况下，本国也紧缩的痛苦指数是 −2 而本国宽松的痛苦指数是 0，本国宽松占优；在外国宽松的情况下，本国紧缩的痛苦指数是 −7 而本国宽松的痛苦指数是 −5，依然是本国宽松占优。同样，对于外国来说，不论本国采取紧缩性货币政策还是宽松的货币政策，也只有采取宽松性货币政策的时候才能实现痛苦指数最低。

表 15.1　囚徒困境和纳什均衡

选项	外国紧缩性货币政策	外国宽松性货币政策
本国紧缩性货币政策	−2，−2	−7，0
本国宽松性货币政策	0，−7	−5，−5

毫无疑问，两国同时宽松并不是最优方案。如果它们能够同时采取紧缩的政策，就会实现帕累托改进。但是在两国之间没有协商或缺乏信任的博弈过程中，这是难以实现的。如果两个国家决定进行合作，预见到本国政策可能给对方带来的结果以及对方可能采取的政策都会偏离帕累托均衡，而是通过沟通和协商达成共谋，才可以达到合作博弈的最优结果。为了使合作最优的结果成为持久的均衡，两国还必须作出约束性的承诺，以便避免出现可能的背叛行为。因为当本国确定外国将维持紧缩的货币政策，就形成了一种采取欺骗行为的刺激：通过采取宽松性货币政策达到降低自己痛苦指数到最低的目的。总之，两国同时宽松显示的是一种纳什均衡非合作解，而同时紧缩则是一种合作的最优解。

在宏观经济政策国际协调的情景下，我们可以将囚徒困境进行适当调整并重新表述[①]。面临国际金融危机的冲击，两个国家都面临经济规模下降 5 个

[①]　尽管宏观经济政策的国际协调在形式上可以是一种存在信息流动的合作博弈，但是形式上的信息沟通并不一定等于承诺会被不折不扣地执行，甚至如果没有执行承诺还可以找到很多为自己开脱的借口，使即使存在多次博弈也无法形成对背叛的制裁。因此事实上的博弈、非合作博弈依然是存在的。

百分点的挑战。在没有国际仲裁和惩罚的情况下，需要作出政策反应，各国都力图维持自己的经济增长。

我们在这里可以假设本国和外国（用星号表示）相互依赖，本国政策的结果 y 不仅取决于本国的政策 x，也取决于外国的政策 x^*，即存在：

$$y=f(x,x^*) \text{ 和 } y^*=f(x^*,x)$$

如果两个国家都采取协调的态度，稳定币值，那么它们的经济规模都将下降 2 个百分点。相反，如果两个国家同时采取货币贬值的政策，结果分别造成两个国家的通货膨胀，经济秩序受到冲击，实际经济活动进一步萎缩，因此经济规模就将下降 5 个百分点。但是，如果 A 国率先实行货币贬值，虽然依然要承受国内通货膨胀的痛苦，痛苦指数本应达到 -5，但是只要 B 国按兵不动，听任自己的货币相对升值，那么 A 国出口增加，进口减少，最终经济规模维持不变，痛苦指数反而减少了 5。与此同时，B 国则在不贬值，从而国内没有通货膨胀，痛苦指数为在 -2 的基础上额外多下降 5，达到 -7。A 国不贬值而 B 国贬值的情况类似。

表 15.2　不存在第三国情况下的两国模型（基准情景）

国家 A	国家 B	
	不贬值（合作）	贬值（不合作）
不贬值（合作）	-2, -2	-7, 0
贬值（不合作）	0, -7	-5, -5

对于国家 A 来说，应该依据 B 国可能的选择决定自己的最优策略。如果 B 国选择合作性不贬值，那么 A 国就应该选择背叛性贬值（因为 0 大于 -2）；如果 B 国选择不合作性贬值，那么 A 国也应该选择不合作性贬值（因为 -5 大于 -7）。对于 B 国来说，情况也一样。总之，在没有信息沟通与合谋的情况下，每个国家的最优策略都应该是不合作性贬值，各国的收益都是 -5。显然，这是一种非合作均衡，或者说是纳什均衡。

这种纳什均衡状态显然不是最优的，因为如果它们相互协调，都不贬值，可能仅承受危机带来的 2 个百分点的损失。也就是说，合作均衡的结果要优于非合作均衡的结果，没有政策沟通和信任承诺的理性博弈结果并不是最优结果。换言之，协调，至少进行政策沟通且合作性的行为是有利可图的。然而，即使大家都预测到了这个最优结果，但是彼此缺乏信任，要实现政策协调也是很困难的。因为一旦一方确认对方将采取合作性的不贬值政策，那么在单次博弈假定下就获得了背叛的激励，而一旦出现背叛，在现实的多次博弈情景下，就必然招致对方的报复，结果还会回到非合作均衡的状态。

但只要存在多次博弈，只要彼此存在信任，合作就是可能的，而且会达到最优结果。

阿克塞尔罗德在《合作的进化》中研究了一战壕堑战中各方没有友谊和预见的合作形式：你活也让别人活（live and let live）。尽管对峙双方不会有直接的口头约定，但只要双方不频繁换防，重复的囚徒困境博弈就能使他们不用语言就能协调他们的行动，并使背叛不再是最优选择。如果一方背叛，那么另一方的反击将使对方遭受同样的损失。"让人家不舒服最终反过来使自己不舒服"。这就会使背叛不再是占优的策略。反过来，当双方都认识到这一点以后，如果一方采取克制，那么另一方就应该给予回报，而且要让双方都明白，对方不会采取无条件背叛的策略[1]。

只要两国的博弈关系长期续存，即使当政者可能更换但只要存在政府声誉，就一定会有多次博弈出现，那么就会因为报复威慑（以牙还牙的策略）而达到稳定的合作均衡，从而使双方达到最优：如果一方背叛协调的承诺，那么在接下来的博弈中另一方就会以牙还牙。

二　存在第三国情景下的博弈：协调的范围

对于世界经济中的政策博弈而言，我们还不能仅仅局限在两国模型的情

---

[1]　壕堑战的这种合作考量是基于对峙双方战士的利益，而从国家的角度看，因为协约国实力更强大，双方人员的消耗相等就意味着协约国的胜利，因此消耗战是占优策略。这近乎零和博弈，一方的损失就是另一方的所得。最终破坏这种合作状态的是一种司令部对进攻的检查方式：己方的伤亡或对方的俘虏。因为对峙双方的合作不可能是以这种方式来进行的，即将己方士兵作为俘虏或用对方士兵尸体相互交换以应付检查。

景而需要在两国博弈的同时引入第三国。这样，博弈的收益考量可能就会发生变化 ①。

表 15.3　存在第三国情况下的两国模型

国家 A	国家 B	
	不贬值（合作）	贬值（不合作）
不贬值（合作）	-2，-2	-4，2
贬值（不合作）	2，-4	-1，-1

在宏观经济政策国际协调的情景下，我们可以将囚徒困境进行适当调整并重新表述。面临国际金融危机的冲击，两个国家都面临经济规模下降 2 个百分点的挑战。在没有国际仲裁和惩罚的情况下，需要作出政策反应，都力图维持自己的经济增长。如果两个国家都采取协调的态度，稳定币值，那么它们的经济规模就都将下降 2 个百分点。相反，如果两个国家同时采取幅度相同的货币贬值政策。与壕堑战中一方背叛偷袭也会招致另一方背叛偷袭，从而得到的与失去的相等这种情况类似：由于两国货币的比价没有变，但是由于对世界其他国家出口增加，进口减少，因此经济规模都只下降 1 个百分点。但是，如果 A 国率先实行货币贬值，而 B 国按兵不动，听任自己的货币相对升值，那么 A 国出口增加，进口减少，且由于在第三国的出口竞争力也上升，最终经济规模甚至上升了 2 个百分点，而 B 国则额外多下降 2 个百分点。A 国不贬值而 B 国贬值的情况类似。

从理论上说，政策协调应该包括两种情景：协调的不贬值和协调的贬值。只要两个国家采取一样的政策，从而维持了原有的秩序，一个国家的政

---

① 在这里可能存在一个逻辑问题，即如果引入第三国，那么为什么依然是两国博弈对局而不是三国博弈对局呢？对此，我们的解释是在国际经济政策的协调中，并不是所有国家都能够参与其中。事实上，只有其政策外部性比较大的国家才可能参与进来，只会受到别国政策外溢效应的影响而本国政策对别国外溢效应不显著的国家一般是不会参与到国际经济政策的协调中来的。因此严格地说，这里的第三国可以看成是一个小国集团。它们总体的市场在全球中占一定比重，但是由于没有形成集体行动，它们在政策上又是彼此独立的。

策对另一个国家没有产生负的外部性 [1]，那么就都是一种协调，避免了冲突。但问题是应该选择哪种协调呢？在存在第三国的情况下，答案当然是简单的，也就是选择共同贬值的政策协调，因为这样两国遭受的损失最小。在不协调的情况下虽然贬值国采取了以邻为壑的政策可以将损失降到更小，但是可能不是一个均衡状态，因为可能一个国家的率先贬值被另一个国家视为敌意，结果就可能会遭到报复，在第二期承担损失，而且两期的损失之和会超过协调贬值情景的两期收益之和。

如果我们进一步追问为什么协调贬值的损失更小呢？或者说降低损失的收益来自何处呢？如果我们假定这个两国模型就是全球模型，或者说没有模型之外的第三国，那么两国协调的贬值或不贬值的结果是一样的，因为协调贬值并不会改变两国货币的比价关系，因此不会对双方的进出口产生影响，它们经济规模都将下降 5 个百分点。但是我们在这里却假定存在模型之外的第三国，这样，我们实际上就涉及一个有关宏观经济政策协调的重要问题，即政策协调的范围与收益的关系。在这种情景下，政策协调的收益能够保持参与协调的国家相对实力不会发生变化，但是这两个国家的货币却相对第三国贬值了 [2]。这样，政策协调的收益实际上来自未参与政策协调国的损失 [3]。

---

[1] 在这里，我们还可以发现，在政策协调情况下另一种不协调，或者说可能造成相对实力变化而带来冲突的可能性，在后面即将提到的不对称状况下，即使两个国家采取的政策都避免了负的外部性，甚至一个国家的政策对另一个国家来说具有正的外部性，但是由于两个国家之间存在的不对称性，大国获得的收益可能高于小国。在这种情况下，政策协调依然会带来冲突。不过这种协调状态下的冲突一般是可以被各国所接受的。

[2] 当然，这两个国家将作为一个共同体再展开与第三国的另一局博弈。而只要是存在信息交流的合作博弈，那么最终的结果将是所有国家都参与到或者说加入政策协调的行列中，而最终依然会存在协调的选择问题：协调贬值还是协调不贬值？而最终结果一般是协调贬值的原因就在于为了应对危机，各国不可避免地采取宽松货币政策导致利率水平下降，而且这种政策一定是由危机国率先发起，受传染国被迫跟进的结果。

[3] 这就可以解释为什么在 2008 年全球金融危机发生以后，几乎世界上所有国家，不论它们受到波及程度的影响有多大，都或多或少地跟随美国执行了经济刺激政策。因为只要存在传导渠道，如果不执行协调性政策的话，都将遭到损失。

三 外部冲击异质性下的博弈

在上面的框架中加入外部冲击异质性的考虑，我们虽然依然可以假设本国和外国（用星号表示）相互依赖，即各国政策的结果 y 不仅取决于本国的政策 x，也取决于外国的政策 x^*，但是两国经济对外部冲击的反应模型不同时，即存在：

$$y=f(2x,2x^*) \text{ 和 } y^*=f^*(x^*, x)$$

此时，博弈的情景可能就出现了变化。

表 15.4 反应函数不同的两国模型

国家 A	国家 B	
	不贬值（合作）	贬值（不合作）
不贬值（合作）	（-4，-2）	（-12，0）
贬值（不合作）	（2，-7）	（-10，-5）

在这种情况下，A 国对外部冲击的反应可能比较剧烈，也就是说，面临同样的冲击，A 国的反应在正反两种情况下都可能是原来情景的两倍，这样在原来的基准情景下，使 A 国的策略和纳什均衡发生了变化，合作不贬值的选项不再存在，不合作贬值的概率大大提升。如果 B 国预见到这种情况，那么最终达到纳什均衡的可能性更大。

四 规模不对称情景下的博弈

我们还可以设想另一种不对称的情景，即当 A 国的规模是 B 国的两倍，从而在两国采取相同政策的情况下，A 国的政策溢出效应也是 B 国的两倍，那么原来的基准情景下，博弈的支付矩阵就变成：

表 15.5 不对称的两国模型（A=2B）

国家 A	国家 B	
	不贬值（合作）	贬值（不合作）
不贬值（合作）	（-2，-2）	（-4.5，0）
贬值（不合作）	（0，-12）	（-5，-5）

在这种情况下，B 国作为小国实际上在冲击来临时面对的绝对水平上的损失更严重，贬值不合作遭受的损失都是明显的，只能呼吁 A 国采取不贬值的合作策略[①]。

从我们上面的分析来看，不论是从经济基本面结构造成协调一致的政策在传导和效果方面的差异，还是从各国规模和结构不对称型使各国对相同外部冲击的敏感性和脆弱性不同，从而给各国经济带来的影响不同，进而所需要的政策强度也不相同[②]。

宏观经济政策的国际协调就是要在各国政府之间实现一种集体行动，相互协调以达到一个共识目标。一方面，对溢出效应的评估，特别是外国经济政策对本国经济影响程度的判断构成了国际宏观经济政策协调的第一个难点。当两个国家面对第三国相同的政策冲击时，可能由于它们之间的经济规模对相同外部冲击的抵御能力不同，因而所受到的影响，进而对于政策协调的态度可能也不同。另一方面，各国政府所追求的政策目标的差异，或者说能否确立一个共同目标则构成了国际宏观经济政策协调需要克服的第二个难点。例如，一个国家更关注经济增长，而另一个国家更关注物价和汇率的稳定，因而它们对第三国货币宽松的态度和应对政策也是不同的。此外，国际宏观经济政策协调作为一种集体行动，必须建立在一个统一的理论分析框架和经济计量模型之上。但是这种统一的理论分析框架和经济计量模型又可能不符合各国自身的特点。换言之，各国的经济运行和政策传导机制是不同的，不同国家对同一个外部冲击的应对政策也是不同的，加之各国的政策目标本身又有差异，这造成了国际宏观经济政策协调所面临的第三个难点。例如，一个国家是全球大宗商品的进口国，而另一个国家的经济增长对大宗商品价格的波动却不那么敏感，因此当主导货币国家实行宽松货币政策时，两国经济所受到的影响，进而对待宏观经济政策国家协调的态度也都是不同的。

---

① 这种情景就是从金融危机以后世界各国都纷纷呼吁美国慎重采用量化宽松货币政策的原因。

② 从这两个角度看，全球化并不会自然带来国际经济政策协调的结果。事实上，在经过 2008 年国际经济危机的冲击以后，国际宏观经济政策协调问题依然存在。但是，至少是在为了避免各国之间的货币战和贸易战的意义上，避免各国之间的相互伤害而降低各国绝对福利水平的意义上，为了避免各种保护主义、维持市场秩序和原则的意义上，依然有必要进行国际经济政策协调。

协调意味着存在共识，而溢出对各国经济的影响、各国政策目标和经济结构的差异会影响共识的达成，进而给政策协调增加了难度，不仅实际的协调策略也可能是千差万别的，对一个国家来说是政策协调的问题而对另一个国家则是可以接受或可以容忍的问题，甚至此时协调措施到了彼此可能就变成加剧冲突的措施。这就难怪 Blanchard、Ostry 和 Ghosh（2013）[1] 曾形容说，国际政策协调就像尼斯湖的怪物，谈论得多而见到的少。

内容提要

我们通过引入一个由本国和一个外国组成的两国蒙代尔－弗莱明模型来分析各国经济的相互依赖，主要就是说明当一个国家改变宏观经济政策时对外国产生的溢出效应。

在这里，存在三种国际传递机制：①通过经常项目传递的收入－支出效应，而且，一个国家的对外依存度越高，这种效应就越明显；②通过利率水平和资本项目效应实现货币冲击的国际传递，这种效应的大小主要取决于一个国家实际部门和货币部门的一体化程度和对资本流动的管制情况；③通过贸易条件实现的相对价格调整的国际传递机制，其调整和传递速度取决于价格的黏性和一个国家价格与工资的关系，即货币幻觉问题。

为了方便分析和叙述，我们分别分析通过收入和贸易、货币和资本流动以及价格调整和工资调整这三种冲击的传递机制。

一般来说，浮动汇率条件下本国的扩张性货币政策可能是一种损人利己的政策，而扩张性财政政策则是一种利人利己的政策。固定汇率条件下一个国家宏观政策对其他国家的影响则取决于谁承担汇率稳定的义务。当然，在这两种情况下，考虑到汇率变动对国内价格水平的影响又是一个需要具体分析的问题。

如果一个国家宏观经济政策的溢出给另一个国家的经济形势带来了不利

---

[1] Blanchard、Ostry 和 Ghosh, 2013, "International Policy Coordination: The Loch Ness Monster", https://blogs.imf.org/2013/12/15/international-policy-coordination-the-loch-ness-monster/ in IMF Blog.

的影响，即使这个国家是出于自身的需要而在有意无意中采取了以邻为壑的政策，那么在这两个国家之间也会产生矛盾和冲突。如何评估溢出效应的影响是进行宏观经济政策国际协调决策的基础。

对溢出效应的评估，特别是外国经济政策对本国经济影响程度的判断构成了国际宏观经济政策协调的第一个难点。各国政府所追求的政策目标的差异，或者说能否确立一个共同目标则构成了国际宏观经济政策协调需要克服的第二个难点。各国的经济运行和政策传导机制是不同的，不同国家对同一个外部冲击的应对政策也是不同的，加之各国的政策目标本身又有差异，这造成了国际宏观经济政策协调所面临的第三个难点。

思考题

给出自己对政策协调的理解。

简述国际经济的传递机制。

提出对上述模型的扩展分析。

参考文献

阿克塞尔罗德:《合作的进化》，上海世纪出版公司，上海人民出版社，2007 年版。

保罗·霍尔伍德、罗纳德·麦克唐纳:《国际货币与金融》，何璋译，北京师范大学出版社，1996。

Canzoneri, Matthew B., Robert E. Cumby, Behzad T. Diba, "The Need for International Policy Coordination: What's Old, What's New, What's yet to Come?" *Journal of International Economics*, 2005, Vol.66, pp.363-384.

Corsetti, Giancarlo, Paolo Pesenti, "International Dimensions of Optimal Monetary Policy," *Journal of Monetary Economics*, 2005, Vol.52, pp.281-305.

Eichengreen, Barry, "Currency War or International Policy Coordination?"

Journal of Policy Modeling, 2013（35）, pp. 425–433.

Hamada, Koichi, "A Strategic Analysis of Monetary Interdependence," *Journal of Political Economy*, 1976, Vol.84, No.4, Part1, pp.677-700.

McKibben, W.J. and Sachs, J.D., Global Linkages, *Macroeconomic Interdependence and Cooperation in the World Economy*, Washington, Dc: Brookings Institute. 1991.

Minford, P., Agenor, R., and Nowell, E., "A new Classical Econometric Model of the World Economy," *Economic Moddelling*, 1986, 3, 154-174.

Obstfeld, Maurice and Kenneth Rogoff, "Global Implications of Self-oriented National Monetary Rules," *The Quarterly Journal of Economics*, 2002, Vol.117, No.2(May), pp.503-535.

第十六章　新开放经济宏观经济学与国际金融前沿

开放经济宏观经济学（Open Economy Macroeconomics）通常又被称为国际宏观经济学（International Macroeconomics），是国际经济学领域的一个重要分支。二战以后，开放经济宏观经济学的最初发展主要体现为传统凯恩斯框架下的 Mundell-Fleming-Dornbusch 模型，但这类传统凯恩斯框架下的开放宏观经济模型存在一个严重的问题——缺乏微观基础，没有细致刻画微观经济个体的决策优化行为。

20 世纪 70 年代末，旨在为宏观经济学提供微观基础的新古典主义兴起，聚焦经济系统中各参与主体在优化决策时的相互作用，强调宏观经济学和微观经济学的内在联系：宏观经济总量的解释只有建立在单独个体最优化选择的基础上，即只有建立起坚实的微观基础时宏观经济理论才更为可靠。这种研究范式为开放经济宏观经济学的发展指明了方向：在个体效用最大化的基础上重新分析了传统开放经济宏观经济学的核心问题，例如生产、消费、国际借贷、价格、利率、汇率等变量间的关系，宏观经济政策对汇率和利率的影响，不同政策的福利分析等。

90 年代以来，开放经济模型又有了新的发展。Romer（1993）建立了一个垄断竞争经济条件下的两国静态开放经济模型；Dixon（1994）在完全竞争条件下构建了一个静态开放经济模型；而 Obstfeld 和 Rogoff（1995）则开创性地将垄断竞争和名义价格黏性纳入动态一般均衡模型中，夯实了开放宏观经济理论的微观基础，并最终推动建立了"新开放经济宏观经济学"（New Open Economy Macroeconomics, NOEM）。

本章第一节重点介绍新开放经济宏观经济学的核心特征、标准模型、理论进展和经验分析，第二节总结近几年国际金融学科的最新发展，概述长期停滞、主导性货币范式、安全资产、二元悖论等部分前沿话题。

第一节　新开放经济宏观经济学

"新开放经济宏观经济学"是国际宏观经济学领域一个令人兴奋的新发展，它在一个内含经济主体行为优化过程的框架下复兴了传统凯恩斯主义 IS-LM 框架的简练分析风格，但相应的政策建议已经可以明确地建立在家庭福利最大化的标准之上，而不是外生地建立在某个专设的评价标准之上，克服了传统开放宏观模型缺乏微观机制分析等局限性，已成为国际宏观经济学研究的主流方法。

一　新开放经济宏观经济学的核心特征

新开放经济宏观经济学在有扎实微观基础的动态一般均衡模型中引入名义黏性和市场不完全性，更加准确地刻画外部经济冲击的实际传导机制，基于具体效用函数的一般均衡分析框架为福利分析提供了便捷的工具。

商品市场和要素市场的垄断竞争结构是新开放宏观模型的一个重要特征，垄断竞争的建模思路有三个显著优势：其一，与完全竞争相比，它可以细致分析市场主体的定价行为；其二，均衡的垄断价格高于边际成本，企业可以在不损害利润情况下对产量进行一定范围内的及时调整，从而使短期产出水平完全由需求端决定；其三，市场中垄断因素的存在使均衡产出水平低于社会最优水平，这种内生的经济扭曲为货币及财政政策的必要性提供了理论基础。

新开放宏观模型强调了跨期方法的严格性，解决了传统凯恩斯模型中微观机制分析不足的问题，其基于具体效用函数的一般均衡分析框架为福利分析提供了便捷的工具，已成为国际经济学研究的主流方法。名义黏性和不完全市场的引入使模型可以更加准确地刻画外部经济冲击的实际传导机制，从而进一步凸显了宏观经济政策的重要地位。

二　新开放经济宏观经济学的标准模型

Obstfeld 和 Rogoff（1995）在开放经济条件下构建了具有微观基础、垄断竞争和理性预期的动态一般均衡模型，成为新开放经济宏观经济学的标准模型。

Obstfeld 和 Rogoff（1995）的标准模型建立在两国经济框架下，每个国家都由生产差异化商品的居民组成。所有居民在 [0，1] 上连续分布，其中 [0，n] 的居民在本国居住，（n，1] 的居民在外国居住。模型采用货币效用函数（Money in Utility）的方法将货币直接引入模型，居民进行生产需要牺牲闲暇带来的效用，所以闲暇和产出呈负相关关系，模型以生产带来负效用的形式将闲暇纳入个体的偏好，于是个体的终身效用函数与个体消费、持有的实际货币余额及产出相关，本国居民 j 的效用函数形式如下。

$$U = \sum \beta^{s-t} \left[\frac{\sigma}{\sigma-1} C_s^{\sigma-1/\sigma} + \frac{\chi}{1-\varepsilon} \left(\frac{M_s}{P_s} \right)^{1-\varepsilon} - \frac{\kappa}{\mu} y_s(z)^{\mu} \right] \tag{16.1}$$

其中，$\sigma, \varepsilon > 0, \mu > 1, 0 < \beta < 1$，$\dfrac{M_s}{P_s}$ 代表 s 期个体持有的实际货币余额，$-\dfrac{\kappa}{\mu} y_s(z)^{\mu}$ 表示居民因参与生产产品 z（牺牲闲暇）所产生的负效用，$K > 0$ 衡量产生负效用的程度，C 为常替代弹性（CES）的消费组合，对差异化消费品进行加总，具体形式为：

$$C = \left[\int_0^1 c(z)^{\theta-1/\theta} \mathrm{d}z \right]^{\theta/\theta-1}, \quad \theta > 1 \tag{16.2}$$

不同商品间的替代弹性都为 θ。商品 [0，n] 在国内生产，（n，1] 在国外生产，对应的价格指数为：

$$P = \left[\int_0^1 p(z)^{1-\theta} \mathrm{d}z \right]^{1/1-\theta} \tag{16.3}$$

根据消费支出最小化原则，每种产品的需求曲线形式如下：

$$y(z) = \left[\frac{p(z)}{P} \right]^{-\theta} C^w \tag{16.4}$$

其中，C_t^w 为世界总消费。

假定经济中的货币由政府发行，政府把从货币创造中获得的收入全部以转移支付的形式返还给居民 $(T_t < 0)$，政府消费为零：

$$0 = T_t + \frac{M_t - M_{t-1}}{P_t} \qquad (16.5)$$

居民可以持有利率为 r 的无风险国际债券，B_t^j 表示个体 j 进入 $t+1$ 期时所持有的实际债券数量。个体 j 的动态预算约束条件为：

$$P_t C_t + P_t B_t^j + M_t^j = p_t(z) y_t(z) + P_t(1+r) B_{t-1}^j + M_{t-1}^j - P_t T_t \qquad (16.6)$$

模型假定国内和国外的居民有相同的偏好且两国之间没有贸易壁垒，因此每种产品的价格满足一价定律，购买力平价成立，基于消费定义的实际汇率恒定不变。

为实现效用最大化目标，居民个体必须选择每一期最优的消费量、货币持有量和劳动供给量，并且设定与最优状态相对应的产品价格。假设价格需要提前一期设定，价格黏性的这一特征使外生冲击同时具有短期效应和长期影响，更好地刻画了经济的动态调整过程。模型求解需要运用动态规划和对数线性近似，首先通过动态规划方法求解模型的稳态，然后围绕稳态进行对数线性化处理，并据此研究货币冲击的动态效应。由于价格黏性的存在，模型区分了冲击的短期影响和长期稳态效应，冲击的福利效应是短期冲击和长期影响对效用函数共同作用的结果，定义为短期效用变化与稳态效用变化贴现值之和。

模型的一个重要结论是货币的长期非中性。当国内货币供应量发生意料之外的永久性增加之后，本国产出和消费水平提高，实际利率下降，名义汇率贬值，本国贸易条件恶化，外国消费增加，本国经常账户出现盈余。短期的经常账户盈余使本国对外净资产持续上升，所带来的净投资收益流入使本国消费持续高于本国产出，导致本国经济在稳态条件下出现永久性贸易逆差。对外净资产增加的财富效应会降低本国的劳动力供给和产出水平，引起本国贸易条件的永久性改善，由此可见，货币在长期是非中性的。

模型的另一个重要结论是汇率不会出现超调。根据模型设定，购买力平价、消费增长以及短期和长期货币均衡的方程如下。

$$\tilde{E} = \tilde{P} - \tilde{P}*, \quad \bar{E} = \bar{P} - \bar{P}* \tag{16.7}$$

$$\tilde{C} - \tilde{C}* = \bar{C} - \bar{C}* \tag{16.8}$$

$$(\tilde{M} - \tilde{M}*) - \tilde{E} = \tilde{C} - \tilde{C}* \tag{16.9}$$

$$(\bar{M} - \bar{M}*) - \bar{E} = \bar{C} - \bar{C}* \tag{16.10}$$

其中"~"代表短期值，"-"代表长期值，*代表国外的相应变量值。在等式（16.7）中，购买力平价意味着名义汇率的变化恰好与两国通胀差额相匹配。等式（16.8）结合了国内和国外消费欧拉方程，由于购买力平价成立，国内和国外居民面临相同的实际利率，国内和国外的消费增长率相同，由此得到等式（16.9）和（16.10）中的短期和长期货币均衡条件。通过分析等式（16.7）~（16.10）可以发现：由于货币存量的变化是永久性的，国内相对实际货币余额的短期变化必须等于长期变化，因此，名义汇率的永久性变化等于其初始跳跃值（$\tilde{E} = \bar{E}$）。在存在价格黏性的情况下，外生货币冲击会对居民的绝对消费水平产生不同影响，但两国居民的最优消费选择并不会改变两国的相对消费水平。当货币供给出现永久性变动时，两国相对消费水平的调整一步到位，两国的相对价格不会发生变动，一价定律最终保证了汇率没有出现动态调整过程，所以不会出现汇率超调。

模型对货币冲击（意料之外的货币供给扩张）的福利分析也有其明显特色：尽管货币冲击对两国产出的影响是不对称的，但两国所获得的福利改进却是完全相同的。这一福利结果有其深刻的经济学内涵，如下。其一，货币冲击对福利影响最重要的直接效应是世界需求的整体上升：由于不完全竞争导致初始产出水平过低，因此，需求驱动的产出增加会提高福利水平。其二，货币冲击的支出转移和贸易条件效应对福利的影响是次要的：产出增加（休闲减少）将降低居民的效用水平，消费增加带来的正效用可能被劳动供给增加带来的负效用所抵消，支出转移和贸易条件变化在长期未必会改进福利水平。其三，货币冲击具有溢出效应：本国居民的消费不存在产品的本土偏好，所有产品的替代弹性都相同，故而意料之外的货币供给增加将对称地增加对国内外每一种产品的需求，本国货币扩张在增加本国居民福利的同时也会同等程度地增加外国居民的福利水平。

三　新开放经济宏观经济学的理论进展

自 Obstfeld 和 Rogoff（1995）发表以来，新开放经济宏观经济学家对该标准模型进行各种各样的补充和修正，使该模型的内容更为丰富且更加逼近经济现实。下文简要介绍新开放经济宏观经济学在标准模型基础上的理论拓展。

（一）偏好的拓展

居民偏好直接决定效用函数的形式，所以有关偏好的假定构成微观基础模型的一个重要方面。在开放经济中关于偏好的一系列参数设定并没有定论或共识，很多学者从不同商品之间的替代弹性、国内外商品之间的替代弹性、本土偏好、贸易品和非贸易品之间的替代弹性、商品的跨期替代弹性以及货币需求对消费的弹性等诸多领域拓展了标准模型对于偏好的设定。

Obstfeld 和 Rogoff（1995）假定居民对国内外商品拥有完全相同的消费偏好。而 Chari 等（2002）假定国内最终消费品的生产需要国内外中间产品的投入。

$$y = \left\{ \omega_1 \left[\int_0^1 y_H(i)^\theta \, \mathrm{d}i \right]^{\rho/\theta} + \omega_2 \left[\int_0^1 y_F(i)^\theta \, \mathrm{d}i \right]^{\rho/\theta} \right\}^{1/\rho} \qquad （16.11）$$

其中 $1/(1-\theta)$ 是一个国家内不同商品的替代弹性，$1/(1-\rho)$ 是不同国家间商品的替代弹性，参数 ω_1、ω_2 和 ρ 决定了进口占国内总消费的份额。Chari 等（2002）的参数校准有两个关键特征：国家间商品的替代弹性小于国内商品之间的替代弹性；居民存在明显的对国内消费品的本土偏好。在本土偏好的假设下，国内货币扩张使国内福利提高得更多，外国福利提高得更少。

Hau（2000）在模型中引入非贸易品，进一步论证了国内货币扩张对国内福利的改进程度大于外国，并得到四点重要发现。第一，非贸易品的存在增加了货币冲击对汇率初始响应的幅度：由于非贸易价格受到名义工资黏性的约束，需要更大的汇率变动来实现总价格水平的变化。第二，非贸易品的存在意味着需求扩张会更多地作用于国内商品，提高了国内的相对消费水平（国内消费与国外消费之比）。第三，实际汇率的升值预期导致国内的实际利率相对更低，进一步拉大了两国的消费差距。第四，价格水平对货币冲击的反应更加温和，部分抵消了非贸易品导致的汇率波动。

在标准模型中，货币需求的消费弹性并没有影响汇率的波动。在购买力平价成立的情形下，每个国家面对着相同的实际利率和消费增长率，汇率不会发生超调。然而在一价定律不成立的情况下，货币需求的消费弹性就成为影响汇率波动的重要参数。Betts 和 Devereux（2000）论述了汇率波动与货币需求的消费弹性之间呈现的负相关关系：当货币需求的消费弹性小于 1 时，汇率超调；当货币需求的消费弹性太大时，汇率调整不足。

（二）技术的拓展：资本作为生产要素的引入

在标准模型中，劳动力是唯一的生产要素。然而，Chari 等（2002）认为，引入资本非常重要，因为货币的扩张性冲击通过降低短期利率可能导致投资热潮，进而导致经常账户逆差，与标准模型中货币冲击导致经常账户顺差的结论完全相反。此外，投资热潮还会引起当期劳动力供给的增加，降低了货币冲击的持续性。

（三）名义黏性的拓展：交错定价

名义黏性是指名义变量的短期变化不够灵活，面对冲击时的调整具有一定的限制或时滞。标准模型中价格需要提前一期设定，便是典型的价格黏性设定，属于名义黏性的一种。但是标准模型中提前一期的黏性价格设定，将使厂商的定价行为出现剧烈的离散变化，导致商品市场上价格水平出现剧烈跳跃，这显然与现实经济不符。

交错定价（staggering）是引入价格黏性的另一种方式，在保证名义黏性的基础上允许价格平滑地进行调整，但价格调整仍无法实现市场的即时出清。交错定价是指厂商综合考虑现在价格水平和其他厂商在未来的定价策略所进行的最优定价行为。根据 Calvo（1983）对交错价格调整的假定，调整价格的机会随机分配，每个厂商获得调整价格机会的概率是相同的，厂商之间的独立性意味着固定比例的厂商在每个时期调整其价格，因此，价格水平是一个平滑的变量，只会随着时间的推移而逐渐变化：如果价格调整机会的泊松到达率是 γ，则 γ 比例的厂商在每一期调整其价格，$1/\gamma$ 是某个给定厂商价格调整的平均间隔。

Andersen（1998）指出，工资交错比价格交错更有可能产生持久性，因为工资黏性意味着劳动力需求而不是劳动力供给决定劳动力市场的均衡水平。

因此，劳动力供给弹性不影响短期边际成本的决定。Chari 等（2002）发现：如果价格加成是一个常数并且边际成本随产出增加而增加，那么交错定价本身不会产生内在的持久性，厂商一旦有机会就会提高价格；如果厂商面临着凸需求函数，需求的价格弹性随着价格而增加，厂商则会缓慢地提高价格。此外，不少研究还在交错定价的设定下讨论了最优货币政策问题。

（四）一价定律的偏离：市场分割和依市定价

标准模型的一个重要假定是一价定律始终成立。Engel（1999）证明了贸易品价格的国际偏差是造成实际汇率波动的重要原因。由于国际贸易中总存在这样一些障碍和壁垒，所以出口商可以在不同的市场中实行价格歧视。鉴于一价定律不成立的客观性和普遍性，在标准模型中引入国际市场分割（market segmentation）和依市定价（pricing to market, PTM）成为一种有意义的探讨，有助于我们理解实际汇率波动及购买力平价不成立的内在机制。

市场分割意味着至少一些厂商具备依市定价的能力，即在国内和国外市场对同一种商品收取不同的价格。Betts 和 Devereux（2000）在标准模型的基础上引入依市定价的假设，其中比例为 s 的厂商可以在本国与外国市场上进行差异化定价，依市定价与黏性价格的设定使该模型可以允许实际汇率波动并使国内和国外价格水平脱钩。由于汇率的支出转移效应在厂商实行依市定价时会消失，所以汇率变化对消费的影响将非常有限，货币市场均衡将大大增加汇率波动的幅度，汇率就有可能出现短期超调，这与标准模型没有汇率超调的结论不同。

（五）不确定性的引入

标准模型主要侧重于分析意料之外的外生冲击所产生的经济效应，模型设定未引入不确定性。标准模型的一个重要拓展是随机环境下存在价格黏性的一般均衡模型。Obstfeld 和 Rogoff（1998）将不确定性引入 Corsetti（1997）和 Pesenti 建立的黏性工资模型，假定本国和外国的货币存量服从一个对数正态随机过程。模型中的不确定性影响均衡价格，进而对消费水平、贸易条件、相对产出水平造成影响，最终对预期福利水平产生直接影响。由于货币不确定性对两国预期福利水平具有完全对称的影响，即使本国和外国在相对规模方面存在差异，本国和外国在设计最佳全球汇率制度方面仍然具有相同的激励，这与小国应当更关心汇率稳定的结论相反。该模型还对资产定价做了有趣的预测：如果汇率变动能够对冲消费波动，那么高波动性货币的风险溢价可能是负的。这一推论为远期溢价之谜提供了一个新颖的解释：高通胀国家相对更高的货币波动性对冲了消费风险，从而同时产生正的预期贬值率但负的远期溢价。此外，研究还表明，货币不确定性对汇率的影响远大于其对远期溢价的影响，鉴于金融市场上远期溢价的波动性往往较大，那么现实中汇率的高波动性特征就非常容易理解。

Devereux 和 Engel（1998）在 Obstfeld 和 Rogoff（1998）不确定性分析框架上引入依市定价的设定，并据此对比了固定汇率和浮动汇率的福利结果。在将风险溢价纳入定价决策后，汇率制度不仅影响消费、实际货币余额和闲暇的方差，而且还会直接影响它们的平均值。由于依市定价能够使消费免受汇率波动的影响，所以浮动汇率的成本很低，在一定的风险厌恶条件下，浮动汇率制度将优于固定汇率制。

此外，引入不确定性的模型框架在研究外生货币冲击的同时也特别关注内生的最优货币政策。Obstfeld 和 Rogoff（2000）分析了应对生产率冲击和偏好冲击的货币政策反应规则，而这种对冲击的政策反馈效应对于理解固定汇率和浮动汇率制度之间的本质区别至关重要，浮动汇率制度保证了货币政策调整的灵活性，有利于一国实现福利水平的最优化。

（六）小国开放经济模型（Small Open Economy Model, SOEM）

标准模型研究的是两国开放经济，这种设定的优点在于利率和资产价格是由国际金融市场内生决定的，有助于更清晰地刻画冲击的国际传导渠道。此外，两国开放经济模型能够分析国际政策的交互与协调问题。然而，这种两国开放经济的建模优势是以模型复杂性为代价的，但这些关键的建模特征可能对于小型开放经济的分析来说并不重要。

Obstfeld 和 Rogoff（1995）在构建标准模型时，也简单概述了标准模型的一个小型开放经济版本。模型假定非贸易部门存在垄断竞争和价格黏性，但贸易品的产出被视为一种禀赋，其本币价格等于外生世界价格乘以汇率。效用函数将贸易品和非贸易品的偏好设定为对数可分形式：

$$U\left(C_T, C_N\right) = \alpha \log\left(C_T\right) + (1-\alpha)\log\left(C_N\right) \quad\quad (16.12)$$

其中，α 是贸易品在总消费中的固定份额，C_T 是单一贸易品的消费，C_N 是对 N 种不同非贸易品的消费组合。

存在一个国际金融市场提供以可贸易品为单位计价的无风险实际债券，假设贴现率等于世界利率。与标准模型不同，永久性货币冲击不会在此模型中造成经常账户失衡。由于贸易品的产出被认为是固定的，经常账户的动态过程由贸易品消费的时间路径决定。在对数可分形式的偏好设定下，贴现率等于世界利率这一条件使贸易品消费的最优路径是完全平坦的，经常账户始终保持平衡。然而，在这个小型开放经济模型中，汇率超调是有可能发生的：由于货币冲击不会造成经常账户失衡，货币在长期是中性的，名义汇率在新的稳态中与货币冲击成比例上升。

Lane（1997）应用这个模型来分析相机抉择型货币政策和经济开放度对均衡通货膨胀率的影响：在相机抉择的货币政策环境下，经济体开放程度越高，均衡通货膨胀率就越低。由于相机抉择货币政策下的均衡通胀率是意外通胀收益的增函数，而经济体开放程度越高，非贸易部门占比越小，货币扩张所能增加的均衡产出越少，意外通胀收益也就越少，因此均衡通货膨胀率也就越低。开放程度和通货膨胀之间的反比关系，并不依赖于贸易条件机制，在贸易品价格外生给定的小型经济体中依然成立。

Lane（1998）改变了效用函数的设定形式，不再使用对数可分形式，而是采用恒定相对风险厌恶（CRRA）形式：

$$U(C) = \frac{\sigma}{\sigma-1} C^{\sigma-1/\sigma}, \quad \sigma > 0 \tag{16.13}$$

其中，总消费 C 是贸易品和非贸易品的 CES 加总：

$$C = \left[\gamma^{1/\theta} C_T^{\theta-1/\theta} + (1-\gamma)^{1/\theta} C_N^{\theta-1/\theta} \right]^{\theta/\theta-1}, \quad \theta > 0 \tag{16.14}$$

在这种设定下，货币冲击可以导致经常账户失衡。可贸易品消费和不可贸易品消费之间的不可分离性意味着对非贸易品部门的冲击会对可贸易品的消费水平产生溢出效应，从而对经常账户产生溢出效应。经常账户对货币冲击的反应取决于跨期替代弹性 σ 和期内替代弹性 θ 之间的相互作用。跨期替代弹性 σ 表示在不同时期进行消费替代的意愿，期内替代弹性 θ 表示在同一时期的消费中贸易品和非贸易品之间的替代程度。当 $\sigma < \theta$ 时，期内替代效应占主导地位：非贸易品产出和总消费的上升导致贸易品消费量的下降，此时扩张性的货币冲击产生经常账户盈余。当 $\sigma > \theta$ 时，跨期替代效应占主导地位，扩张性的货币冲击产生，会出现经常账户赤字。只有当 $\sigma = \theta$ 时，经常账户才保持平衡。该模型的上述结论充分说明传统 Mundell‑Fleming 模型的结果对模型微观基础的设定很敏感：在模型的偏好设定中，只有令跨期替代弹性大于期内替代弹性，扩张性的货币冲击才能产生经常账户盈余这一结果。

四　新开放经济宏观经济学的经验分析

新开放宏观标准模型及其拓展是开放经济宏观经济学领域的重大理论创新，主要侧重于国际宏观经济机制的逻辑推演和定性分析，但是理论模型的验证和发展离不开定量的经验研究，很多学者尝试通过校准方法及其他计量方法对理论模型中的重要机制进行研究。

一种常用的经典校准方法是无条件矩匹配（Unconditional Moments Matching），选择合适的参数取值将模型生成的无条件矩与实际经济数据的无条件矩进行匹配。Chari 等（2002）就是采用这种方法来分解并识别不同外生冲击对经济波动的贡献程度，虽然最终结果表明货币冲击只能在一定时间范围内解释一部分宏观经济波动，但这并不能否定货币政策在应对其他经济扰动时的重要作用。此外，名义汇率和实际汇率的无条件方差经常被与宏观基本面无关的市场噪声所影响。这充分说明校准方法不足以对模型进行全面的实证检验。

另外一种重要的模型检验方法是向量自回归（VAR），通过对向量自回归实证计量模型的脉冲响应函数来分析宏观经济冲击对经济活动的动态影响。很多研究尝试检验"货币冲击影响经常账户"这一黏性价格跨期模型的重要结论。Lane（1998）利用 VAR 方法验证了"货币冲击对实际汇率没有长期影响"，Prasad（1999）则验证了"货币冲击对经常账户没有长期影响"。

很多研究也利用计量方法检验了新开放宏观理论模型的一些间接结论。Romer（1993）通过检验多个国家数据发现：在内生的贸易条件机制作用下，开放程度越高的国家，平均通胀率越低。Lane（1997）则在引入非贸易品的情况下通过经验研究印证了"经济开放度和通货膨胀之间的负相关关系在贸易条件外生给定的情况下依然成立"。Hau（2000）对货币冲击对实际汇率的影响进行了实证检验，发现：非贸易部门的相对规模越大，货币冲击对实际汇率的影响就越大。

鉴于许多新开放宏观理论模型的结论对参数的取值非常敏感，通过更多证据更加准确地估计关键参数的取值就变得非常重要，然而学术界对能否准确估计诸如跨期替代弹性、国内产品与国外产品的替代弹性、贸易品与非贸易品的替代弹性等关键参数还存在争议，新开放经济宏观经济学领域还有很多重要的经验研究工作需要进一步深入探索。

第二节　国际金融领域的部分前沿话题

全球金融危机以来，国际宏观经济的典型事实和基本特征发生了很多根本性的变化，国际金融领域的研究前沿也开始有针对性地发展，长期停滞、零利率下限、汇率决定理论的一般均衡模型、安全资产、主导性货币范式、二元悖论等新的理论研究具有重要的学术价值和引领作用。

一　长期停滞：引入利率下限的 AD-AS 模型

长期停滞假说（Secular Stagnation Hypothesis）最早由 Hansen（1939）提出，"长期停滞的本质是，病态的复苏在初期就夭折，而萧条却始终长存，留下一种严峻的、似乎无法改变的大面积失业状态"。其理论内涵是：低迷的预期可能会导致储蓄增加，但因无法找到有效的投资渠道，总需求会进一步下降。本·伯南克（Ben Bernanke）在 2005 年演讲中提到的"全球储蓄过剩"（Global Saving Glut）与这一假说有一定的逻辑契合点：近年来，全球储蓄过剩，尽管失业率一直很低，但经济复苏却非常缓慢，而现有的政策工具无法解决这个问题。

自 2008 年全球金融危机以来，主要发达经济体的利率非常低，零利率下限的约束成为一个重要的关切。Summers（2015）基于美国在次贷危机之后的经济萧条状况，重新强调了这一问题。Eggertsson 等（2016）则在开放经济中细致讨论了长期停滞问题，他们还揭示了危机传染性对全球经济造成的严重威胁。最近，Eggertsson 等（2017）将长期停滞直接定义为"经济陷入持久的零利率下限"；与此同时，Benigno 和 Fornaro（2017）又提出了"停滞陷阱"（Staganation Trap）的类似概念："悲观的增长预期会引发持续的经济衰退，使得流动性陷阱和增长陷阱并存"。他们认为：当经济进入停滞陷阱时，乏力的经济增长抑制了总需求，使利率水平进入零利率区间，中央银行无法通过利率渠道恢复经济的完全就业状态；与此同时，较低的总需求水平又会减少企业的利润，降低企业的研发投入，限制企业的技术创新，弱化经济增长的动力，形成经济衰退的恶性循环。

Eggertsson 等（2017）通过构建一个存在利率下限的新 AD-AS 模型，在一个简单的世代交叠框架中阐述长期停滞的宏观效应。模型设定每个个体都存活三个阶段——幼年（y）、中年（m）和老年（o）。个体在幼年时期没有收入，只能依赖借贷（D_t）进行消费（C_t^y）；个体在中年阶段获得收入，而在老年阶段没有收入，只能靠之前的储蓄消费。

个体的效用最大化问题设定如下：

$$\max E_t\left\{\log\left(C_t^y\right)+\frac{1}{1+\rho}\log\left(C_{t+1}^m\right)+\left(\frac{1}{1+\rho}\right)^2\log\left(C_{t+2}^o\right)\right\} \tag{16.15}$$

满足如下三个约束条件：

$$C_t^y=\frac{D_t}{\left(1+r_t\right)} \tag{16.16}$$

$$C_{t+1}^m=Y_{t+1}^m-D_t+B_{t+1}^m \tag{16.17}$$

$$C_{t+2}^o=-\left(1+r_{t+1}\right)B_{t+1}^m \tag{16.18}$$

其中，C 代表个体在不同阶段的消费，D_t 代表借贷，B_{t+1}^m 代表中年阶段为储蓄目的而购买的债券，r 代表利率。

考虑在第一阶段幼年时期的融资约束具有约束力（Binding）的情况，此时经济环境中储蓄的供给量为：

$$B_t^m=-\frac{\left(Y_t^m-D_{t-1}\right)}{2+\rho} \tag{16.19}$$

同时，债券市场的均衡要求幼年群体（N_t）的总借贷等于中年群体（N_{t-1}）的总储蓄，即 $N_t B_t^y = -N_{t-1}B_t^m$，令 n 表示人口增长率，则债券市场的均衡条件为：

$$(1+n)B_t^y = \frac{(1+n)}{(1+r_t)}D_t = -B_t^m = \frac{\left(Y_t^m - D_{t-1}\right)}{2+\rho} \tag{16.20}$$

经济体系的均衡实际利率由此得以确定：

$$1 + r_t = (2+\rho)(1+n)\frac{D_t}{\left(Y_t^m - D_{t-1}\right)} \tag{16.21}$$

显然，实际利率可能会低于增长率，甚至有可能为负值。第一阶段的借贷限制会影响利率：更严格的借贷限制（较小的 D_t）会导致利率的下降。实际利率的长期走势在很大程度上受到生产率增速下降的影响，预期未来收入的降低会进一步收紧借贷限制，实际利率就会降低。人口增长率的下降也会引起实际利率的下行。

在模型中引入货币政策，实际利率表示为：

$$\left(1 + r_t\right) = \left(1 + i_t\right)\frac{P_t}{P_{t+1}} \tag{16.22}$$

如果对名义利率（$i_t \geqslant 0$）施加一个零利率下限，传统货币政策的有效性就可能出现问题。在通缩均衡中，利率下限会使实际利率无法达到足够低的水平来实现自然产出。

假设企业仅使用劳动力进行生产，生产函数设定为

$$Y_t = L_t^{\alpha} \tag{16.23}$$

假设存在工资黏性，一部分工人（比例为 γ）不能接受名义工资的削减，那么名义工资设定为：

$$\tilde{W}_t = \gamma W_{t-1} + (1-\gamma)W_t^{flex} \qquad\qquad (16.24)$$

其中，W_t^{flex} 表示使得劳动力市场出清的均衡工资。将上式除以 P_t，并用充分就业情况下的劳动边际产出 $\alpha \bar{L}^{\alpha-1}$ 替换 W_t^{flex}，可以得到稳态工资：

$$w = \frac{(1-\gamma)\alpha \bar{L}^{\alpha-1}}{\left(1-\dfrac{\gamma}{\Pi}\right)} \qquad\qquad (16.25)$$

其中，Π 是通货膨胀率。企业将工资水平定为劳动的边际产出 $\alpha L^{\alpha-1}$，带入上式可以得到总供给曲线：

$$\frac{\gamma}{\Pi} = 1 - (1-\gamma)\frac{Y}{Y^f}^{\frac{1-\alpha}{\alpha}} \qquad\qquad (16.26)$$

其中，Y^f 代表充分就业情况下的自然产出。上式本质上是一条菲利普斯曲线，更高的通货膨胀率与更高的产出水平相对应：随着通货膨胀率的增加，实际工资下降，公司因此雇用更多劳动力提高了产出水平。当通货膨胀率足够高的时候，名义工资黏性将不会发挥作用，总供给曲线变成一条垂直的直线，如图 16.1 所示。

假设中央银行的货币政策采用泰勒规则：

$$(1+i) = \left(1+i^*\right)\left(\frac{\Pi_t}{\Pi^*}\right)^{\phi_\Pi} \qquad\qquad (16.27)$$

由均衡实际利率条件式（16.23）、费雪效应公式（16.24）和货币政策的泰勒规则式（16.27）可以得到总需求曲线：

$$Y = D + (2+\rho)(1+n)D\frac{\Pi^{*\phi_\Pi}}{(1+i^*)}\frac{1}{\Pi^{\phi_\Pi-1}} \qquad\qquad (16.28)$$

上式刻画的关系对应图 16.1 中总需求曲线 AD 中向右下方倾斜的上半部分，描述的是高通货膨胀率和利率未触及下限的情况：伴随通货膨胀率的上升，央行根据泰勒规则式（16.27）提高名义利率，由于 $\phi_\Pi > 1$，名义利率的提高幅度将大于通货膨胀率的上升幅度，推高了实际利率水平，进而导致总需求下降。

在低通货膨胀率状态下，名义利率触及下限 $i=0$，总需求曲线简化为：

$$Y = D + (2+\rho)(1+n)D\Pi \qquad\qquad （16.29）$$

上式描述的是低通货膨胀率和零利率下限的情况，此时的总需求曲线是向右上方倾斜的，对应图 16.1 中总需求曲线 AD 中的下半部分。其经济内涵是：随着通货膨胀率的降低，名义利率的下限使实际利率上升，降低了总需求。在合理的参数范围内，AD 曲线往往比 AS 曲线更陡峭（见图 16.1）。上式中均衡借贷水平 D 的减少，使图 16.1 的总需求曲线向左移动（由 AD_1 左移至 AD_2），同时压低了通货膨胀率和产出水平，导致经济出现"长期停滞"。

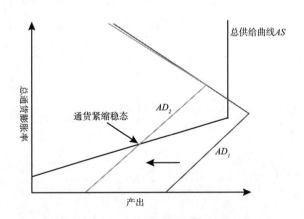

图 16.1 引入利率下限的 AD–AS 曲线

二 汇率决定理论的一般均衡模型

在汇率决定这一领域，理论预测与经验数据的不匹配问题非常严重，由此衍生出若干个重要的汇率谜题：其一，Meese 和 Rogoff（1983）对传统汇率理论进行了实证检验，发现名义汇率服从随机游走，与宏观基本面并不相关，这便是著名的"汇率不相关之谜"（Exchange Rate Disconnect Puzzle）；其二，Rogoff（1996）又提出了"购买力平价之谜"（Purchasing Power Parity Puzzle），发现实际汇率呈现持续的波动状态，与名义汇率的走势非常相似；其三，Fama（1984）和 Engel（1996）提出了"无抛补利率平价之谜"（Uncovered Interest Rate Parity Puzzle），他们均通过经验数据发现"汇率的实际走势与无抛补利率平价的理论预测相反"这一谜题——无抛补利率平价理论预测高利率会引发名义贬值，但经验数据发现高利率往往伴随名义升值；其四，Du 等（2018）通过分析 2008 年之后 G10 国家的数据，证实了主要货币的外汇远期与掉期市场存在明显且持续的套利机会，发现了"抛补利率平价的背离"（Deviations from Covered Interest Rate Parity）。

时至今日，学术界依然在努力拓展和完善汇率决定理论，以期在一般均衡框架下建立一套有效的汇率来解决上述"汇率谜题"。近期，Gabaix 和 Maggiori（2015）以及 Itskhoki 和 Mukhin（2021）在汇率决定理论的一般均衡模型这一领域作出了一些重要贡献。

Gabaix 和 Maggiori（2015）构建了一个不完美金融市场中基于资本流动的汇率决定理论：资本流动通过改变承担国际金融资产需求失衡风险的金融机构之资产负债表来影响汇率，这种对资产负债表的改变导致金融机构调整持有货币风险所需的补偿，从而影响汇率的水平和波动性。这一框架的拓展性和适应性很强，能够在一个不完美的金融市场模型中纳入非贸易品、生产、货币、黏性价格或工资、各种形式的依市定价和失业等重要宏观经济特征。这种在不完美金融市场中基于资本流动所构建的汇率决定理论有助于理解汇率与传统宏观经济基本面之间在实证意义上的割裂（disconnect）：汇率对金融市场的失衡非常敏感，很少扮演它在传统宏观经济理论中被赋予的冲击吸收角色。

Itskhoki 和 Mukhin（2021）提出了一个汇率决定的动态一般均衡模型：在一个具有消费国内偏好的标准国际实际商业周期模型的基础上引入金融冲击，通过将金融冲击与传统的生产率和货币冲击结合起来，使模型在解释主要国际商业周期属性的同时，更好地匹配汇率与名义及实际宏观经济变量之间的相关性，并且能够将汇率动态刻画成一个近似的鞅过程。该模型强调了金融冲击在解释汇率与宏观经济变量之间关系方面的重要性，为国际宏观经济学中的主要汇率谜题（Meese-Rogoff 谜题、贸易条件谜题、购买力平价谜题和利率平价谜题）提供了统一的解释。这个汇率决定的一般均衡模型挑战了开放经济中的传统规范分析，为研究最优汇率制度和资本管制提供了新的视角和理论基础。

三　安全资产与国际货币体系

2008 年美国次贷危机的爆发，昭示了当前以美元为主导的国际货币体系依然存在严重问题："特里芬难题"也没有因为浮动汇率体系的建立而消失，只不过从传统的"经常账户版本"升级成了现在的"安全资产版本"，而且变得更加隐蔽。其背后所暗藏的重要事实是：美元及美元资产（特别是美元计价的安全资产）依然占据着国际货币体系的中心地位。

根据 Andolfatto 等（2015）提供的数据，目前国际金融市场上的安全资产主要有两大类：一类是美国发行的以美元计价的美国国债；另一类是少数欧元区核心国家发行的以欧元计价的优质（高评级）国债，如德国国债和法国国债。由此可见，当前强势国际货币的发行国，同时也是国际安全资产①的主要净供给国。

在当前国际货币体系的信用本位制度下，国际货币的根本性支撑是发行国的信用，而该国向全球其他国家所供给的国际安全资产，恰恰是该国信用的核心体现。因此，国际安全资产的认可度和安全性，在很大程度上决定国际货币的地位。与此同时，在全球安全资产市场上，计价货币的币值是影响国际安全资产相对需求的重要因素。为保障国际安全资产在全球范围内流通，发行方往往会选择功能良好的国际货币作为发行、计价及结算单位，这使国际安全资产成为国际货币的重要载体和核心基本面之一。

事实上，国际货币的国际化程度与国际安全资产的安全性是相辅相成的。国际安全资产与国际货币之间存在两个层面的内在关系：国际货币是国际安全资产的计价单位和结算媒介；国际安全资产是国际货币的基石和重要载体。

其一，国际货币充当国际安全资产的计价单位和结算媒介，对于国际安全资产市场的有效性具有重要作用：一方面，以性质良好的国际货币作为计

---

① 　国际安全资产是指能够在全球范围内流通并使用的一类安全储值工具。

价、交易和结算媒介，可以加快安全资产的供求匹配速度，减少安全资产的交易摩擦，降低安全资产的交易成本，提高安全资产市场的运行效率；另一方面，流动性良好、市场交易规模大、认可度高（信誉良好）、通胀风险低、汇率相对稳定的国际货币，在一定的条件下具备国际安全资产的属性，可以增加安全资产的有效供给，改善安全资产市场的供求失衡问题。

其二，作为国际货币基石的国际安全资产，既是国际货币的重要载体和核心基本面之一，又是国际货币的信用基础和安全性支撑。以次贷危机为起点的金融危机，加剧了全球范围内的金融波动，使国际安全资产的全球需求不断激增，而以主权债务违约为特征的欧洲债务危机却大大缩减了国际安全资产的全球供给。在国际安全资产极为稀缺的背景下，国际安全资产市场的货币构成格局可以准确反映不同主权货币的国际地位。全球对国际安全资产的过度需求，在外汇市场上会转化成对发行计价货币的过度需求，造成相应的国际货币在短期内升值，这恰好反映了国际安全资产之于国际货币的基本面属性。

作为国际货币的核心基本面之一，国际安全资产本质上是国际货币的信用基础，对于塑造国际货币体系和全球金融格局具有重要影响。Maggiori 等（2018）基于 27 万亿美元规模的资产交易微观数据，对比了欧债危机前后美元计价资产与欧元计价资产的变化情况，发现：欧元资产在全球范围内的比例下降，而美元资产的比例上升，有相当大规模的欧元资产在危机中转化成美元资产，这成为美元在危机中依然能够保持其主导地位而欧元却遭受巨大冲击的重要原因，充分说明了资产的安全性对于其计价货币的重要性。但是，危机时期，大规模资本在欧元资产和美元资产之间的单向转移，也引起了全球投资者对美元超发的恐慌，形成了不利的一致性预期，加剧了全球金融市场的动荡。这又充分反映了当前以美、欧等少数国家和地区为中心的国际安全资产市场存在明显的结构缺陷。因此，无论从国际安全资产市场的稳定性，还是从当前安全资产净供给国的安全性考虑，在中长期有序引入新的国际安全资产供给者，是国际货币体系稳定的一个必要条件。

四　从"三元悖论"到"二元悖论"

作为国际金融经典理论的"三元悖论"（也称"三难选择"）是指：在开

放经济中各国货币政策的独立性、固定汇率、资本自由流动不可能同时实现，只能同时选择其中两个。在资本自由流动的情况下，中心国家的金融状况或货币政策的冲击会导致采取固定汇率制度的国家被动跟随中心国家的金融状况和货币政策，而采用浮动汇率制度的国家的汇率会自行调整以吸收利差和风险溢价的变化，从而帮助一国隔绝外部冲击。

然而 2008 年全球金融危机爆发后，"三元悖论"遭到了质疑。在危机期间，实行钉住汇率制度或者有管理的浮动汇率制度的新兴市场受到的冲击明显小于实行完全浮动汇率制度的其他国家，浮动汇率制度无法有效隔绝国外的货币政策冲击，这个问题引起了学术界对于"三元悖论"的巨大反思。危机过后，以美国为代表的发达国家（中心国家）普遍使用量化宽松的货币政策，过度宽松的国际融资环境导致新兴市场资本流入激增，2013 年美联储货币政策调整引发的"缩减恐慌"使新兴市场国家资本大规模流出。

在此背景下，Rey（2015）通过经验数据发现，资本流动、信贷、金融机构杠杆率、资产价格等金融变量都存在显著的全球协同变动关系，即存在一个全球金融周期，使美国的货币政策会通过以上全球金融周期的特征变量进行传导。基于全球金融周期的发现，Rey（2015）提出了"二元悖论"理论：全球金融周期导致金融中介杠杆率、资本流动和信贷同步变动，只要允许跨境资本自由流动，无论各国采用何种汇率制度，都会受到中心国家货币政策的影响，无法真正保持货币政策的独立性。"二元悖论"理论基于全球金融周期这一典型事实对经典的"三元悖论"理论提出了挑战，揭示了浮动汇率制度无法解决资本流动对于外围货币政策独立性的冲击，在一定程度上揭示了资本流动管理的重要性，对美元主导体系下外围国家的货币政策和汇率制度选择具有重要的指导意义。

内容提要

新开放经济宏观经济学（New Open Economy Macroeconomics, NOEM）在一个内含经济主体行为优化过程的框架下复兴了传统凯恩斯主义的 IS-LM

模型，在有扎实微观基础的动态一般均衡模型中引入名义黏性和市场不完全性，更加准确地刻画外部经济冲击的实际传导机制，相关政策分析建立在家庭福利最大化的标准之上，基于具体效用函数的一般均衡分析框架为福利分析提供了便捷的工具，克服了传统开放宏观模型缺乏微观机制分析等局限性，已成为国际宏观经济学研究的主流方法。

新开放经济宏观经济学的标准模型假定国内和国外的居民有相同的偏好且两国之间没有贸易壁垒，因此每种产品的价格满足一价定律，购买力平价成立，基于消费定义的实际汇率恒定不变。参与个体基于效用最大化选择每一期最优的消费量、货币持有量和劳动供给量，设定最优的产品价格。价格黏性使外生货币冲击同时具有短期效应和长期影响，因此，模型的一个重要结论是货币的长期非中性：当国内货币供应量发生意料之外的永久性增加之后，本国产出和消费水平提高，实际利率下降，名义汇率贬值，本国贸易条件恶化，外国消费增加，本国经常账户出现盈余。模型的另一个重要结论是汇率不会出现超调：虽然在存在价格黏性的情况下，外生的货币冲击会对居民长期和短期的绝对消费水平产生不同影响，但两国居民的最优消费选择并不会改变两国的相对消费水平，当货币供给出现永久性变动时，两国相对消费水平的调整一步到位，两国的相对价格不会发生变动，一价定律保证了汇率没有出现过度波动的动态调整过程，所以不会出现汇率超调。标准模型对货币冲击的福利分析也有其明显特色：尽管货币冲击对两国产出的影响是不对称的，但两国所获得的福利改进却是完全相同的。

在标准模型的基础上，新开放经济宏观经济模型从偏好、生产技术、名义黏性、一价定律的偏离、不确定性的引入等诸多角度进行了理论拓展，相关的经验分析也不断丰富，校准和向量自回归（VAR）等实证方法不断改进，但新开放经济宏观经济领域的经验研究还有待于进一步拓展。

全球金融危机发生以来，国际宏观经济的典型事实和基本特征发生了很多根本性的变化，国际金融领域的研究也开始有新的前沿问题，长期停滞、零利率下限、汇率决定理论的一般均衡模型、安全资产、主导性货币范式、"二元悖论"等新的理论研究为新开放经济宏观经济学的发展作出了重要贡献。

思考题

如何理解垄断竞争和名义黏性对于新开放经济宏观经济学标准模型的重要性？

哪些因素可能导致一价定律不成立？

新开放经济宏观经济学两国模型与小国模型的最本质区别是什么？

如何用引入利率下限后的总供给 – 总需求模型来解释经济长期停滞？

参考文献

Andersen, T. M. , "Persistency in Sticky Price Models," *European Economic Review*, 1998, 42(3), pp. 593-603.

Andolfatto, D., Williamson, S. , "Scarcity of Safe Assets, Inflation, and the Policy Trap," *Journal of Monetary Economics*, 2015, 73, pp.70-92.

Benigno G., Fornaro L., "Stagnation Traps," *The Review of Economic Studies*, 2017, 85(3), pp. 1425-1470.

Betts, C., Devereux, M. , "Exchange Rate Dynamics in a Model of Pricing-to-market," *Journal of International Economics*, 2000, 50(1), pp.215-244.

Calvo, G. A., "Staggered Prices in a Utility-Maximizing Framework," *Journal of Monetary Economics*, 1983, 12(3), pp. 383-398.

Chari, V., Kehoe, P., McGrattan, E., "Can Sticky Price Models Generate Volatile and Persistent Exchange Rates?" *The Review of Economic Studies*, 2002, 69(3), pp.533-563.

Corsetti, G., Pesenti, P. , "Welfare and Macroeconomic Interdependence," NBER Working Paper, 1997, No. 6307.

Devereux, M., Engel, C., "Fixed Versus Floating Exchange Rates: How Price Setting Affects the Optimal Choice of Exchange-Rate Regime," NBER Working

Paper, 1998, No. 6867.

Dixon, H. , "Imperfect Competition and Open Economy Macroeconomics," In: van der Ploeg, F. (Ed.), The Handbook of International Macroeconomics, Basil Blackwell, Oxford, UK, 1994, pp. 31-61.

Du, W., Tepper, A., Verdelhan, A., "Deviations from Covered Interest Rate Parity," *The Journal of Finance*, 2018, 73(3), pp.915-957.

Eggertsson G.B., Mehrotra N.R., Robbins J.A., "A Model of Secular Stagnation: Theory and Quantitative Evaluation," NBER Working Paper,2017, No. 23093.

Eggertsson G.B., Mehrotra N.R., Singh S.R., Summers L.H., "A Contagious Malady? Open Economy Dimensions of Secular Stagnation," *IMF Economic Review*, 2016, 64(4), pp. 581-634.

Engel, C. , "The Forward Discount Anomaly and the Risk Premium: A Survey of Recent Evidence," *Journal of Empirical Finance*, 1996, 3(2), pp.123-192.

Engel, C., "Accounting for U.S. Real Exchange Rate Changes," *Journal of Political Economy*, 1999, 107(3), pp. 507-538.

Fama, E. F. , "Forward and Spot Exchange Rates," *Journal of Monetary Economics*, 1984, 14(3), pp.319-338.

Gabaix, X., Maggiori, M. , "International Liquidity and Exchange Rate Dynamics," *The Quarterly Journal of Economics*, 2015, 130(3), pp. 1369-1420.

Hansen A.H., "Economic Progress and Declining Population Growth," *The American Economic Review*, 1939, 29(1), pp. 1-15.

Hau, H. , "Exchange Rate Determination: The Role of Factor Price Rigidities and Nontradables," *Journal of International Economics*, 2000, 50(2), pp.421-448.

Itskhoki, O., & Mukhin, D. , "Exchange Rate Disconnect in General Equilibrium," *Journal of Political Economy*, 2021, 129(8), pp.2183-2232.

Lane, P. R., "Inflation in Open Economies," *Journal of International Economics*, 1997, 42, pp.327-347.

Lane, P. R., "Money Shocks and the Current Account," *Journal of International Economics*, 1998, 45(1), pp.119-141.

Maggiori, M., Neiman, B., Schreger, J., "International Currencies and Capital Allocation," National Bureau of Economic Research Working Paper, 2018, No. 24673.

Meese, R. A., Rogoff, K., "Empirical Exchange Rate Models of the Seventies: Do They Fit out of Sample?" *Journal of International Economics*, 1983, 14(1-2), pp.3-24.

Obstfeld, M., Rogoff, K., "Exchange Rate Dynamics Redux," *Journal of Political Economy*, 1995, 103(3), pp.624-660.

Obstfeld, M., Rogoff, K., "New Directions for Stochastic Open Economy Models," *Journal of International Economics*, 2000, 50(1), pp.117-153.

Obstfeld, M., Rogoff, K., "Risk and Exchange Rates," NBER Working Paper, 1998, No. 6694.

Prasad, E. S., "International Trade and the Business Cycle," *Economic Journal*, 1999, 109(456), pp.588-606.

Rey, H., "Dilemma not Trilemma: The Global Financial Cycle and Monetary Policy Independence," NBER Working Paper, 2015, No. 21162.

Rogoff, K., "The Purchasing Power Parity Puzzle," *Journal of Economic Literature*, 1996, 34(2), pp.647-668.

Romer, D., "Openness and Inflation: Theory and Evidence," *Quarterly Journal of Economics*, 1993, 108(4), pp.870-903.

Summers L.H., "Demand Side Secular Stagnation," *American Economic Review: Papers & Proceedings*, 2015, 105(5), pp. 60-65.

图书在版编目（CIP）数据

汇率与国际收支：现代国际金融 / 孙杰, 夏广涛编
著. -- 北京：社会科学文献出版社, 2024.1
（中国社会科学院大学系列教材）
ISBN 978-7-5228-2435-2

Ⅰ.①汇… Ⅱ.①孙… ②夏… Ⅲ.①国际金融－高
等学校－教材 Ⅳ.①F831

中国国家版本馆CIP数据核字（2023）第169053号

·中国社会科学院大学系列教材·

汇率与国际收支：现代国际金融

编　著 / 孙　杰　夏广涛

出 版 人 / 冀祥德
责任编辑 / 宋　静
责任印制 / 王京美

出　　版 / 社会科学文献出版社（010）59367127
　　　　　　地址：北京市北三环中路甲29号院华龙大厦　邮编：100029
　　　　　　网址：www.ssap.com.cn
发　　行 / 社会科学文献出版社（010）59367028
印　　装 / 三河市东方印刷有限公司

规　　格 / 开　本：787mm×1092mm 1/16
　　　　　　印　张：25.75　字　数：412千字
版　　次 / 2024年1月第1版　2024年1月第1次印刷
书　　号 / ISBN 978-7-5228-2435-2
定　　价 / 98.00元

读者服务电话：4008918866